IMPACTOS AMBIENTAIS URBANOS NO BRASIL

EDITORA AFILIADA

Dos mesmos autores:

Avaliação e Perícia Ambiental
Geomorfologia: Uma Atualização de Bases e Conceitos
Geomorfologia: Exercícios, Técnicas e Aplicações
Geomorfologia e Meio Ambiente
Geomorfologia do Brasil

Leia também:

Novo Dicionário Geológico-Geomorfológico de Antonio T. Guerra &
Antonio J. T. Guerra
Coletânea de Textos Geográficos de Antonio T. Guerra
Erosão e Conservação dos Solos de Antonio J. T. Guerra, Antonio
Soares da Silva & Rosângela G. M. Botelho

Antonio José Teixeira Guerra
Sandra Baptista da Cunha
(organizadores)

IMPACTOS AMBIENTAIS URBANOS NO BRASIL

12ª EDIÇÃO

Copyright © 2000 *by* Antonio José Teixeira Guerra e Sandra Baptista da Cunha

Capa: Leonardo Carvalho
Foto (*Saída de Esgoto na Lagoa Rodrigo de Freitas*): Leonardo Carvalho
Foto (*Lagoa Rodrigo de Freitas, vista do Mirante Dona Marta*): Antonio J. T. Guerra

Editoração: DFL

Este livro foi revisado segundo o novo Acordo Ortográfico da língua Portuguesa

2018
Impresso no Brasil
Printed in Brazil

CIP-Brasil. Catalogação na fonte
Sindicato Nacional dos Editores de Livros, RJ

I31
12ª ed.

Impactos ambientais urbanos no Brasil / Antonio José Teixeira Guerra, Sandra Baptista da Cunha (organizadores). – 12ª ed. – Rio de Janeiro: Bertrand Brasil, 2018.
418p.

Inclui Bibliografia
ISBN 978-85-286-0802-1

1. Impacto ambiental – Brasil. 2. Cidades e vilas – Brasil – Aspectos ambientais. 3. Política urbana – Brasil – Aspectos ambientais. I. Guerra, Antonio José Teixeira. II. Cunha, Sandra Baptista da.

CDD – 363.70981
CDU – 504.064.2(81)

00-1765

Todos os direitos reservados pela:
EDITORA BERTRAND BRASIL LTDA.
Rua Argentina, 171 – 2º andar – São Cristóvão
20921-380 – Rio de Janeiro – RJ
Tel.: (0XX21) 2585-2000 – Fax: (0XX21) 2585-2087

Não é permitida a reprodução total ou parcial desta obra, por quaisquer meios, sem a prévia autorização por escrito da Editora.

Atendimento e venda direta ao leitor
mdireto@record.com.br ou (21) 2585-2002

SUMÁRIO

Autores 13
Apresentação 15
Prefácio 17

CAPÍTULO 1 IMPACTOS AMBIENTAIS EM ÁREAS URBANAS
— TEORIAS, CONCEITOS E MÉTODOS DE PESQUISA
Maria Célia Nunes Coelho

1. Introdução   19
2. Economia Política do Ambiente e Ecologia Política Urbana   21
3. O Espaço Urbano e a Distribuição Espacial dos Impactos Ambientais   27
4. Questionamentos Teórico-Metodológicos aos Estudos de Impactos Ambientais   28
   4.1. Rediscutindo Espaço, Tempo e Causalidade   30
   4.2. A Importância Atribuída à Sociedade nos Estudos de Impacto Ambiental   31
   4.3. Visão dos Sistemas Complexos, Não lineares e Longe do Equilíbrio   32
   4.4. A Idéia de Autoecoorganização   33
5. O Problema de Pesquisar os Impactos Ambientais na Cidade: Abordagens Teórico-Metodológicas e Práticas de Pesquisa   34
   5.1. Periodização e Espacialização   36
   5.2. Simplificar e Complexar   37
   5.3. O Método Comparativo Essencial à Interpretação   38

6. Produção de Conhecimento sobre Sustentabilidade Ambiental da Cidade e Implicações na Legitimidade das Políticas Públicas   38
7. Abordagens de Impactos Ambientais e Esforços de Mitigação nas Cidades: Gestão Ambiental do Espaço Urbano   40
8. Conclusões   41
9. Referências Bibliográficas   43

CAPÍTULO 2   CLIMA URBANO E ENCHENTES
NA CIDADE DO RIO DE JANEIRO
Ana Maria de Paiva Macedo Brandão

1. Introdução   47
2. Urbanização como Processo Derivador do Clima   51
3. Sistema Climático Urbano na Cidade do Rio de Janeiro   60
    3.1. Estado da Arte   60
    3.2. Enchentes e Cronologia dos Temporais nos Séculos XIX e XX   78
4. Conclusões   93
5. Referências Bibliográficas   95

CAPÍTULO 3   MUDANÇAS NA REDE DE DRENAGEM URBANA
DE TERESÓPOLIS (RIO DE JANEIRO)
Viviane Torres Vieira
Sandra Baptista da Cunha

1. Introdução   111
2. Modificações nas Seções Transversais dos Canais   114
    2.1. Geometria dos Canais   115
    2.2. Equilíbrio dos Canais   127
3. Crescimento das Áreas Impermeáveis e seus Reflexos na Rede de Drenagem   130
    3.1. Crescimento das Áreas Impermeáveis   131
    3.2. Reconstituição da Rede de Drenagem   135

SUMÁRIO

4. Conclusões 140
5. Referências Bibliográficas 142

CAPÍTULO 4 OCUPAÇÃO DO SOLO E RISCOS AMBIENTAIS
NA ÁREA CONURBADA DE FLORIANÓPOLIS
Marcelo Accioly Teixeira de Oliveira
Maria Lúcia de Paula Herrmann

1. Introdução 147
2. Características Morfoestruturais da Área Conurbada de Florianópolis e Uso do Solo 152
    2.1. Modelados de Dissecação das Serras do Leste Catarinense 155
    2.2. Modelados de Acumulação das Planícies Costeiras 157
3. Desenvolvimento Urbano da Área Conurbada e Vocação Turística da Cidade de Florianópolis 162
4. Impactos Ambientais nas Áreas Suscetíveis aos Riscos Naturais 170
    4.1. Impactos Ambientais dos Episódios Pluviais na Área Conurbada de Florianópolis no Período de 1980 a 1995 171
    4.2. Degradação Ambiental por Erosão Acelerada 175
5. Conclusões 183
6. Referências Bibliográficas 185

CAPÍTULO 5 MOVIMENTOS DE MASSA NA CIDADE
DE PETRÓPOLIS (RIO DE JANEIRO)
Luiz Fernando Hansen Gonçalves
Antonio José Teixeira Guerra

1. Introdução 189
2. Urbanização e Ocorrência de Movimentos de Massa 193
    2.1. Histórico do Planejamento Urbano 196
    2.2. Crescimento Populacional e as Legislações do Espaço Urbano 200
    2.3. A Ocupação do Solo e sua Relação com a Incidência de Movimentos de Massa 212

3. Caracterização Física da Área Urbana   215
   3.1. Clima   218
   3.2. Cobertura Vegetal   221
   3.3. Geologia   226
   3.4. Solos   229
   3.5. Geomorfologia   232
4. Distribuição Espacial e Temporal dos Movimentos de Massa na Área Urbana   234
   4.1. Período de 1960 a 1969   237
   4.2. Período de 1970 a 1979   238
   4.3. Período de 1980 a 1989   239
   4.4. Período de 1990 a 1997   243
5. Conclusões   246
6. Referências Bibliográficas   248

CAPÍTULO 6   EROSÃO DOS SOLOS E IMPACTOS AMBIENTAIS NA CIDADE DE SORRISO (MATO GROSSO)
Flávio Gomes de Almeida
Antonio José Teixeira Guerra

1. Introdução   253
2. Localização e Características da Área de Estudo   254
3. Histórico do Processo de Ocupação   258
4. Erosão dos Solos e Impactos Ambientais na Área Urbana   258
5. Ações Estratégicas Cabíveis (Medidas Preventivas)   261
   5.1. Aspectos Conceituais entre o ZEE e o ZGUA   264
   5.2. Metodologia Geral do Zoneamento Geográfico das Unidades Ambientais   265
6. Conclusões   271
7. Referências Bibliográficas   272

SUMÁRIO

CAPÍTULO 7 PROCESSO DE URBANIZAÇÃO E MUDANÇAS NA PAISAGEM
DA CIDADE DE AÇAILÂNDIA (MARANHÃO)
Mônica dos Santos Marçal
Antonio José Teixeira Guerra

1. Introdução   275
2. Crescimento Urbano   278
3. Fragilidade do Ambiente Físico e as Mudanças na Paisagem   284
   3.1. Efeitos do Desmatamento   286
   3.2. Avanço das Voçorocas   288
4. Em Busca de Soluções   296
5. Conclusões   299
6. Referências Bibliográficas   301

CAPÍTULO 8 PROBLEMAS AMBIENTAIS URBANOS CAUSADOS PELO TRÂNSITO
NA REGIÃO METROPOLITANA DE SÃO PAULO (RMSP)
Laura Valente de Macedo

1. Introdução   305
2. Contextualização   307
   2.1. São Paulo: a Cidade e a Região Metropolitana   307
   2.2. Histórico das Políticas Públicas para Transporte,
        Meio Ambiente e Uso do Solo   309
   2.3. Tráfego Urbano na RMSP: Gerenciamento, Uso e Propriedade
        do Automóvel   315
3. Quanto Custa Usar o Carro   321
   3.1. Impactos sobre a Saúde e a Qualidade de Vida   321
   3.2. Congestionamentos e Externalidades   327
   3.3. Quem Perde e Quem Ganha na Guerra Urbana do Trânsito   329
4. Políticas Públicas e Gestão Ambiental   331
   4.1. Políticas Públicas e Sociedade   331
   4.2. Gestão Ambiental, seus Agentes e Estratégias   332

5. Subvertendo o Conceito da Tragédia dos Comuns: o Caso do Rodízio Ambiental   333
    5.1. A Operação Rodízio   333
    5.2. A Operação Horário de Pico ou o Outro Rodízio   336
    5.3. Resultados e Implicações   337
6. Conclusões   339
7. Referências Bibliográficas   342

CAPÍTULO 9   DANOS AMBIENTAIS NA CIDADE DO RIO DE JANEIRO
Lílian Alves de Araújo

1. Introdução   347
2. Conceitos e Definições   349
    2.1. Meio Ambiente   349
    2.2. Instrumentos de Tutela Ambiental   349
    2.3. Dano Ambiental   350
3. Ação Civil Pública Ambiental   354
4. Implementação da Ação Civil Pública Ambiental pelo Ministério Público   356
5. Danos Ambientais Urbanos Objeto de Ações Civis Públicas Ambientais Ajuizadas na Cidade do Rio de Janeiro   360
    5.1. Poluição Sonora Decorrente de Atividades Diversas   363
    5.2. Danos Ambientais Decorrentes de Empreendimentos Imobiliários   366
    5.3. Danos Ambientais Decorrentes de Exploração Mineral   371
    5.4. Danos Ambientais Decorrentes de Obras Públicas   376
    5.5. Danos Ambientais Decorrentes de Deficiência no Sistema de Esgotamento Sanitário   380
    5.6. Danos Ambientais Decorrentes da Ocupação Irregular do Solo Urbano   384
    5.7. Danos Ambientais Decorrentes de Atividades Industriais   388

5.8. Danos Ambientais Decorrentes do Uso Irregular de Produtos Tóxicos (Risco de Poluição Acidental) 393
5.9. Danos Ambientais Decorrentes da Disposição Final do Lixo 396
6. Conclusões 399
7. Referências Bibliográficas 402

Autores

MARIA CÉLIA NUNES COELHO — É doutora em Geografia pela Universidade de Syracuse (Estados Unidos), pesquisadora do CNPq e professora adjunta do Departamento de Geografia da Universidade Federal do Rio de Janeiro, cedida ao Núcleo de Meio Ambiente — NUMA — e ao Núcleo de Altos Estudos Amazônicos — NAEA —, da Universidade Federal do Pará (nunes@amazon.com.br).

ANA MARIA DE PAIVA MACEDO BRANDÃO — É doutora pela Universidade de São Paulo e professora adjunta do Departamento de Geografia da Universidade Federal do Rio de Janeiro (abrandao@ims.com.br).

SANDRA BAPTISTA DA CUNHA — É doutora em Geografia pela Universidade de Lisboa (Portugal), pós-doutorada em Recuperação de Canais pela Universidade de Londres (Inglaterra), pesquisadora do CNPq e professora adjunta do Departamento de Geografia da Universidade Federal do Rio de Janeiro (sandracunha@openlink.com.br).

VIVIANE TORRES VIEIRA — É mestranda do Programa de Pós-Graduação em Geografia da UFRJ e geógrafa pela Universidade Federal do Rio de Janeiro (viviane@igeo.ufrj.br).

MARCELO ACCIOLY TEIXEIRA DE OLIVEIRA — É doutor em Geografia pela Universidade de Paris IV – Sorbonne (França) e professor adjunto do Departamento de Geociências da Universidade Federal de Santa Catarina (marcelo@cfh.ufsc.br).

MARIA LÚCIA DE PAULA HERRMANN — É doutora em Geografia Física pela Universidade de São Paulo e professora adjunta do Departamento de Geociências da Universidade Federal de Santa Catarina (herrmann@cfh.ufsc.br).

LUIZ FERNANDO HANSEN GONÇALVES — É mestre em Geografia pelo Programa de Pós-Graduação em Geografia da Universidade Federal do Rio de Janeiro e Professor do Colégio Pedro II (lfhg@compuland.com.br).

ANTONIO JOSÉ TEIXEIRA GUERRA — É doutor em Geografia pela Universidade de Londres (Inglaterra), pós-doutorado em Erosão dos Solos pela Universidade de Oxford (Inglaterra), pesquisador do CNPq e professor adjunto do Departamento de Geografia da Universidade Federal do Rio de Janeiro (guerra@igeo.ufrj.br).

FLAVIO GOMES DE ALMEIDA — É doutor em Geografia pelo Programa de Pós-Graduação em Geografia da UFRJ e professor adjunto do Departamento de Geografia da Universidade Federal Fluminense (ggefgal@vm.uff.br).

MÔNICA DOS SANTOS MARÇAL — É mestre em Geologia pela Universidade Federal do Pará, doutoranda em Geografia pela UFRJ e professora assistente do Departamento de Geografia da Universidade Federal do Pará (msm@igeo.ufrj.br).

LAURA VALENTE DE MACEDO — É mestre em Ciências pela Universidade de Oxford (Inglaterra), arquiteta e consultora ambiental (laura.valente@uol.com.br).

LÍLIAN ALVES DE ARAÚJO — É mestre em Gestão Ambiental pela Universidade Estácio de Sá, arquiteta, urbanista e especialista em engenharia de avaliações e perícias ambientais. Doutoranda do Programa de Pós-Graduação em Geografia da UFRJ (lilian.araujo@terra.com.br).

APRESENTAÇÃO

Os ambientes urbanos têm concentrado, cada vez mais, população no mundo e, em especial, no Brasil. Essa concentração, ligada a um crescimento desordenado e acelerado, tem provocado uma série de mudanças no ambiente. Nesse sentido, **IMPACTOS AMBIENTAIS URBANOS NO BRASIL** é um livro que se propõe a estudar questões teóricas, conceituais e aplicadas, bem como uma série de estudos de casos.

Inicialmente, é abordada a questão teórica, enfocando os problemas de como pesquisar e analisar os impactos ambientais na cidade, através de abordagens teórico-metodológicas e práticas de pesquisa. Algumas soluções são também apresentadas para os graves problemas ambientais que assolam as cidades brasileiras, enfocando, em especial, Rio de Janeiro, Teresópolis, Florianópolis, Petrópolis, Sorriso, Açailândia e São Paulo.

IMPACTOS AMBIENTAIS URBANOS NO BRASIL trata de cidades brasileiras de pequeno, médio e grande portes, apresentando algumas de suas características, suas respectivas potencialidades e riscos, no sentido de fornecer subsídios a estudantes, professores, pesquisadores e consultores das áreas de Geografia, Geologia, Biologia, Ecologia, Arquitetura, Direito, Planejamento Urbano, Engenharia Civil, Agronômica e Florestal e Ciências da Terra.

Cada capítulo fornece uma visão diferenciada de como os impactos ambientais ocorrem nas várias cidades tratadas. Dessa forma, o *Capítulo 1* aborda Impactos Ambientais em Áreas Urbanas – Teorias, Conceitos e Métodos de Pesquisa. O *Capítulo 2* destaca Clima Urbano e as Enchentes na Cidade do Rio de Janeiro. Mudanças na Rede de Drenagem Urbana de Teresópolis-Rio de Janeiro constitui o *Capítulo 3*, enquanto no *Capítulo 4* se discute Ocupação do Solo e Riscos Ambientais na Área Conurbada de

Florianópolis. O *Capítulo 5* trata de Movimentos de Massa na Cidade de Petrópolis-Rio de Janeiro, e o *Capítulo 6*, de Erosão dos Solos e Impactos Ambientais na Cidade de Sorriso-Mato Grosso. Urbanização Desordenada e Impactos Ambientais em Açailândia-Maranhão constitui o *Capítulo 7*, enquanto Problemas Ambientais Urbanos Causados pelo Trânsito na Região Metropolitana de São Paulo refere-se ao *Capítulo 8*. O livro se encerra com o *Capítulo 9*, abordando Danos Ambientais na Cidade do Rio de Janeiro.

Os Organizadores

Prefácio

A concentração urbana no Brasil é da ordem de 80% da população, e o seu desenvolvimento tem sido realizado de forma pouco planejada, com grandes conflitos institucionais e tecnológicos. Um dos principais problemas relacionados com a ocupação urbana são as inundações e os impactos ambientais. A tendência atual do limitado planejamento urbano integrado está levando as cidades a um caos ambiental urbano com custo extremamente alto para a sociedade.

Este caos está relacionado principalmente com a contaminação de mananciais superficiais e subterrâneos em razão do inadequado saneamento, as inundações urbanas devido à ocupação de área de risco e desenvolvimento da drenagem urbana totalmente imprópria, ampliando os problemas e gastando os recursos de forma a agravar os problemas, além da inapropriada disposição de material sólido.

Para reverter este processo é necessário criar conhecimento e transferi-lo para a sociedade na forma do ensino de graduação e pós-graduação e de publicações e livros que suportem esta formação.

A visão limitada de tratar os processos de forma isolada ou compartimentada é uma das primeiras causas dos problemas citados. É necessário quebrar o vínculo comparativista do conhecimento e tratar os problemas de forma interdisciplinar. A minimização e o controle dos problemas relacionados com a inundação e o ambiente são nitidamente interdisciplinares e exigem uma ampla visão para buscar soluções adequadas.

Este livro é uma importante iniciativa no sentido de buscar orientar a sociedade no sentido de analisar e controlar os impactos das inundações decorrentes do uso da água no meio urbano. O primeiro capítulo introduz toda a complexidade da visão holística da avaliação dos problemas na área urbana que relacionam o meio natural o antrópico como consequência dos aspectos sociais e os impactos resultantes. Além disso, esta avaliação converge para a busca de mecanismos de sustentabilidade ambiental urbana, o que é uma tarefa complexa dentro da realidade brasileira sujeita a tanta desobediência e improvisação institucional.

Os capítulos que seguem discutem individualmente os estudos de casos de vários ambientes urbanos dentro do Brasil, o que é uma experiência singular pelo efeito de demonstração da singularidade de cada caso e o exemplo que pode orientar diferentes outras cidades brasileiras. Três capítulos tratam de regiões metropolitanas brasileiras — Rio de Janeiro, Florianópolis e São Paulo — que são as principais áreas de conflito e de problemas. O *segundo capítulo* e o *nono* se integram porque tratam da mesma cidade: o primeiro, destacando o clima urbano, e o último, os problemas ambientais de uma cidade costeira, onde os aspectos continentais e costeiros convergem, como no *Capítulo 4,* que estuda a cidade de Florianópolis.

Deve-se destacar do livro que, além da variedade de ambiente, em cada capítulo são destacados aspectos específicos ambientais urbanos, como os movimentos de massa em Petrópolis — *Capítulo 5* —, a erosão urbana em Sorriso, no Mato Grosso — *Capítulo 6* —, mudança de paisagem em Açailândia, no Maranhão — *Capítulo 7* —, trânsito da cidade de São Paulo — *Capítulo 8* —, clima do Rio de Janeiro *Capítulo 2*, ocupação de área de risco em Florianópolis — *Capítulo 4* — e mudança de rede de drenagem em Teresópolis — *Capítulo 3*.

Este livro permite não só uma amostra abrangente dos condicionantes urbanos do Brasil, como também a identificação da relação de impactos que se observa nesses ambientes dentro de vários contextos.

Porto Alegre, 20 de abril de 2000
Prof., Dr. Carlos Eduardo Morelli Tucci

CAPÍTULO 1

IMPACTOS AMBIENTAIS EM ÁREAS URBANAS — TEORIAS, CONCEITOS E MÉTODOS DE PESQUISA

Maria Célia Nunes Coelho

1. INTRODUÇÃO

A complexidade dos processos de impacto ambiental urbano apresenta um duplo desafio. De um lado, é preciso problematizar a realidade e construir um objeto de investigação. De outro, é necessário articular uma interpretação coerente dos processos ecológicos (biofísico-químicos) e sociais à degradação do ambiente urbano.

Propomos que o desafio da problematização e construção de um objeto de pesquisa seja enfrentado através da metamorfose da problemática dos impactos ambientais urbanos de uma questão natural a uma questão social e política. O segundo desafio, de caráter teórico e metodológico, pode ser abordado a partir da combinação da economia política do meio ambiente com a ecologia política urbana.

Os geógrafos, tanto físicos quanto humanos, nunca falaram tanto das relações entre sociedade e natureza quanto nos dias atuais. Na prática, porém, a geografia humana permanece alheia à dinâmica da natureza, tanto quanto a geografia física à dinâmica da sociedade. Os geógrafos físicos ou geomorfólogos se restringem a tentativas incipientes de incluir o ser humano ou a população (quase nunca a sociedade) nas suas interpretações. Os geógrafos humanos se limitam a ver o ambiente como substrato físico, que é passivamente transformado pela sociedade.

De forma mais ou menos generalizada, os geógrafos em geral falham em demonstrar a importância das relações socioespaciais e da estrutura de classe no entendimento da problemática ambiental. Além dos aspectos sociais e políticos, cabe aos geógrafos, especificamente, analisar a estruturação e reestruturação socioespacial, processo no qual as áreas de maior risco ambiental são destinadas aos segmentos sociais menos favorecidos. As análises realizadas no campo dos impactos ambientais falham, portanto, devido principalmente à falta de profundidade teórica e ao seu reduzido poder explicativo. Não apenas os geógrafos físicos, mas também os estudiosos da problemática ambiental, em geral, e da questão ambiental urbana, em particular, comumente desconsideram suas vinculações com a estrutura de classes (Hogan, 1981).

Um outro problema apresentado pelas análises sobre os impactos ambientais urbanos refere-se às escalas interpretativas, sejam elas espaciais ou temporais. Um processo erosivo, por exemplo, está associado a causas múltiplas, temporal e espacialmente diversificadas, ainda que interligadas. O assoreamento dos rios é um outro exemplo de processos relacionados tanto a causas locais como a processos mais abrangentes espacialmente, da mesma forma que com impactos diversificados ao longo do tempo. Isto não quer dizer que determinados fenômenos não possam estar associados unicamente (ou predominantemente) a fatores locais, como, por exemplo, a poluição de um rio pela atividade industrial concentrada num determinado espaço geográfico.

O senso comum tem construído alguns pressupostos gerais sobre o tema aqui tratado. Acredita-se, por exemplo, que os seres humanos, ao se concentrarem num determinado espaço físico, aceleram inexoravelmente os processos de degradação ambiental. Seguindo esta lógica, a degradação ambiental cresce na proporção em que a concentração populacional aumenta. Desta forma, cidades e problemas ambientais teriam entre si uma relação de causa-efeito rígida. Outra ideia generalizada pelo senso comum é a de que os seres humanos são, por natureza, depredadores e aceleradores dos processos erosivos. As vítimas dos impactos ambientais são, assim, responsabilizadas e transformadas em culpados. A incorporação da estrutura de classes à análise possibilitará perceber quem se apropria dos benefícios das atividades econômicas cujos custos são divididos com toda a sociedade. Ou, ainda, os impactos ambientais decorrentes de tais atividades são mais percebidos pelos setores menos favorecidos da população, que, confinados às áreas mais suscetíveis às transformações próprias dos processos ecológicos, porém aceleradas pelas ações humanas, não podem enfrentar os custos da moradia em áreas ambientalmente mais seguras ou beneficiadas por obras mitigadoras de impactos ambientais.

A complexidade das condições biofísico-químicas, de um lado, e a complexidade do espaço urbano associada à estrutura de classes sociais, de outro, colocam limitações tanto à evolução determinística quanto à fé excessiva na capacidade auto-organizativa dos sistemas ecológicos (biofísico-químicos) e sociais. Portanto, a elaboração do conceito de impacto ambiental requer mudanças na noção de sistemas dinâmicos, através da concepção dos sistemas complexos, não linerares e longe do equilíbrio.

Os estudos urbanos de impacto ambiental relacionam-se a um conhecimento insuficiente dos processos ambientais, pautado numa noção defasada de equilíbrio e na ausência de uma teoria dos processos ambientais integradora das dimensões físicas, político-sociais, socioculturais e espaciais. Por outro lado, sendo a urbanização uma transformação da sociedade, os impactos ambientais promovidos pelas aglomerações urbanas são, ao mesmo tempo, produto e processo de transformações dinâmicas e recíprocas da natureza e da sociedade estruturada em classes sociais.

Este capítulo tem como objetivos principais: (a) apresentar a visão da economia política ou ecologia política do meio ambiente, examinando os conceitos de espaço, ambiente urbano e impactos ambientais; (b) refletir sobre as orientações teórico-metodológicas do desenvolvimento da investigação sobre impactos ambientais em áreas urbanas; e (c) examinar como a descoberta e a exploração-investigadora da complexidade e das diversidades dos ambientes urbanos podem contribuir para encontrar soluções criadoras que fundamentarão uma gestão ambiental compartilhada e integrada das áreas urbanas.

2. Economia Política do Ambiente e Ecologia Política Urbana

O campo teórico de nossa reflexão é a economia política ou ecologia política (com base nas ideias de Marx e Engels), que tem como pressuposto teórico a indissociabilidade entre natureza e sociedade e como objeto de investigação as dialéticas das mudanças sociais e ambientais (Harvey, 1996). Responde, assim, ao desafio, teórico e metodológico, de articular num modelo coerente às análises dos processos naturais e sociais (econômicos, políticos e culturais).

A economia política do meio ambiente, que se afirma como um segmento da economia política, posiciona a análise econômica dentro de uma formação social específica (isto é, a evolução histórica, diferencial e espacializada de cada sociedade) e explica o processo de desenvolvimento em termos de benefícios e custos que eles acarretam para as diferentes classes sociais. Reconhece, portanto, a especificidade das formações sociais, buscando explicar suas variações estruturais (Redclift, 1984).

A economia política ou ecologia política pode ser compreendida como sendo uma inter-relação dialética entre a sociedade (relações sociais de produção) e os ciclos ecológicos, aprendidos a partir da noção de ecossistema. Este pode ser visto como uma unidade formada pela união de um biótopo, ou seja, de uma base geofísica, e de uma biocenose, que é o conjunto das interações entre as vidas animais e as vidas vegetais (Morin, 1997). A ecologia política urbana, um outro segmento da ecologia política, aborda as relações entre uso do solo, padrão de distribuição espacial da propriedade do solo, impacto ambiental e o esforço político-financeiro de reordenação e conservação do solo urbano.

Embora se possa falar da ecologia política das mudanças climáticas, da seca ou das enchentes, privilegiamos a abordagem da ecologia política da erosão do solo. Para Grossman (1997), preocupado com a conservação do solo em áreas de pequenos produtores rurais, a ecologia política da erosão do solo centra sua atenção nas relações entre ambiente, padrão de uso dos recursos e as forças político-econômicas. Aplicada ao uso urbano, a ecologia política da erosão do solo se ocupa essencialmente do espaço físico, das condições ecológicas, padrão de uso do solo urbano, das forças político-econômicas e dos custos acarretados para os diferentes grupos ou categorias sociais.

Seja a ecologia política aplicada aos estudos do meio ambiente em geral, seja particularizada em ecologia política da erosão do solo em áreas urbanas, os conceitos de espaço, ambiente e impacto ambiental são essenciais. "Por espaço vamos entender o meio, o lugar material da possibilidade de eventos, o meio onde a vida é tornada possível." (Santos, 1994.) O espaço, como uma dimensão das relações entre sociedade e natureza, isto é, uma dimensão da reprodução social (Santos, 1979 e 1994; e Gottdiener, 1993), é socialmente construído. A concepção de espaço social é assim resumida por Souza (1997):

> "O espaço social é, primeiramente ou em sua dimensão material e objetiva, um produto da transformação da natureza (do espaço natural: solo, rios etc.) pelo trabalho social. Palco das relações sociais, o espaço é, portanto, um palco verdadeiramente construído, modelado, embora em graus muito variados de intervenção e alteração pelo homem, das mínimas modificações induzidas por uma sociedade de caçadores e coletores (impactos ambientais fracos) até um ambiente construído e altamente artificial como uma grande metrópole contemporânea (fortíssimo impacto sobre o ambiente natural), passando pelas pastagens e pelos campos de cultivo, pelos pequenos assentamentos etc. Não é um espaço abstrato ou puramente metafórico (acepção usual no domínio do senso comum e em certos discursos sociológicos, a começar por Durkheim), mas um espaço concreto, um espaço geográfico criado nos marcos de uma determinada sociedade."

Similarmente, o ambiente ou meio ambiente é social e historicamente construído. Sua construção se faz no processo da interação contínua entre uma sociedade em movimento e um espaço físico particular que se modifica permanentemente. O ambiente é passivo e ativo. É, ao mesmo tempo, suporte geofísico, condicionado e condicionante de movimento, transformador da vida social. Ao ser modificado, torna-se condição para novas mudanças, modificando, assim, a sociedade. Para a ecologia social, a sociedade transforma o ecossistema natural, criando com a civilização urbana um meio ambiente urbano, ou seja, um novo meio, um novo ecossistema, ou melhor, um ecossistema urbano (uma totalidade de relações e de interações no seio de uma unidade tão localizável como um nicho: o aglomerado urbano) no ecossistema natural (Morin, 1998). Santos (1994) refere-se à cidade como "um meio ambiente construído, que é o retrato da diversidade das classes, das diferenças de renda e dos modelos culturais". Na interação entre sociedade e natureza, como entender impacto ambiental?

Elias (1997) relembra que usualmente eventos naturais, como trovões e relâmpagos, secas e inundações, doenças e eclipses lunares, eram explicados em termos de ações selvagens, intenções e planos dos seres vivos. Mesmo nos dias atuais ainda é comum explicar eventos humanosociais simplesmente em termos de ações humanas selvagens, intenções e planos. Todavia, para este autor, a inadequação da explicação voluntarista das relações sociais, em contraste, é baseada no fato de que estruturas e processos emergem fora da interferência dos atos intencionados e planos de muitas pessoas, e que nenhuma das pessoas envolvidas neles os desejaram ou planejaram. Examinar e explicar tais estruturas e processos de interferência é uma das tarefas centrais das ciências sociais, particularmente da sociologia. Para Elias (1997), a teoria dos processos sociais deve tender a diagnosticar e a explicar as mudanças sociais de longo prazo e de desenvolvimento não planejado. É nesse contexto de uma nova teoria dos processos sociais que posicionaremos nossa compreensão de impacto ambiental como processo. Tomando emprestados os argumentos de Elias, não podemos explicar os impactos ambientais (mudanças sociais e ecológicas) nem voluntaristicamente, através de atos, nem seguindo simplesmente o arcabouço das ciências naturais, isto é, simplesmente através de mensurações ou relações mecânicas de causa e efeito, mas segundo um arcabouço de mudanças sociais estruturadas de longo prazo.

Na teoria da evolução social há a tendência em considerar as transformações um fenômeno contínuo. A evolução é um produto de múltiplas mudanças (Morin, 1998). As mudanças sociais e ecológicas são marcadas por rupturas num contínuo, provocando uma desestruturação e uma reestruturação que deverá ser afetada por nova mudança. Somente através de pesquisa de acompanhamento sistemático voltada para a compreensão das estruturas e dos processos não planejados e de longa duração é que podem ser explicados os impactos. Para Elias (1997), somente com tais estudos é possível decidir se os planos de curto prazo com vistas a remediar os problemas sociais não irão fazer mais mal que bem no longo prazo.

Impacto ambiental é, portanto, o processo de mudanças sociais e ecológicas causado por perturbações (uma nova ocupação e/ou construção de um objeto novo: uma usina, uma estrada ou uma indústria) no ambiente. Diz respeito ainda à evolução conjunta das condições sociais e ecológicas estimulada pelos impulsos das relações entre forças externas e internas à unidade espacial e ecológica, histórica ou socialmente determinada. É a relação entre sociedade e natureza que se transforma diferencial e dinamicamente. Os impactos ambientais são escritos no tempo e incidem diferencialmente, alterando as estruturas das classes sociais e reestruturando o espaço.

Impacto ambiental é indivisível. No estágio de avanço da ocupação do mundo, torna-se cada vez mais difícil separar impacto biofísico de impacto social. Na produção dos impactos ambientais, as condições ecológicas alteram as condições culturais, sociais e históricas, e são por elas transformadas. Como um processo em movimento permanente, o impacto ambiental é, ao mesmo tempo, produto e produtor de novos impactos. Como produto, atua como novo condicionante do processo no momento seguinte. É importante considerar que as novas condições não permanecem idênticas àquelas do início do processo.

O impacto ambiental não é, obviamente, só resultado (de uma determinada ação realizada sobre o ambiente): é relação (de mudanças sociais e ecológicas em movimento). Se impacto ambiental é, portanto, movimento o tempo todo, ao fixar impacto ambiental ou ao retratá-lo em suas pesquisas o cientista está analisando um estágio do movimento que continua. Sua pesquisa tem, acima de tudo, a importância de um registro histórico, essencial ao conhecimento do conjunto de um processo, que não finaliza, mas se redireciona, com as ações mitigadoras.

Na economia política ou ecologia política do meio ambiente é estabelecido um diálogo entre a economia política e a ecologia. Neste diálogo, não só os aspectos ecológicos, mas também os aspectos espaciais, sociais, políticos e culturais do meio ambiente são considerados. A economia política ou ecologia política, além da distribuição geográfica, das propriedades biológicas e físico-químicas dos elementos que compõem o quadro ecológico, considera a estrutura de propriedade da terra (rural e urbana) na explicação das formas como cada classe ou grupo social sofre ou enfrenta os impactos ambientais. A ecologia política aplicada ao espaço urbano incorpora também a ecologia humana, cuja ênfase dominante recai sobre a estruturação social do espaço urbano.

A economia política ou ecologia política do meio ambiente estuda as imbricações entre os processos ecológicos ou biofísico-químicos, político-econômico-espaciais e socioculturais, trabalhadas ou retrabalhadas teoricamente por diferentes autores (Redclift, 1984 e 1987; Brüseke, 1996;

Harvey, 1996; e Coelho, 1999). Em outras palavras, a economia política ou ecologia política do meio ambiente examina as relações dinâmicas entre natureza e sociedade e as estruturas socioespaciais temporalmente determinadas.

A localização geográfica, a distância e os processos físico-químicos possuem influências diretas sobre as formas de ocupação e de organização do espaço sobre o qual os grupos se confrontam. O processo político-econômico, com base na racionalidade determinada pela acumulação de capital, dispõe sobre a produção do espaço, a valoração da terra urbana e a apropriação de excedentes econômicos. O conteúdo político no contexto deste processo diz respeito sobretudo, mas não só, ao papel e às estratégias do Estado como sustentáculo da ordem, regulador e implementador de políticas públicas, e aos arranjos e rearranjos dos poderes de difícil integração, identificados nas escalas internacional, nacional e regional/local. O processo sociocultural, por sua vez, está associado com o sistema de valores sociais, políticos e culturais (Sachs, 1993).

Relações Dinâmicas entre os Processos Sociais e Ecológicos

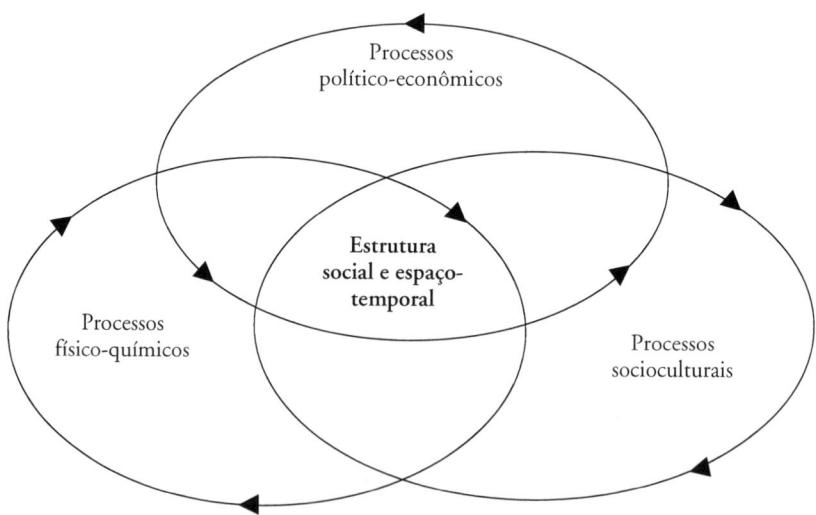

A intercessão entre os processos físico-químicos, político-econômicos e socioculturais dá origem à estrutura socioespacial que expressa, consequentemente, a maneira como as classes sociais e a economia se estruturam e desestruturam no espaço em face de uma intervenção externa. Toda estrutura socioespacial é temporal no sentido que a ruptura em cada um dos processos pode dar origem a uma nova estrutura que se manterá relativamente estável até que uma outra ruptura a destrua. Rupturas de causas diversas desencadeiam, portanto, processos de mudanças ecológicas e sociais combinadas, ou seja, impactos ambientais de natureza estrutural, produtores de novas mudanças que afetam de forma diferenciada e não planejada as estruturas de classes sociais.

3. O Espaço Urbano e a Distribuição Espacial dos Impactos Ambientais

Os teóricos do espaço urbano (Santos, 1979 e 1996; e Gottdiener, 1993) apreendem seu objeto de estudo como um espaço de formas e conteúdos particulares, inserido no espaço geral, produto e produtor de relações específicas que se expressam em fluxos e funções próprias, alteradas e dinamizadas pelas técnicas. A realidade de um espaço urbano é representativa de um estágio histórico dos movimentos de mudanças sociais e ecológicas (particulares e gerais) combinadas, que modificam permanentemente o espaço em questão.

A urbanização e a emergência dos problemas ambientais urbanos obrigam os estudiosos dos impactos ambientais a considerar os pesos variados da localização, distância, topografia, características geológicas, morfológicas, distribuição da terra, crescimento populacional, estruturação social do espaço urbano e processo de seletividade suburbana ou segregação espacial.

Os problemas ambientais (ecológicos e sociais) não atingem igualmente todo o espaço urbano. Atingem muito mais os espaços físicos de ocupação das classes sociais menos favorecidas do que os das classes mais elevadas. A distribuição espacial das primeiras está associada à desvalorização de espaço, quer pela proximidade dos leitos de inundação dos rios, das indústrias, de usinas termonucleares, quer pela insalubridade, tanto pelos riscos ambientais (suscetibilidade das áreas e das populações aos fenômenos ambientais) como desmoronamento e erosão, quanto pelos riscos das prováveis ocorrências de catástrofes naturais, como terremotos e vulcanismos.

A suscetibilidade dos solos à erosão correlaciona-se com as relações sociais de propriedades e com o acesso das diferentes classes sociais às técnicas de conservação do solo. Enquanto a classe alta dispõe de grandes áreas que lhe permitem manter a vegetação e preservar o solo, a classe pobre se aglomera e, ao aumentar a densidade populacional, altera a capacidade de suporte do solo.

As cidades historicamente localizaram-se às margens de rios. A incidência das inundações motivou as classes médias e altas a se afastar das áreas urbanas delimitadas como áreas de elevado risco. As inundações continuam e vitimam as classes pobres. Fugindo das áreas inundáveis e insalubres, as classes mais favorecidas, que buscam as áreas de topografia elevada, só eventualmente estão sujeitas a desmoronamentos. A solução do problema da minoria rica se faz mais facilmente e, não raramente, com os investimentos pesados na reorientação dos sistemas de drenagem, construção de muros de arrimo etc., em detrimento do investimento no saneamento das áreas ocupadas pela população pobre. Reforça-se, portanto, o grupo dos não atendidos pelos benefícios dos investimentos urbanos.

Em síntese, problematizar e construir um objeto de investigação é romper com o pré-construído (Bourdieu, 1998), o que implica questionar a noção comum de impacto ambiental como um mero resultado de ações externas dirigidas para um determinado sistema. Considerando que não são generalizáveis, estudar impactos ambientais requer a análise de cada caso particular, interrogando-o sistematicamente. A análise de impactos ambientais urbanos impõe para cada caso a necessidade de investigar as localizações, as distâncias, as condições ecológicas, o acesso diferencial à terra, as ações e formas de apropriação social dos espaços da cidade.

4. Questionamentos Teórico-Metodológicos aos Estudos de Impactos Ambientais

O processo de investigação científica requer uma estreita relação entre a teoria e os métodos de investigação. Os cuidados com os métodos de investigação e de interpretação devem ser grandes, bem como com as relações entre o teórico e o objeto real, operacionalizadas ou não pelos métodos e técnicas de investigação.

Problematizar o que parece evidente ou natural implica refletir criticamente sobre conceitos, teorias, métodos e técnicas de abordagem. Os conceitos são significados e estão sempre em movimento. Na análise de impactos ambientais, além do próprio conceito de impacto, equilíbrio, mudança e auto-organização são conceitos-chave que precisam ser permanentemente questionados. Mais uma vez enfatizamos que o impacto não é algo dado, evidente. Os impactos ambientais são mudanças de relações ecológicas e sociais que precisam ser interrogadas incessantemente. Com o fim de captar o não evidente, é preciso indagar das mudanças e da capacidade auto-organizativa dos sistemas urbanos abertos, tema a ser abordado nos próximos itens.

Critica-se a abordagem naturalista da teoria e do método. À visão de "teoria-espelho da natureza" opõe-se a visão das teorias como construções da mente humana, portanto falíveis e questionáveis, isto é, refutáveis empírica e logicamente. A finalidade do método é ajudar a pensar por si mesmo para responder ao desafio da complexidade dos problemas (Morin, 1996). Os métodos são caminhos que detêm um conjunto de possibilidades e outro conjunto de limites. Assim, em vez de aplicá-los automaticamente, eles próprios devem ser interrogados, e os resultados, relativizados.

As técnicas são instrumentos empiricistas ou auxiliares de verificação das hipóteses de análise. É necessário vencer a passividade empirista e a rigidez das técnicas. A ausência de crítica dos instrumentos pode dificultar a percepção de quanto eles são dinâmicos. Colocar em questão as operacionalizações da pesquisa e apresentar onde residem seus limites é o mesmo que evitar o mero endosso aos esquemas de análise.

A abordagem analítica dos impactos ambientais urbanos tem colocado geógrafos, geomorfólogos, arquitetos, geólogos, para citar alguns estudiosos da questão, diante de desafios teórico-metodológicos e práticos. Com base na análise de impactos ambientais, questionam-se, de um lado, o exame dos processos ambientais baseado em atributos físicos (localização, topografia, estratigrafia, solo, cobertura vegetal, clima etc.) e populacionais (tamanho e densidade populacional), de uma lógica prefixada modelarmente, e, de outro, a pertinência das práticas ou procedimentos de aproximação da verdade dos processos sociais, fundados na perspectiva da complexidade e diversidade social e utilizados cada vez mais por cientistas com ou sem orientação marxista.

A multidimensionalidade e a diversidade são imposições teórico-metodológicas ao processo de trabalho das questões ambientais. Tal imposição está presente na trajetória das problematizações, de formulação de hipóteses, isto é, na enunciação das respostas prováveis às questões ambientais, a serem confrontadas com a realidade observável. À multidimensionalidade e à diversidade associa-se "uma postura relacional, relativa e múltipla" (dos Santos, 1995).

4.1. REDISCUTINDO ESPAÇO, TEMPO E CAUSALIDADE

Os estudiosos de impactos ambientais tornaram-se, na maioria das vezes, herdeiros dos métodos dos cientistas naturalistas. Muitos continuam não pensando relacionalmente, dominados pela relação linear de causa e efeito. A lógica da causalidade unidirecional os conduz ao determinismo. Há, porém, diferentes tipos de determinismo. Um é o determinismo dos princípios de conhecimento, próprio de um paradigma imperativo, cartesiano/newtoniano, que ainda não cessou de ser utilizado. O outro é o determinismo do lugar, das condições geográficas, sociais, históricas, econômicas e culturais que impedem a análise de tudo que é variante, aleatório.

De modo geral, os estudiosos de impactos ambientais estão mais preocupados com a identificação dos efeitos imediatos e locais do que com o estudo e a interpretação dos processos, tarefas que apresentam dificuldades intrínsecas. Na compreensão dos impactos ambientais em áreas urbanas específicas nem sempre se considera impacto como parte de um problema ambiental dos espaços mais amplos. A mensuração de um processo se faz, de modo geral, na microescala. Fundamentados em medições empíricas, estudos realizados em áreas geográficas específicas podem fornecer taxas de erosão ou índices de poluição que, não raramente, refletem uma visão limitada e fragmentada dos processos nelas atuantes. Compreender a singularidade dos processos locais requer interpretação articulada dos micro e macroprocessos de mudanças. O método requerido é um que permita ir do local ao global do qual faz parte e vice-versa.

A articulação de tempos presentes, tempo dos ciclos ecológicos e tempos geológicos é outro grande desafio. O fenômeno estudado deve ser considerado como parte de uma construção permanente que considera a história geológica e a história dos ecossistemas contemporâneos. O método que possibilite interrogar os tempos da sociedade e os tempos das mudanças naturais é de grande utilidade. A imbricação de espaços e de tempos diferentes leva ao exercício da reinterpretação relacional das realidades complexas da produção do espaço, processo no qual as técnicas assumem papéis importantes e constantemente renovados.

4.2. A Importância Atribuída à Sociedade nos Estudos de Impacto Ambiental

A busca da cientificidade levou os cientistas naturais à procura de leis gerais. Assim como as leis enunciadas por Newton, alguns cientistas naturais (entre eles, geomorfólogos e geólogos, para citar alguns) continuam a fazer pesquisas fundadas na medida, na precisão, na exatidão, na predição. Porém, as leis gerais da sociedade não comportam nenhuma certeza, exatidão ou predição. A descoberta da complexidade coloca em cheque a abordagem determinista, compartimentada e reducionista. O caminho das possibilidades deixa assim de ser evitado sem que seja preciso abrir mão do rigor científico.

A sociedade é um sistema complexo que não se pode reduzir à população, isto é, à soma dos indivíduos que a constituem. A noção de sociedade incorpora contradições que influenciam e redirecionam as inter-relações dos seus constituintes, que são, por natureza, antagônicas e conflitivas. Enquanto para o cientista natural o conceito de sociedade é uma abstração a ser desconsiderada, para os cientistas sociais a incorporação da sociedade e as teorias de processo social na produção de conhecimento sobre impacto ambiental são essenciais.

A ausência de teorias dos processos sociais implica a superficialidade da compreensão do social e de suas inter-relações com o meio biofísico. Duas relutâncias precisam ser vencidas: (1) dos cientistas físicos em entender os princípios de estruturação da sociedade; e (2) dos cientistas sociais de familiarizarem-se com os princípios básicos da física, da mecânica e da química, e com os processos que incluem a interação entre características físicas e morfológicas, isto é, as interações entre materiais do solo, água, vegetação, gravidade, transporte, redeposição de materiais e movimentos de massa.

4.3. VISÃO DOS SISTEMAS COMPLEXOS, NÃO LINEARES E LONGE DO EQUILÍBRIO

Uma das razões do pouco avanço nos estudos de impactos ambientais está na dificuldade de incorporar às análises as noções de ruptura, irreversibilidade, imprevisibilidade das mudanças e de autorregulação dos sistemas abertos resultantes das relações e interação entre sociedade e natureza.

A noção de irreversibilidade dos sistemas abertos reporta-se à física, particularmente à segunda lei da termodinâmica, pela qual uma parcela da energia útil, ao ser transformada, é irreversivelmente dissipada (entropia). Com a elevação da entropia, o sistema atinge um alto grau de perturbação que quebra o estado de estabilidade anterior e conduz o sistema ao ponto de bifurcação. Neste ponto, o comportamento do sistema se torna instável e pode evoluir na direção de um estado de relativa estabilidade que é, no entanto, dinâmico e espaço-temporal, até que uma nova ruptura (quebra de simetria) ocorra. Em outras palavras, o aumento da entropia corresponde a uma degradação energética/organizacional. Um papel construtivo pode ser revelado nos fenômenos irreversíveis e nos fenômenos de autoorganização que se produzem longe do equilíbrio (Prigogine e Stengers, 1992).

Prigogine e Stengers (1992), um físico e uma filósofa, na introdução do livro *Entre o Tempo e a Eternidade*, assim escrevem sobre a obra anterior, a *Nova Aliança*, em que eles descreviam o papel que as estruturas dissipativas podem desempenhar na compreensão da vida:

> *"La nouvelle alliance*, da mesma forma, levava o debate ao coração da dinâmica clássica. Mostrávamos como a "renovação" da dinâmica, ligada à descoberta dos sistemas dinâmicos instáveis, recolocava em questão o ideal determinista que norteara a dinâmica desde a origem. Mostrávamos que esses sistemas instáveis levavam a uma nova

descrição que marcava a passagem do determinismo para as probabilidades, da reversibilidade para a irreversibilidade. Na época, estas conclusões podiam parecer revolucionárias para alguns. Hoje, elas são aceitas, se não pela maioria, pelo menos por um número cada vez maior de físicos."

As perspectivas dos sistemas complexos não lineares longe do equilíbrio e as discussões de tempo podem fazer evoluir a investigação sobre os processos ambientais e, consequentemente, a compreensão dos impactos ambientais. Argumentamos que a abordagem dos sistemas dinâmicos não lineares, longe do equilíbrio, oferece uma nova possibilidade de interpretação mais coerente dos impactos ambientais quando acrescida da noção de auto-organização. Não há equilíbrio, há estado de relativa estabilidade, que é temporal e onde a energia erosiva permanece relativamente estabilizada.

4.4. A IDEIA DE AUTOECOORGANIZAÇÃO

Considerando a segunda lei da termodinâmica (a lei da entropia), todo sistema fechado está condenado à desintegração, à dispersão. Porém, um sistema aberto é capaz de renovar energia, sendo capaz de se auto-organizar, de se autodefender. O ecossistema é um sistema auto-organizado e não fechado. "O ecossistema é um fenômeno organizador, não somente no sentido material, mas também em termos de processo: é um fenômeno de computação, multiforme e global." (Morin, 1997.) Para Morin, o pensamento ecológico é uma forma de pensamento que reflete a lógica da realidade natural e a complexidade da organização viva (Morin, 1997). A complexidade organizacional dos ecossistemas consiste em sua capacidade relativa de se auto-organizar ou de corrigir certos efeitos destruidores provocados pelo progresso técnico. Morin (1998) justifica assim suas ideias de autoecoorganização:

"... a noção de sistema autoecoorganizador não é apenas uma noção empírica que só permita completar um saber insuficiente. É uma noção paradigmática de importância capital que acentua e liga indissociavelmente caracteres sociais-chave que, em geral, a teoria sociológica esquece: o problema da autonomia organizadora (auto-organização), o problema da relação com o ambiente (relação ecológica), o problema permanente da desorganização interna (aumento da entropia) e o problema da reorganização interna (princípio autorregenerativo)."

A noção de auto-organização pode ser uma noção-chave no estudo das questões ambientais. Após uma ruptura de um determinado estado de relativa estabilidade, o sistema poderá se auto-organizar, ou seja, buscar sua autoprodução, autorreprodução, autorrecuperação ou automultiplicação, "desde que a taxa de reprodução seja superior à taxa de degradação" (Morin, 1998).

5. O Problema de Pesquisar os Impactos Ambientais na Cidade: Abordagens Teórico-Metodológicas e Práticas de Pesquisa

A crescente demanda para pesquisar impactos ambientais urbanos está associada ao fato de que a sociedade e os governantes só há pouco têm problematizado o ambiente das cidades. Mas o que é uma cidade? A cidade (*polis*) é tradicionalmente vista como aglomeração urbana ou um espaço de assentamento urbano, de obras, de estruturação e funções específicas. A cidade é mais do que aglomeração urbana, ela é centro da vida social e política (centro de decisões). A cidade tem ainda o sentido político-administrativo como sede de município. Embora seja composta de diferentes áreas ou ambientes construídos (áreas residenciais, áreas industriais etc.) e diferentes classes sociais, a cidade é totalidade (Santos, 1994), e suas partes dispõem de movimento combinado. A cidade é ainda, para a ecologia humana, um sistema aberto e complexo em que ordem e desordem (a desintegração entrópica do sistema) acham-se dialeticamente relacionadas. "As cidades são sistemas abertos e complexos, ricos de instabilidade e contingência." (Machado, 1993.)

Quais são os problemas e desafios decorrentes de uma investigação conduzida num espaço urbano determinado, a cidade? Como transformar o fato ecológico urbano em fenômeno social? Para isto ocorrer é preciso indagar, ao mesmo tempo, sobre os problemas relativos tanto aos conceitos e às teorias sobre a cidade quanto aos conceitos usuais de impacto ambiental urbano. Certamente, os estudos convencionais de impactos ambientais urbanos limitaram-se a associar crescimento urbano com as características ecológicas e renunciam à compreensão da cidade moderna (e as mudanças nas formas de produção, funções, estruturas, dinâmicas infraestruturais e significados arquitetônicos). Certamente, os padrões socioespaciais e os impactos ambientais são também explicados pelas forças que emanam da organização social, que é hierárquica por definição.

Dessa forma, não basta estudar fatores, tais como: localização, distâncias, mudanças nas condições ecológicas de forma associada às características demográficas do ambiente construído que é a cidade, para entender impactos ambientais. A compreensão de impactos ambientais, como processo, depende, sobretudo, de se compreender a história (não linear) de sua produção, o modelo de desenvolvimento urbano e os padrões internos de diferenciação social.

O estudo exaustivo e fragmentado do meio biofísico natural (clima, relevo e vegetação), de um lado, e do meio artificial (caracteres da população e condições de habitação, meios técnicos), de outro, acaba por resultar numa classificação intelectualmente passiva que separa impactos físicos dos impactos sociais. Resulta também numa distorcida, prematura e não relativizada classificação de impactos em positivos e negativos sem avaliar que o que é positivo para uma classe social pode não ser para outra ou o que é positivo num momento do processo pode não ser em outros.

No exame dos impactos ambientais na cidade, a multidimensionalidade não pode ser negligenciada. Hão que se questionar os pesos diferenciados da: localização, opção urbanística, topografia, rede de drenagem, composição geológica do terreno, uso do solo e traçado das ruas. A disposição das ruas, por exemplo, que, ao se entrecruzarem, formam ângulos retos, tende a aumentar o volume e as velocidades — dependendo da inclinação do terreno — e a verticalizar os caminhos das águas, facilitando a erosão (voçorocas) em áreas de relevo e composição de terreno vulneráveis e desprovidas de infraestrutura básica (Guerra *et al.*, 1998). Outros impactos ambientais relacionam-se a: (a) políticas públicas cristalizadoras de desigualdades sociais; (b) realidade social em suas diversas dimensões; e (c) forças sociais (locais e globais) que influenciam a (re)estruturação socioespacial, interna à cidade e externa, abrangendo um espaço regional mais amplo.

É preciso compreender que as cidades são influenciadas por uma dinâmica global que ultrapassa suas fronteiras. Estas são importantes componentes na compreensão dos processos de longo alcance que influenciam os processos locais de mudanças sociais e ecológicas. Assim, as medidas de minimização de impactos ambientais têm que ser pensadas em uma escala de ação bem mais ampla, que abarca, de forma integrada, a cidade e seu espaço circundante imediato (o rural) e, até mesmo, espaços mais distantes.

As técnicas de investigação divulgadas pelos manuais de análise de impactos ambientais (*check list* e outras) precisam ser recriadas, já que produzem, no máximo, uma catalogação de impactos ambientais que, aplicada à cidade, nada revela da sociedade, dos processos das mudanças físicas e sociais e da multidimensionalidade dos efeitos/condicionadores de novas mudanças.

O desafio consiste em conceber uma investigação de impactos que não renuncie à crítica dos conceitos, métodos e técnicas e que "não cesse de ser investigadora" (Morin, 1998). Entre as orientações teórico-metodológicas da investigação chamamos a atenção para a importância da periodização e da espacialização no processo de análise, da dialética entre simplificar e complexar e da utilidade da aplicação do método comparativo nos estudos propostos.

5.1. Periodização e Espacialização

Periodizar a história da cidade implica examinar continuidades e descontinuidades/rupturas ao longo do processo de mudanças, bem como os estados de relativa estabilidade que caracterizam cada um dos momentos identificados. Espacializar não significa apenas posicionar no espaço ou mapear os fenômenos que ocupam uma extensão do espaço, mas sobretudo distinguir diferenciações no processo de transformação espacial. O mapeamento tende a retratar uma espacialização, ou seja, um processo de formação e distribuição espacial, temporal e socialmente diferenciado dos impactos ambientais. Corrêa (1997) ressalta bem esse aspecto em seu capítulo sobre meio ambiente e metrópole:

"A espacialidade diferencial implica que se considere o meio ambiente, de um lado, como reflexo social e, de outro, como condicionante social, isto é, reflete os processos e as características da sociedade que o criou e que ali vive, como impacta sobre o seu futuro imediato. Por outro lado, a espacialidade está sujeita a um dinamismo fornecido pelo movimento da sociedade, mas é parcialmente minimizada pela força de inércia dos objetos materiais socialmente produzidos: o meio ambiente é mutável sem que as formas espaciais existentes tenham mudado substancialmente. E por tratar de uma espacialidade situada no bojo de uma sociedade de classes, desigual, a espacialidade implica desigualdades, refletindo e condicionando a sociedade de classes e tendendo à reprodução das desigualdades."

O mapeamento de impactos ambientais certamente guardará estreita relação com a espacialização diferencial das classes sociais na cidade, peculiar a cada momento de sua história social e política.

Auxiliado por meios de investigação, como documentação histórica, questionários e entrevistas, será possível inferir quais as estruturas socioespaciais dominantes em cada período de análise. A representação cartográfica da vulnerabilidade aos processos erosivos, ou poluidores, ou o zoneamento por graus de riscos de erosão, ou de contaminação por poluição do ar, ou da água superpostos à distribuição dos usuários classificados por rendas e condições das habitações facilitam a compreensão da geografia dos impactos ambientais, relacionadas à estruturação social dos diferentes ambientes urbanos.

5.2. SIMPLIFICAR E COMPLEXAR

A compreensão dos impactos como processo, como movimento, conduz a uma concepção complexada das relações entre sociedade e natureza. A compreensão de impacto, porém, pode estar na relação dialética estabelecida pelos pesquisadores entre simplificar e complexar. Enquanto a simplificação consiste em selecionar o que é supostamente mais significativo, evitando o incerto e o ambíguo, a complexação procura levar em conta uma multiplicidade de dados e de informações, reconhecendo o variado, o variável, o ambíguo, o aleatório e o incerto (Morin, 1996).

Recorrer dialética e complementarmente a ambas estratégias, simplificar e complexar, pode significar explorar ao máximo os limites das certezas e as possibilidades de confirmação das incertezas, do aleatório. Isto caracteriza uma permanente luta contra a ilusão, o erro e o imediatismo das explicações (Morin, 1996). O diálogo entre simplificar e complexar aumenta os questionamentos sobre os conhecimentos estáveis ou já estabelecidos e faz crescer a possibilidade de conhecimento singular/contingencial e imprevisto.

5.3. O Método Comparativo Essencial à Interpretação

O método comparativo está evidentemente na base de praticamente todos os estudos e interpretações. A recuperação da memória evolutiva, incluindo o registro das áreas afetadas por deslizamentos ou poluição no passado, por exemplo, com descrição da distribuição da população e da espacialização das classes sociais, é essencial à aplicação do método comparativo. Comparam-se ambientes (classificados por tipos de ocupação) ou áreas urbanas, variáveis ecológicas, indicadores sociais e econômicos, espaço e intensidade de ocorrência dos problemas ambientais e políticas governamentais e planejamento. As comparações tornam conhecidos os padrões que se relacionam à erosão ou à poluição e indicam processos e estruturas.

O recurso ao método comparativo apoia-se na perspectiva da dinâmica sistêmica. Em geral, a comparação toma como referência clara ou implícita esta ou aquela situação que contribuirá com a revelação de similaridades e/ou diferenças. O método comparativo tornou-se central ao registro e explicação da evolução dos processos ambientais e distribuição dos impactos na cidade. É imprescindível à compreensão da complexidade, diversidade, singularidade e contingencialidade dos processos.

6. Produção de Conhecimento sobre Sustentabilidade Ambiental da Cidade e Implicações na Legitimidade das Políticas Públicas

Os estudos fundamentados na análise dos processos sociais e ecológicos, complexos e dinâmicos podem auxiliar o planejamento urbano de longo prazo. A adoção pelos países da perspectiva do desenvolvimento sustentável tem influenciado a aplicação da noção de sustentabilidade (divulgada pelo Relatório Brundtland de 1987) às cidades, ou seja, formas planejadas de apropriação e uso do meio ambiente, de acordo com critérios de crescimento populacional e crescimento econômico, que restringem a pressão sobre o meio ambiente físico e perseguem modelos de eficiência e equidade na distribuição de recursos, entre outras coisas.

A sustentabilidade associa-se às condições de reprodução da legitimidade das políticas e das condições de construção política da base material das cidades. A cidade é uma produção contínua. "A base técnico-material da cidade é vista então como socialmente construída, no interior dos limites de elasticidades das técnicas e das vontades políticas." (Acselrad, 1999.)

Ainda para Acselrad:

> "A leitura da cidade como um sistema termodinâmico aberto identificará no urbano o *locus* privilegiado da produção crescente de entropia, emblema da irreprodutibilidade ilimitada do processo de crescimento econômico-material. A insustentabilidade urbana é, nesta perspectiva, uma expressão social da irreversibilidade termodinâmica. Com base em uma leitura da cidade como lugar por excelência da perda da capacidade de transformação de energia em trabalho, caberia ao planejamento urbano minimizar a degradação energética e desacelerar a trajetória da irreversibilidade."

Quando o crescimento urbano não é acompanhado por aumento e distribuição equitativa dos investimentos em infraestrutura e democratização do acesso aos serviços urbanos, as desigualdades socioespaciais são geradas ou acentuadas. Na nova elaboração de políticas públicas destinadas a reorientar o desenvolvimento sustentável da cidade não se pode ignorar que existe "uma forma social durável de apropriação e uso do meio ambiente dada pela própria natureza das formações biofísicas", isto é, que existe uma "diversidade de formas sociais de duração dos elementos da base material do desenvolvimento" (Acselrad, 1999).

Segundo Acselrad, "a crise de legitimidade das políticas urbanas poderá ser atribuída também à incapacidade de se fazer frente aos riscos tecnológicos e naturais. Na perspectiva da equidade, o risco culturalmente construído apontará a desigualdade intertemporal no acesso aos serviços urbanos com a prevalência de riscos técnicos para as populações menos atendidas pelos benefícios dos investimentos públicos ou afetada pela imperícia técnica na desconsideração de especificidades do meio físico das cidades, tais como declividades, acidentes topográficos, sistemas naturais de drenagem, movimentações indevidas de terra, renovação de solo superficial, formação de voçorocas, erosão e assoreamento".

A busca por padrões insustentáveis de desenvolvimento urbano representa, sem dúvida, uma luta política pela reconstrução ou nova produção da cidade ou dos espaços urbanos em geral que requer um conhecimento da realidade que viabilize a emergência de soluções alternativas e sustentáveis para os problemas gerados no processo de mudanças sociais e ecológicas (impactos ambientais).

7. ABORDAGENS DE IMPACTOS AMBIENTAIS E ESFORÇOS DE MITIGAÇÃO NAS CIDADES: GESTÃO AMBIENTAL DO ESPAÇO URBANO

Abordagens equivocadas, isto é, não embasadas em pressupostos teórico-metodológicos claramente definidos, podem induzir a soluções mitigadoras de impactos ambientais erradas ou inadequadas. Uma das preocupações da economia política ou ecologia política do meio ambiente tem sido como as decisões políticas e econômico-financeiras são tomadas de maneira a não enfrentar de modo duradouro os problemas de suscetibilidade do solo à erosão e a inviabilizar programas de conservação do solo, para citar alguns exemplos. As questões ambientais não são somente técnicas. Similarmente não é técnica a decisão de priorizar a alocação de recursos escassos. Forças sociais e políticas em jogo contribuem para o atendimento a interesses dominantes numa estrutura de classe. Abordagens, propostas de soluções e programas de ação para os problemas ambientais não raramente expressam "um modelo de sociedade, de distribuição de poder na sociedade e dos valores prioritários da sociedade" (Hogan, 1981).

As satisfações provocadas pelas desigualdades na distribuição dos recursos e a permanência dos problemas ambientais nunca resolvidos levaram à reivindicação por gestões mais democráticas do espaço e dos recursos, ou seja, uma redistribuição do poder de decidir. O conceito de gestão guarda similaridades com as diversas formas de cooperação e, consequentemente, com o conceito de autogestão. No processo de gestão, decisões e ações são estabelecidas a partir de negociações (interações) entre as partes (Machado, 1995).

Crescem, assim, no âmbito inicial da cidade, mas com tendência de expandir-se às áreas rurais, as demandas por participação nas decisões e ações por parte dos atores sociais, novos e antagônicos: governos (órgãos federais, estaduais e municipais) e empresas imobiliárias, de um lado, e os movimentos sociais, as organizações não governamentais, de outro. Não obstante a gestão efetivamente reflita o tecido social (socialmente desigual e marcado por contradições de todos os tipos), idealmente, a gestão dos problemas ambientais urbanos implica uma construção social em que o Estado-Governo compartilhe com a sociedade civil as responsabilidades das decisões e das execuções.

As políticas públicas, entre as quais a erradicação da pobreza ou a proteção do ambiente, por exemplo, são consideradas como resultado de uma luta entre interesses de classe, negociados pelo e com o Estado (Redclift, 1984). A maior equidade na alocação de recursos e de investimentos depende, quase sempre, da ampliação da representatividade dos grupos sociais.

8. Conclusões

Podem ser conhecidos os impactos ambientais sem que sejam conhecidos os processos que os geraram? Não é senão como construção em movimento que se pode conceber impacto ambiental que transforma, no seu próprio movimento, os constituintes que o formam? As deficiências verificadas no estudo de impacto ambiental estão, sem dúvida, associadas aos conceitos e teorias que visam à sua compreensão como processos. Busca-se uma teoria unificadora em que natureza e sociedade apresentam-se inseparáveis. Coerentemente com tal visão teórica, o caráter ambiental de impacto deve ser compreendido no seu sentido mais amplo, que reúne ao mesmo tempo e de forma inseparável o físico, biológico, químico, social, político e cultural.

Partir do reconhecimento da multidimensionalidade dos processos de impacto ambiental implica a aceitação da interdisciplinaridade como prática de pesquisa. Na análise de impactos ambientais ainda não se quebrou com a abordagem mecanicista, reducionista e determinística. A multidimensionalidade, bem como a complexidade, diversidade e multiplicidade, parecem ser esquecidas em face da passividade teórica e empírica de muitos pesquisadores da questão ambiental. A explicação de impactos ambientais, portanto, não se limita a um número reduzido de variáveis, de ideias, informações ou teorias. Devem ser concebidos no impacto ambiental vários modos ou níveis, aos quais corresponde cada um dos ângulos da análise efetuada.

Conforme foi ressaltado, os estudiosos de impactos ambientais, em geral, estão mais preocupados com a identificação dos efeitos imediatos e locais do que com o estudo e a interpretação dos processos. A base da problematização está, entretanto, na possibilidade de superar a visão estático-convencional de impactos ambientais e na necessidade de avançar em direção às teorias dos processos de mudanças que resultam da interação dos processos biofísicos, político-econômicos e socioculturais, e os padrões de apropriação no interior de um mesmo espaço urbano, de uma mesma cidade e de uma mesma formação social.

O processo de pesquisa ora defendido está associado à economia política do meio ambiente, pautado nas ideias de Marx e Engels, na crítica e na renovação criadora dos esquemas lógicos de análise ambiental e dos estudos de impactos ambientais. Para isto, impõe-se o rompimento com a visão de preservação ambiental, fundada no pressuposto de que há equilíbrio na natureza. A visão de equilíbrio é, portanto, substituída pelas noções de regulações, homeostases e estados de relativa estabilidade.

As análises da estruturação e desestruturação no espaço, em face das mudanças promovidas por fatores internos e externos, são fundamentais à compreensão da distribuição socioespacial dos custos e benefícios. A discussão sobre perdas (migrações, movimentos de massa, poluição, degradação do solo, ameaça termonuclear, perdas ou destruição de culturas, concentração e desperdícios de recursos financeiros) é reveladora do crescimento das desigualdades no interior de uma sociedade e de como as classes se espacializam e sofrem os impactos ambientais no espaço interno e externo à cidade. Na construção de um mapa dinâmico de exclusão social não podem ser ignoradas nem as condições ecológicas (locais e regionais) e nem as condições de segregação social dinâmicas que influenciam na construção dos diversos ambientes urbanos.

A compreensão dos processos ambientais requer um esforço permanente de articulação da micro, meso e macroescala de análise. Tal procedimento facilitaria uma visão mais integrada dos processos de impactos ambientais, gerais, locais e singulares. Finalmente, através do aumento da possibilidade do conhecimento, que recusa os saberes biofísico ou social já estabelecidos, buscam-se as múltiplas causalidades, a diversidade e a complexidade, e amplia-se a possibilidade de decisões e de ações, isto é, a probabilidade de conceber soluções alternativas mais eficazes. Privilegiar assim o conhecimento como fonte de saber incerto é conceber o espaço urbano como parte de um mundo encantado não revelado de que nos falam Prigogine e Stenger (1991 e 1992).

9. REFERÊNCIAS BIBLIOGRÁFICAS

ACSELRAD, H. (1999). Discurso da Sustentabilidade Urbana. *In*: *R. B. Estudos Urbanos e Regionais*, Nº 1, maio, pp. 79-90.
BOURDIEU, P. (1998). *O Poder Simbólico*. Rio de Janeiro: Bertrand Brasil.
BRUNDTLAND, G. (1987). *Nosso futuro comum*. São Paulo: Ed. Fundação Getúlio Vargas.
BRÜSEKE, F. (1996). *A Lógica da Decadência*. Belém: Ed. CEJUP.
COELHO, M. C. N. (1991). Socioeconomic Impacts of the Carajás Railroad in Maranhão, Brazil. Syracuse: Syracuse University (Tese de Doutoramento).
COELHO, M. C. N. (1994). Desenvolvimento Sustentável, Economia Política do Meio Ambiente e Problemática Ecológica. *In*: D'INCAO, M. A. & SILVEIRA, I. M. (orgs.): *A Amazônia e a Crise da Modernização*. Belém. Museu Paraense Emílio Goeldi, pp. 381-7.
COELHO, M. C. N. (1999). Política e Gestão Ambiental Integrada dos Recursos Minerais na Amazônia e no Pará. Belém: mimeo. (Relatório apresentado à Fundação FORD).
CORRÊA, R. L. (1997). Meio Ambiente e a Metrópole. *In*: CORRÊA, R. L. *Trajetória Geográfica*. Rio de Janeiro: Bertrand Brasil, pp. 152-69.
DOS SANTOS, J. V. T. (1995). A Aventura Sociológica na Contemporaneidade.

In: ADORNO, S. (org.). *A Sociologia entre a Modernidade e a Contemporaneidade*. Porto Alegre: Editora da UFRGS. Nº Especial de *Cadernos de Sociologia* do IFCH/UFRGS, pp. 73-84.

ELIAS, N. (1997). Towards a theory of social processes: a translation. *In: Brit. Inf. of Sociology*, 48(3), pp. 354-83. (Incluímos o texto do mesmo periódico de Eric Dunning and Robert van Krieken, "Translators", introduction to Norbert Elias's 'Toward a theory of social processes', pp. 353-4.)

FUKS, M. (1998). Environment-Related Mitigation in Rio de Janeiro: Shaping Frames for a New Social Problem. *In: International Journal of Urban and Regional Research*, 22 (3), pp. 394-407.

HARVEY, D. (1973). *Social Justice and the City*. Baltimore: Johns Hopkins University Press.

HARVEY, D. (1983). *Limits of Capital*. London: Macmillan.

HARVEY, D. (1996). *Justice, Nature and the Geography of Difference*. Oxford: Blackwell.

HOGAN, D. J. (1981). Ecologia Humana e as Ciências Sociais. Campinas. II Jornada Brasileira de Ecologia Humana, UNICAMP.

GOTTDIENER, M. (1993). *A Produção Social do Espaço Urbano*. São Paulo: EDUSP.

GREGORY, K. J. (1992). *A Natureza da Geografia Física*. Rio de Janeiro: Bertrand Brasil.

GROSSMAN, L. S. (1997). Soil Conservation, Political Ecology, and Technological Change on Saint Vicent. *In: The Geographical Review*, 87 (3): 353-374, July.

GUERRA, A. J. T., COELHO, M. C. N. & MARÇAL, M. dos S. (1998). Açailândia, Cidade Ameaçada pela Erosão. *In: Ciência Hoje*. Rio de Janeiro. SBPC, 23(138): 36-45.

GUERRA, J. T. & CUNHA, S. B. da (1998). *Geomorfologia e Meio Ambiente*. Rio de Janeiro: Bertrand Brasil.

MACHADO, L. O. (1995). Sociedade Urbana, Inovação Tecnológica e a Nova Geopolítica. *In: Cadernos do LAGET*, Nº 5, pp. 20-30.

MACHADO, L. O. (1993). A geopolítica do governo local: proposta de abordagem aos novos territórios urbanos da Amazônia. *In: Anais do Simpósio Nacional de Geografia Urbana*. Rio de Janeiro: UFRJ/AGB.

MORIN, E. (1996). *O Método III*. O Conhecimento do Conhecimento/ Portugal: Publicações Europa-América.

MORIN, E. (1997). Por um Pensamento Ecologizado. *In*: CASTRO, E. & PINTON, F. (orgs.). *Faces do Trópico Úmido*. Belém: CEJUP.

MORIN, E. (1998). *Sociologia*. A Sociologia do Microssocial ao Macroplanetário. Portugal: Publicações Europa-América.

PRIGOGINE, I. & STENGERS, I. (1991). *A Nova Aliança*. Brasília: Editora UnB.

PRIGOGINE, I. & STENGERS, I. (1992). *Entre o Tempo e a Eternidade*. São Paulo: Companhia das Letras.

REDCLIFT, M. (1984). *Development and the Environmental Crisis. Red or Green Alternatives?* London and New York: Methuen.

REDCLIFT, M. (1987). *Sustainable Development. Exploring the Contradictions.* London and New York, Routledge.

SACHS, I. (1993). *Estratégias de Transição para o Século XXI*. São Paulo: Nobel/FUNDAP.

SANTOS, M. (1979). *Espaço e Sociedade*. Petrópolis: Vozes.

SANTOS, M. (1994). *Técnica, Espaço, Tempo*. São Paulo: Hucitec.

SANTOS, M. (1996). *A Natureza do Espaço*. São Paulo: Hucitec.

SOUZA, M. L. de (1997). Algumas Notas sobre a Importância do Espaço para o Desenvolvimento Social. *In*: *Território* 3, LAGET/UFRJ, Garamond, pp. 13-35.

CAPÍTULO 2

CLIMA URBANO E ENCHENTES NA CIDADE DO RIO DE JANEIRO

Ana Maria de Paiva Macedo Brandão

1. INTRODUÇÃO

Os fenômenos atmosféricos sempre despertaram o interesse e a curiosidade do homem desde as civilizações antigas, que consideravam estes fenômenos obra da força divina. A história do ajustamento do homem às condições do meio e da transformação destas por suas atividades tem sido uma relação de conflito e harmonia, mas durante muitos séculos tais condições se mantiveram dentro dos limites sem causar impacto ambiental significativo, pelo menos até o início do período da Revolução Industrial. Consciente ou inconscientemente, ao criar microclimas artificiais, o homem vem atuando na alteração da composição química da baixa atmosfera e no efeito estufa planetário.

Embora pesem, favoravelmente, o grande avanço tecnológico atual e os esforços para o conhecimento das forças da natureza, as sociedades hodiernas permanecem, ainda, bastante vulneráveis diante de *eventos naturais extremos*, particularmente os de natureza meteorológica. Paradoxalmente, à medida que a população do planeta cresce geometricamente e a ocupação se faz em áreas cada vez mais extensas, também aumenta a ocorrência de eventos de maior magnitude, e ampliam-se, espacialmente, os riscos deles advindos. Independentemente de sua gênese e do espaço geográfico em que atuam, eles se caracterizam por acarretar sérios prejuízos às economias e às populações afetadas (Gonçalves, 1992).

A Comissão Mundial sobre Meio Ambiente avalia que o número de pessoas atingidas por *catástrofes naturais* dobrou na década de 70 em relação à década de 60. O ritmo de aumento se mantém na década de 80, transformando-se em crise nos anos 90 (Cima, 1991).

Sob o rótulo genérico de *eventos naturais extremos* encontra-se uma gama de fenômenos, variada em quantidade e complexa em intensidade. A grande maioria dos mais frequentes e intensos desses eventos está ligada, direta ou indiretamente, à atmosfera: enchentes, secas, nevoeiros, geadas, granizos, descargas elétricas, nevascas, tornados, ondas de calor, ciclones tropicais e vendavais, complementados por desmoronamentos-deslizamentos de vertentes e ressacas, acrescidos por *impactos pluviais concentrados*, que afetam os domínios intertropicais (White, 1974, *in* Monteiro, 1991).

Os fenômenos atmosféricos constituem uma das principais inquietações dos cientistas de *desastres naturais* em todo o mundo neste final de milênio que tentam compreender suas causas, avaliar suas repercussões e encontrar formas mais seguras de prevenção para lidar com sucesso com os impactos na qualidade de vida e nas atividades econômicas. Eles já são previstos com razoável precisão, registrados e acompanhados pela sofisticada tecnologia de radares e satélites, divulgados *on line* para todo o mundo, através dos mais modernos meios de comunicação, mas toda essa engenhosidade humana, lamentavelmente, não é ainda capaz de poupar os milhares de vidas e os danos materiais que causam com frequência e intensidade crescente a cada ano e, por isto, são questão central na pauta das discussões ambientais. A despeito das controvérsias em torno do assunto, suas causas são, frequentemente, atribuídas a fenômenos de escala global, como *El Niño-La Niña*, efeito estufa ou aquecimento global, aos quais é atribuída a responsabilidade máxima na geração dos impactos, desde a escala macro à microclimática e, assim, atenuando a do Poder Público e da sociedade civil em nível local. As atenções atuais se voltam para gerar instrumentos técnico-científicos capazes de produzir conhecimentos necessários para a adoção de um planejamento territorial que seja socialmente justo, ecologicamente sustentável e economicamente viável. Entretanto, o ritmo do crescimento da população mundial não tem sido acompanhado por níveis similares de melhoria das condições sanitárias, de higiene, de saúde, de habitação e de alimentação como direito de todo cidadão (White, 1974; Monteiro, 1981; Bruce, 1990 e 1992; Tullot, 1991; Legget, 1992; Brandão, 1996; Freter, 1998; Jepma e Munasinghe, 1998; e Houghton, 1999).

No momento em que se assiste, com maior frequência e intensidade, a uma série de *fenômenos naturais extremos* destruidores de paisagens em diferentes escalas e em distintas regiões da Terra, urge investigar as ligações sincrônicas entre eventos de escala planetária com aqueles de natureza local e microclimática, como, por exemplo, os gerados na escala da cidade. A junção de esforços coletivos (Poder Público e sociedade civil) buscando maior comprometimento dos atores sociais envolvidos na busca de soluções de problemas socioambientais e em mitigar seus impactos é a grande mensagem deste final de século, pois a intensidade destes está diretamente relacionada ao nível de desenvolvimento econômico e à capacidade dos administradores no gerenciamento de tais problemas nas regiões afetadas (Brandão, 1999a).

Os exemplos a seguir, detendo-se às maiores e mais intensas adversidades climáticas registradas nos dois últimos anos do século atual em diversas regiões do mundo, reforçam a urgente necessidade de compreensão das relações entre clima e sociedade.

Em 1999, uma série de tornados atingiu os Estados de Kansas e Oklahoma, nos EUA, no mês de maio, matando 45 pessoas e deixando mais de 500 feridas. O furacão *Floyd*, em setembro, provocou grandes inundações causadoras de grandes prejuízos materiais e a morte de 19 pessoas, nas Bahamas e na Costa Leste dos Estados Unidos. O tufão *Bart* neste mesmo mês provocou a morte de 26 pessoas e enormes prejuízos no Japão. Quase simultaneamente, uma estiagem de quase um mês atingiu vários Estados do Brasil, provocando a destruição de vastas extensões de nossas reservas florestais por focos de queimadas e agravando a penúria do nordestino pela frequente seca. (Fonte: *Jornal do Brasil* e jornal *O Globo*.)

Uma das maiores catástrofes mundiais neste final de século foi causada pelas chuvas torrenciais que caíram em dezembro/99 na Venezuela, com inundações e deslizamentos-desmoronamentos generalizados, cujo saldo foi superior a 50 mil vítimas e 150 mil entre feridos e desabrigados, além dos incalculáveis prejuízos materiais. Essa *tragédia humana* foi considerada a maior da história da Venezuela em virtude do contingente de desabrigados, do difícil trabalho de reconstrução e dos riscos de epidemia. (Fonte: jornal *El Nacional*.)

Os eventos climáticos extremos registrados em vários países dos dois hemisférios, nos três primeiros meses do ano 2000, colocaram em evidência manifestações atmosféricas que reforçam a tese do frágil equilíbrio atual do clima. Enquanto excepcionais tempestades de neve produziram espetáculo de atração turística, mas também arrasaram paisagens geográficas e ceifaram vidas em países setentrionais (EUA e França), no Hemisfério Austral as enchentes provocam calamidade na América do Sul, Austrália e Sul da África.

Após vários dias de forte calor, o início do ano 2000 é marcado pela violência das chuvas que, agravadas pela irracionalidade do uso do solo, causam destruição na Região Sudeste do País com mais de 40 mortes no Rio de Janeiro, São Paulo e Minas Gerais (10 municípios em estado de calamidade pública), milhares de desabrigados e prejuízos materiais. Uma segunda enchente em janeiro mata mais 10 pessoas e causa colapso na maior metrópole nacional. No mês de fevereiro, em três diferentes regiões, registram-se dificuldades para enfrentar os impactos gerados por esse fenômeno atmosférico. No dia 14, violentos tornados atingiram o Sul dos Estados Unidos, deixando um saldo de 22 mortes, mais de 100 feridos, destruição de casas e interrupção do fornecimento de energia elétrica no Estado da Geórgia, onde foi declarado estado de emergência em quatro condados. Na segunda quinzena, as piores inundações dos últimos 50 anos provocadas por fortes chuvas associadas à passagem do ciclone *Eline* causaram catástrofe no Sul da África, deixando mais de 200 mortos, um milhão de desabrigados expostos à malária e à cólera em Moçambique, Botsuana, Namíbia, África do Sul e Zimbábue, enquanto no Brasil fortes chuvas deixam 13 mortos em conseqüência de inundações/deslizamentos na cidade de São Paulo, elevando para 41 o número de mortes no Estado só este ano. (Fonte: jornais *O Globo* e *Folha de São Paulo*.)

A organização não governamental *Worldwatch Institute* divulgou, recentemente, um relatório com resultados sobre o meio ambiente global, alertando que tragédias como a causada pelo furacão *Mitch*, em 1998, na América Central e as chuvas torrenciais na Venezuela, em 1999, podem se repetir com frequência cada vez maior, em função do atual estágio de desequilíbrio do sistema climático mundial. (Fonte: jornal *O Globo*.)

Este capítulo está dividido em duas partes. Na primeira parte discutem-se as questões básicas relacionadas ao Sistema Climático Urbano, acompanhada de uma breve revisão bibliográfica, destacando a importância do processo de urbanização na derivação do clima da cidade, no *item 2*. A segunda é dedicada à análise do clima local da cidade do Rio de Janeiro. O *item 3.1* trata do estado da arte, uma revisão de forma sucinta sobre o assunto, principalmente no que diz respeito ao campo térmico e à qualidade do ar. No *item 3.2* procurou-se abordar o histórico problema das enchentes, no qual são relatadas as de maior repercussão no espaço geográfico e os causadores de maiores impactos às atividades econômicas do carioca, acompanhado de um quadro dos impactos elaborado com base em levantamento de notícias de jornais.

2. URBANIZAÇÃO COMO PROCESSO DERIVADOR DO CLIMA

A expansão populacional, a utilização indiscriminada dos recursos naturais e a industrialização têm crescido num ritmo surpreendente nos dois últimos séculos, mas foi a partir do século XX que as atividades humanas tiveram atuação decisiva na mudança de composição da atmosfera, sobretudo em função da atividade industrial. Esta aumentou cerca de 20 vezes neste século, enquanto o atual consumo de combustíveis fósseis é 30 vezes maior do que em 1900, sendo que a maior parte deste consumo se deu a partir de 1950, fato que revela a rapidez do processo de urbanização mundial e seu crescente impacto sobre a atmosfera e o meio ambiente.

Desde o século XVIII o estudo do clima das cidades vem despertando grande interesse, a partir dos estudos clássicos de clima urbano que apontaram evidências de alterações nos elementos climáticos nos centros urbano-industriais europeus.

A preocupação com a qualidade do ambiente urbano parece remontar ao período da Revolução Industrial, em função do estado de deterioração dos grandes aglomerados industriais que se desenvolveram principalmente na Inglaterra, França e Alemanha, o que justifica a preocupação pioneira do inglês Luke Howard e do francês Emilien Renou com o estudo do clima em suas cidades. O primeiro assinala, pela primeira vez em 1818, que a temperatura noturna era 2,2°C mais elevada no centro urbano de Londres do que em seus arredores, enquanto o segundo, em meados do século passado, concluiu que a cidade de Paris estava 1°C mais quente do que seu campo circundante (Gomez, 1993a).

A literatura estrangeira apresenta farta bibliografia sobre clima urbano, destacando-se os estudos de Landsberg (1956) e de Chandler (1965) como pioneiros no conhecimento das alterações climáticas provocadas pela urbanização nas cidades industriais dos países situados em latitudes médias. A produção científica neste tema vem-se caracterizando por grande diversificação no emprego de metodologias e de técnicas.

Grande número de trabalhos é dedicado a detectar as diferenças dos parâmetros climáticos entre o ambiente urbano e o rural, em função da maior facilidade de se obterem tais dados junto à rede oficial localizada na área urbana central e nos aeroportos, estes tomados como representativos da área rural (Chandler, 1962 e 1965; Yague *et al.*, 1991; e Brandão, 1987).

Vários estudos apontam as variações nos parâmetros do balanço de energia entre a cidade e o campo, e concluem que as diferenças podem ser significativas, apresentando, em geral, valores de insolação, albedo, umidade relativa, nebulosidade e velocidade do vento mais altos no campo do que na cidade. Ao contrário, a temperatura e a precipitação apresentam valores mais elevados na cidade (Chandler, 1962; Bryson e Ross, 1972; Oke, 1978 e 1981; Henderson-Sellers e Robinson, 1989; Jauregui, 1991; Imamura-Bornstein e Bornstein, 1992; e Brandão, 1992).

Em 1984 realizou-se, na cidade do México, a Conferência Técnica da Organização Meteorológica Mundial sobre Climatologia Urbana e suas Aplicações com especial referência às regiões tropicais. Neste evento a contribuição brasileira foi levada pelo geógrafo Monteiro (1984), que apresentou um balanço do conhecimento da climatologia urbana em nosso país.

Importante contribuição à revisão bibliográfica dos estudos de clima urbano vem de dois trabalhos, ambos chamando atenção para o reduzido número de pesquisas sobre o clima das cidades em latitudes tropicais (Moreno, 1990; e Imamura-Bornstein e Bornstein, 1992). Essa escassez deve-se à carência de investimentos para a pesquisa e aquisição de equipamentos e instrumentos meteorológicos e à insuficiente rede-padrão de estações meteorológicas para atender aos objetivos desses estudos, fato largamente enfatizado por pesquisadores, dentre eles: Oke (1982), Jauregui (1984), Oguntoynho (1984), Monteiro (1984), Danni (1987), Assis (1990), Gonçalves (1992), Mendonça (1994) e Brandão (1996).

Os produtos resultantes das alterações antropogênicas no Sistema Climático são perceptíveis de modo mais eficiente nas áreas urbanas e se expressam através dos canais de percepção humana, conforme proposto por Monteiro (1976) em Teoria e Clima Urbano: o do conforto térmico, o da qualidade do ar e o do impacto meteórico, que se manifestam em eventos, já corriqueiros em nossas metrópoles, como poluição do ar, alteração na ventilação, configuração da ilha de calor, desconforto térmico, impacto pluvial concentrado, dentre outros. Estes, agravados por aspectos geoecológicos do sítio, têm repercussão em problemas sanitários, de desempenho humano, de circulação e comunicação capazes de provocar o colapso do sistema urbano, como é o caso do sistema de transportes. Portanto, é difícil dissociar atributos climáticos de qualidade ambiental, visto que estes são componentes do sistema urbano, intimamente relacionados e dependentes entre si (Monteiro, 1976).

Para Oke (1980), a urbanização é o processo de conversão do meio físico natural para o assentamento humano, acompanhada de drásticas e irreversíveis mudanças do uso do solo, gerando uma nova configuração da superfície aerodinâmica e das propriedades radiativas, da umidade e da qualidade do ar. Na estrutura vertical da atmosfera urbana proposta por este autor, a parcela da baixa atmosfera com características comandadas pela natureza da superfície urbana e cuja base é o nível dos telhados é denominada de camada de limite urbana (*urban boundary layer*). A camada abaixo da linha dos tetos das edificações dos prédios, que constitui um conjunto heterogêneo de arranjos e combinações entre atributos geoecológicos, topográficos, de edificação e funções urbanas, é designada de *urban canopy layer*. Neste nível, as articulações são da escala topoclimática com a microclimática (Oke, 1987; e Monteiro, 1990) (**Figura 2.1**).

Vários estudiosos do clima urbano apontam as principais causas para a formação da ilha de calor (Chandler, 1965; Bornstein, 1968; Dettwillwer, 1970; Peterson, 1973; Terjunk, 1974; Schimidt, 1974; Eagleman, 1974; Jauregui, 1984; Lombardo, 1985; Oke *et al.*, 1991;

Figura 2.1 — Circulação atmosférica em área urbana. (Fonte: CONTI, J. B. — 1998.)

Monteiro, 1990; Maitelli, 1994; Sakamoto, 1994; Mendonça, 1994; Brandão, 1996; e Danni-Oliveira, 1999):

1. as propriedades térmicas e hidrodinâmicas da superfície urbana que geram grande estocagem de calor durante o dia e maior emissão de radiação noturna;
2. a produção artificial de calor na cidade em função da utilização de aquecedores e/ou refrigeradores de ar, da circulação de veículos automotores e dos processos industriais que resultam em adição de calor antropogênico;
3. a redução no fluxo de calor latente e o aumento do calor sensível em função da reduzida superfície líquida e de áreas verdes na área urbana que resultam na redução da umidade e menor evaporação;
4. a redução do *sky view factor* por elementos urbanos (edifícios) que resultam em menores perdas por radiação de ondas longas nas ruas e *canyons* urbanos.

Schimidt em 1927 utilizou veículos com instrumentos para obter dados térmicos, a partir de medidas móveis percorrendo a cidade de Viena (Gomez *et al.*, 1993b). Desde então este método vem sendo largamente empregado por inúmeros pesquisadores para traçar perfis dos contrastes térmicos e mapas de intensidade da ilha de calor, nas cidades estudadas (Duckworth e Sandberg, 1954; Kopek, 1970; Oke e Hannell, 1970;

Eagleman, 1974; Sekiguti, 1975; Goldreich, 1985; Lombardo, 1985; Carreras, 1990; Alcoforado, 1993; Gomez *et al.*, 1993b; Sakamoto, 1994; Maitelli, 1994; Brandão, 1996; e Danni-Oliveira, 1999).

No início da década de 30, Lauscher calculou os valores médios dos ângulos de obstrução do céu, de 0° a 90°, e construiu gráficos circulares que representam a visão do céu, acima do ponto, no solo (Geiger, 1960). A partir daí diversas técnicas foram desenvolvidas, até mesmo com o uso de fotografia tomada com máquina com lente "olho de peixe" acoplada, para calcular a configuração do céu, visando a representar os diferentes graus de obstrução do céu por elementos do ambiente (Ito, 1976; Steyn, 1980; Oke, 1981; Barring *et al.*, 1985; Hasenack, 1989; Sakamoto, 1994; e Brandão, 1996).

O uso de imagens de satélite para fins de estudo do clima urbano começa a despontar como uma técnica promissora, embora seu uso seja, ainda, pouco difundido (Barring e Mattsson, 1985; Golgreich, 1985; Lombardo, 1985; Gomez, 1993b; Alcoforado, 1993; e Mendonça, 1994).

A cidade com suas indústrias, trânsito intenso, concentração de edifícios, equipamentos e pessoas, novas formas topográficas, retirada da cobertura vegetal, impermeabilização do solo e produção artificial de calor provoca uma perturbação significativa nos fluxos de ar intraurbano. As influências urbanas no clima da cidade podem ser sintetizadas em três categorias principais: modificação da composição do ar, alteração do equilíbrio térmico e alteração no balanço hídrico devido às irregularidades, à natureza e à topografia da superfície urbana. As modificações climáticas urbanas e suas consequências afetam seriamente a qualidade de vida do urbanita e justificam a necessidade de estudo detalhado das mudanças ambientais induzidas pelo homem. Por conta de todo este processo de derivação nos atributos do clima em escala local, a cidade do final do século XX configura-se cada vez mais afastada da ordem e da beleza, identificando-se com o caos, como alerta Monteiro (1992).

Os aglomerados de edificações criam uma espécie de *cúpula climática*, dentro da qual se define o que se convenciona por clima urbano, cujas características dependem do desenho, densidade e funções das construções, das características dos materiais utilizados nas construções e da própria configuração da cidade e das atividades que nela se desenvolvem.

O meio ambiente urbano é um sistema altamente inter-relacionado, em que tanto os elementos que são obra do homem como os elementos naturais são considerados parte do sistema de relações, e os resultados (bons e ruins) são fruto da combinação dos dois. Por isto, o clima da cidade corresponde a um sistema aberto, implicando, portanto, entrada de energia, sua transformação no sistema e exportação ao ambiente externo.

Os sistemas urbano-industriais caracterizam-se pelo incremento na sua capacidade de transformação. Energia hidroelétrica, combustíveis fósseis, matéria-prima, mão de obra e água entram nas cidades sendo metabolizados em bens e serviços; porém, os processos produtivos e a urbanização geram, em ritmo acelerado, calor excedente, ruídos, gazes e partículas, despejos e resíduos não reciclados nem biodegradados rapidamente pela natureza, traduzindo-se na destruição dos recursos naturais e na degradação do ambiente urbano. As intervenções na superfície, sem um planejamento que considere, corretamente, as características geoecológicas do local onde a malha urbana está instalada, interferem na qualidade de vida da população, fato já fartamente evidenciado através da poluição do ar, das situações de desconforto ambiental e das frequentes inundações que refletem peculiaridades dos climas de nossas cidades (Brandão, 1999b).

Não há dúvida de que as relações do homem com seu ambiente natural tornaram-se bem mais complexas após a criação dos aglomerados urbanos, e com o crescimento e a intensidade do metabolismo desses novos ambientes o homem produz o seu maior impacto sobre a natureza. Nesse ambiente vive a maioria dos seis bilhões de habitantes da Terra, com as 12 maiores cidades do mundo ultrapassando a cifra de 13 milhões de habitantes. Contraditoriamente, é justamente nos países de economia pobre, como o Brasil, onde o uso especulativo do espaço urbano reflete-se negativamente sobre a qualidade ambiental, que a participação sobre o crescimento populacional mundial alcança índices alarmantes. Esses países abrigam 10 das 12 maiores cidades do mundo, cinco das quais na América Latina (entre elas, São Paulo e Rio de Janeiro), e muitos deles já contam com cerca de 80% de sua população residindo em cidades (Cima, 1991).

A questão ambiental vem assumindo maior importância entre as grandes preocupações do mundo contemporâneo. A acelerada intervenção humana na natureza, os desequilíbrios ecológicos e a degradação da qualidade de vida são temas debatidos pelos organismos governamentais e pela sociedade civil. Os problemas ecológicos e de pobreza são resultado do modelo de desenvolvimento adotado, sendo essencial à busca de um estilo de desenvolvimento desejável a preservação da vida no planeta. Nesse sentido, o desenvolvimento sustentável é compreendido como um processo que engloba as variáveis física, social, econômica e política capazes de possibilitar a conservação da biodiversidade dos recursos naturais.

Hobsbawm (1997) considera que os dois problemas centrais e a longo prazo decisivos a serem enfrentados no próximo milênio são o demográfico e o ecológico, e acredita que o efeito estufa poderá até mudar o padrão de vida na biosfera.

As recentes previsões de mudanças significativas no sistema climático, nos próximos 100 anos, combinadas com alguns dos maiores desastres naturais nos anos mais recentes, evidenciam as consequências do tempo e do clima no meio ambiente e no desenvolvimento socioeconômico em todos os continentes.

Urge, portanto, refletir sobre o real papel do homem e de sua obra na cidade como agente ativo no processo de derivação ambiental gerador do clima urbano. O tema já vem sendo objeto de estudo, principalmente no que concerne à ilha de calor e ao impacto pluvial, os quais são, na maioria das vezes, enquadrados na categoria de *eventos naturais extremos* ou *desastres naturais*, dependendo de sua magnitude e extensão espacial.

O geógrafo Gilbert White chama atenção para a importância que os *eventos naturais extremos* representam para o homem, ao ressaltar: "Cada parâmetro da biosfera, sujeito a flutuação sazonal, anual ou secular, consiste num *hazard* para o homem na medida em que o seu ajustamento à frequência, magnitude ou desenvolvimento temporal dos eventos extremos é baseado em conhecimento imperfeito. Onde existir previsão acurada e perfeita do que poderá ocorrer e quando ocorrerá na intrincada malha dos sistemas atmosférico, hidrológico e biológico, não existirá *hazard*. De modo geral, os eventos extremos apenas podem ser antevistos como probabilidades cujo tempo de recorrência é desconhecido." (White, 1974, *in* Monteiro, 1991.)

É imprescindível compreender que a existência de desastres naturais é função do ajustamento humano a eles, pois envolvem sempre a iniciativa e a decisão humanas, como enfatiza o geógrafo Monteiro ao afirmar que enchentes e desabamentos de encostas não seriam calamitosos em nossas cidades se a população não fosse induzida a ocupar as áreas de risco, que deveriam ser preservadas (Monteiro, 1991).

A gravidade dos desastres naturais está diretamente relacionada com o nível de desenvolvimento econômico dos países, fato demonstrado pelo maior número de vítimas por evento, como os registrados em países africanos, asiáticos e latino-americanos. Entre 1977 e 1996 ocorreram, no mundo, mais de mil óbitos por desastres naturais, sendo 87% nos países pobres e, nestes, afetam sobretudo a população mais carente, que se aglomera em áreas de risco (Alexander, 1997).

As secas e as inundações representam cerca de 40% dos desastres naturais em todo o mundo, sendo responsáveis pelo maior número de vítimas fatais e de desabrigados: cerca de 18,5 milhões de pessoas sofreram, anualmente, os efeitos da seca nos anos 60, enquanto nos anos 70 este número aumentou para 24,4 milhões; as inundações, que nos anos 60 fizeram 5,2 milhões de vítimas, tiveram na década de 70 esta cifra aumentada para 15,4 milhões (French, 1989; e Cima, 1991).

Os *eventos naturais extremos* de maior repercussão nas atividades humanas no Brasil são de natureza climática. Embora sejam fenômenos de ordem natural ocasionados pelas disritmias dos sistemas meteorológicos, a ação humana interferindo ao longo do tempo, seja nas áreas urbanas, seja nas rurais, tem contribuído consideravelmente para sua maior frequência, agressividade e expansão areolar (Brandão, 1992).

A intensidade e a frequência com que tais fenômenos vêm-se registrando no País, particularmente na Região Centro-Sul e nas metrópoles, em especial, não deixam dúvidas quanto à participação humana no sentido de agravá-los. Portanto, é imprescindível compreender que a existência de desastres naturais é função do ajustamento humano a eles, pois envolvem sempre a iniciativa e a decisão humanas. Isto coloca em evidência que a vulnerabilidade aos desastres naturais está associada não só aos aspectos geoecológicos do sítio (clima, relevo, drenagem etc.) mas, sobretudo, à situação socioeconômica da população instalada nesse ambiente (Monteiro, 1991).

A compreensão das relações entre clima e sociedade envolve outro aspecto importante ligado à questão escalar, tão bem explicitada por Monteiro (1978) ao reconhecer que: o comportamento atmosférico integrado às demais esferas e processos naturais organiza espaços climáticos a partir das escalas superiores em direção às inferiores; a ação antrópica em derivar ou alterar essa organização ocorre em sentido inverso, ou seja, das escalas inferiores para as superiores.

Apesar de o assunto que envolve o impacto da cidade sobre a precipitação merecer, ainda, algumas controvérsias, vários trabalhos têm demonstrado um incremento da pluviosidade nos centros urbanos, atribuído aos efeitos mecânicos e térmicos gerados nas correntes de ar urbanas.

Atkinson (1975), apesar de considerar difícil a correlação entre urbanização e precipitação, devido às imprecisões de previsões de eventos pluviais, afirma que a área de maior atividade de uma tempestade se dá sobre a área urbanizada.

Tabony (1980) acredita que as influências urbanas nas precipitações são mais visíveis nos eventos mais intensos e de curta duração, de origem convectiva, motivados pela ilha de calor, alta concentração de núcleos de condensação e rugosidade típicos das áreas urbanas.

Para Sellers (1986), o aumento da rugosidade da superfície urbana pode provocar uma barreira ao sistema atmosférico regional, forçando o ar a elevar-se, produzindo correntes convectivas que favorecem a nebulosidade, sendo este efeito o agente responsável pelo aumento das taxas de precipitação sobre a cidade. Landsberg (1981) acredita que o índice de poluição atmosférica em áreas urbanas constitui um importante fator no aumento da precipitação por auxiliar no processo de formação de núcleos de condensação, na formação de nuvens e, consequentemente, no diâmetro das gotas de chuva. Aumentos na precipitação anual e nos dias de chuva, em até 16%, e dos dias de aguaceiros de verão, em até 20 %, foram encontrados por Changnon (1969) ao estudar os efeitos urbanos na precipitação. Jauregui (1991) concluiu que o incremento das precipitações na área urbana da cidade do México foi acompanhado pelo aumento na frequência de chuvas intensas.

Pelas razões apontadas, os aspectos relacionados com a questão do impacto pluvial não devem ser tratados de forma isolada, em função dos estreitos vínculos com os demais componentes do complexo Sistema Climático Urbano.

3. Sistema Climático Urbano na Cidade do Rio de Janeiro

Desde a segunda metade deste século, o Brasil vem passando por um acelerado processo de urbanização e metropolização. Dos 36% de habitantes de todo o Brasil que residiam em cidades e aglomerados urbanos em 1950, chega-se atualmente a cerca de 80%, sendo que somente nas nove regiões metropolitanas (São Paulo, Rio de Janeiro, Salvador, Recife, Belo Horizonte, Fortaleza, Curitiba, Porto Alegre e Belém) residem, aproximadamente, 30% da população brasileira, e a densidade demográfica aproxima-se de 2.000 hab/km² nas duas metrópoles nacionais (São Paulo e Rio de Janeiro). Portanto, não é possível compreender nenhum dos grandes temas nacionais sem os relacionar com o meio urbano. A grande questão, como destaca Monteiro (1992), é que a escala atingida pelo fenômeno, que é a cidade, é mais ampla do que os limites definidos pelo seu sítio, e, assim, os ambientes urbanos exportam seus problemas para as áreas vizinhas.

Expressão de uma complexa dinâmica sociocultural em uma topografia quase totalmente edificada, a cidade do Rio de Janeiro revela toda a gama de derivações antropogênicas, tanto no contexto geoecológico como no geourbano. Assim, a abordagem sistêmica, conforme proposta de Monteiro (1976), é a mais apropriada para o tratamento do Sistema Climático Urbano, que, enquadrado na categoria de sistema aberto, importa energia do ambiente, transforma-a e exporta-a ao ambiente externo, admitindo-o passível de autorregulação pelo homem. Sem a pretensão de esgotar o assunto, o *item 3.1* traz uma revisão da bibliografia sobre o clima da cidade do Rio de Janeiro, especialmente dirigida ao campo térmico e à qualidade do ar, enquanto o *item 3.2* trata de um velho problema de nossa cidade — as enchentes e suas repercussões sobre a cidade e seus habitantes.

3.1. Estado da Arte

A cidade do Rio de Janeiro, localizada na latitude de 22°54', ao norte do Trópico de Capricórnio, tem na posição geográfica um dos fatores de maior significado na sua definição climática. Nesta latitude, a trajetória do Sol resulta em intensa insolação durante todo o ano. Por outro lado, posiciona o Rio de Janeiro na região transicional de conflito entre os sistemas atmosféricos polares e intertropicais (**Figura 2.2**).

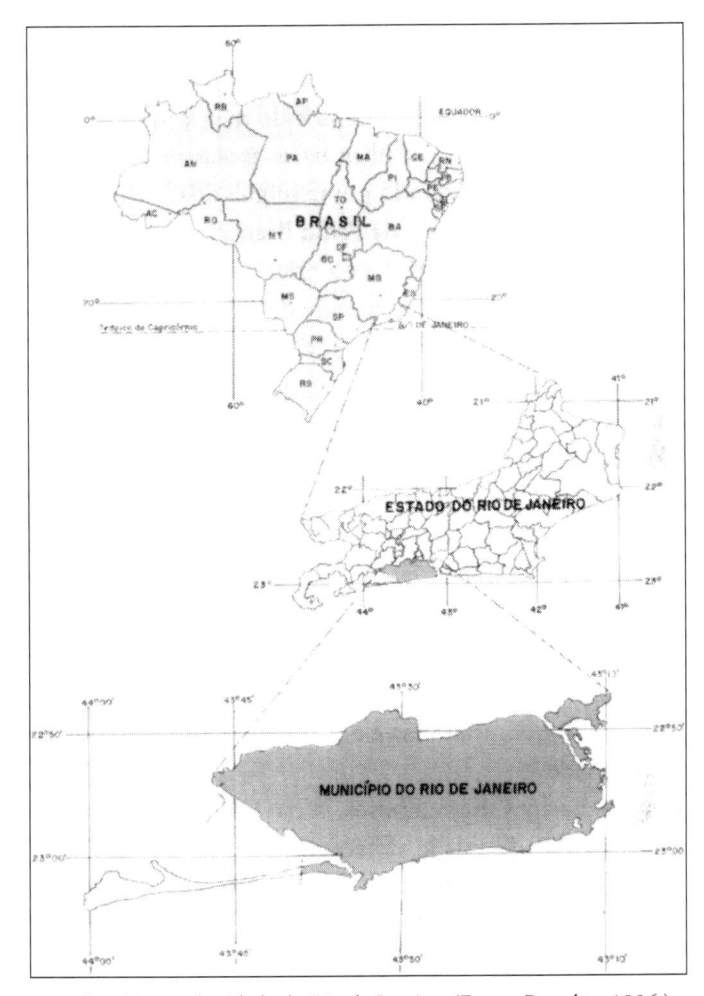

Figura 2.2 — Localização da cidade do Rio de Janeiro. (Fonte: Brandão, 1996.)

O sítio em que se assenta a cidade constitui outro fator, igualmente importante, na determinação do seu quadro climático local. Seu sítio representa uma paisagem incomum no contexto urbano, que empresta à cidade um cenário natural único, diferenciado de qualquer outra cidade moderna. A cidade se expandiu pela vasta planície que recebe denominações locais de Baixada Fluminense, Baixada de Santa Cruz e Baixada de Jacarepaguá, e, no processo de crescimento, acabou por envolver completamente os maciços litorâneos. O relevo montanhoso e as baixadas constituem, assim, os principais domínios fisiográficos da cidade do Rio de Janeiro que aliados à presença da floresta e do mar, com o seu complicado quadro litorâneo, pontilhado de ilhas, baías, praias, lagoas, restingas, interagem continuamente, resultando numa singularidade climática peculiar.

Os maciços montanhosos da Pedra Branca, de Gericinó-Mendanha e, principalmente, o Maciço da Tijuca orientaram o crescimento urbano, impondo uma forma caracteristicamente divergente-linear à expansão urbana, gerando obstáculos à circulação. Eles constituem importantes centros dispersores de águas pluviais que convergem para o fundo de vales e zonas de baixadas circundantes onde se situam bairros de maior densidade demográfica. Este sítio confere à cidade um cenário natural único, mas também gera uma série de problemas relacionados aos processos naturais afetados pelo crescimento urbano, resultando no agravamento das ocorrências de *catástrofes naturais*.

Neste *cenário natural,* instalou-se a cidade, caracterizada atualmente pela magnitude da segunda natureza e que, no processo de crescimento, envolveu a montanha, criando, segundo Cezar (1992), uma espécie de *ilha florestal* interior. A montanha e o mar foram os grandes balizadores da expansão da cidade.

Dos três maciços montanhosos, o da Tijuca sempre exerceu papel fundamental na vida da cidade, determinando a orientação do seu crescimento e dividindo-a em duas zonas distintas — a Zona Norte e a Zona Sul. O maciço da Tijuca apresenta uma orientação no sentido NE-SW, ou seja, paralelamente à linha de costa, o que concorre para a presença de ambientes distintos, em função da orientação e do gradiente de suas vertentes que produzem condições climáticas variadas, como os distintos índices termopluviométricos entre as vertentes voltadas para o sul e as voltadas para o norte deste maciço. Da conjugação dos fatores acima decorre que as vertentes do maciço, orientadas para o sul, são mais úmidas e suas temperaturas mais amenas: são denominadas de *noruegas* ou vertentes frias, enquanto as vertentes voltadas para o norte — *soalheiras* — são menos úmidas e mais quentes.

No que tange à pluviosidade, dentre os vários exemplos que ilustram o efeito dos maciços do Rio de Janeiro, tanto na distribuição geográfica como em seus totais pluviométricos, merece destaque o evento pluvial do dia 13/02/96, de grande repercussão pelos impactos socioambientais que produziu. Os índices pluviométricos desse dia alcançaram quase 200mm na vertente sul e sobre o próprio Maciço da Tijuca, com o registro de 190,6mm no Alto da Boa Vista e 199,8mm no Jardim Botânico, enquanto na vertente norte estes foram pouco expressivos, variando de 14mm no Maracanã a 37mm em Bangu.

Da mesma forma, o sistema de ventos é fortemente influenciado pelo relevo e pela proximidade do mar, como mostram os trabalhos de Serra (1970) e Barbière (1994). A esses se deve acrescentar o efeito da topografia criada pela edificação urbana que, formando uma barreira, tende a alterar, significativamente, sua direção e intensidade.

As primeiras descrições de que se tem notícia sobre o clima do Rio de Janeiro foram feitas por naturalistas como Saint-Hilaire (1974) e viajantes/comerciantes como John Luccock (1975), os quais, a partir de descrições de suas passagens pelo Rio, deixaram importantes contribuições para a ciência geográfica que incluem relatos sobre as tempestades e o forte calor, características marcantes da tropicalidade do clima do Rio de Janeiro (Brandão, 1996).

Cruls (1892) fez uma das primeiras análises completas sobre o clima do Rio de Janeiro com base nas observações meteorológicas do Observatório do Rio de Janeiro, no período de 1851 a 1890. Determinou para cada elemento meteorológico as médias, os máximos e os mínimos absolutos, bem como suas variações diurnas, mensais e anuais, com o objetivo de chegar ao conjunto dos fatores que caracterizaram o clima do Rio de Janeiro nesses 40 anos. O autor justifica que, apesar de a criação do Observatório do Rio de Janeiro datar de 15 de outubro de 1827, as observações, sob a forma de Anais Meteorológicos, só começaram a ser publicadas a partir de 1851 e, por esta razão, deixou de considerar o período anterior a 1851. Cruls encontrou, para a temperatura anual, média de 22,9ºC e para o mês mais quente (fevereiro) e o mais frio (julho) 26,3ºC e 20,1ºC, respectivamente. Avalia que, entre fevereiro e julho, a temperatura diminui com grande regularidade, ao contrário do que ocorre entre a época do mínimo (julho) e a do máximo (fevereiro). As temperaturas extremas (máxima e mínima absolutas) situaram-se entre 39ºC (dezembro) e 10,2ºC (setembro). Para a umidade relativa do ar encontrou o valor máximo de 79,7%, em outubro, e o mínimo, 77,3%, em julho (Cruls, 1892).

Delgado de Carvalho (1917) ao comparar, em sua obra, os trabalhos de Cruls e de Calheiros da Graça afirma que a temperatura de 40°C não fora, até então, registrada e o termômetro jamais desceu abaixo de 10°C no Rio de Janeiro.

Serra e Ratisbona (1945) descreveram as condições médias dos vários elementos climatológicos e suas variações anuais e para os meses de janeiro, abril, julho e outubro. Apesar da distribuição insatisfatória dos postos meteorológicos para um estudo mais pormenorizado, os autores compartimentaram o município do Rio de Janeiro em sete distintas áreas, descrevendo-as em detalhe suas características climáticas: Zona Sul, Zona Norte, Baixada da Guanabara, Baixada de Jacarepaguá, Baixada de Sepetiba, maciços e ilhas. Ao descreverem as condições climáticas da Zona Norte, os autores destacam: "A umidade relativa é inferior a 78%, não só pela menor influência da brisa, mas também porque esta zona encontra-se quase toda edificada."

No trabalho intitulado *Clima da Guanabara*, Serra (1970) analisa os vários elementos climáticos, caracteriza sucintamente as zonas climáticas e, baseando-se nas médias calculadas para diversas estações meteorológicas (não há referência sobre o período utilizado), oferece importantes subsídios para o conhecimento dos diversos microclimas da cidade do Rio de Janeiro.

O Sistema Climático Urbano aglutina os grandes conjuntos de fenômenos associados intrinsecamente à atmosfera, os quais desdobrados em subsistemas (Termodinâmico, Físico-Químico e Hidrometeórico) são dirigidos à percepção sensorial e comportamental do habitante da cidade. Visando a facilitar a compreensão desse complexo sistema, Monteiro (1976) propõe um quadro das articulações dos subsistemas segundo os canais de percepção. Este quadro servirá de referência ao enquadramento dos diversos estudos climatológicos na cidade do Rio de Janeiro, incluindo-se, além do impacto pluvial, os relacionados ao campo térmico e à qualidade do ar.

A partir da década de 60 as catástrofes meteorológicas de conseqüências avassaladoras têm atraído muito a atenção dos pesquisadores dedicados à climatologia. As Regiões Sul e Sudeste do País vêm sofrendo, sistematicamente, os efeitos desses fenômenos, de que o Rio de Janeiro apresenta o triste exemplo de pelo menos um por década: 1966/67, 1988 e 1996.

Serra (1970) faz uma análise das chuvas intensas de 66/67 no Rio de Janeiro, do ponto de vista meteorológico, a partir de cartas sinóticas de superfície e em altitude.

No que diz respeito à catástrofe que, entre os dias 19 e 22 de fevereiro de 1988, atingiu a área urbana do Rio de Janeiro, provocando deslizamentos generalizados nas encostas, inundação de grandes proporções em inúmeros bairros, desabamentos de casas e edifícios, além do triste saldo de 277 mortos e mais de 12 mil desabrigados, Conti (1989) destaca: "Um desastre de tal magnitude recolocou, mais uma vez, a questão do uso inadequado do ambiente, especialmente o tropical, onde a falta de sintonia entre a ação antrópica e as leis da natureza tem sido a regra."

Este aspecto foi também abordado por Brandão (1992, 1993, 1994a, 1995 e 1997) ao analisar o impacto pluvial no espaço urbano carioca. Além de resgatar a memória dos temporais na cidade, a autora indica certas áreas da cidade como extremamente críticas, onde os episódios de enchentes, inundações, deslizamentos e de desabamentos de casas e de barracos com vítimas fatais passaram a ocorrer sistematicamente na cidade, até mesmo com eventos pluviais considerados moderados, o que reflete claramente que as derivações antropogênicas têm participação decisiva no agravamento desses episódios.

A pluviosidade na cidade do Rio de Janeiro foi também estudada por Menezes (1997), Fialho (1998), Amorim (1998) e Bezerra (1999).

O aspecto térmico não tem sido encarado com a devida atenção, considerando os mais de quatro séculos de mudança completa na paisagem da cidade. Isto se deve, em grande parte, à carência de dados de temperatura para a necessária representação de suas variações espaciais. Alguns estudos têm demonstrado que a intensidade da urbanização favorece o surgimento de áreas mais quentes e extremamente desconfortáveis ao desempenho das atividades humanas conhecidas como *ilha de calor*, especialmente associadas a situações meteorológicas específicas. Estas áreas podem agravar os episódios de poluição do ar urbano e induzir ao aparecimento de células de baixa pressão e, consequentemente, contribuir para intensificar a pluviosidade na cidade. Desta forma, nos estudos de clima urbano os aspectos termodinâmicos merecem ser devidamente explorados em escala compatível com a do urbano (Brandão, 1996).

Silva (1979) utilizou o método estatístico de análise não paramétrica da tendência para comprovar se a temperatura do ar nas cidades do Rio de Janeiro e de São Paulo tem sofrido aumento nos últimos anos. Calculou as médias sazonais do período de 1958 a 1977 para a cidade do Rio de Janeiro, utilizadas nos testes de tendência, constatando uma tendência ao aumento das temperaturas de verão nos últimos anos, enquanto para as outras estações do ano a hipótese de aleatoriedade não foi rejeitada, o que levou a se pensar em um aumento da amplitude de temperatura no Rio de Janeiro nesse período.

Sansigolo *et al.* (1990) empregaram técnica estatística para tendência a longo prazo pelo teste não paramétrico de Kendall, aplicada para 10 cidades brasileiras, incluindo a cidade do Rio de Janeiro, cuja amostra referiu-se ao período de 1917 a 1987. Encontrou, para as cidades do Rio de Janeiro e de São Paulo, as maiores tendências ao aumento de temperatura. Concluiu que os elevados aumentos de temperatura nessas duas cidades são devidos à intensa urbanização.

Brandão (1987) aplicou a técnica estatística de média móvel para análise das tendências da temperatura (média, máxima e mínima) e da pluviosidade na Área Metropolitana do Rio de Janeiro, abordadas nos seus aspectos mensal, sazonal e anual, utilizando-se de dados de cinco estações meteorológicas situadas em diferentes ambientes. O período utilizado variou de 30 a 130 anos, dificuldade que foi resolvida respeitando-se a amostra de cada uma das estações meteorológicas na comparação entre elas. Para a estação climatológica principal, a autora constatou dois grandes ciclos quentes para as temperaturas médias anuais e sazonais, intercalados por uma fase amena, num intervalo de, aproximadamente, 100 anos, o que a levou a acreditar numa tendência secular do clima no Rio de Janeiro, regida por fenômenos de escala planetária, aos quais se somam as interferências antrópicas, em escala local. Outra constatação foi em relação à ocorrência de ciclos quentes menores entre 20 e 30 anos. A característica marcante do século atual é a tendência ao aumento da temperatura, sobretudo a partir da década de 40, justamente o período a partir do qual se registrou o crescimento mais acelerado da cidade. A temperatura média anual, no período, alcançou 23,2°C, variando de 26°C no mês mais

CLIMA URBANO E ENCHENTES NA CIDADE DO RIO DE JANEIRO

quente (fevereiro) a 20,6°C no mês mais frio (julho). A temperatura média no verão foi de 25,8°C, enquanto a do inverno foi de 21°C. Em ambos os casos, os maiores desvios positivos ocorreram até a década de 80 do século passado e a partir dos anos 50 do século atual (**Figuras 2.3 e 2.4**).

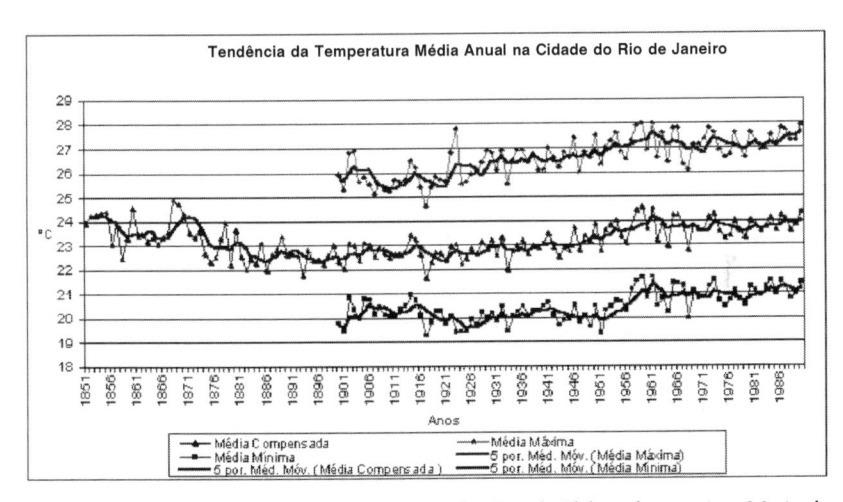

Figura 2.3 — Tendência da Temperatura Média Anual. Elaborado por Ana Maria de Paiva Macedo Brandão. (Fonte: INMET.)

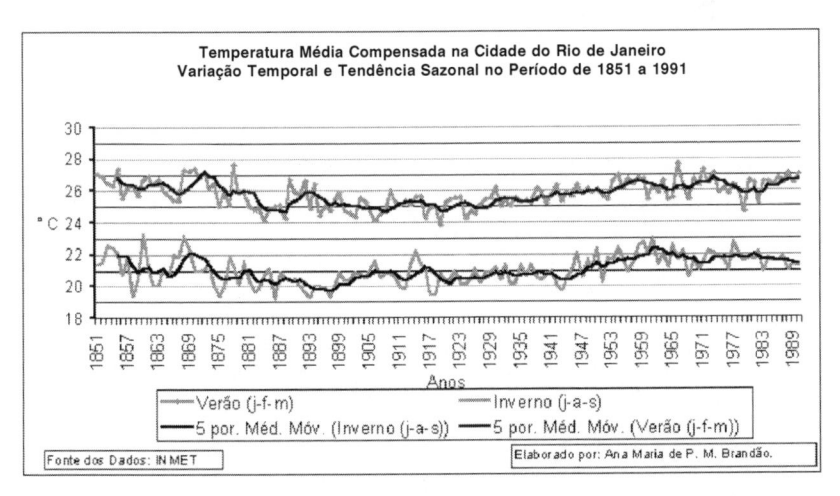

Figura 2.4 — Tendência da Temperatura Média Compensada Verão-Inverno. Elaborado por Ana Maria de Paiva Macedo Brandão. (Fonte: INMET.)

Para as temperaturas máximas (média anual de 26,6°C) e mínimas (média anual de 20,5°C), cujo período ficou restrito a este século (1900 a 1980), foi encontrada uma tendência ao aumento e, também, mais acentuada a partir dos anos 40, coincidindo com o período de maior aceleração do processo de urbanização/industrialização da cidade, embora este não seja fator exclusivo, conforme mostrado na **Figura 2.3**. Sazonalmente os aumentos mais expressivos foram encontrados para a estação de verão. Os meses mais quentes e frios, fevereiro (máxima média de 29,6°C) e julho (média máxima de 24,5°C), respectivamente, apresentaram curvas de tendência similar, porém o mês de fevereiro apresentou maior variabilidade temporal. Tendência similar é constatada em relação às temperaturas mínimas (**Figuras 2.5 e 2.6**).

Quando se compara o resultado das três normais climatológicas calculadas para este século (1901/30, 1931/60 e 1961/90), obtidas a partir dos dados de temperaturas médias compensadas, máximas e mínimas da Estação Climatológica Principal do Rio de Janeiro, o período mais recente revela-se o mais quente da série. Este último período (1961/90) foi marcado por grandes desvios térmicos positivos, representados por fortes ondas de calor, cujas máximas ultrapassaram a marca dos 40°C, sobretudo no verão. Neste período, assistiu-se, também, no Rio, a três catástrofes pluviais

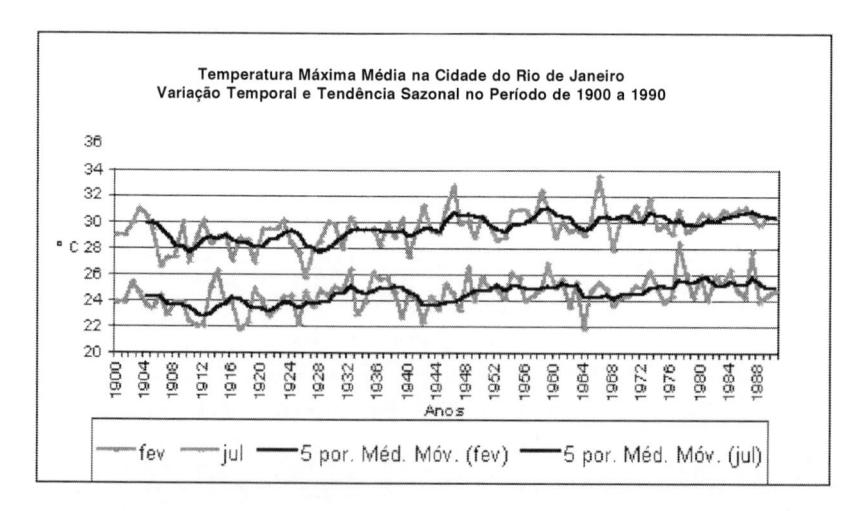

Figura 2.5 — Tendência da Temperatura Máxima Média (fevereiro-julho). Elaborado por Ana Maria de Paiva Macedo Brandão. (Fonte: INMET.)

CLIMA URBANO E ENCHENTES NA CIDADE DO RIO DE JANEIRO

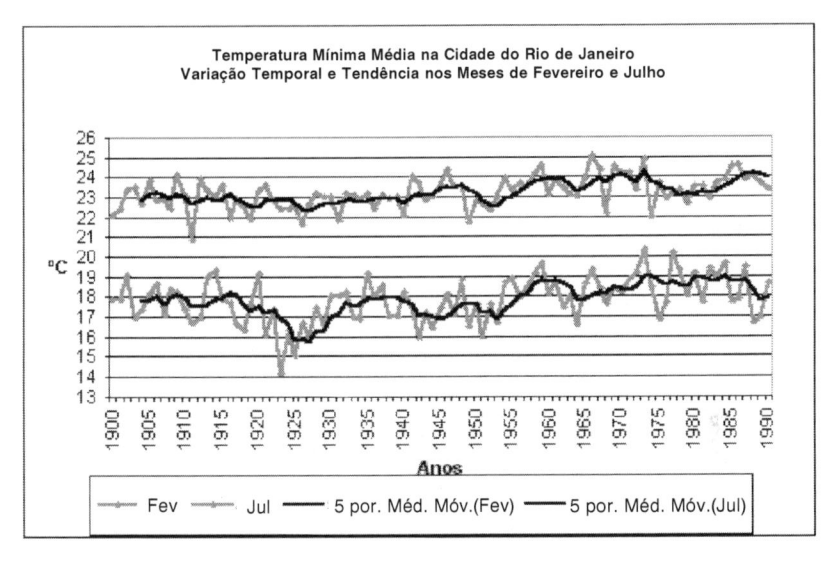

Figura 2.6 — Tendência da Temperatura Mínima Média (fevereiro-julho). Elaborado por Ana Maria de Paiva Macedo Brandão. (Fonte: INMET.)

(1966, 1988 e 1996), de consequências avassaladoras para a cidade e sua população. Por tais razões, esse período vem sendo apontado como o mais quente e chuvoso deste século para a cidade do Rio de Janeiro (Brandão, 1996 e 1997) (**Figuras 2.7, 2.8 e 2.9**).

As características topográficas da cidade do Rio de Janeiro, englobando sítios bastante variados, aliadas às peculiaridades do seu quadro litorâneo e às diferenças geradas pela própria estrutura urbana, fazem do Rio de Janeiro uma cidade *maravilhosa*, mas muito complexa. Tais peculiaridades geram um quadro climático também complexo, uma vez que significativas variações espaço-temporais em escalas topo e microclimáticas são perceptíveis em função da atuação dos componentes geoecológicos e de uso do solo. Contraditoriamente, a distribuição espacial das estações meteorológicas da rede oficial é insuficiente para revelar essas variações. Desta forma, essas informações não atendem às necessidades das propostas metodológicas para os estudos de clima urbano (que exigem medidas específicas de caráter intraurbano), uma vez que a principal função do posto meteorológico-padrão é contribuir para a definição das condições climáticas locais. Assim, a primeira preocupação quanto à sua instalação é evitar o comprometimento com a influência antrópica para que ele possa

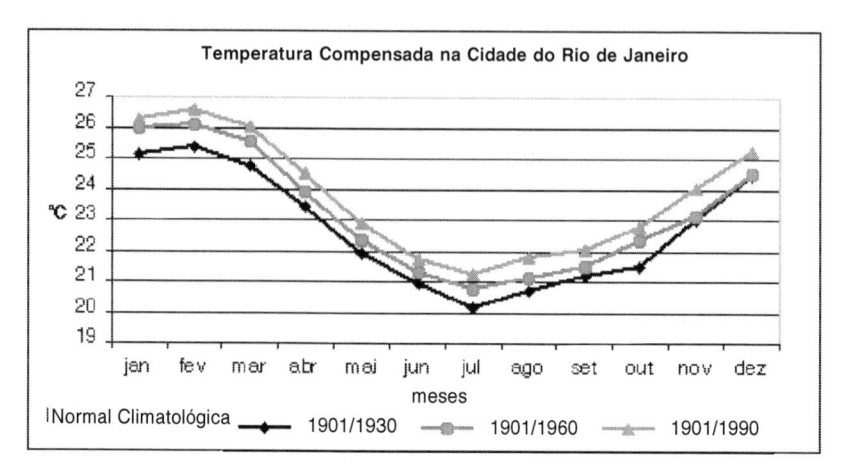

Figura 2.7 — Normal Climatológica da Temperatura Média Compensada. Elaborado por Ana Maria de Paiva Macedo Brandão. (Fonte: INMET.)

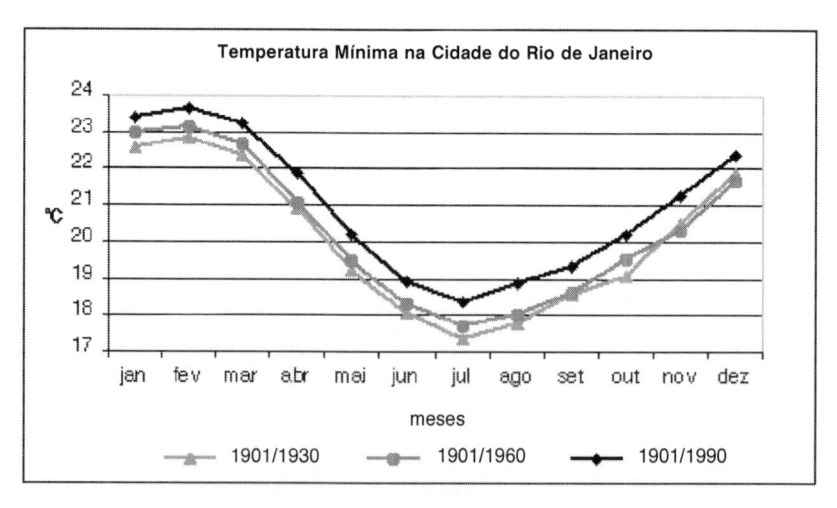

Figura 2.8 — Normal Climatológica. Elaborado por Ana Maria de Paiva Macedo Brandão. (Fonte: INMET.)

CLIMA URBANO E ENCHENTES NA CIDADE DO RIO DE JANEIRO

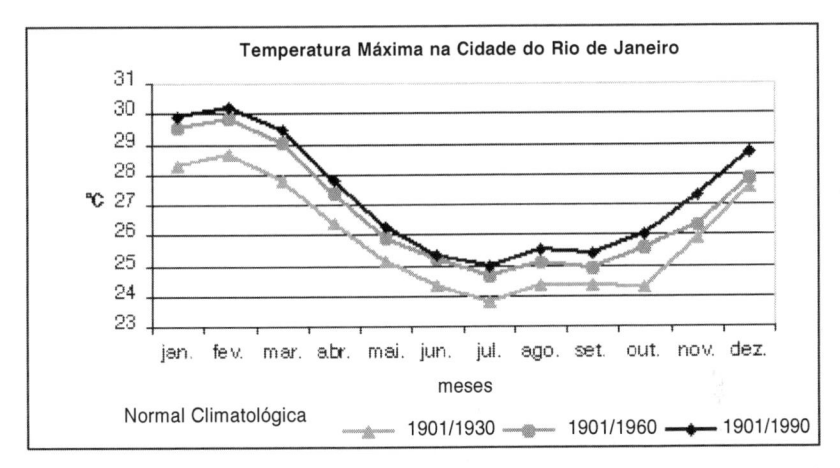

Figura 2.9 — Normal Climatológica. Elaborado por Ana Maria de Paiva Macedo Brandão. (Fonte: INMET.)

revelar o "ar livre". Elas são, no entanto, imprescindíveis como dado de referência para os postos meteorológicos experimentais dirigidos para o estudo do clima urbano (Monteiro, 1990).

É na cidade que a ação do homem se faz com intensidade máxima. Nela, o ritmo e a magnitude de produção e armazenamento de calor são profundamente diferenciados daquele que caracteriza o ambiente rural. Faz-se necessário explorar como as diversas edificações e usos do solo, a morfologia, os materiais de construção, o desmatamento, dentre outros, operam como fatores condicionantes na geração do clima urbano.

Um programa de pesquisa sobre o sistema climático urbano na cidade do Rio de Janeiro, compreendendo os subsistemas do conforto térmico, da qualidade do ar e do impacto pluvial, está sendo desenvolvido no Laboratório de Climatologia Geográfica e Análise Ambiental (Climageo), do Departamento de Geografia/UFRJ, e alguns resultados serão aqui apresentados de forma sumária.

O porte da cidade e a complexidade de seu sítio exigem uma rede de estações meteorológicas bem distribuída em seus diferentes ambientes, além da montagem de uma rede complementar para experimentos da atmosfera alterada pelas atividades desempenhadas pelo homem apropriada para a investigação do ar intraurbano. Somente nesta escala e utilizando-se de instrumentos especiais de mensuração para registros episódicos é que se pode captar a influência de componentes urbanos. A partir dos dados da estação meteorológica-padrão, que é representativa da zona urbana na cidade do Rio de Janeiro, detectaram-se as tendências climáticas, anuais, sazonais e mensais, em escala local. Já nas escalas meso, topo e microclimática, em que se subdivide o clima local, a abordagem episódica deverá ser conduzida com o objetivo de verificar a possibilidade de formação de ilha de calor na cidade do Rio de Janeiro. Como objetivo final chegou-se a uma proposta de síntese climática em que se identificaram unidades climáticas na cidade do Rio de Janeiro. O estudo do campo térmico, no outono/inverno, na cidade do Rio de Janeiro, revelou ilhas de calor de grande mobilidade espacial e intensidades variadas, sobretudo relacionadas aos componentes geoecológicos, morfológicos e funções urbanas, em interação com os sistemas meteorológicos atuantes em sua atmosfera. As situações mais favoráveis para a manifestação de ilhas de calor ocorreram no outono e estiveram relacionadas, principalmente, ao tempo sinótico de predomínio do Anticiclone Subtropical do Atlântico, com ventos fracos e céu claro. Os períodos do dia em que a ilha de calor se manifestou com maior intensidade (superior a 4°C) foram à tarde (15 horas) e à noite (21 horas), contudo, tomando-se a média do dia, a intensidade da ilha de calor não ultrapassou 3°C. Os ambientes qualificados como de uso comercial/industrial, com taxas de urbanização mais elevadas, maiores densidades de edificações e de verticalização e pobres em áreas verdes, como os bairros do Meier, de Madureira, da Tijuca, de Santo Cristo, mostraram-se mais propícios para atuar como *core* dessas ilhas de calor. As ilhas térmicas configuradas na Zona Oeste (Bangu e Campo Grande) foram registradas somente no período da tarde e estão associadas às características geoecológicas do seu sítio (Brandão, 1996) (**Figura 2.10**).

A poluição atmosférica é tratada como um dos objetivos fundamentais nos estudos ambientais urbanos, uma vez que ela constitui, na atualidade, ameaça à saúde e ao bem-estar do homem urbano. Apesar de a grande capacidade da atmosfera se autopurificar, essa capacidade de assimilar descargas, sem grandes danos, varia em função de diversos fatores, como a época do ano, as condições atmosféricas, a localização dos despejos e a natureza dos materiais nas fontes de emissão, que resultam em determinado padrão temporal e espacial de poluição atmosférica.

CLIMA URBANO E ENCHENTES NA CIDADE DO RIO DE JANEIRO

Figura 2.10 — Intensidade da Ilha de Calor na Cidade do Rio de Janeiro

QUADRO-SÍNTESE DE MAGNITUDE DA ILHA DE CALOR
NA CIDADE DO RIO DE JANEIRO — DIA 05 DE JULHO DE 1994

BAIRRO	MAGNITUDE DA ILHA DE CALOR		
HORA	PRIMEIRA MAGNITUDE	SEGUNDA MAGNITUDE	TERCEIRA MAGNITUDE
9 HORAS	Moderada Meier X Santa Cruz Intensidade: 3,3ºC	Moderada Bangu / Bonsucesso (Av. Brasil) X Santa Cruz Intensidade: 2,1ºC	Fraca Santo Cristo / Tijuca X Santa Cruz Intensidade: 1,9ºC
15 HORAS	Forte Bonsucesso (Av. Brasil) X Parque Jardim Botânico Intensidade: 4,2ºC	Moderada Penha Circular / Cpo. Grande X Parque Jardim Botânico Intensidade: 3,8ºC	Moderada Meier / Irajá X Parque Jardim Botânico Intensidade: 3,7ºC
20 HORAS	Moderada Botafogo X Parque Jardim Botânico Intensidade: 2,9ºC	Moderada Meier / Copacabana X Parque Jardim Botânico Intensidade: 2,5ºC	Fraca Bonsucesso (Av. Brasil/Laranjeiras X Parque Jardim Botânico Intensidade: 1,8ºC
MÉDIA: DIA 05/07/94	Moderada Meier X Parque Jardim Botânico Intensidade: 2,8ºC	Moderada Bonsucesso (Av. Brasil) X Parque Jardim Botânico Intensidade: 2,4ºC	Fraca Irajá X Parque Jardim Botânico Intensidade: 1,9ºC

QUADRO-SÍNTESE DE MAGNITUDE DA ILHA DE CALOR
NA CIDADE DO RIO DE JANEIRO — DIA 29 DE MAIO DE 1995

BAIRRO	MAGNITUDE DA ILHA DE CALOR		
HORA	PRIMEIRA MAGNITUDE	SEGUNDA MAGNITUDE	TERCEIRA MAGNITUDE
9 HORAS	Moderada Barra da Tijuca X Centro Intensidade: 3,4ºC	Moderada Campo Grande X Centro Intensidade: 2,6ºC	Moderada Praça da Bandeira X Centro Intensidade: 2,2ºC
15 HORAS	Forte Bangu X Parque Jardim Botânico Intensidade: 4,2ºC	Moderada Santo Cristo X Parque Jardim Botânico Intensidade: 3,9ºC	Moderada Penha Circular X Parque Jardim Botânico Intensidade: 3,7ºC
20 HORAS	Forte Santo Cristo X Parque Jardim Botânico Intensidade: 4,2ºC	Moderada Meier X Parque Jardim Botânico Intensidade: 3,7ºC	Moderada Copacabana /Maracanã / Praça da Bandeira X Parque Jardim Botânico Intensidade: 3,5ºC
MÉDIA: DIA 05/07/94	Moderada Sto. Cristo /Barra da Tijuca X Parque Jardim Botânico Intensidade: 2,9ºC	Moderada Campo Grande X Parque Jardim Botânico Intensidade: 2,7ºC	Moderada Bangu X Parque Jardim Botânico Intensidade: 2,6ºC

Elaborado por Ana Maria de Paiva Macedo Brandão

As áreas urbanas, em escala local, exercem importante papel, tanto na geração de grandes volumes de resíduos como no impedimento de sua dispersão em combinação com as condições meteorológicas locais especiais, visto que essas áreas tendem a favorecer a formação de "ilha de calor" e o desenvolvimento de camadas de inversão, resultando no efeito de "cúpula" que geralmente ocorre nas cidades (Brubaker, 1972).

Com cerca de 6 mil indústrias, muitas delas situadas em sítios inadequados e o elevado número de veículos em circulação, a cidade do Rio de Janeiro possui alto potencial de poluição do ar. Os veículos e as indústrias são, sem dúvida, as maiores fontes de poluição atmosférica na cidade, seguidos pelas obras civis, queimadas e processos de combustão comercial.

Os resultados dos primeiros estudos voltados para os problemas de poluição atmosférica no Rio de Janeiro foram apresentados pelo então Instituto de Engenharia Sanitária — SURSAN (1968). A Fundação Estadual de Engenharia do Meio Ambiente (FEEMA) é, atualmente, o órgão responsável pelo monitoramento da qualidade do ar no Rio de Janeiro, e a determinação sistemática da qualidade do ar é limitada ao grupo de poluentes fixado pelas legislações federal e estadual. Os padrões de qualidade do ar são definidos em função da frequência de sua ocorrência e dos efeitos adversos que causam à saúde.

De acordo com relatório da FEEMA (1989), os poluentes regulamentados, objeto de programa de monitoramento, são: partículas sedimentáveis, partículas em suspensão, dióxido de enxofre (SO_2), monóxido de carbono (CO) e oxidantes fotoquímicos medidos como Ozônio (O_3). A rede de monitoramento de qualidade do ar na Região Metropolitana do Rio de Janeiro é constituída, hoje, segundo ainda o relatório, por seis estações de partículas sedimentáveis, 22 estações de partículas em suspensão, 13 estações de dióxido de enxofre (temporariamente fora de operação para estudos de correlação de metodologias) e três estações automáticas.

O primeiro trabalho, com propósitos geográficos, sobre poluição atmosférica no Rio de Janeiro foi realizado por Gallego (1972), que analisou a distribuição espacial da poluição do ar na cidade e suas correlações com o sítio e as funções urbanas e com os tipos de tempo para os anos de 1968 e 1969. A autora aponta como as maiores dificuldades para a realização do seu estudo a deficiência da rede de estações de monitoramento de qualidade do ar e de estações meteorológicas e a diferença de localização geográfica entre elas e em relação às metodologias de medições desses parâmetros, que constituíram restrições ao nível das correlações diárias. Esse trabalho ofereceu importante contribuição geográfica ao estudo da poluição atmosférica no Rio de Janeiro, pelas conclusões apresentadas, aqui destacadas de forma sintética: os meses de maior poluição no Rio de Janeiro (de maio a setembro) são aqueles de predomínio da massa Tropical Atlântica, enquanto os mais chuvosos, ou com maior intensidade e frequência de ventos, são os menos poluídos. A correlação entre os índices de poluição e os tipos de tempo possibilitou concluir que a poluição aumenta quando: 1 — a temperatura se eleva e decrescem a umidade relativa e a pressão atmosférica; 2 — da entrada de frentes frias fracas sem ocorrência de chuva ou com chuvas fracas, provocando inversão térmica; 3 — da existência de inversões térmicas nas baixas camadas da atmosfera e predomínio da massa Tropical Atlântica; 4 — do predomínio de calmarias; e 5 — em situações pré-frontais.

Serra (1988), com base em dados de radiossondagens para o período de 1968 a 1973, analisou as várias situações de poluição atmosférica no Rio de Janeiro, apresentando índices parciais, por mês, e o índice geral de poluição para a cidade. O período de maio a agosto destaca-se como o mais grave quanto à poluição do ar na cidade, em função da situação de estabilidade do inverno e a sua reduzida pluviosidade, sob o domínio da Alta do Atlântico.

Em relatório publicado sobre a Qualidade do Ar na Região Metropolitana do Rio de Janeiro, a FEEMA (1989) apresenta análise detalhada, sob forma de gráficos e tabelas, da concentração mensal dos principais poluentes, no período de 1984 a 1987, de onde foram extraídos alguns dos resultados. As partículas sedimentáveis apresentaram tendência crescente no período, com padrão de qualidade do ar, rotineiramente ultrapassado, com violações entre 57% e 91% nas estações do Centro, Copacabana, Bonsucesso (91%) e Campo Grande (57%). Quanto às partículas em suspensão, o relatório conclui que mais de 50% das estações de monitoramento vêm ultrapassando os padrões de qualidade do ar, tanto em termos de médias (80mg/m^3) como em relação às concentrações máximas diárias (240mg/m^3), considerados seguros para fins de bem-estar e de proteção à saúde pública. A pior qualidade do ar, tanto em relação ao padrão anual como ao padrão diário, foi encontrada nas estações de Bonsucesso, Benfica e Maracanã, no Município do Rio de Janeiro. Nas estações caracterizadas como recordistas em violações ao padrão diário, na Região Metropolitana do Rio de Janeiro, temos: São João de Meriti, com 14 violações, Bonsucesso e Benfica, com 13 violações, e Duque de Caxias, com 12 violações nesse período. Tais índices foram atribuídos às emissões por caminhões e ônibus a diesel como fontes dominantes ao longo da maior parte dos corredores de tráfego. Conclui, ainda, que a representatividade dos dados foi prejudicada por uma queda de 34% no número de amostragens, no período analisado.

No tocante ao dióxido de enxofre (SO_2) as estações de Bonsucesso, Benfica, Copacabana, Irajá, Maracanã e Rio Comprido apresentaram, ao longo de todo o período, concentrações acima do padrão de qualidade do ar recomendável, sendo que Bonsucesso, por ser bairro industrializado e próximo à Avenida Brasil (via de tráfego intenso), apresentou o maior índice em todos os anos considerados.

Brandão (1992, 1993, 1994 e 1995), com base nos dados de partículas em suspensão, no período de 1980 a 1992, fornecidos pela FEEMA, elaborou análises centradas sobretudo na abordagem temporoespacial, a partir de dois transetos, selecionados em função da distribuição geográfica das estações de monitoramento de qualidade do ar. Esta forma de representação cartográfica se apresentou como meio razoável de melhorar a representatividade espacial dos dados.

A autora representou espacialmente o padrão máximo diário de partículas em suspensão, incluindo gráficos de representação média mensal de intensidade e direção do vento para duas estações meteorológicas (Aterro do Flamengo e Ecologia Agrícola), que foi publicado pela Prefeitura da Cidade do Rio de Janeiro, no Anuário Estatístico da Cidade (1993). Apesar da insuficiência da rede de estações para refletir as reais condições de qualidade do ar na cidade, as isolinhas da concentração máxima diária das partículas em suspensão, no período de 1980 a 1990, mostraram que o padrão diário foi ultrapassado em todas as estações, exceto em Copacabana e Santa Teresa. A configuração das isolinhas possibilita visualizar que os valores diários mais elevados coincidem com as áreas de maior concentração industrial e de tráfego mais intenso nas baixadas da Guanabara e Fluminense, onde se destacam as estações de Bonsucesso, Irajá, São João de Meriti, Benfica, Maracanã, Inhaúma, Penha e Nova Iguaçu, com valores máximos superiores a 400mg/m^3, sendo que, nas três primeiras, o padrão máximo no período foi superior ao dobro do recomendado (240mg/m^3). A representação da circulação geral dos ventos deixa clara a importância dos ventos fracos e das calmarias (entre 45% e 55% de frequência), nos altos índices de poluição, sobretudo no inverno, e, apesar da forte componente de sudeste dos ventos na estação do Aterro do Flamengo (porém de intensidade moderada e fraca), os ventos do quadrante oeste (especialmente de noroeste), com maiores intensidades no inverno, conforme mostrado na estação Ecologia Agrícola, podem contribuir para agravar o quadro de poluição do ar em certas áreas da cidade.

A abordagem temporoespacial foi aplicada em trabalho por Brandão (1995) para a análise das partículas em suspensão, no período de 1980 a 1992, divulgada pela Prefeitura da Cidade do Rio de Janeiro em seu Anuário Estatístico (1995). Considerando o padrão anual (80mg/m^3), este só não foi ultrapassado, entre todas as estações dos dois transetos nesses 13 anos, em Santa Teresa, bairro favorecido por sua localização, situado em sítio mais elevado e pelo reduzido fluxo de veículos. As áreas mais críticas (acima de 100mg/m^3) estão localizadas próximo aos corredores de tráfego intenso (Avenida Brasil e Rodovia Presidente Dutra) e junto às áreas de maior concentração industrial, como em Bonsucesso, São João de Meriti e Nova Iguaçu, onde o padrão, em alguns anos, ultrapassou o dobro daquele recomendado.

Quanto ao padrão diário (240mg/m^3 — valor que não deve ser ultrapassado mais de uma vez ao ano), apenas as estações de Copacabana e Santa Teresa não apresentaram violações nos 13 anos analisados. Ao contrário, Bonsucesso (de 2 a 18 violações/ano), São João de Meriti (de 2 a 10 violações/ano), Irajá (até 11 violações/ano), Nova Iguaçu (até 8 violações/ano) e Inhaúma (até 4 violações/ano) foram as recordistas, tanto em valores máximos como em número de violações ao padrão aceitável para a saúde da população. Dos dois transetos analisados, aquele que vai do Centro até Nova Iguaçu, passando por São Cristóvão, Benfica, Bonsucesso, Penha, Irajá e São João de Meriti, revelou valores significativamente mais altos (entre 100mg/m^3 e 519mg/m^3) do que os encontrados no transeto de Copacabana a Bangu. A análise temporal indica valores mais altos até 1985, sugerindo uma certa melhoria da qualidade do ar, no final dos anos 80, na cidade. A autora chama a atenção, porém, para alguns aspectos que podem interferir nos resultados, tais como a desativação de algumas estações de monitoramento e, principalmente, a deficiência em relação à sistemática nas medições, uma vez que, a partir de 1986, houve considerável redução do número de amostragens e, até mesmo, ausência de dados em alguns meses. A estes fatores acrescenta-se a localização geográfica de algumas estações pouco representativas para refletir toda a gama de variações topo e microclimáticas resultantes da circulação atmosférica, da condição topográfica e da configuração litorânea, além dos condicionantes urbanos, fatores estes que, em conjunto, interagem na cidade do Rio de Janeiro (**Figuras 2.11 e 2.12**).

A FEEMA divulgou, em 1995, o relatório de Qualidade do Ar na Região Metropolitana do Rio de Janeiro, com resultados obtidos através de campanha expedita de monitoramento realizada de maio a dezembro de 1994. Tal como fizera Brandão (1993), a espacialização das partículas em suspensão foi acompanhada de gráficos de vento; neste caso, para situações episódicas. As conclusões apresentadas no relatório estão de acordo com os resultados encontrados por Gallego (1972) e por Brandão (1993 e 1995), apontando as áreas mais poluídas na cidade. No final do relatório está inserida uma proposta de reestruturação da rede de monitoramento atual, compreendendo a ampliação da existente e incluindo a proposta de instalação de estações meteorológicas.

3.2. ENCHENTES E CRONOLOGIA DOS TEMPORAIS NOS SÉCULOS XIX E XX

O processo histórico de ocupação do espaço urbano metropolitano carioca criou sérios problemas espacialmente diferenciados que resultam num quadro ambiental atual crítico, em que as questões ligadas à alta densidade demográfica, à favelização, ao saneamento básico, à circulação de veículos, à poluição, às enchentes e inundações ocupam posição de destaque e suscitam soluções emergenciais. Estes problemas se superpõem em certas áreas da cidade, resultando em altos riscos para a população que nelas reside. Os mais expressivos exemplos de problemas ambientais críti-

CLIMA URBANO E ENCHENTES NA CIDADE DO RIO DE JANEIRO

Análise Temporoespacial das Partículas em Suspensão no Transeto
Copacabana - Bangu. Máximo Valor Anual (1980 – 1992).

FONTE: BRANDÃO (1995) *in*: PREFEITURA DA CIDADE DO RIO DE JANEIRO
Anuário Estatístico da Cidade do Rio de Janeiro – 1995.

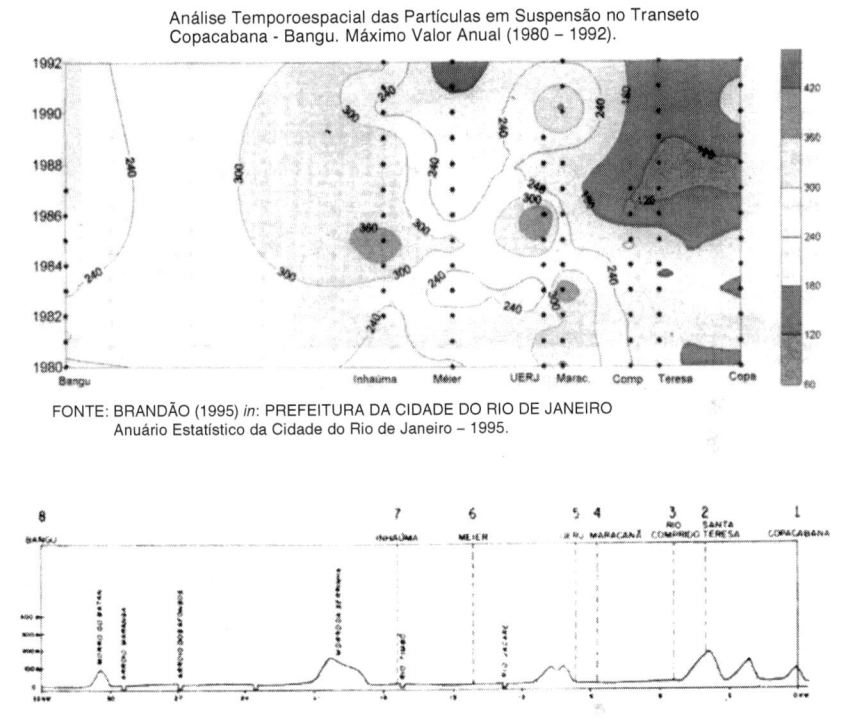

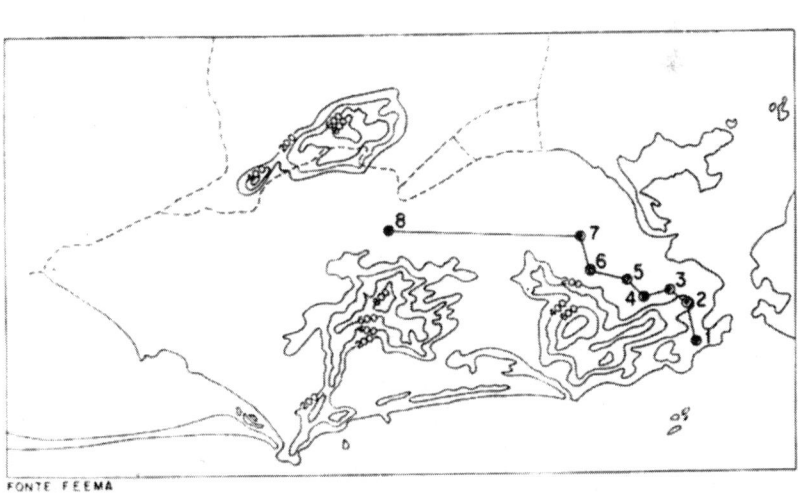

Figura 2.11 — Variação temporoespacial das partículas em suspensão na cidade do Rio de Janeiro. Transeto Copacabana - Bangu. Elaborado por Ana Maria de Paiva Macedo Brandão. (Fonte: FEEMA.)

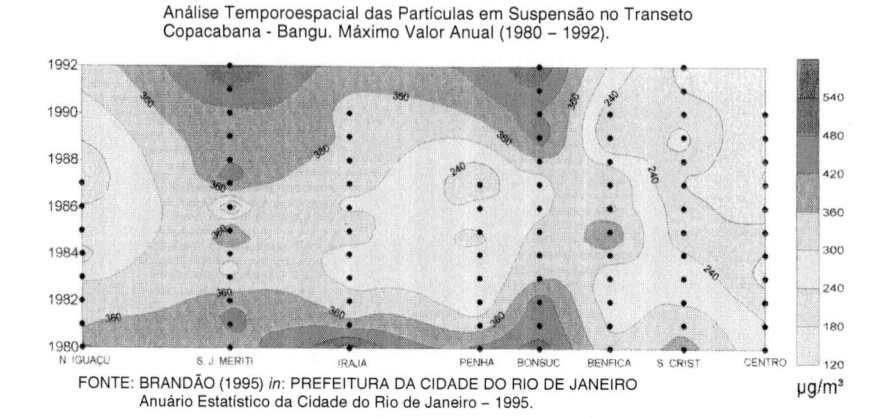

Figura 2.12 — Variação temporoespacial das partículas em suspensão na cidade do Rio de Janeiro. Transeto Centro - Nova Iguaçu. Elaborado por Ana Maria de Paiva Macedo Brandão. (Fonte: FEEMA.)

cos, reflexos da segregação espacial na metrópole carioca, são encontrados nas áreas "marginais" ocupadas por população de baixa renda, onde a carência quase absoluta de infraestrutura básica resulta em alto grau de vulnerabilidade ambiental aos fenômenos naturais, em especial aos eventos meteorológicos extremos. À medida que se intensifica o processo de ocupação urbana, agravam-se os problemas de drenagem, desmatamento, poluição, desconforto térmico, contenção de encostas, inundações, os quais, aliados à crise econômica nacional, têm contribuído decisivamente para a degradação da qualidade de vida do carioca (Brandão, 1992).

Como visto, os eventos pluviais intensos que atingem com frequência a cidade do Rio de Janeiro constituem característica peculiar às regiões tropicais como a nossa. Este assunto é o que reúne o maior número de estudos direcionados à climatologia do Rio de Janeiro, visto que a preocupação com as enchentes faz parte da própria história da cidade. Grandes temporais, com desabamentos de casas e vítimas fatais, são relatados em várias obras e através da imprensa local desde os primeiros anos de fundação da cidade, antes mesmo do registro sistemático dos dados pluviométricos. Na obra intitulada *Antiqualhas e Memórias do Rio de Janeiro*, de José Vieira Fazenda, encontram-se relatos de dois temporais que castigaram severamente a cidade: o de abril de 1756 e o de fevereiro de 1811.

O grande significado que os eventos pluviais concentrados e seus impactos passaram a adquirir na vida da cidade, principalmente dos anos 60 aos dias atuais, em especial nos meses de dezembro a março, coloca a questão da chuva de verão como das mais importantes e de maior impacto entre a diversidade de problemas ambientais da cidade do Rio de Janeiro. Entretanto, a variabilidade climática expressa, principalmente através de desvios pluviométricos, tanto positivos como negativos, é uma das principais características do clima desta cidade. Os estudos que têm despertado maior atenção são dirigidos aos episódios de chuvas intensas por sua maior frequência e repercussões socioeconômicas, embora alguns períodos de grandes estiagens tenham trazido sérios transtornos ao cotidiano do carioca.

A longa série histórica de dados climatológicos disponível para a cidade do Rio de Janeiro a partir da Estação Climatológica Principal (situada desde sua instalação na área central da cidade, apesar de haver mudado, por várias vezes, de localização), já conta com quase 150 anos (desde

1851), favorecendo a análise comparativa com as diferentes fases que caracterizam o processo de urbanização da cidade, desde meados do século passado. Considerando-se a média climatológica para todo o período, de 1.100mm para o total médio da pluviosidade anual, pode-se avaliar como ao longo do tempo este valor oscilou entre anos pouco chuvosos com total anual inferior a 700mm anuais, como nos anos de 1933, 1934, 1963 e 1984 e anos muito chuvosos com total anual próximo de 2000, como 1966, 1988 e 1996. Igualmente, comparando-se o período chuvoso (dezembro a março) cujo total médio atinge 534mm, essa variação é significativa: inferior a 300mm, como nos anos de 1970, 1974 e 1977 ou superior a 1.000mm como nos anos de 1966 e 1967.

O mês de fevereiro é aquele que apresenta maior variabilidade em termos de distribuição da pluviosidade, uma vez que, apesar de registrar em média 125mm, sua variação pode ficar entre valores acima de 400mm, como nos anos de 1967 e 1988, à ausência de chuvas, como no ano de 1977. Para efeito de comparação, a série temporal foi dividida em três períodos (1851/1900, 1901/1940 e 1941/1992), e os desvios pluviométricos (positivos e negativos) anuais, do período chuvoso e de seus respectivos meses, foram agrupados em três classes: 0 a 15% (pequenos), 15,1 a 30% (moderados) e > 30% (grandes).

Apesar das profundas transformações registradas na paisagem urbana da cidade do Rio de Janeiro, desde o início do século XIX, a primeira grande fase de expansão de sua malha urbana só veio a ocorrer a partir da segunda metade desse século (coincidindo com o início da série de dados climatológicos disponíveis), estendendo-se até o início do século atual. Esta primeira fase de grande expansão urbana coincide com a inauguração das estradas de ferro, com a implantação das linhas de bonde e com o estabelecimento de indústrias que permitiram a efetiva expansão urbana da cidade nas direções norte, sul e oeste, e o pleno desenvolvimento de seus principais subúrbios.

No início do século XIX, a população da cidade correspondia a 60 mil habitantes, e os limites do espaço urbano não ultrapassavam o Campo de Santana. Já em meados deste século eram 200 mil os habitantes do Rio e, no final do mesmo (1890), sua população já ultrapassava meio milhão de habitantes, permitindo o surgimento da favela, com a ocupação das encostas dos morros de Santo Antônio e da Providência.

O início do século atual até o final da década de 1930 corresponde a uma fase de espetacular expansão do tecido urbano da cidade. A administração do Prefeito Pereira Passos (1902/1906) inicia um período de grandes transformações na forma e no conteúdo da cidade, com o programa de reforma urbana e saneamento; porém, inicia, também, o processo de favelização dos morros cariocas. Este período caracterizou-se pela modernização e embelezamento da cidade, pelo aparecimento do automóvel, pela eletrificação dos bondes, pelo grande incremento da atividade industrial e o aparecimento do concreto, que provocou um surto de prédios de mais de seis andares, os quais transformaram sensivelmente a aparência da cidade. Tais fatores responderam pelo crescimento tentacular da cidade e pela formação da Área Metropolitana, cuja periferia, carente em infraestrutura, era ocupada pela população pobre. A população do Rio passou de 805.335 habitantes, em 1906, para 1.147.599 habitantes, em 1920, e em 1940 já alcançava 1.764.141, com taxas de crescimento superiores a 40% (Abreu, 1987).

O terceiro período, a partir da década de 40, marca a fase em que as grandes questões urbanas, na área metropolitana do Rio de Janeiro, começam a se agravar; quando o preço da terra tem seu valor altamente valorizado, o crescimento vertical é grandemente intensificado e há um aumento vertiginoso da frota de automóveis. Proliferam as favelas e os bairros pobres da periferia, com resultante crise de transportes e de habitação, e os problemas ambientais, especialmente os ligados à poluição e às enchentes e inundações, passam a ocorrer com mais frequência.

Comparando os desvios pluviométricos anuais, constata-se que os desvios negativos pequenos e moderados superaram os desvios positivos; ao contrário, os desvios positivos grandes (> 30%) foram, significativamente, mais expressivos do que seus correspondentes negativos. Igualmente significativa é a comparação de tais desvios entre os períodos de 1851/1900 e 1941/1990, pois, enquanto no primeiro período os desvios pluviométricos negativos foram superiores aos positivos, totalizando 29, no período de 1941/1990 estes atingiram quase o dobro daqueles. Neste último período ocorreram sete grandes desvios pluviométricos positivos (quatro dos quais > 50%), contra apenas dois grandes negativos. Maior significado, ainda, assume a comparação desses desvios pluviométricos em relação ao período chuvoso (dezembro a março). No período de 1851 a

1900, os desvios negativos nesses meses mais chuvosos representaram mais que o dobro (34) em relação aos positivos (16). Ao contrário, de 1941 a 1990 os desvios positivos foram bem maiores (30) que os negativos (20), em especial os grandes desvios positivos (**Tabelas 2.1 e 2.2**).

Tabela 2.1 — Estação Climatológica Principal da Cidade do Rio de Janeiro — Desvios Pluviométricos Positivos no Período de Dezembro a Março. (Fonte: INMET.)

Períodos	Classes (%)			
	0 a 15	15,1 a 30	>30	Total
1851-1900	6	2	8	16
1901-1940	6	5	5	16
1941-1990	8	8	14	30
TOTAL	20	15	27	62

Tabela 2.2 — Estação Climatológica Principal da Cidade do Rio de Janeiro — Desvios Pluviométricos Negativos no Período de Dezembro a Março. (Fonte: INMET.)

Períodos	Classes (%)			
	0 a 15	15,1 a 30	>30	Total
1851-1900	7	15	10	34
1901-1940	7	7	10	24
1941-1990	9	3	8	20
TOTAL	25	25	28	78

Na maior parte dos anos, do período de 1851 a 1991, os totais pluviométricos dos quatro meses mais chuvosos (dezembro a março) correspondem a cerca de 60% do total de chuva precipitada durante todo o ano, em alguns casos chegando a 90%. No mês de fevereiro, por exemplo, os desvios pluviométricos positivos superiores a 30%, no período de 1941 a 1990, alcançaram quase o triplo daqueles que ocorreram no período de 1851 a 1900.

Do ponto de vista climatológico, as frequências de chuva máxima em 24 horas adquirem significado especial, principalmente aquelas de maior intensidade, pela possibilidade de correlação com as inundações urbanas. Por isso, procurou-se representar graficamente todos os meses em que a pluviosidade total mensal atingiu ou superou o valor de 200mm, acompanhado da chuva máxima em 24 horas, no período estudado, o qual foi complementado por quadro síntese das chuvas acumuladas em 24 horas, iguais ou superiores a 40mm, distribuídas em cinco classes. Cerca de 60% dessas chuvas diárias ocorreram a partir de 1940, dado extremamente importante e que pode indicar uma tendência a chuvas mais concentradas nesses últimos 50 anos. Intensidades de chuvas de até 80mm em um dia podem ocorrer em qualquer mês, exceto agosto, embora suas maiores frequências correspondam ao período de dezembro a abril. Chuvas mais intensas, superiores a 100mm/dia, ocorreram com maior frequência nos meses de janeiro a abril, enquanto chuvas de intensidade muito alta, superior a 130mm/24 horas, tenham sido registradas de dezembro a abril, embora sua frequência seja baixa (**Tabela 2.3**).

Evidências de chuvas intensas que provocaram inundações, acompanhadas de grandes transtornos, com vítimas fatais, foram registradas desde os primeiros anos de que se têm registros de chuvas no Rio de Janeiro. Dentre eles se destacam o de 26 de abril de 1883, quando caíram 239mm

Tabela 2.3 — Frequência de Chuva Máxima em 24 horas.
Elaborado por Ana Maria de Paiva Macedo Brandão.
(Fonte: INMET.)

Classes	Meses												
	Jan.	Fev.	Mar.	Abr.	Mai.	Jun.	Jul.	Ago.	Set.	Out.	Nov.	Dez.	Ano
40-60	30	28	33	24	10	8	8	5	9	17	26	38	234
60-80	13	18	19	10	3	4	2		1	1	3	10	84
80-100	9	8	9	8	1	2				2		6	45
100-130	3	5	10	6	2	1					1		28
>130	5	3	2	2								2	14
total	60	62	73	50	16	15	10	5	10	18	31	57	407

de chuva em apenas 24 horas (a média de abril é de 100mm), o de dezembro de 1884 e o de fevereiro de 1886, com mais de 100mm em apenas um dia. Em três dias de chuva (de 26 a 28 de abril de 1883) se precipitaram 30% do total anual, o que mostra que o evento foi de grande magnitude e produtor de grandes impactos sobre a cidade. Um outro evento de fortes chuvas ocorreu no mês de abril em 1888, quando se precipitaram 97mm em 24 horas. Evidentemente do ponto de vista climático, esses eventos são comparáveis aos ocorridos no mês de janeiro de 1966 e no mês de fevereiro dos anos de 1967, de 1988 e de 1996; porém, diferenciam-se enormemente quanto aos danos ambientais e às calamidades socioeconômicas que foram capazes de produzir. Deve-se lembrar que àquela época (1880) a população da cidade não chegava a meio milhão de habitantes e que a ocupação urbana era, ainda, bem restrita, com a cidade se estendendo a pouco além da atual área central, cujos limites correspondiam ao Campo de Santana.

Amarante (1960) dá sua contribuição ao problema da erosão e do escoamento das águas na cidade do Rio de Janeiro, destacando as alturas máximas de chuva e suas consequências em função da complexidade do sítio. Meis e Silva (1968) estudaram os movimentos de massa que afetaram as vertentes cariocas em janeiro de 1966 e fevereiro de 1967.

Reis (1990) realizou um excelente resumo histórico sobre *As Inundações do Rio de Janeiro,* contendo importantes informações sobre esse velho problema do Rio, ilustradas com imagens de grandes inundações.

Em pelo menos 50% dos anos do século XX, encontram-se registros de chuvas intensas que resultaram em inundações de grandes proporções, algumas das quais de caráter catastrófico, mas as enchentes que afligem a cidade do Rio de Janeiro aumentaram consideravelmente sua frequência, principalmente a partir dos anos 60.

Com o objetivo de oferecer ao leitor uma visão detalhada dos mais significativos temporais, considerando os impactos socioambientais gerados na cidade, foi elaborado o quadro *histórico dos episódios pluviais intensos causadores de impactos socioambientais na cidade do Rio de Janeiro,* apresentado ao final do capítulo. Este foi elaborado a partir de levantamento de notícias de jornais, o qual foi complementado com dados pluviométricos disponíveis. Visando, ainda, a evitar uma leitura cansativa, aqui só será apresentada uma síntese dos mais expressivos eventos de chuva intensa.

Dos temporais que atingiram a cidade entre 1900 e 1940, sete mereceram destaque do noticiário local, como os de maiores impactos sobre a cidade. Um relatório enviado ao Prefeito Pereira Passos faz referência ao temporal do dia 17 de março de 1906, como um dos maiores que castigaram a cidade, quando 165mm se precipitaram em 24 horas, provocando alagamento em quase toda a cidade com o transbordamento do Canal do Mangue, desmoronamentos nos morros de Santa Teresa, Santo Antônio e Gamboa, causando a morte de várias pessoas e deixando inúmeras desabrigadas.

Durante os dias 7, 8 e 9 de março de 1916 a cidade foi castigada por grande temporal que provocou desabamentos com muitas vítimas fatais. Nessas 48 horas se precipitaram 141mm, fortemente concentrados das 17h às 22h30min do dia 8. Este foi considerado pela imprensa como um dos maiores temporais de que se tem notícia na cidade.

No dia 26 de fevereiro de 1928, um outro grande temporal atingiu a cidade, causando vários desabamentos com mortes nos morros do Salgueiro, São Carlos, Mangueira e Santo Antônio, além das costumeiras inundações na Praça da Bandeira e bairros vizinhos.

O temporal do dia 9 de fevereiro de 1938 foi noticiado como um dos maiores e mais violentos dos últimos anos, quando a chuva de 136mm, nesse dia, alagou vários bairros e provocou o desabamento de prédios com vítimas fatais.

A década de 1940 inicia-se com um violento temporal no dia 29 de janeiro, quando 112mm causaram alagamentos em quase toda a cidade e mortes por desabamentos de barracos no bairro Santo Cristo.

No período que se estende de 1941 aos dias atuais foram registrados temporais de grande intensidade sobre a cidade, três dos quais (1966, 1988 e 1996) permanecem na memória do carioca como verdadeiras catástrofes. Na década de 40, pelo menos dois grandes temporais mereceram destaque pelos estragos que causaram. O mais grave ocorreu nos dias 6 e 7 de janeiro de 1942, quando 132mm de chuva provocaram desabamento no Morro do Salgueiro, soterrando cinco pessoas.

Na década de 60 destacam-se dois grandes temporais por sua violência. Nos dias 15 e 16 de janeiro de 1962 fortes chuvas (total de 242mm) provocaram o transbordamento do Canal do Mangue, do Rio Maracanã e deslizamentos, deixando um saldo de 25 mortes e centenas de desabrigados. O ano de 1966 ficou registrado na memória do carioca como uma das maiores calamidades climáticas de sua história. As chuvas foram as mais violentas que desabaram sobre o Rio, pois só no dia 11 de janeiro o total atingiu 237mm, batendo o recorde de chuva que vinha desde 1883. Somente a chuva do dia 11 representou 11% do total médio anual, cifra que, por si só, adquiriu dimensões de catástrofe, mesmo sem considerar que nos dias subsequentes a chuva continuou, ainda, muito forte. Em apenas 48 horas a chuva acumulada correspondeu a 45% da pluviosidade média anual. O saldo dessas violentas chuvas foi mais de 100 mortes, milhares de desabrigados, inundação generalizada e colapso no sistema de transportes e no fornecimento de energia elétrica. Novos temporais violentos voltaram a incidir sobre a cidade, nos meses de janeiro e fevereiro de 1967, quando os 160mm, em um só dia do mês de fevereiro, fizeram inúmeras vítimas.

Na década de 70, mesmo considerada a menos chuvosa dos últimos 50 anos, os anos de 1971, 1973, 1975 e 1976 apresentaram ocorrência de intensidades de chuva/24 horas que geraram as famosas enchentes. A concentração da chuva nesses dias se situou entre 125mm e 150mm e, em todos os casos, foram suficientes para gerar enchentes e desmoronamentos responsáveis por transtornos, prejuízos e mortes na cidade.

Em todos os anos da década de 80 houve registro de episódios de chuva que provocaram enchentes na cidade, até mesmo em anos de baixo índice de pluviosidade, como em 1984. Nos anos de pluviosidade elevada, como 1983, 1985 e 1988, os episódios pluviais concentrados assumiram dimensões de catástrofe.

No ano de 1983 as mais sérias consequências dos temporais pelo grande número de pessoas atingidas e pelos danos materiais aconteceram nos meses de março e outubro. Um grande temporal caiu na madrugada do dia 20 de março de 1983, provocando o desabamento de casas e a morte de cinco pessoas em Santa Teresa, onde a chuva atingiu 189mm nesse dia. O transbordamento de rios e canais em Jacarepaguá deixou mais de 150 desabrigados. Mais um violento temporal no ano de 1983, no dia 24 de outubro, provocou deslizamento de terra no Morro do Pavãozinho, matando 13 pessoas. Neste ano foram registrados 143 casos de leptospirose, com 44 óbitos, em consequência das enchentes.

O ano de 1985 foi crítico quanto à ocorrência de episódios pluviais, sendo os de maior gravidade nos meses de março e abril. O pior temporal de 1985 aconteceu no dia 3 de março, deixando um saldo de 23 mortes e quase 200 desabrigados, sendo os morros João Paulo II, Formiga, Sumaré e Rocinha as áreas mais atingidas. Os 144mm precipitados em Jacarepaguá no dia 12 de abril provocaram o transbordamento de rios e canais e a morte de duas pessoas. Em consequência da gravidade das enchentes desse ano, foram registrados 119 casos de leptospirose, com 31 óbitos.

Os mais sérios temporais do ano de 1986 ocorreram nos meses de março, abril e dezembro. Fortes e concentradas chuvas caíram nos dias 6 e 7 de março (121mm), provocando desabamento de barracos e a morte de 12 pessoas nos morros do Salgueiro, Estácio, Catumbi e Rio Comprido. Nesse ano houve 91 casos de leptospirose registrados, com 26 mortes.

O ano de 1988 entra para a memória do Rio de Janeiro como aquele que sofreu uma das maiores catástrofes meteorológicas de sua história. Entre os dias 19 e 22 de fevereiro a área urbana do Rio de Janeiro foi castigada por 384mm de chuva, metade dos quais precipitada só na noite de 19 para 20. A magnitude de tal chuva dá uma ideia da força e torrencialidade do fenômeno meteorológico que caiu sobre a cidade como verdadeiro desastre. Encostas desmatadas e de subsolo malconsolidado deslizaram com grande violência, provocando destruição e morte numa escala avassaladora. Casas e edifícios desabaram, logradouros públicos ficaram submersos, deixando o triste saldo de 82 mortes e milhares de desabrigados na cidade. Desastre de tal magnitude recolocou mais uma vez a questão do uso inadequado do ambiente, onde a regra tem sido ditada pela falta de sintonia entre a ação antrópica e as leis da natureza.

Quanto à gravidade que assumiram os episódios pluviais de grande intensidade, como os registrados no mês de fevereiro de 1988, sua responsabilidade deve ser dividida entre a estrutura física da metrópole e a ação do homem sobre ela. Do ponto de vista meteorológico, alguns fatos importantes devem ser destacados. Nesse mês ocorreram três episódios pluviais de intensidade elevada, nos dias 3, 12 e 20. Houve registro de chuvas contínuas, do dia 2 ao dia 23 de fevereiro. Portanto, o histórico da pluviosidade anterior aos eventos, sobretudo o do dia 20, foi de extrema importância no desencadeamento de escorregamentos catastróficos generalizados; e os episódios pluviais isolados dos dias 3, 12 e 20 representaram de 10% a 16% da pluviosidade média anual, o que, por si só, seria suficiente para provocar escorregamentos em virtude da intensidade de ocupação da área atingida. Foi alarmante o número de casos de leptospirose registrado em 1988: 303 casos, com 16 mortes.

O ano de 1989 pode ser considerado, do ponto de vista climático, um ano atípico, uma vez que o regime de chuvas apresentou-se, inteiramente, fora do ritmo habitual. Os meses mais chuvosos deste ano foram junho e julho, sendo exatamente nesses meses que ocorreram os problemas ligados às enchentes na cidade do Rio de Janeiro. No dia 11 de junho (179mm em Santa Teresa) um grande temporal pegou a cidade de surpresa, alagando várias ruas, paralisando o trânsito e causando morte. Duas pessoas morreram soterradas nos escombros de um barraco, e na Ladeira Ari Barroso, no Leme, uma pedra rolou, matando uma pessoa. As chuvas continuaram fortes no dia 12, alagando o Autódromo da Gávea, provocando o adiamento das corridas.

Nos anos 90 ocorreram temporais de grande repercussão, pelo menos um a cada ano, que causaram maior impacto principalmente nos meses de fevereiro, março e abril.

No dia 18 de abril de 1990, um temporal, cujo total de chuva alcançou 165mm no Aterro do Flamengo, provocou desabamento de barracos, causando a morte de quatro pessoas, e a forte chuva do dia 7 de maio de 1991 (103mm na Estação Maracanã) causou a morte de três pessoas.

Em 1992, um forte temporal no dia 5 de janeiro (132mm, na Estação Maracanã) afetou seriamente os bairros da Zona Norte, deixando o saldo de sete mortes.

O violento temporal, responsável pela catástrofe que assolou a cidade, no dia 13 de fevereiro de 1996, castigando principalmente as Zonas Sul e Oeste, deixou o triste saldo de 59 mortes e 1.500 desabrigados, a maioria desses no bairro de Jacarepaguá. A maior intensidade da chuva foi de 200mm, em apenas oito horas, na vertente sul do Maciço da Tijuca, e provocou 38 deslizamentos de encostas, enquanto na vertente norte a intensidade máxima foi de 55mm. As consequências dessa catástrofe foram trágicas, somente comparáveis às registradas nos anos de 1811, que ficou conhecida como *Água do Monte*, 1883, 1966/67 e 1988.

O mapa de intensidade máxima da chuva em 24 horas no Município do Rio de Janeiro, elaborado pela autora, a partir de 30 estações plu-

CLIMA URBANO E ENCHENTES NA CIDADE DO RIO DE JANEIRO   91

viométricas operadas pela Superintendência Estadual de Rios e Lagoas (SERLA) e apresentado no Seminário sobre Prevenção dos Temporais na Cidade do Rio de Janeiro, em 1996, mostra que todas as estações pluviométricas consideradas apresentam, em seu histórico de chuva, eventos pluviais concentrados com intensidade superior a 130mm/dia, e, na grande maioria delas, essa intensidade foi superior a 190mm. Dois núcleos de intensidade mais alta (> 250mm/24 horas) se localizaram nos maciços da Tijuca e da Pedra Branca.

A análise do mapa de intensidade máxima da chuva em 24 horas, conjugada aos mapas que representam, espacialmente, de um lado os aspectos geoecológicos (o relevo, a cobertura vegetal e a rede hidrográfica) e, do outro, os componentes antrópicos (o uso do solo, a densidade demográfica, os assentamentos de baixa renda e o de qualidade do ar), ressalta a infeliz coincidência das áreas de ocorrência de episódios pluviais de maior intensidade com as áreas de maior ocupação urbana, de atividade industrial mais intensa, de densidade demográfica mais elevada, de maiores taxas de densidade de construção, de encostas mais degradadas, de maior concentração de favelas e loteamentos irregulares, de pior qualidade do ar e, finalmente, coincidindo com a grande maioria das áreas de risco e sujeitas a inundações no município do Rio de Janeiro (Brandão, 1997).

Em 1997 a Georio inaugura o Sistema Alerta Rio e instala uma rede de 30 estações para o monitoramento pluviométrico na cidade e quase simultaneamente é criada pela Prefeitura a Fundação Rio Águas, ambas objetivando um trabalho integrado de prevenção aos efeitos dos temporais.

Mesmo contando com apenas três anos de registro de dados pluviométricos, porém espacializados de forma a revelar as variações impostas pelos principais atributos de derivação do clima da cidade, esses dados podem ser extremamente úteis a técnicos e à gestão urbana no sentido de evitar as consequências dos temporais, principalmente de verão, e os prejuízos que podem acarretar às atividades urbanas. A partir dos dados de 30 estações pluviométricas monitoradas pela Georio, nos anos de 1997, 1998 e 1999, constata-se que o ano de 1997 apresentou características de ano seco, com totais pluviométricos anuais entre 600mm e 1.700mm. Apenas 3% das estações pluviométricas registraram totais anuais de chuva superiores a 1.500mm, enquanto em 73% destas os totais ficaram abaixo de 1.000mm. Portanto, inferiores à sua média. Este ano foi considerado atípico tanto quanto aos totais anuais como em relação à intensidade das chuvas, uma vez que a chuva máxima em 24 horas (135mm) foi registrada no inverno (mês de agosto).

Ao contrário, o ano de 1998 pode ser considerado chuvoso, com totais pluviométricos anuais entre 1.000mm e 3.500mm e com pluviosidade anual superior a 1.500mm em 60% das estações pluviométricas. A Estação da Penha foi a única que registrou total anual abaixo da média. Os totais mensais apesar de bem mais elevados apresentaram melhor distribuição ao longo do ano em comparação com o ano de 1997.

Brandão, Russo e Fialho (1999) avaliaram a atuação do Poder Público diante das catástrofes que a cidade do Rio de Janeiro vem sofrendo frequentemente e concluíram que não há uma política eficiente de prevenção aos temporais em nossa cidade e que os investimentos em obras preventivas e corretivas são sintomaticamente altos logo após as ocorrências dos grandes temporais (**Figura 2.13**).

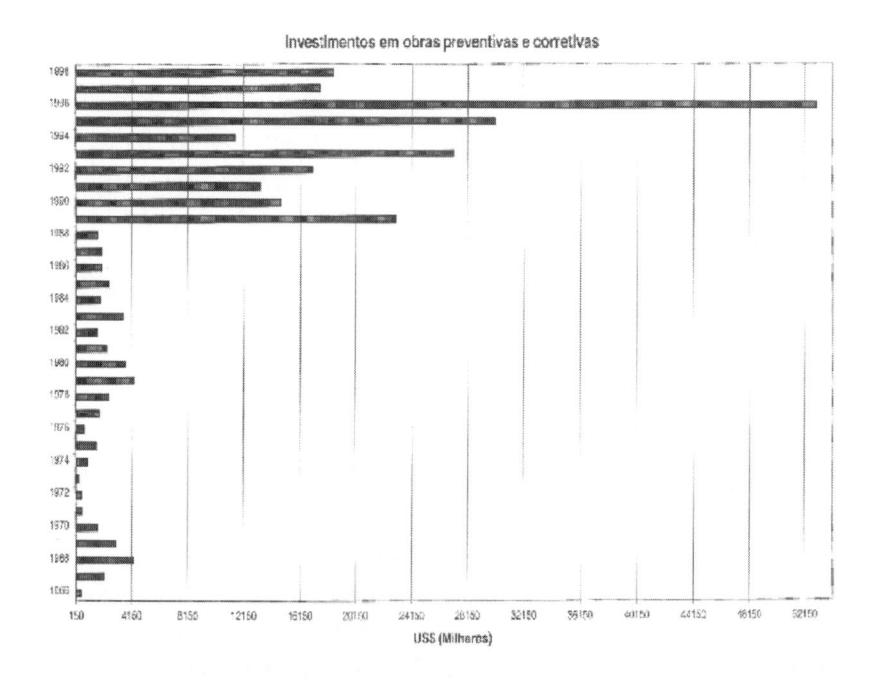

Figura 2.13 — Investimento em obras preventivas e corretivas. Elaborado por Ana Maria de Paiva Macedo Brandão, Paulo Roberto Russo e Edson Soares Filho. (Fonte: GEORIO.)

Chandler (1962 e 1965), um dos precursores dos estudos de clima urbano, sugeriu: "A razão para a negligência sobre a questão climática tem sido, em parte, o relativamente recente aparecimento da ciência Climatologia Urbana e, em parte, os elos relativamente fracos de comunicação que atualmente existem entre a Climatologia e o Planejamento. Mas em vista do crescimento exponencial da população do mundo e do ritmo crescente da urbanização, fica claro que nossas cidades devem, onde for apropriado, ser convenientemente planejadas, de forma a otimizar o ambiente das áreas urbanas e evitar uma série de falhas de traçados estruturais e funcionais. O clima é elemento essencial nesse planejamento." (Chandler, 1965.)

4. CONCLUSÕES

A variável clima tem-se constituído no atributo de qualidade ambiental na cidade do Rio de Janeiro dos mais evidentes e poderosos em termos de manifestação de derivações em seus parâmetros essenciais — do campo térmico aos impactos pluviais ou à qualidade do ar que se respira — como resultado das profundas mudanças nos padrões de uso do solo impostas pelas atividades humanas. A despeito desta concordância, a cidade é precariamente aparelhada para o monitoramento desses parâmetros ambientais essenciais à gestão da cidade, fruto de um descaso político em não se investir de modo sério e eficiente na solução dos problemas ambientais mais graves da cidade. Esta carência, aliada à falta de articulação entre as instituições de pesquisa e planejamento e gestão nas diferentes esferas — municipal, estadual e federal —, é um dos principais fatores de restrição entre o fluxo de conhecimento e as estratégias alternativas para a ação planejada por parte do Poder Público.

Embora não seja fácil estabelecer uma relação direta entre crescimento urbano e impactos pluviais, alguns dos mais importantes aspectos ligados ao crescimento urbano da cidade do Rio de Janeiro, incluindo o crescimento horizontal e vertical com ausência de normas rígidas de regulamentação de crescimento e a grande concentração de indústrias com a consequente degradação das encostas dos maciços que envolvem a cidade, acentuadamente marcados a partir dos anos 40, certamente têm contribuído para o aumento da frequência dos temporais que, como fenômeno natural em uma região tropical como a nossa, não devem ser traduzidos como anomalia climática, mas sim como desvios produtores de acidentes de grande repercussão socioeconômica, que são sensivelmente agravados pela ação antrópica.

Enquanto de 1970 a 1980 houve queda no crescimento da população na cidade, de 7,7 %, a população de favelas e loteamentos irregulares aumentou 34%. Cerca de 28% da população do Rio vive em assentamento de baixa renda. Nos 580 loteamentos irregulares (57% destes situados na Zona Oeste) vivem quase 400 mil pessoas.

Esse processo de crescimento urbano com graus variados de intensidade, no tempo e no espaço geográfico, vem exercendo uma forte pressão sobre o ecossistema original, e os resultados são refletidos na redução de sua área verde provocada pelo contínuo desmatamento das encostas dos maciços para dar lugar à grande expansão das favelas, que atualmente já são quase 600, onde vivem 16% da população da cidade.

A redução de cerca de 4m/dia de área verde contribui para o aumento dos processos erosivos (4 milhões de toneladas de material depositado na calha dos rios), provocando assoreamento e contribuindo para intensificar as periódicas inundações, sobretudo na Baixada.

A qualidade da água e a do ar estão seriamente comprometidas. A bacia da Baía de Guanabara representa a área mais crítica do ponto de vista ambiental, onde há cerca de 6 mil indústrias e recebe cerca de 470t/dia de esgotos, dos quais 406t/dia não recebem nenhum tipo de tratamento. Nessa área que compreende a maioria dos municípios da RMRJ são produzidos diariamente cerca de 6.900 toneladas de lixo.

Todos esses problemas apontados se inserem direta e/ou indiretamente no bojo da questão climática na cidade do Rio de Janeiro, gerando situações, diferenciadas sazonalmente, que afetam decisivamente a qualidade de vida do carioca, fato que demonstra a necessidade de aprofundamento dos estudos de climatologia urbana e de conferir à questão climática a devida posição de destaque no planejamento de nossa cidade, fato devidamente discutido neste capítulo.

5. REFERÊNCIAS BIBLIOGRÁFICAS

ABREU, M. de A. (1987). *Evolução Urbana do Rio de Janeiro.* Rio de Janeiro. Editora Iplan-Rio/Zahar, 147pp.

ALCOFORADO, M. J. (1993). *O Clima da Região de Lisboa — Contrastes e Ritmos Térmicos.* Lisboa: Tipografia Guerra-Viseu, 347pp.

ALEXANDER, D. (1997). The Study of Natural Disasters, 1977-1997: Some Reflections on a Changing Field of Knowledge. Disasters, 21, pp. 284-304.

AMARANTE, A. P. (1960). *Problemas da Erosão e do Escoamento das Águas na Cidade do Rio de Janeiro. Revista Brasileira de Geografia.* Rio de Janeiro, v. 42, nº 4, pp. 121-40.

AMORIM, M. D. de (1998). *Análise da Pluviosidade na Cidade do Rio de Janeiro, no Período de 1986 a 1996.* Departamento de Geografia, CCMN/IGEO. UFRJ. Monografia. Rio de Janeiro. 66pp.

ASSIS, E. S. de (1990). Mecanismos de Desenho Urbano Apropriados à Atenuação da Ilha de Calor Urbana: Análise de Desempenho de Áreas Verdes em Clima Tropical. Departamento de Geografia, CCMN / UFRJ. Rio de Janeiro. Dissertação de Mestrado, 104pp.

ATKINSON, B. W. (1975). The Mecanic Effect of na Urban Area on Convective Precipitation. *In*: Occasional Paper, 3, Departament of Geography, London.

BARBIÉRE, E. B. (1975). *Ritmo Climático e Extração do Sal em Cabo Frio. Revista Brasileira de Geografia.* Rio de Janeiro, v. 37, nº 4, pp. 23-109.

BEZERRA, T. dos S. (1999). As Enchentes de 1996 e a atuação das políticas na cidade do Rio de Janeiro. Departamento de Geografia, Instituto de Geociências, UERJ. Monografia. Rio de Janeiro, 62pp.

BARRING, L; MATTSON, J. O. & LINDQVST, S. (1985). Canyon Geometry, Street Temperatures and Urban Heat Island in Malmo, Sweden. *Journal of Climatology*, v. 5, pp. 433-44.

BRANDÃO, A. M. P. M. (1987). Tendências e Oscilações Climáticas na Área Metropolitana do Rio de Janeiro. Departamento de Geografia, FFLCH, USP. Dissertação de Mestrado. São Paulo, 319 pp.

―――― (1992). As Alterações Climáticas na Área Metropolitana do Rio de Janeiro: Uma provável influência do crescimento urbano. *In*: ABREU, M. de A. (org.): Natureza e Sociedade no Rio de Janeiro. Secretaria Municipal de Cultura, Turismo e Esporte. Rio de Janeiro, pp. 143-200.

―――― et al. (1993). Impactos Pluviais da Década de 1980 na Metrópole Carioca. *In*: IX Simpósio Brasileiro de Recursos Hídricos. Gramado-Rio Grande do Sul, Anais, 3, pp. 525-34.

―――― (1994a). Análise Espacial da Pluviosidade no Município do Rio de Janeiro. *In*: Encontro Brasileiro de Ciências Ambientais. Rio de Janeiro. Anais, 1, pp. 250-67.

―――― (1994b). Análise Climato-Ambiental no Município do Rio de Janeiro: Uma abordagem espaço-temporal. *In*: Encontro Brasileiro de Ciências Ambientais. Rio de Janeiro. Anais, 1, pp. 306-15.

―――― *et al.* (1995). A Qualidade do Ar na Metrópole Carioca: Uma Análise Temporoespacial das Partículas em Suspensão no Período 1980 a 1990. *In*: First International Exibition of Environmental Technology & Third International Seminar on the Environmental Problems of Urban Centers, 1, 1995c, Rio de Janeiro. Anais... Rio de Janeiro, Biosfera, pp. 19-21.

―――― (1996). O Clima Urbano da Cidade do Rio de Janeiro. Departamento de Geografia, FFLCH, USP. Tese de Doutorado. São Paulo, 362pp.

―――― (1997). As Chuvas e a Ação Humana: Uma Infeliz Coincidência. *In*: ROSA, L. P. & LACERDA, W. A. (orgs.): Tormentas Cariocas. COPPE/UFRJ. Rio de Janeiro, pp. 21-38.

―――― (1999a). Do Local ao Global na Climatologia Geográfica: O clima da cidade do Rio de Janeiro. Prefeitura da Cidade do Rio de Janeiro. Secretaria Municipal de Educação. Curso: Geografia Hoje. Rio de Janeiro. 15pp. (mimeografado).

―――― (1999b). O Clima no Planejamento da Cidade. Conselho Regional de Engenharia, Arquitetura e Agronomia do Estado do Rio de Janeiro, Comissão de Meio Ambiente. Ciclo de Palestras Ambientais. Rio de Janeiro, 11pp. (mimeografado).

BRANDÃO, A. M. P. M.; RUSSO, P. R. & FIALHO, E. S. (1999). Impactos Pluviais e a Atuação do Poder Público na Gestão Territorial da Cidade do Rio de Janeiro. *In*: VIII Simpósio Nacional de Geografia Física Aplicada, UFMG, Belo Horizonte-Minas Gerais, Anais, 1, pp. 70-1.

BARROS, L. H. S. & BRANDÃO, A. M. P. M. (1992). A Pluviosidade — Fator Condicionante dos Movimentos de Massa na Serra da Carioca. *In*: COBRAE — I Conferência Brasileira sobre Estabilidade de Encostas. Rio de Janeiro. Anais, 1, pp. 697-708.

BORNSTEIN, R. D. (1968). Observations of the Urban Heat Island Effect in New York City. Journal of Applied Meteorology, v. 7, pp. 572-82.

BRYSON, R. A. & ROSS, J. E. (1981). The Climate of the City. *In*: DETWYLER, T. R. & MARCUS, M. G.(orgs.): Urbanization and Environment. Belmont, Duxbury Press.

BRUBAKER, S. (1972). *Viver na Terra — O Homem e seu Ambiente em Perspectiva*. Tradução de OLIVEIRA, G. B. São Paulo, Ed. Cultrix, 233pp.

BRUCE, J. P. (1990). La Atmosfera de la Terra Planeta Viviente. Genebra, Suiza,. OMM, 735, Genève-Suisse, 47pp.

———— (1992). Météorologie et Hydrologie dans la Perspective d'un Développment Durable. OMM, 769. Genève-Suisse, 55pp.

CARRERAS et al. (1990). Modificaciones Térmicas en las Ciudades Avance sobre la Isla de Calor en Barcelona. Documents d'Anàlise Geográfica, Barcelona, v. 17, pp. 51-77.

CEZAR, P. B. (1992). A Floresta da Tijuca e a Cidade do Rio de Janeiro. *In: A Floresta da Tijuca e a Cidade do Rio de Janeiro*. Rio de Janeiro, Ed. Nova Fronteira, pp.13-52.

CIMA — Comissão Interministerial para a Preparação da Conferência das Nações Unidas sobre o Meio Ambiente e o Desenvolvimento (1991). Subsídios Técnicos para a Elaboração do Relatório Nacional do Brasil para a CNMAD, Brasília, 171pp.

CHANDLER, T. J. (1962). London's Urban Climate. The Geographical Journal, v. 128, pp. 279-302.

CHANDLER, T. J. (1965). The Climate of London. London Hutchison. University Library Publishers. 287pp.

CHANGNON, S. (1969) *A recent studies of urban effects on effects on precipitation in the United States*. Bulletin on American Meteorological Society, v. 50, pp. 411-21.

CONTI, J. B. (1989). *O Meio Ambiente Tropical*. Geografia. Rio Claro, v. 14, nº 28, pp. 69-79.

———— (1998). *Clima e Meio Ambiente. Série Meio Ambiente*. Furlan, S. A & Scarlato, F. (coord.). Atual Ed. São Paulo, 88pp.

DANNI, I. M. (1980). A Ilha Térmica de Porto Alegre: Contribuição ao Estudo do Clima Urbano. Boletim Gaúcho de Geografia. Porto Alegre, nº 8, pp. 33-48.

———— (1987). Aspectos Têmporo-Espaciais da Temperatura e Umidade Relativa de Porto Alegre em Janeiro de 1982. Departamento de Geografia, FFCH/USP. São Paulo. Dissertação de Mestrado, 132pp.

DANNI-OLIVEIRA, I. M. (1999). A Cidade de Curitiba/PR e a Poluição do Ar. Implicações de seus atributos urbanos e geoecológicos na dispersão de poluentes em período de inverno. Departamento de Geografia, FFLCH/USP. São Paulo. Tese de Doutorado, 320pp.

DELGADO de CARVALHO, C. M. de (1917). *Météorologie du Brésil. Londres*. Jonh Bale, Sons e Danielsson Ltda. Oxford House, pp. 305-30.

DETTWILLER, J. (1970). *Mémorial de la Meteórologie Nationale: Évolution Séculiaire du Climat de Paris. Influence de l'urbanisation*. Paris, Ministère Transports/Secrétariat Geneéral à l'Aviation Civile, 83pp.

DUCKWORTH, F. S. & SANDBERG, J. S. (1954). *The Effect of Cities upon Horizontal and Vertical Temperatures Gradients.* Bull Am. Met. Soc., v. 35, nº 5, pp. 198-207.

EAGLEMAN, J. R. (1974). *A Comparision of Urban Climatic Modifications in the Cities.* Atmospheric Environment, v. 8, pp. 1131-42.

FEEMA — Fundação Estadual de Engenharia do Meio Ambiente (1989). Qualidade do Ar na Região Metropolitana do Rio de Janeiro — 1984/1987. Rio de Janeiro. FEEMA, 76pp.

———— (1995). A Qualidade do Ar na Região Metropolitana do Rio de Janeiro (Relatório de resultados obtidos através de campanha expedita de monitoramento realizado de maio a dezembro de 1994). Rio de Janeiro. FEEMA, 76pp.

FIALHO, E. S. & BRANDÃO, A. M. P. M. (1995). Um Estudo da Pluviosidade nos Anos Padrões Extremos da Década de 1980 na Metrópole Carioca. *In*: VI Simpósio Nacional de Geografia Física Aplicada. UFG, Goiânia — Goiás, Anais, 1, pp. 68-71.

FIALHO, E. S. (1998). As Chuvas e a (Des)organização do Espaço Urbano Carioca. Departamento de Geografia, CCMN/IGEO. UFRJ. Monografia. Rio de Janeiro, 60pp.

FRATER, H. (1998). Natural Desasters. Phenomena of the Earth. Causes, Course, Effect, Simulation. Springer-Verlag. Berlin Heidelberg. Multimedia PROGRAM on CD-ROM.

FRENCH, J. G. (1989). Floods. *In*: The Public Health Consequences of Disasters. USDHHS, Public Health Service, CDC. Atlanta, U. S. A. 39-98.

GALLEGO, L. P. (1972). Uma Contribuição ao Clima Urbano do Rio de Janeiro. Tipos de Tempo e Poluição Atmosférica nos Anos de 1968-1969. Departamento de Geografia, FFCH/USP. São Paulo. Tese de Doutorado, 104pp.

GEIGER, R. (1960). MANUAL DE MICROCLIMATOLOGIA. O Clima da Camada de Ar Junto ao Solo. Fundação Calouste Gulbenkian, Lisboa, 556pp.

GOLDREICH, Y. (1985). The Strutcure of the Ground-Level Heat Island in a Central Bussines District. Journal of Climate and Applied Meteorology, v. 24, pp. 1.237-44.

GOMEZ, A. L. *et al.* (1993a). El Clima de las Ciudades Españolas. GOMEZ, A. L. (coord.). Ediciones Cátedra S. A. Madrid, 268pp.

GOMEZ, A. L. *et al.* (1993b). El Clima Urbano. Teledetección de la isla de calor en Madrid. Série Monografias. MOPT. Secretaria General Técnica. Centro de Publicaciones. Madrid, 157pp.

GONÇALVES, N. M. S. (1992). Impactos Pluviais e Desorganização do Espaço Urbano em Salvador-BA. Departamento de Geografia, FFLCH, USP. São Paulo. Tese de Doutorado, 268pp.
GOUDIE, A (1994). The Human Impact on The Natural Environment. The MIT Press Cambridge, Massachusetts. 4td. USA, 454pp.
GREGORY, K. J. (1992). A Natureza da Geografia Física. Trad. Eduardo de Almeida Navarro. Editora Bertrand Brasil. Rio de Janeiro, 367pp.
GUIDICINI, G. & ISAWA, O. Y. (1976). Ensaio de Correlação entre Pluviosidade e Escorregamentos no Meio Tropical Úmido (mimeografado).
HASENACK, H. (1989). Influência de Variáveis Ambientais sobre a Temperatura do Ar na Área Urbana de Porto Alegre. Departamento de Geografia, UFRGS. Porto Alegre, 94pp.
HOUGHTON, J. (1999). Global Warming. The Complete Briefing. CAMBRIDGE University Press. USA, 251pp.
IAMAMURA — BORNSTEIN, I. R. & BORNSTEIN, R. D. (1992). Review of Urban Climate and Dispersion. U. S. Army: Atmospheric Sciences Laboratory, 259pp.
ITO, K. (1976). A Geometria da Insolação: Métodos e Utilidades. Tóquio, Ed. OMU.
JAUREGUI, E. (1984). Los Climas Urbanos Tropicales — Revisión y evolución. Conferência Técnica de la WMM sobre Climatologia urbana y sus Aplicaciones particularmente en lo que se Refiere a las Regiones Tropicales. Doc. 6. Cidade do México.
LUCCOCK, J. (1975). Notas sobre o Rio de Janeiro e Partes Meridionais do Brasil. Belo Horizonte/São Paulo, Editora da USP e Livraria Itatiaia Editora, 435pp.
─────── (1991). The Human Climate of Tropical Cities: An Overview. International Journal of Biometeorology. v. 35, nº 3, pp. 151-60.
JEPMA, C. J. & MUNASINGHE, M. (1998). Climate, Change, Policy, Facts, Issues, and Analyses. CAMBRIDGE University Press. U. S. A, 331pp.
KOPEC, R. J. (1970). Further Observations of the Urban Heat Island in a Small City. Bulletin of American Meteorological Society, v. 57, nº 7.
LANDSBERG, H. E. (1956). The Climate of Towns. In: Thomas, W. E. (org): Man's role in Changing the Face of Earth, pp. 584-606.
LANDSBERG, H. E. (1981). The Urban Climate. Academic Press. London, 275pp.
LEGGET, J. (1992). Aquecimento Global. O relatório do GREENPEACE. LEGGET, Jeremy (editor responsável). Editora da Fundação Getúlio Vargas. Rio de Janeiro, 516pp.

LOMBARDO, M. A. (1985). A Ilha de Calor nas Metrópoles. O Exemplo de São Paulo. São Paulo, HUCITEC, 244pp.

MAITELLI, G. T. (1994). Uma Abordagem Tridimensional de Clima Urbano em Área Tropical Continental: O exemplo de Cuiabá-MT. Departamento de Geografia, FFCH/USP. São Paulo. Dissertação de Doutorado, 284pp.

MENDONÇA, F. A. (1994). O Clima e o Planejamento Urbano de Cidades de Porte Médio e Pequeno (Proposição Metodológica para o Estudo e sua Aplicação à Cidade de Londrina/PR) Departamento de Geografia, FFCH/USP. São Paulo, 322pp.

MENEZES, P. C. P. & BRANDÃO, A. M. P. M. (1995). Um Estudo do Evento Pluvial de 09 de Junho de 1994 na Cidade do Rio de Janeiro. *In*: VI Simpósio Nacional de Geografia Física Aplicada, UFG, Goiânia-Goiás. Anais, 1, pp. 78-83.

MENEZES, P. C. P. (1997). Análise e Repercussões do Episódio Pluvial de 09 de Junho de 1994 na Cidade do Rio de Janeiro. Departamento de Geografia, CCMN/IGEO, UFRJ. Monografia. Rio de Janeiro, 44pp.

MEIS, M. R. M. & SILVA, J. X. (1968). Considerações Geomorfológicas a Propósito dos Movimentos de Massa Ocorridos no Rio de Janeiro. Revista Brasileira de Geografia. Rio de Janeiro, v. 30, nº 1, pp. 55-72.

MONTEIRO, C. A. F. (1976). Teoria e Clima Urbano. IGEOG – USP. Instituto de Geociências, Universidade de São Paulo. Série Teses e Monografias, 25. São Paulo, 181pp.

―――― (1978). Derivações Antropogênicas dos Geossistemas Terrestres no Brasil e Alterações Climáticas: Perspectivas urbanas e agrárias ao problema da elaboração de modelos de avaliação. *In*: Anais do Simpósio sobre a Comunidade Vegetal como Unidade Biológica Turística e Econômica. Secretaria da Cultura, Ciência e Tecnologia. Academia de Ciências do Estado de São Paulo. ACIESP, 15, pp. 43-76.

―――― (1981). A Questão Ambiental no Brasil: 1960-1980. IGEOG — USP. Instituto de Geografia. Universidade de São Paulo. Série Teses e Monografias, 42. São Paulo, 133pp.

―――― (1984). El Estudios de los Climas Urbanos en las Regiones Tropicales de America del Sur: La Contribuicion Brasileña. Conferencia Técnica sobre Climatologia urbana y sus Aplicaciones con Especial Referencia a las Regiones Tropicales. Doc. 11. Cidade do México.

―――― (1990). GEOSUL (Revista do Departamento de Geografia da UFSC). Florianópolis, ano 5, nº 9.

―――― (1991). Clima e Excepcionalismo. Conjeturas sobre o Desempenho da

Atmosfera como Fenômeno Geográfico. Editora da UFSC. Florianópolis, 233pp.

———— (1992). A Interação Homem-Natureza no Futuro da Cidade. GEOSUL. Florianópolis. ano 8, n? 14, pp. 7-136.

MORENO, M. del C. (1990). Bibliografia sobre Climatologia Urbana: La Isla de Calor. Revista de Geografia. Barcelona, v. 24, p. 99-109.

OGUNTOYINHO, J. S. (1984). La Climatologia Urbana en Africa Tropical. Conferencia Técnica de la OMM sobre Climatologia Urbana y sus Aplicaciones, Particularmente en lo que se Refiere a las Regiones Tropicales. Doc. n? 3.

OKE, T. R. (1980). Climatic impacts of Urbanization. In: Interations of Energy and Climate. D. Reidel Publishing Company. Dordrecht: Holland/Boston: U. S. A./London: England, pp. 339-57.

———— (1981). Canyon Geometry and the Nocturnal Urban Heat Island: Comparison of Scale Model and Field Observations. Journal of Climatology, v. 1, pp. 237-54.

———— (1982). The Energetic Basis of the Urban Heat Island. Quat. J. R. Met. Soc., v. 108, n? 455, pp. 1-24.

———— (1987). Boundary Layer Climates. London, Mathuen & Co, 2ª edição. 371pp.

OKE, T. R. & HANNEL, F. G. (1970). The form of Urban Heat Island in Hamilton, Canadá. In: Technical Note. WMO, n? 108, Genebra.

———— et al. (1991). Simulation of Surface Urban Heat Islands Under "Ideal" Conditions at Night. Boundary layer Meteorology, v. 56, Part. 2: Diagnosis of Causation, pp. 339-58.

PETERSON, J. T. (1973). The Climate of Cities: A Survey of Recent Literature. In: MCBOYLE, G. (org.): Climate & Review, University of Waterloo.

REIS, L. dos S. (1990). Inundações no Rio de Janeiro — Quatro séculos de Discussão. Revista Municipal de Engenharia. Rio de Janeiro. v. 41, n^{os}1/4, pp. 64-90.

SAKAMOTO, L. L. S. (1994). Relações entre a Temperatura do Ar e a "Configuração do Céu" na Área Central da Metrópole Paulistana: Análise de dois episódios diários. Departamento de Geografia, FFCH/USP. São Paulo. Dissertação de Doutorado, 190pp.

SANSIOLO, C. A.; RODRIGUES, R. C. M. & CHICHURY, P. C. (1990). Tendências nas Temperaturas Médias do Brasil. Climanálise. São José dos Campos. v. 5, n? 9, pp. 33-41.

SCHMID, J. A. (1974). The Environmental Impact of Urbanization. In: MANNERS, I. R. & MARVIN, W. (orgs.): Perspectives on Environment. Washington, Mikesell Editors, Association of American Geographers, n? 13.

SEKIGUTI, T. (1975). Thermal Situations of Urban Areas, Horizontally and Vertically. WMO Teach. Note nº 108, WMO nº 254. Genebra/Suíça, pp. 137-8.
SELLERS, A H. (1986). Contemporany Climatology. John Wiley and Sons. New York, 439pp.
SERRA, A. & RATISBONA, L. (1945). Ondas de Frio na Bacia Amazônica. Boletim Geográfico. Rio de Janeiro, v. 3, nº 36, pp. 172-207.
SERRA, A. (1970). Chuvas Intensas na Guanabara. Boletim Geográfico. Rio de Janeiro. v. 29, nº 218, pp. 24-47.
―――― (1988). Poluição Atmosférica no Rio de Janeiro. Revista Brasileira de Geografia. Rio de Janeiro, v. 50, nº 1, pp. 93-100.
SILVA, M. G. A. J. da (1979). Modelo de Previsão para Séries de Tempo Sazonais e uma Análise não Paramétrica da Tendência (Uma Contribuição ao Estudo de Temperatura Média Mensal das Cidades do Rio de Janeiro e São Paulo). IMPA. Rio de Janeiro. Dissertação de Mestrado, 119pp.
STEYN, D. G. (1980). The Calculation of View Factors from Fisheye-Lens Photographs. Atmosphere Ocean, v. 18, nº 3, pp. 254-58.
TABONY, R. C. (1980). Urban Efects on Trends of Annual and Seasonal Rainfall in the London Area. *In*: The Meteorological Magazine. London, 109, pp. 189-202.
TERJUNG, W. H. (1974). Climatic Modication. *In*: MANNERS, I. R. & MARVIN, W. (orgs.): Perspectives on Environment. Washington, Mikelsell Editors, Association of American Geographers, nº 13.
TULLOT, I. F. (1991). El Hombre y su Ambiente Atmosférico. Instituto Nacional de Meteorologia. Madri, 229pp.
WHITE, G. (1974). Natural hazard: Local, National, Global. Oxford University Press, New York, 288pp.
YAGUE, C.; ZURITA, E. & MARTINEZ, A. (1991). Statistical Analysis of the Madrid Urban Heat Island. Atmospheric Environment, v. 25b, nº 3, pp. 327-32.

Tabela — HISTÓRICO DOS EPISÓDIOS PLUVIAIS INTENSOS CAUSADORES DE IMPACTOS SOCIOAMBIENTAIS NA CIDADE DO RIO DE JANEIRO

ANO	MÊS/DIA	PLUVIOSIDADE	IMPACTO GERADO
1613		Total de janeiro: 140mm	Inundação seguida de 96 dias de seca.
† 1711	21 e 22 /setembro		Inundação com registro de vítimas.
† 1756	4 a 7/abril		Inundação em toda a cidade; desabamento de casas com vítimas.
1808	Meados de setembro		Ruas transformaram-se em rios.
† 1811	10 a 17 de fevereiro		Devido à grande violência com que a enxurrada descia do Morro do Castelo, ficou conhecido por Água do Monte. Grande parte do morro desmoronou, fazendo desabar casas e soterrando várias pessoas, com grandes prejuízos materiais.
1833	Setembro		Ruas alagadas.
1834	Março e abril		Ruas alagadas com água pelos joelhos.
1860	6 de janeiro	Total de março: 401mm	Desmoronamento no Morro do Castelo.
1862	30 de março	Total de outubro: 95mm	Temporal inunda ruas.
1864	10 de outubro	Total de outubro: 95mm	Chuva de granizo.
1882	24 de fevereiro e 10 de março	Total de fevereiro: 309mm 94,2mm no dia 24 Total de março: 221mm (112mm/dia em 10 de março)	
1883	26 de abril	Total de abril: 361mm 223 só no dia 26	Inundação em toda a cidade e desmoronamento no Morro do Castelo com vítimas.
1884	Dezembro	Total de dezembro: 231mm	

ANO	MÊS/DIA	PLUVIOSIDADE	IMPACTO GERADO
1886	Fevereiro e 25 de abril	Total de fevereiro: 209mm Total de abril: 168mm 96,5mm no dia 25	Inundação em quase toda a cidade.
1888	20 de abril	Total de abril: 351mm 97,5mm no dia 20	Cidade fica alagada.
† 1896	Janeiro e março	Total de janeiro: 355mm Total de março: 220mm	Enxurrada no mês de janeiro provoca desmoronamento no Morro do Castelo e desabamento de várias casas na Ladeira do Carmo.
† 1897	11 de maio	Total de maio: 291mm	Um grande temporal iniciado às 22 horas do dia 11 de maio estraga o célebre baile do Itamaraty em honra aos chilenos. As chuvas continuaram por todo o dia 12. Pouco mais de 4 horas de chuva foram suficientes para inundar várias ruas do Centro, Catete e São Cristóvão. Houve desabamentos em Santa Teresa com registro de vítimas.
† 1906 ☑ ☒	25 e 26 de janeiro 17 de março	Total de janeiro: 291mm 97mm de 25 para 26 Total de março: 351mm dos quais 165mm no dia 17	Dois temporais provocaram desmoronamentos nos morros de Santa Teresa, Santo Antônio e Gamboa, soterrando várias pessoas. Houve muitos desabrigados. O Canal do Mangue transbordou, alagando quase toda a Cidade. Relatório enviado ao Prefeito Pereira Passos cita a 4ª inundação em 4 meses (dia 17 de março).
† 1909 ☒	21 de março	Total de março: 200mm	Temporal com rajadas de vento inundou várias ruas, derrubou mais de 60 árvores, vitimando pessoas.
1911 ☑	23 de março	Total de março: 442mm 144mm só no dia 23	Forte temporal, iniciado às 16 horas, inundou o Largo do Matoso, Rua do Matoso, Rua Mariz e Barros e ruas de São Cristóvão. O Prefeito Pereira Passos afirmou no jornal *Correio da Manhã* de 29 de março que os ralos dos canos dos esgotos haviam sido a causa das inundações.

† 1916 ✘	7 a 9 de março 17 de junho	Total de março: 468mm 100 no dia 8 Total de junho: 310mm 205mm só no dia 17	O temporal de março de 1916 inclui-se entre os maiores temporais noticiados na cidade; provocou o desabamento de prédio no Engenho Novo e várias mortes por afogamento. Os pontos mais atingidos foram a Praça da Bandeira, Av. 28 de Setembro, Ana Néri, Cidade Nova, São Cristóvão, Catumbi, Catete e Botafogo, com interrupção do tráfego por grande período.
† 1924 ✓ ✘	3 e 4 de abril	Total de abril: 254mm 172mm só no dia 3	Violento temporal na noite do dia 3 e por todo o dia 4 provocou o transbordamento do Canal do Mangue e inundação no Centro, Praça da Bandeira, São Cristóvão, Engenho Novo, Vila Isabel, Botafogo e Gávea. Houve vítimas de desabamento de barracos no Morro de São Carlos.
† 1928 ✘	26 de fevereiro	Total de fevereiro: 175mm 157mm de 23 a 26	Quatro dias de chuvas contínuas (de 23 a 26) provocaram vários desabamentos de barracos com vítimas fatais nas favelas dos morros do Salgueiro, Pinto, Trapicheiro, São Carlos, Querosene, Mangueira e Santo Antônio. Foi crítica a enchente na Praça da Bandeira, Canal do Mangue, Catete, São Cristóvão, Andaraí, Botafogo e Vila Isabel, onde a água chegou a 1m de altura.
† 1938 ✘	9 de fevereiro	Total de fevereiro: 341mm 136 só no dia 9	O temporal causou desabamento de prédios na Rua Hermenegilda, com vítimas fatais. Os bairros mais atingidos foram Catumbi, Rio Comprido, São Cristóvão, Andaraí, Vila Isabel, Cidade Nova e Praça da Bandeira.
† 1940 ✓	29 de janeiro	Total de janeiro: 200mm 112 só no dia 29	Temporal causou desabamento de barraco com vítima no Santo Cristo. Os bairros de sempre e os subúrbios da Leopoldina foram as áreas mais castigadas.

† 1942 ✓ ✗	6 e 7 de janeiro	Total de janeiro: 317mm	Temporal nos dias 6 e 7, totalizando 132mm em 48 horas, provocou desabamento de barraco no Morro do Salgueiro, soterrando 5 pessoas.
1944	17 de janeiro	Total de janeiro: 277mm 172 só no dia 17	Violento temporal castigou o Rio, provocando o transbordamento do Canal do Mangue e inundação na Praça da Bandeira, Catumbi, Rio Comprido, São Cristóvão, Andaraí, Maracanã, Catete e Botafogo.
† 1950 ✗	6 de dezembro	Total de dezembro: 245mm 151mm só no dia 6	Forte temporal deixou vários bairros ilhados e soterrou casas na Ladeira dos Tabajaras. A Praça da Bandeira virou um lago.
† 1959	Março	Total de março: 196mm	Temporal arrasou o Conjunto Maravilha.
† 1962	15 e 16 de janeiro	Total de janeiro: 472mm 242mm nos dois dias	Violento temporal se iniciou no dia 15 e atingiu no dia 16 um dos maiores índices de chuva noticiados no Rio, deixando o saldo de 25 mortes e centenas de desabrigados. O Canal do Mangue e o Rio Maracanã transbordaram. A Praça da Bandeira e São Cristóvão foram os bairros mais castigados.
† 1966 ✓	11 de janeiro 27 de março	Total de janeiro: 617mm 237mm só no dia 11 403mm nos dias 11 e 12 111mm no dia 27	O ano de 1966 ficou registrado na memória do carioca como aquele em que ocorreu uma das maiores catástrofes climáticas de sua história. O saldo do violento temporal que caiu durante 4 horas foi de mais de 100 mortes, sobretudo em Copacabana, Catete, Catumbi, Meier e Inhaúma, e milhares de desabrigados. Só na Favela da Rocinha mais de 40 barracos foram soterrados, fazendo 30 vítimas. No Morro do Pavão o desabamento de 8 barracos matou 11 pessoas, e, no Morro dos Cabritos, 11 barracos foram atingidos, matando 15 pes-

			soas. Em Santa Teresa o desabamento de 10 barracos fez 15 vítimas fatais. Foi decretado estado de calamidade pública.
† 1967	19 de fevereiro	Total de fevereiro: 432mm 154mm no dia 19	Temporal inunda vários bairros e faz desabar barracos no Morro D. Marta com vítimas.
† 1971 ✗	26 de fevereiro	Total de fevereiro: 206mm 138mm só no dia 26 223mm de 26 a 3 de março	Seis dias de chuva provocaram enchente generalizada e deslizamentos de encostas com vítimas fatais.
1973 ✗	16 a 19 de janeiro	Total de janeiro: 289mm 147mm só no dia 17	Inundação em vários bairros, muitos transtornos e incalculáveis prejuízos.
1975 ✓	4 de maio	Total de maio: 168mm 124mm só no dia 4	Vários bairros alagados e muitos transtornos.
1976	1º a 3 de maio	Total de maio: 264mm 128mm só no dia 1º	Escorregamentos e inundações em vários bairros.
1981	8 a 13 de dezembro	Total de dezembro: 395mm 157mm no dia 8	Inundações e deslizamentos em vários pontos. Jacarepaguá foi o bairro mais atingido, com o transbordamento de rios e canais.
† 1982 ✓	3 de dezembro	Total de dezembro: 259mm 41mm no dia 3	Chuva forte e rápida provoca o transbordamento do Rio Faria Timbó e deslizamento no Morro do Pau da Bandeira, matando 6 pessoas.
† 1983 ✓	20 de março	Total de março: 330mm 126mm só no dia 20	Grande temporal na madrugada provoca transbordamento de rios em Jacarepaguá, deixando várias pessoas desabrigadas. Deslizamentos de terra com desabamento de barracos matam 5 pessoas. Foram registrados 143 casos de leptospirose, com 44 óbitos.
† 1984	19 de outubro	Total de outubro: 66mm	Rápido temporal inundou vários bairros, matando 2 pessoas.

† 1985	3 de março 12 de abril	Total de março: 221mm 65mm no dia 3 Total de abril: 148mm Mais de 100mm em Jacarepaguá	O temporal de março deixou o saldo de 23 mortes e 200 desabrigados. O bairro mais atingido com o temporal de abril foi Jacarepaguá pelo transbordamento de rios e canais, inundando o bairro. Foram registrados 119 casos de leptospirose, com 31 óbitos.
† 1986 ☑	7 e 8 de março	Total março: 183mm 123mm de 7 a 10	Chuvas concentradas provocaram desabamento de barracos e amorte de 12 pessoas, no Estácio, Salgueiro, Catumbi e Rio Comprido. Foram notificados 91 casos de leptospirose, com 26 mortes.
† 1988 ☑	20 de fevereiro	Total de fevereiro: 443mm 127mm no dia 19 151mm nos dias 19 e 20	De 19 a 22 de fevereiro na área urbana do Rio precipitaram-se 384mm de chuva, metade dos quais só na noite de 19 para 20, quando a pluviosidade normal do mês não ultrapassa 130mm. Três episódios de chuva intensa (dias 3, 12 e 20) e 23 dias consecutivos de chuva contribuíram para o desencadeamento da catástrofe. Conseqüências trágicas: casas e edifícios desabaram, ruas submersas na lama e um saldo de 277 mortos, sendo 82 só na cidade do Rio e mais de 12 mil desabrigados. Foi decretado estado de calamidade pública. Foram notificados 303 casos de leptospirose, com 16 mortes e grandes prejuízos materiais por causa da catástrofe.
† 1989	11 de junho 7 de julho	Total de junho: 205mm 95mm no dia 11 Total de julho: 168mm 55mm no dia 7	O ano de 1989 é considerado atípico, onde os meses mais chuvosos foram junho e julho, e exatamente os dois que apresentaram problemas de inundação e mortes em consequência de temporais.
† 1990	19 de abril 12 de julho 12 de outubro	Total de abril: 265mm 154mm no dia 19 Total de julho: 66mm Total de outubro: 54mm	O temporal mais forte foi o de abril, que causou desabamento de barraco, matando duas pessoas.

† 1991 ☑	7 de maio	Total de maio: 117mm 103mm no dia 7	Forte chuva causou a morte de 3 pessoas.
† 1992 ☑	5 de janeiro	Total de janeiro: 420mm 132mm no dia 5	Forte temporal afetou seriamente os bairros da Zona Norte, matando 7 pessoas.
1993 ☑	6 de março	Durante 6 horas choveu 11% do total anual	Durante 4 fins de semana consecutivos (27 de fevereiro e 6, 12 e 19 de março), fortes chuvas causaram enchentes e sérios transtornos na cidade.
1994 ☑	2 de março 9 de junho	58mm no dia 2 98mm dia 9	Como em 1989, o mais sério temporal de 1994 ocorreu no mês de junho, no dia 9. Em poucas horas de duração, uma chuva de grande intensidade instalou o caos na cidade, paralisando por completo as funções urbanas, afetando seriamente os bairros da Zona Norte. Na Zona Sul o bairro mais castigado foi o Jardim Botânico.
† 1996 ✘	13 de fevereiro	200mm em apenas 8 horas no dia 13	Uma catástrofe assolou a cidade no dia 13, castigou impiedosamente as zonas Sul e Oeste, deixando o triste saldo de 59 mortes e 1.500 desabrigados, a maioria em Jacarepaguá, em consequência de inundações e de 38 deslizamentos de barreira na vertente sul do Maciço da Tijuca.

Capítulo 3

Mudanças na Rede de Drenagem Urbana de Teresópolis (Rio de Janeiro)

Viviane Torres Vieira
Sandra Baptista da Cunha

1. Introdução

O rio, caracterizado pela hidrologia, sedimentos, morfologia e comunidade biótica, reflete os cenários naturais e humanos atuantes na bacia hidrográfica. Além disso, as obras e modificações efetuadas diretamente nos canais, realizadas com mais frequência nas últimas décadas, têm acentuado as mudanças nos processos fluviais, em especial nas áreas urbanas (Peixoto *et al.*, 1997). Entretanto, o interesse pelas modificações e efeitos na rede de drenagem, em função do crescimento espacial das cidades, não é recente (Wolman, 1967). Apesar disso, são limitados os estudos de casos que retratam mudanças fluviais quanto aos aspectos hidrológicos, sedimentológicos e geomorfológicos induzidos pela urbanização nos trópicos úmidos. A maior parte das investigações tem sido realizada em regiões temperadas dos Estados Unidos da América e da Inglaterra. No Brasil, essas pesquisas têm-se preocupado em ampliar os conhecimentos, em especial no que se refere à relação chuva-vazão, tendo como objetivo o controle das enchentes (Tucci *et al.*, 1989; Tucci, 1993 e 1994; e Soares Cruz *et al.*, 1998).

Portanto, associados ao crescimento urbano, os rios têm sido transformados, perdendo suas características naturais. As sucessivas obras de engenharia, muitas vezes sem se levar em consideração o conjunto da rede de drenagem, modificam as seções transversais e o perfil longitudinal, alterando a eficiência do fluxo. Torna-se, assim, necessário avaliar a geometria do canal, em áreas urbanas, identificando pontos críticos, com a finalidade de subsidiar projetos de planejamento, restauração e recuperação dos mesmos (Cunha, 1999).

No Brasil, 80% da população residem nos centros urbanos, em que a falta de percepção da sociedade sobre o papel da natureza, em especial quanto aos azuis urbanos, conjugada ao uso do solo desordenado, à erosão das encostas e ao aumento das áreas impermeáveis, tem provocado sérias consequências, como assoreamento e inundações. Ainda, segundo Tucci (1995), a falta de infraestrutura faz sentir-se sobre outros itens relacionados aos recursos hídricos: abastecimento de água e tratamento de esgotos.

Nos últimos anos, o homem tem participado como agente acelerador dos processos modificadores e de desequilíbrios da paisagem (Cunha e Guerra, 1996). As enchentes urbanas vêm constituindo um dos mais importantes impactos sobre a sociedade e podem ser provocadas por uma série de fatores, como aumento da precipitação, vazão dos picos de cheia e estrangulamento das seções transversais do rio, causado pelas obras de canalização, assoreamento, aterro e lixo.

A carência de estudos de detalhe sobre o comportamento da drenagem urbana, na cidade de Teresópolis, tem dificultado o planejamento e a gestão das bacias de drenagem contribuintes, em que as questões relacionadas ao crescimento urbano vêm afetando diretamente os canais.

A cidade de Teresópolis (32,72 km^2), localizada na microrregião serrana do Estado do Rio de Janeiro, instalou-se no alto vale do Rio Paquequer, crescendo na direção dos sete afluentes de 3ª ordem (**Figura 3.1**). A bacia hidrográfica (135,18 km^2) apresenta clima ameno, tropical de altitude, com temperatura média de 17°C, pluviosidade média anual de 1.716,7mm, concentrada nos meses da primavera e verão (outubro a março) e uma estação seca nos meses de junho, julho e agosto. Segundo Oliveira (1999), os valores médios sazonais de precipitação, no alto curso (estação Alto), atingem 1.001,7mm (verão e primavera), 436,6mm (outono) e 352,5mm (inverno) e no médio curso (Estação Várzea) alcançam 688,5mm (verão), 650,3mm (primavera), 214,6mm (outono) e 163,30mm (inverno).

Com altitude média de 871m e ponto culminante com 2.263m, a

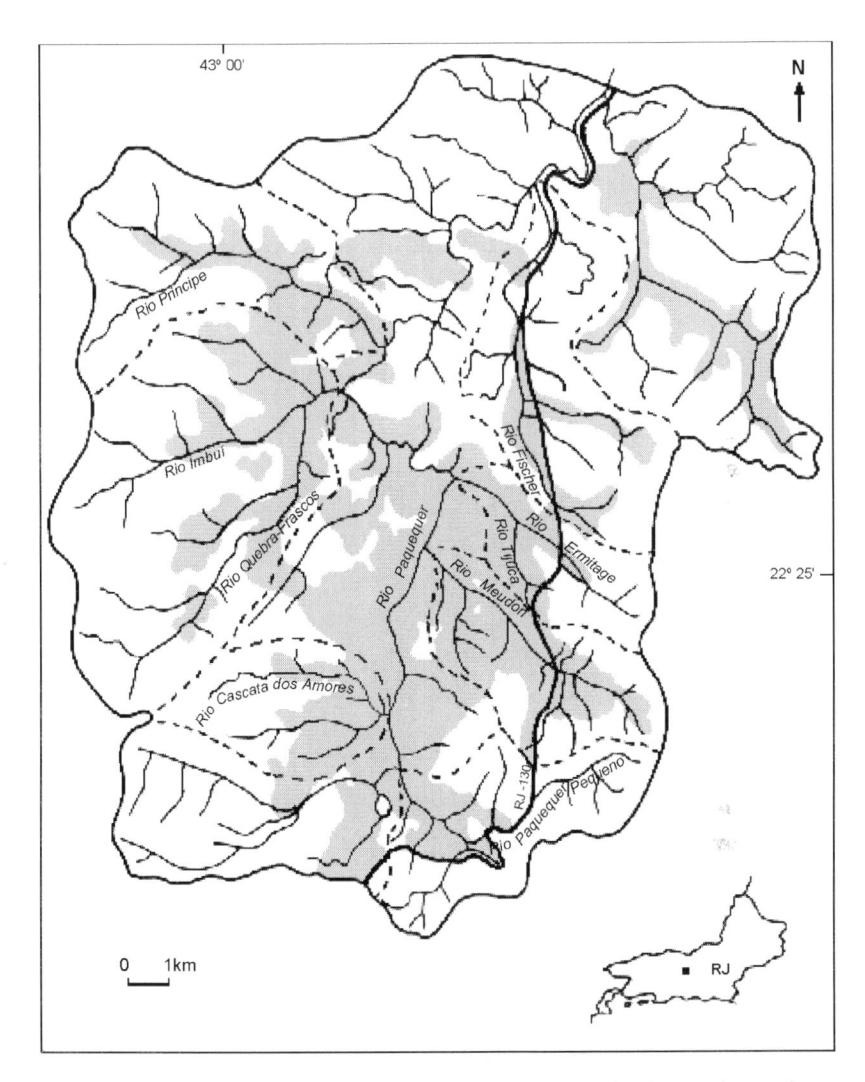

MUDANÇAS NA REDE DE DRENAGEM URBANA DE TERESÓPOLIS   113

Figura 3.1 — Bacia hidrográfica do alto Rio Paquequer com a localização das sete bacias de 3ª ordem, a área urbana em 1996 e traçado da estrada Rio-Bahia (RJ-130).

cidade representa uma das áreas mais acidentadas da Serra do Mar, caracterizada por picos e elevações. O relevo acidentado e as chuvas concentradas têm favorecido o rápido escoamento superficial que, associado ao aumento da urbanização, vem originando a ocorrência de inundações e deslizamentos frequentes nas encostas. A cidade, em 1996, apresentava

104.977 habitantes, uma taxa de urbanização de 83,9%, taxa média geométrica de crescimento anual de 0,31% e densidade demográfica de 158,7 hab/km^2 (IBGE, 1995/1996).

Ao longo da história da cidade, as sete bacias de 3ª ordem tiveram seus leitos alterados por sucessivas e setorizadas obras de engenharia, no sentido de solucionar problemas locais de ocorrência de inundações; porém, o contínuo crescimento urbano, associado a uma inadequada infra-estrutura, vem acentuando o problema, exigindo uma revisão das obras executadas no setor e a avaliação da necessidade de restauração dos canais. Todas as bacias possuem área urbana superior a 5% do valor da área total e convivem com um dos maiores problemas que afligem as cidades brasileiras — a expansão irracional do uso do solo —, gerando consequências danosas para os canais. Como na maioria das bacias com elevados espaços urbanos e acelerado crescimento, observam-se o aumento de áreas impermeáveis, respostas imediatas do pico de cheia, assoreamento dos leitos, aterro de corpos d'água, acúmulo de lixo nos rios, enchentes, poluição das águas, deficiência de sistemas de esgotamento sanitário, processo de desmatamento, ocupação de encostas, favelização e deslizamentos.

Neste capítulo são abordadas as mudanças na geometria e capacidade do canal, importantes variáveis que influenciam no comportamento das vazões responsáveis, muitas vezes, pelas inundações. Visa, assim, a avaliar o processo de mudança ocorrido nos canais, através da análise na perspectiva espaço-temporal, como forma de entender o processo fluvial em áreas urbanizadas e contribuir para a sua recuperação. A abordagem espacial considera situações pontuais ao longo dos perfis longitudinais dos canais de 3ª ordem, enquanto a perspectiva histórica do processo de mudança é avaliada através da reconstituição da rede de drenagem, onde são detectadas modificações dos mesmos, ao longo de 41 anos (1956-1998).

2. Modificações nas Seções Transversais dos Canais

Um aspecto fundamental na geometria do canal consiste em verificar as variações apresentadas pelas variáveis geométricas ao longo do canal, cuja análise se processa pela comparação das características observadas em diversas seções transversais (Christofoletti, 1976; e Knighton, 1984 e

1998). As modificações na geometria do canal, em áreas urbanas, vêm ocasionando desajuste no estado de relativa estabilidade do canal, podendo levar décadas para se adequar à nova realidade. O sistema fluvial, como sistema aberto quanto ao equilíbrio dinâmico, é dependente da variável geometria do canal (Sala e Inbar, 1992).

2.1. GEOMETRIA DOS CANAIS

A geometria do canal é uma forma tridimensional (largura, profundidade e declividade) que acomoda, em um período de tempo, a condição média de descarga e carga sedimentar (Knighton, 1998). Assim, a análise das mudanças na forma do canal permite considerar as variáveis do sistema de geometria hidráulica como ajustamentos alométricos, pois os seus valores se modificam conforme as transformações que acontecem na bacia hidrográfica (Christofoletti, 1976). Segundo Cooke e Doornkamp (1994), a seção transversal de um canal pode mudar muito rapidamente, tanto no espaço como no tempo.

Por outro lado, as dimensões dos canais não são arbitrárias, estando ajustadas à quantidade de água que passa. Através do aumento da descarga rio abaixo, a área de drenagem, assim como a largura e a profundidade média do canal, deverão similarmente modificar-se (Knighton, 1984). O procedimento natural das mudanças nos canais pode ser descrito por uma série de relações empíricas, como mudanças na largura, na profundidade e na velocidade. A largura do canal é principalmente função da descarga (Knighton, 1974), enquanto que a forma do canal é resposta que reflete ajustamentos aos débitos, fluindo através de determinada seção transversal (Christofoletti, 1976).

Segundo Oliveira *et al.* (1998) e Vieira e Cunha (1998), a capacidade do canal é dada pela quantidade de água que uma determinada seção transversal pode acomodar, e esta deve aumentar gradativamente de montante a jusante para conter o nível d'água. Segundo Gregory e Park (1976), a capacidade do canal pode ser analisada através da relação entre a área da seção transversal, no nível das margens plenas, e a área da bacia hidrográfica ou pela relação entre a área da seção transversal no nível das margens plenas e o comprimento do canal. Essa combinação contribui para mostrar as mudanças ocorridas na seção transversal em direção à jusante.

A alteração na eficiência do fluxo (facilidade de a água escoar) é dada pelo aparecimento de obstáculos. Assim, quanto mais lisa for a calha, maior será a eficiência do fluxo. A facilidade de o fluxo escoar é função direta do raio hidráulico. Este constitui a melhor medida que se tem para avaliar a eficiência do canal, isto é, o modo de serem verificadas as condições em que o fluxo se realiza. Portanto, quanto maior for o seu valor, mais lisa será a calha, que oferecerá maior facilidade ao escoamento do fluxo (Cunha, 1998).

Com o aumento da largura e da profundidade em direção de jusante há elevação dos valores do raio hidráulico e, concomitantemente, diminuição relativa da influência exercida pela rugosidade (Christofoletti, 1981). Esse comportamento indica maior eficiência do fluxo, que se reflete no aumento da velocidade, compensando o decréscimo que se observa na declividade do canal (Christofoletti, 1976).

A velocidade das águas possui um caráter dinâmico ao longo do canal e na própria seção transversal. Entre as variáveis que alteram a velocidade encontram-se as mudanças na declividade, na rugosidade do leito e na eficiência do fluxo (Cunha, 1998).

A variabilidade da magnitude e da frequência da água na seção transversal e na direção longitudinal é importante pelas relações que possui com a erosão e transporte da carga sedimentar e com as características da geometria do canal, além do significado que assume para o planejamento da utilização dos recursos hídricos e para a construção das obras de engenharia (Christofoletti, 1981; e Vasconcelos e Cunha, 1999).

Capacidade do canal, área da seção transversal molhada, raio hidráulico, velocidade média e descarga para as sete bacias de 3ª ordem foram obtidos em trabalhos de campo, que junto com a área da bacia serão analisados a seguir. Para cada seção transversal foram coletados dados sobre largura, profundidades do canal, profundidades do canal no nível da água (coletas de 1 em 1 metro) e velocidade das águas.

No Rio Paquequer Pequeno (**Figura 3.1**) foram traçadas sete seções transversais, em junho de 1998, em sua maioria em setores concretados do canal, com exceção da 4ª seção transversal (**Figura 3.2** e **Tabela 3.1**).

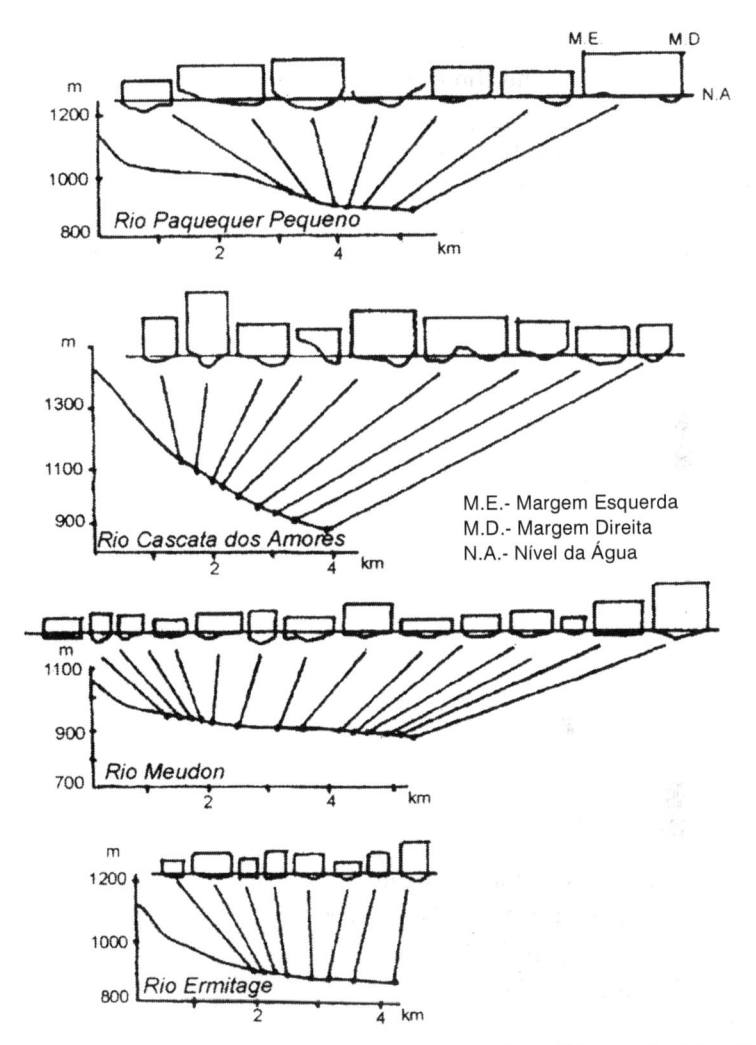

Figura 3.2 — Variações na capacidade do canal ao longo do perfil longitudinal dos afluentes de 3ª ordem do Rio Paquequer em 1997 e 1998. Seções transversais fechadas indicam trechos do rio concretados e cobertos (escala das seções transversais: 3mm = 2m no terreno).

Na direção de jusante, essas seções transversais mostraram não manter um aumento proporcional na capacidade do canal (produto da largura pela profundidade média do canal). Os valores obtidos encontram-se entre 10,40m² e 43,88m² (**Tabela 3.1**), mostrando o decréscimo, em especial nas seções transversais 3 e 4. Na seção transversal 4, a vegetação ocupa os

Tabela 3.1 — Parâmetros da geometria do canal ao longo do Rio Paquequer Pequeno

Seção do canal	Área da bacia km²	Capacidade do canal m²	Área da seção molhada m²	Raio hidráulico m	Velocidade média m/s	Descarga m³/s
1	3,73	13,33	1,20	0,48	0,65	0,78
2	4,58	32,46	0,42	0,14	0,24	0,10
3	5,99	26,85	0,68	0,28	0,44	0,30
4	6,12	10,40	1,34	0,58	0,19	0,25
5	7,30	21,44	0,95	0,38	0,59	0,56
6	8,28	23,40	2,26	0,56	0,34	0,77
7	8,40	43,88	1,29	0,36	0,89	1,15

depósitos de sedimentos das margens e representa um local de ocorrência de extravasamento da água (Rua Ribeiro Couto).

A área da seção transversal molhada (produto da largura pela profundidade média, no nível da água; Cunha, 1996) indicou valores de 0,42m² a 2,26m². O raio hidráulico, que indica maior eficiência do fluxo (quociente da área da seção molhada pelo perímetro molhado), variou de 0,14 a 0,58. A distribuição de diversos valores, ao longo do canal, demonstra diferenciações locais na eficiência do fluxo.

A velocidade média do fluxo (quociente da soma de todas as velocidades obtidas em uma mesma seção transversal, pelo total de medições realizadas na seção; Cunha, 1996) variou de 0,19m/s a 0,89m/s, com o valor mais elevado pertencente ao ponto de maior capacidade do canal (43,88m²) e descarga (1,15m³/s). A menor velocidade (0,19m/s) foi encontrada na quarta e menor seção transversal.

No Rio Cascata dos Amores (**Figura 3.1**) foram traçadas nove seções transversais em junho de 1998 (**Figura 3.2** e **Tabela 3.2**), que apresentaram irregularidades no fundo, como nas seções transversais 4 e 6, devido à existência de blocos rochosos. Como mostra a **Figura 3.2**, ao longo do Rio Cascata dos Amores a capacidade do canal apresenta diferentes tamanhos, não estando ajustada ao aumento da área da bacia de drenagem. A não-proporcionalidade de aumento e até mesmo redução dos valores das variáveis capacidade do canal, raio hidráulico e velocidade, no sentido de jusante, pode ser observada na **Tabela 3.2**.

Tabela 3.2 — Parâmetros da geometria do canal ao longo
do Rio Cascata dos Amores

Seção do canal	Área da bacia km²	Capacidade do canal m²	Área da seção molhada m²	Raio hidráulico m	Velocidade média m/s	Descarga m³/s
1	3,40	14,80	0,28	0,23	0,16	0,04
2	3,86	29,11	0,49	0,49	0,16	0,08
3	4,16	18,87	0,38	0,24	0,53	0,20
4	4,31	8,84	0,51	0,51	0,66	0,34
5	4,68	31,55	0,93	0,62	0,64	0,60
6	5,09	32,84	0,47	0,28	0,72	0,34
7	5,57	17,77	0,22	0,37	0,41	0,09
8	6,15	17,33	0,36	0,19	0,79	0,28
9	6,34	10,88	0,42	0,26	0,54	0,23

Em todo o curso, o rio atravessa os terrenos das residências ou corre sob arruamentos, tendo suas seções transversais diferenciadas, em toda a sua extensão, pelas obras setoriais realizadas pela Prefeitura e pelos moradores.

A capacidade do canal variou de 8,84m² a 32,84m², com a 4ª seção transversal possuindo a menor capacidade. Apesar de concretado, também possui vegetação ocupando os depósitos de sedimentos das margens. A última seção transversal, mais a jusante, com apenas 10,88m², contém a segunda menor capacidade. Esta possui raio hidráulico de 0,26m, aumentando a eficiência do fluxo, em relação à penúltima seção transversal, compensando a menor declividade existente. Observando a **Figura 3.2**, a 4ª seção transversal do Rio Cascata dos Amores, na direção de jusante, indica decréscimo tanto na largura como na profundidade. Tem-se, nos pontos seguintes, a capacidade do canal elevada, sendo novamente diminuída nas três últimas seções transversais, onde tiveram reduções na profundidade.

A velocidade média encontra-se entre 0,16m/s e 0,79m/s, e a descarga entre 0,04m³/s e 0,60m³/s. As duas primeiras seções transversais mostram baixos valores para a velocidade e descarga, devido à existência de pequenos represamentos ao longo do rio. A velocidade mantém-se mais elevada para o restante do percurso.

As seções transversais no Rio Meudon, feitas em 14 locais, em dezembro de 1997, apresentam a capacidade do canal de diversos tamanhos

(**Figura** 3.2 e **Tabela** 3.3), mostrando o descaso das autoridades competentes e da população pelo rio. A ocupação urbana acelerada e desordenada vem intensificando os desajustes na geometria do canal ao longo do seu percurso.

Tabela 3.3 — Parâmetros da geometria do canal ao longo do Rio Meudon

Seção do canal	Área da bacia km²	Capacidade do canal m²	Área da seção molhada m²	Raio hidráulico m	Velocidade média m/s	Descarga m³/s
1	1,18	8,40	0,42	0,19	0,33	0,14
2	1,23	7,07	0,97	0,61	0,58	0,56
3	1,45	7,10	0,18	0,18	0,45	0,08
4	1,61	6,59	0,35	0,19	0,47	0,16
5	2,07	11,53	0,25	0,19	0,52	0,13
6	3,40	9,60	1,23	0,65	0,36	0,44
7	4,52	12,65	2,22	0,65	0,32	0,71
8	5,22	17,42	0,30	0,18	0,37	0,09
9	5,47	10,10	1,32	0,49	0,48	0,63
10	6,14	8,54	0,71	0,31	0,38	0,27
11	6,64	11,40	0,29	0,12	0,35	0,10
12	7,07	5,66	0,71	0,39	0,56	0,40
13	7,54	17,10	0,57	0,19	0,98	0,56
14	7,60	32,45	2,56	0,75	0,98	2,50

A largura e a profundidade que deveriam aumentar gradativamente na direção de jusante para conter o volume de água não vêm acontecendo. Os perfis, modificados pelas obras de urbanização, possuem em todo o seu curso diferentes capacidades, que variam de 5,66m² a 32,45m². Ocorre diminuição dos valores da seção transversal 8 (17,42m²) para a seção transversal 9 (10,10m²) e desta para a seção transversal 10 (8,54m²) e da seção transversal 11 (11,40m²) para a seção transversal 12 (5,66m²). Nesse local (seção 12) têm ocorrido transbordamentos de vazão nos últimos anos (ao lado da Igreja Canaã, na Rua Tenente Luiz Meireles).

O raio hidráulico variou de 0,12m a 0,75m, aumentando e diminuindo de valores ao longo do curso d'água, não favorecendo o aumento da eficiência do fluxo em direção à jusante, como, por exemplo, da seção transversal 2 (0,61m) para a seção transversal 3 (0,18m) e da seção transversal 10 (0,31m) para a seção transversal 11 (0,12m).

A velocidade média obteve valores de 0,32m/s a 0,98m/s, e a descarga entre 0,08m³/s e 2,5 m³/s. O valor mais elevado da descarga corresponde à seção transversal próximo à desembocadura com o Rio Paquequer (seção transversal 14). Segundo Oliveira (1999), com a ocupação urbana desordenada foram intensificadas as modificações na geometria do canal, ocorrendo instabilidade no Rio Meudon, com ocorrência de locais críticos de inundação.

Para o Rio Ermitage, foram feitas oito seções transversais, em março de 1998, que apresentaram o mesmo comportamento dos canais analisados anteriormente (**Figura 3.2** e **Tabela 3.4**).

Tabela 3.4 — Parâmetros da geometria do canal ao longo do Rio Ermitage

Seção do canal	Área da bacia km²	Capacidade do canal m²	Área da seção molhada m²	Raio hidráulico m	Velocidade média m/s	Descarga m³/s
1	2,12	4,09	0,10	0,20	0,11	0,01
2	2,45	11,48	0,80	0,35	0,11	0,09
3	2,63	3,72	0,36	0,28	0,43	0,15
4	2,77	7,08	0,45	0,32	0,42	0,19
5	3,49	6,66	0,30	0,21	0,50	0,15
6	4,05	4,80	0,56	0,37	0,75	0,42
7	4,61	5,96	0,52	0,47	1,02	0,53
8	4,95	11,88	0,25	0,17	0,91	0,23

A terceira seção transversal (**Figura 3.3**) encontra-se toda concretada e representa o local mais crítico para o transbordamento das águas, com a capacidade do canal diminuindo de 11,48m² para 3,72m², tornando-se quatro vezes menor. A capacidade do canal variou de 3,72m² a 11,88m², com outros pontos diminuindo também de valor, na direção de jusante, como mostra a seção transversal 4 (7,08m²) para a seção transversal 5 (6,66m²) e desta para a seção transversal 6 (4,80m²).

Figura 3.3 — Rio Ermitage, no local da terceira seção transversal, em que se observa o canal todo concretado (março de 1998).

A **Tabela 3.4** mostra que os valores do raio hidráulico são irregulares e não favorecem uma sequencial eficiência do fluxo. Como exemplo, ocorre diminuição do raio hidráulico da seção transversal 2 (0,35m) para a 3 (0,28m), correspondendo este último ao ponto mais crítico do canal, da seção transversal 4 (0,32m) para a 5 (0,21m) e da seção transversal 7 (0,47m) para a 8 (0,17m). Os valores obtidos para a capacidade do canal mostram a mesma anomalia.

A descarga obteve valores entre 0,01m^3/s e 0,53m^3/s, estando a sexta e sétima seções transversais com as maiores descargas (0,42m^3/s e 0,53 m^3/s, respectivamente), em virtude da confluência com o Rio Tijuca (**Figura 3.1**). A velocidade média variou de 0,11m^3/s a 1,02m/s, aumentando seus valores em direção à jusante.

No Rio Quebra-Frascos foram traçadas 8 seções transversais em fevereiro de 1998. Apesar da redução da área das seções transversais, de montante para jusante, como mostram a **Figura 3.4** e a **Tabela 3.5**, estas têm sido favorecidas pela existência de áreas permeáveis na bacia, ocupadas por sítios e casarões. Boa parte da margem do canal está ocupada com vegetação, e o fundo irregular deve-se à presença de rochas não decompos-

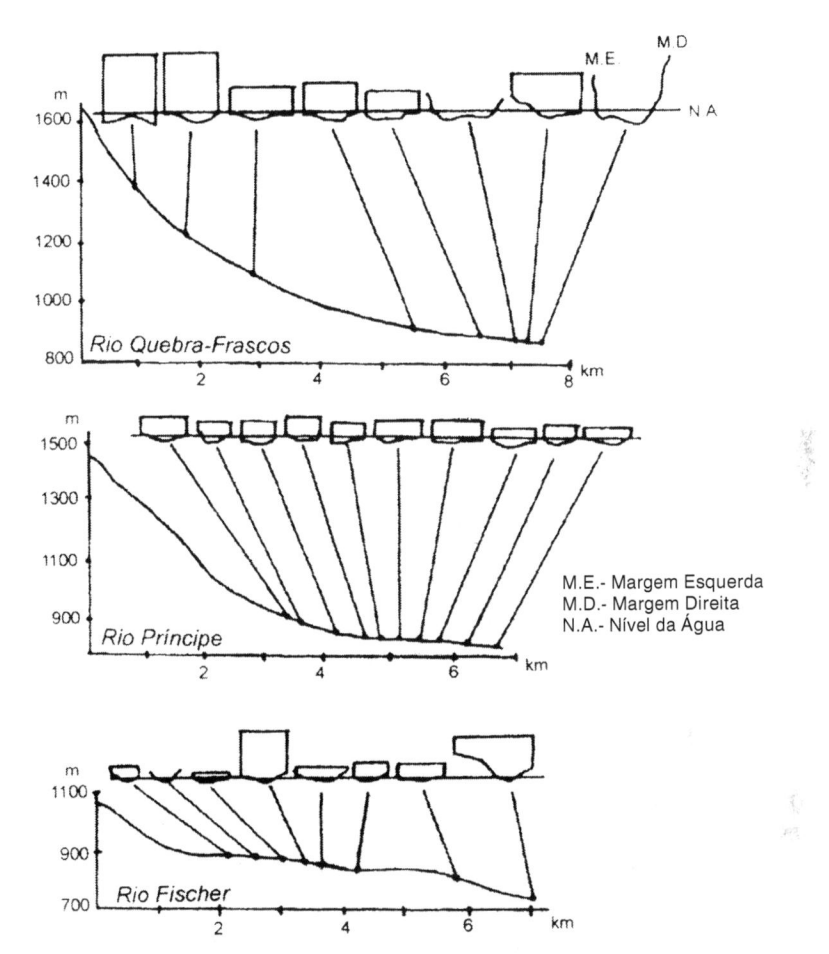

Figura 3.4 — Variações na capacidade do canal ao longo do perfil longitudinal dos afluentes de 3ª ordem do Rio Paquequer em 1998. Seções transversais fechadas indicam trechos do rio concretados e cobertos (escala das seções transversais: 3mm = 2m no terreno).

tas. Igualmente ao Rio Cascata dos Amores, encontram-se, ao longo do percurso, represamentos da água com o intuito da diminuição da velocidade (**Figura 3.5**).

Tabela 3.5 — Parâmetros da geometria do canal ao longo do Rio Quebra-Frascos

Seção do canal	Área da bacia km²	Capacidade do canal m²	Área da seção molhada m²	Raio hidráulico m	Velocidade média m/s	Descarga m³/s
1	1,74	40,89	1,81	0,70	0,82	1,48
2	2,41	47,60	1,57	0,78	0,51	0,80
3	4,70	38,50	0,82	0,26	0,52	0,43
4	9,81	25,10	0,95	0,38	0,25	0,24
5	10,62	15,09	0,16	0,08	0,51	0,08
6	11,21	13,36	1,01	0,34	0,37	0,37
7	11,52	31,34	0,24	0,22	0,69	0,17
8	11,77	27,95	0,98	0,33	0,32	0,31

Figura 3.5 — Rio Quebra-Frascos, em que se observa o represamento das águas (fevereiro de 1998).

A capacidade do canal diminui da seção transversal 3 (38,50m^2) até a seção transversal 6 (13,36m^2). A partir da sexta seção transversal, após a confluência com o Rio Imbuí, foram construídas casas populares, sendo grande a quantidade de lixo que verte para o canal e que representa importante fator de retenção da água. Esta seção transversal possui a menor capacidade do canal ao longo de todo o percurso (**Tabela 3.5**).

Ainda, a **Figura 3.4** e a **Tabela 3.5** mostram que o raio hidráulico diferencia-se ao longo dos pontos amostrados, indicando maior eficiência do fluxo registrado da seção transversal 5 (0,08m) para a seção transversal 6 (0,34m), ajudando no escoamento da água.

A velocidade média variou de 0,25m/s a 0,82m/s, e a descarga entre 0,08m^3/s e 1,48m^3/s. O menor valor de descarga encontra-se associado ao represamento da água acima da seção transversal 5 (**Figura 3.5**), e elevados valores são atribuídos à primeira seção transversal, que possui acentuada declividade. Em geral, os valores de velocidade e descarga acompanham a variação dos valores da capacidade do canal.

No Rio Príncipe foram amostradas 10 seções transversais, em maio de 1998, no médio/baixo curso, uma vez que a floresta preservada nas nascentes dificultou o acesso. A capacidade do canal (**Figura 3.4** e **Tabela 3.6**) mostra variações entre 5,55m^2 e 15,82m^2. A última seção transversal possui o menor valor para a capacidade do canal (5,55m^2), que, associado à quantidade de lixo jogada no rio pela população, funciona como um tampão, contribuindo para o assoreamento e a ocorrência de inundações. Verifica-se, ainda, a redução dos valores da capacidade do canal, nas seções transversais 2, 5, 8 e 9. A sétima seção transversal destaca-se por possuir a maior capacidade do canal (15,82m^2).

O raio hidráulico variou de 0,19m a 0,75m, e a velocidade média de 0,16m/s a 0,67m/s, estando o ponto de menor velocidade com a maior capacidade do canal. A descarga encontra-se entre 0,19m^3/s e 0,81m^3/s. A velocidade das águas, devido ao seu caráter dinâmico, é alterada pelas modificações na rugosidade do leito, apresentando a seção transversal 5 maior velocidade das águas em virtude do aumento do raio hidráulico, em relação à seção transversal anterior, favorecendo a eficiência do fluxo.

A bacia do Rio Fischer, no conjunto das bacias analisadas, corresponde à de maior crescimento em área urbana nos últimos anos, devido à ampliação e ao asfaltamento da estrada Rio–Bahia (RJ-130). Por essa razão, o rio vem sofrendo grandes modificações.

Tabela 3.6 — Parâmetros da geometria do canal ao longo do rio Príncipe

Seção do canal	Área da bacia km²	Capacidade do canal m²	Área da seção molhada m²	Raio hidráulico m	Velocidade média m/s	Descarga m³/s
1	6,99	11,65	0,50	0,20	0,53	0,26
2	7,76	7,61	1,01	0,56	0,46	0,46
3	8,86	8,69	1,31	0,62	0,62	0,81
4	9,98	10,10	0,39	0,19	0,53	0,21
5	10,28	7,64	0,46	0,31	0,67	0,31
6	10,38	10,15	0,62	0,39	0,30	0,19
7	10,86	15,82	2,25	0,75	0,16	0,36
8	11,08	8,08	1,41	0,56	0,50	0,70
9	11,71	6,70	0,61	0,41	0,57	0,35
10	11,88	5,55	0,83	0,52	0,42	0,35

Para as oito seções transversais traçadas em maio de 1998, a capacidade do canal variou de 2,81m² a 25,5m², com o menor valor para a terceira seção transversal (2,81m²), seguido pela seção transversal 2 (4,17m²). Os maiores valores de capacidade do canal (25,5m² e 24,41m², respectivamente) foram encontrados nas seções transversais 4 e 8. O aumento na largura e, principalmente, na profundidade do canal, encontrado nessas duas seções transversais (4 e 8), mostra uma desproporção em relação às demais. As capacidades dos canais, no Rio Fischer, são menores quando comparadas aos outros canais estudados, com valores inferiores a 10m², com exceção das seções 4 e 8 (**Figura 3.4** e **Tabela 3.7**).

O raio hidráulico variou de 0,13m a 0,37m; a velocidade média encontra-se entre 0,45m/s e 0,93m/s; e a descarga entre 0,10m³/s e 0,51m³/s. A seção transversal 3 apresentou o maior valor de raio hidráulico (0,37m), mas os menores valores para a velocidade (0,45m/s) e capacidade do canal (2,81m²), correspondendo a uma área de estrangulamento da vazão.

Tabela 3.7 — Parâmetros da geometria do canal ao longo do Rio Fischer

Seção do canal	Área da bacia km²	Capacidade do canal m²	Área da seção molhada m²	Raio hidráulico m	Velocidade média m/s	Descarga m³/s
1	2,20	5,06	0,16	0,23	0,62	0,10
2	2,62	4,17	0,29	0,29	0,55	0,16
3	3,46	2,81	0,74	0,37	0,45	0,33
4	3,82	25,5	0,56	0,25	0,77	0,43
5	5,95	5,77	0,19	0,13	0,56	0,11
6	7,43	6,15	0,25	0,21	0,48	0,12
7	9,56	7,63	0,55	0,22	0,93	0,51
8	11,59	24,41	0,23	0,15	0,66	0,15

2.2. EQUILÍBRIO DOS CANAIS

Segundo Park (1995), a pesquisa geomorfológica, particularmente desde 1960, vem dando ênfase ao estudo de equilíbrio com o aparecimento da teoria do equilíbrio dinâmico (Hack, 1965). A definição e o uso do conceito de equilíbrio ou estado de relativa estabilidade foram revistos por Montgomery (1989), que realça o problema da evolução das mudanças para definir equilíbrio e enfatiza a dificuldade de estabelecer casualmente as diferenças nas escalas espacial e temporal.

Os problemas de definir o equilíbrio ou estado de relativa estabilidade aplicam-se igualmente aos estudos de equilíbrio fluvial através dos promissores avanços nas análises da geometria do canal. Para Park (1995), o principal para o entendimento de um rio em equilíbrio é a noção de estabilidade.

Segundo Leopold e Maddock (1953), um rio em equilíbrio é aquele que mantém, em um período de anos, as características de declividade e canal, delicadamente ajustadas para prover, com vazão disponível, a exata velocidade requerida para o transporte do suprimento da carga, proveniente da bacia de drenagem.

Segundo Vieira *et al* (1997) e Vieira (1999), os principais impactos sobre o sistema fluvial urbano são ocasionados pelo aumento das áreas impermeáveis e das alterações nos canais, decorrentes do desenvolvimento da área urbana.

Para avaliar o estado de relativa estabilidade das seções transversais, em direção à jusante, foram elaborados gráficos relacionando a capacidade do canal e a área da bacia (**Figura 3.6**). O grau de correlação entre as duas variáveis é mostrado por **r**, um coeficiente de correlação que varia entre –1 e 1. Uma correlação próxima de 1 significa uma forte correlação, indicando existência de uma relação direta, enquanto uma correlação negativa indica relação inversa. Assim, o coeficiente de correlação mede o grau de associação entre as variáveis.

Resultados negativos das correlações ou próximos de zero mostraram que a capacidade do canal, nas seções transversais, está em desajuste com as correspondentes áreas das bacias de drenagem, o que resulta em locais de estrangulamento da vazão com consequente registro de enchentes e inundações.

De todas as bacias analisadas, o Rio Quebra-Frascos (**Figura 3.6**) possui a maior correlação entre as duas variáveis (r^2 = –0,68), porém de forma negativa, com as seções transversais decrescendo ao longo do curso d'água. A capacidade do canal varia inversamente com a área da bacia, indicando que, à medida que a área da bacia aumenta, ocorre decréscimo da capacidade do canal. Como exemplo, a seção transversal 5 (**Tabela 3.5** e **Figura 3.4**), com 10,62km^2 de área da bacia e capacidade do canal de 15,09m^2, enquanto a seção transversal 6, com 11,21km^2 de área da bacia, contém apenas 13,36m^2 de capacidade do canal. Em equilíbrio, as seções transversais devem aumentar gradativamente de montante para jusante, e, como mostram os resultados, a capacidade do canal, na seção transversal 6, não tem condições de escoar livremente, sem transbordar, a quantidade de água que passou pela seção transversal 5.

Da mesma forma, as duas primeiras seções transversais, com pequenas áreas da bacia (1,74km^2 e 2,41km^2, respectivamente) e com elevadas capacidades do canal (40,89m^2 e 47,60m^2, respectivamente), encontram-se desproporcionais em relação ao comportamento das demais seções transversais (**Figura 3.4** e **Tabela 3.5**).

Os rios Cascata dos Amores e Príncipe (**Figura 3.6**) também mostra-

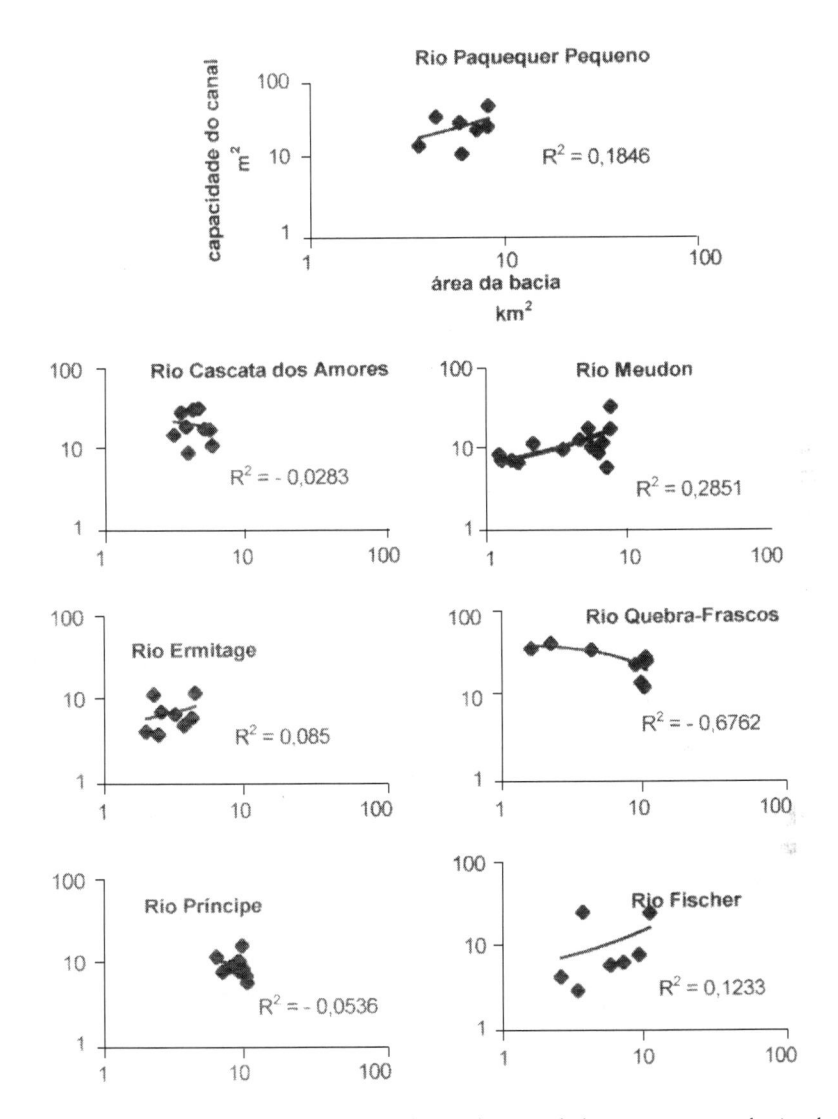

Figura 3.6 — Relação entre capacidade do canal e área da bacia para as sete bacias de 3ª ordem.

ram coeficientes inversos, porém próximos de zero, com valores de correlação iguais a –0,03 e –0,05, respectivamente. As correlações quase nulas entre essas duas variáveis mostram que a área da bacia pouco interfere nos valores da capacidade do canal, devido às constantes alterações neste pelas obras realizadas por moradores e Prefeitura. No Rio Cascata dos Amores, a seção transversal 9 (**Figura 3.2 e Tabela 3.2**), localizada na desembocadura com o Rio Paquequer, apesar de apresentar a maior área da bacia (6,34km²), possui uma das menores capacidades do canal (10,88m²). Certamente esse trecho do Rio é favorável a inundações. No Rio Príncipe (**Tabela 3.6 e Figura 3.4**), as seções transversais 9 e 10 possuem as maiores áreas da bacia (11,71km² e 11,88km², respectivamente), porém as menores capacidades do canal (6,70m² e 5,55m², respectivamente). Como demonstrados, os valores de área da bacia aumentam na direção de jusante, enquanto os valores de capacidade do canal diminuem, evidenciando, para as seções transversais acima, desajustes entre as duas variáveis.

Apesar dos baixos valores, as correlações positivas mais significantes entre os valores da área da bacia e a correspondente área da seção transversal encontram-se nos rios Meudon, Paquequer Pequeno, Fischer e Ermitage (**Figura 3.6**), com respectivamente $r^2 = 0,29$, $r^2 = 0,18$, $r^2 = 0,12$ e $r^2 = 0,08$. Os quatro Rios possuem seções transversais que, em sua maioria, tendem a aumentar a reta de melhor ajuste, que representa a tendência geral da distribuição dos pontos. Como exemplo, a seção transversal 14 (32,45m²), no Rio Meudon (**Figura 3.2 e Tabela 3.3**); as seções transversais 2 (32,46m²) e 7 (43,88m²) no Rio Paquequer Pequeno (**Tabela 3.1 e Figura 3.2**); as seções transversais 4 (25,5m²) e 8 (24,41m²), no Rio Fischer (**Figura 3.4 e Tabela 3.7**); e as seções transversais 2 (11,48m²) e 8 (11,88m²), no Rio Ermitage (**Figura 3.2 e Tabela 3.4**). As demais seções tendem a abaixar a reta de melhor ajuste, trazendo-a para próximo de zero.

A posição da reta de melhor ajuste e o valor obtido para a correlação em cada gráfico (**Figura 3.6**) indicaram uma situação de desequilíbrio ambiental onde os valores de área da bacia mostraram pouca relação com a variação dos valores das áreas das seções transversais.

3. Crescimento das Áreas Impermeáveis e seus Reflexos na Rede de Drenagem

O crescimento de áreas urbanizadas tem gerado aumento no escoamento superficial pela impermeabilização do solo, acompanhado de grande volume de sedimentos, produzido pelas construções e pelos solos expostos das encostas pelo desmatamento. Esses elementos aumentam a magnitude da descarga e da carga de sedimentos, conduzindo ao ajuste na geometria do canal (Odemerho, 1992). A análise das áreas impermeáveis, quando associada à restituição da rede de drenagem, é boa indicadora de locais críticos de inundações em áreas urbanas.

3.1. CRESCIMENTO DAS ÁREAS IMPERMEÁVEIS

A ampliação das áreas impermeabilizadas, devido ao crescimento urbano, repercute na capacidade de infiltração das águas no solo, favorecendo o escoamento superficial, a concentração das enxurradas e a ocorrência de ondas de cheia. Afeta, também, o funcionamento do ciclo hidrológico, pois interfere no rearranjo dos armazenamentos e na trajetória das águas (Christofoletti, 1993).

As principais mudanças que ocorrem com o desenvolvimento de uma área urbana, em relação aos processos hidrológicos, são decorrentes da nova ocupação. O solo passa a ter grande parte da sua área revestida de cimento, como edificações, ruas, calçadas etc., modificando o comportamento da água superficial. A porcentagem da água que infiltra é reduzida, uma vez que as novas superfícies são impermeáveis ou quase impermeáveis (Genz, 1994).

Segundo Christofoletti (1993), para a área da seção transversal dos cursos d'água não ser afetada pela urbanização é necessário que o total das áreas pavimentadas da bacia de drenagem seja inferior a 5% da área total.

Por exemplo, ao estudar as influências da urbanização em rios naturais, localizados no Sudeste da Inglaterra, Hollis e Luckett (1976) observaram que o alargamento do canal apresenta correlação positiva com a porcentagem da área recoberta por superfícies pavimentadas. À medida que o tempo decorre, as consequências morfológicas nos canais podem ser intensificadas, em virtude do fato de que a impermeabilização das áreas resulta em aumento no pico das cheias, verificando-se que o período de retorno é drasticamente diminuído para as cheias de mesma magnitude (Leopold, 1968).

Segundo Chow (1964), a transformação no uso da terra afeta os processos hidrológicos. Em áreas urbanas, esses processos são divididos em três fases: a primeira corresponde à transformação do pré-urbano para o urbano inicial, em que ocorrem a remoção de árvores, da vegetação e a construção de casas, aumentando a vazão e a sedimentação, e a construção de tanques sépticos e drenagem para o esgoto, aumentando a umidade do solo e a contaminação. A segunda engloba a construção de muitas casas, edifícios, comércio, calçamento das ruas, acarretando diminuição na infiltração e aumento do escoamento superficial. Nessa fase ocorre falta de tratamento do lixo e esgoto, ocasionando poluição nas águas. Na última fase, que corresponde ao urbano avançado, ocorrem muitas edificações residenciais e públicas, instalação de indústrias, acarretando aumento do escoamento superficial, vazão, pico de enchentes e melhoramento dos canais, aliviando alguns problemas.

Para a análise do crescimento de áreas impermeáveis de Teresópolis levou-se em consideração o processo de ocupação da cidade para o período de 41 anos, sendo analisado o crescimento do espaço urbano para os anos de 1956, 1966, 1976 e 1996, através de mapeamentos da área urbana. Para isso, foram utilizadas fotografias aéreas do ano de 1956 (1:33.000, IBGE), carta topográfica de Teresópolis, do ano de 1966 (1:50.000, IBGE), fotografias aéreas de 1976 (1:40.000, FUNDREN) e imagem de satélite SPOT do ano de 1996 (1:50.000, INPE).

A bacia do Rio Paquequer Pequeno (**Figura 3.7** e **Tabela 3.8**) apresentou, em 1956, área urbana de 2,83% em relação à área total (8,47km^2). Nos 41 anos analisados, sua área urbana aumentou, atingindo, em 1996, 11,81%. Comparando com as demais bacias (**Tabela 3.8**), ela apresenta o menor espaço urbano, em virtude da preservação da floresta, a montante da estrada Rio–Bahia (RJ-130), e das dificuldades de acesso causadas pela presença de relevo acidentado da Serra dos Órgãos.

A bacia do Rio Cascata dos Amores (**Figura 3.7** e **Tabela 3.8**) tinha, em 1956, 8,83% da sua área ocupada pela cidade de Teresópolis. Este elevado valor relaciona-se ao Rio Cascata dos Amores desembocar no Centro da cidade, local das primeiras moradias. Em 1976, essa área foi duplicada (16,72%) e quase duplicada novamente em 1996, quando a bacia atinge 29,50% da área total ocupada pela cidade. A parte não urbanizada encontra-se como área de proteção de manancial.

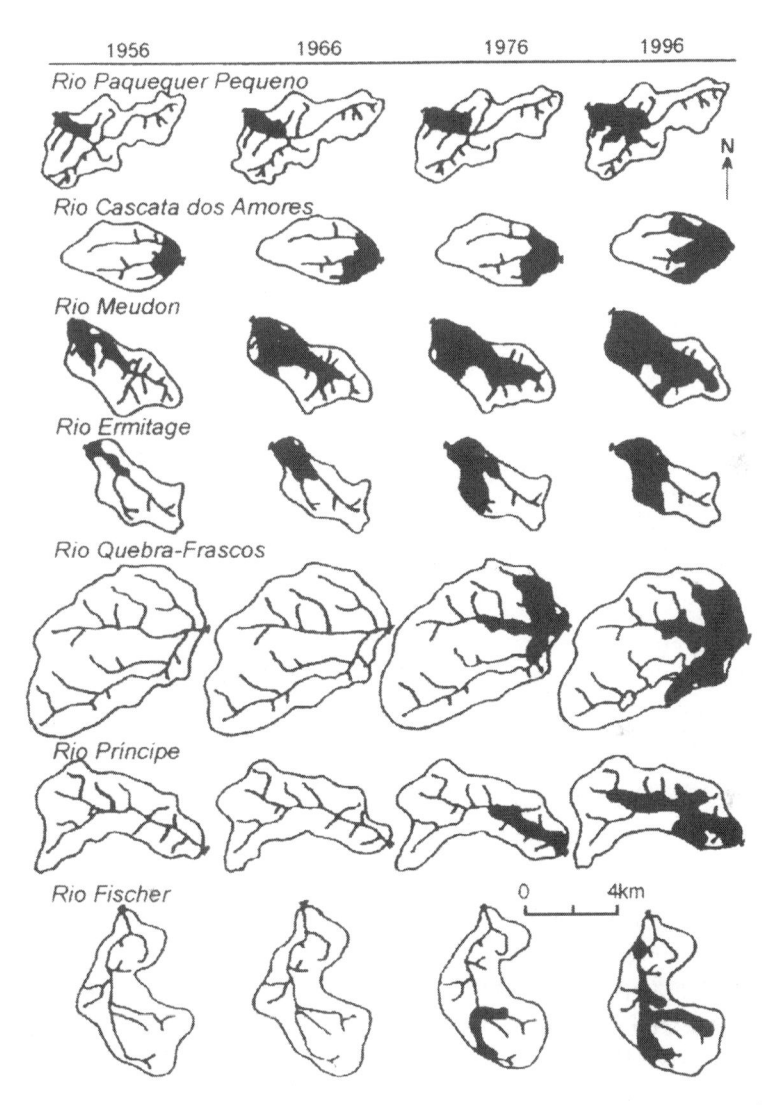

MUDANÇAS NA REDE DE DRENAGEM URBANA DE TERESÓPOLIS   133

Figura 3.7 — Crescimento das áreas impermeáveis nas sete bacias de 3ª ordem, ao longo de 41 anos (1956-1996).

Tabela 3.8 — Crescimento das áreas impermeáveis nas sete bacias, ao longo dos 41 anos (1956-1996).

Bacias de drenagem	Área km²	Área impermeável — %			
		1956	1966	1976	1996
Paquequer Pequeno	8,47	2,83	5,31	6,85	11,81
Cascata dos Amores	6,34	8,83	15,93	16,72	29,5
Meudon	7,64	9,95	29,71	36,91	53,8
Ermitage	4,95	5,25	22,42	24,44	31,72
Quebra-Frascos	22,39	0,0	0,0	10,27	20,81
Príncipe	11,88	0,0	0,0	7,07	17,26
Fischer	11,63	0,0	0,0	4,13	17,97

A bacia do Rio Meudon (**Figura 3.7** e **Tabela 3.8**), em 1956, mostrou uma área urbanizada de 9,95%, principalmente por desaguar no Centro da cidade, ao lado da rodoviária. Em 1966, a área urbana é triplicada para 29,71% da área total, devendo esse crescimento à abertura da estrada Rio–Bahia (RJ-130). Em 1996 esse valor atingiu 53,80%, em função da implantação de áreas industriais.

A bacia do Rio Ermitage (**Figura 3.7** e **Tabela 3.8**), ao longo desses 41 anos, mostrou também um alto crescimento de área urbana. No ano de 1956, a área impermeabilizada pela cidade de Teresópolis era de apenas 5,25%, vindo a quadruplicar (22,42%) em apenas 10 anos (1956-1966). O bairro Ermitage, considerado pelo plano diretor de Teresópolis, de 1972, como sendo isolado do Centro, atualmente se junta ao mesmo. Em 1996, a bacia hidrográfica apresentava valor de área urbana igual a 31,72%, estando a bacia bastante modificada por obras fluviais executadas pelos moradores. A ainda existente Fazenda da Ermitage, a montante da estrada Rio–Bahia (RJ-130), colabora na conservação da nascente do Rio Ermitage, uma vez que nessa parte a vegetação é preservada.

A bacia do Rio Quebra-Frascos (**Figura 3.7** e **Tabela 3.8**), até a década de 60, não tinha sido ocupada pela área urbana de Teresópolis, por situar-se cerca de 5km distante do centro urbano. A cidade de Teresópolis teve sua origem nas nascentes do Rio Paquequer, alargando-se na direção dos afluentes da margem direita (**Figura 3.1**). Entretanto, em 1976, possuía 10% de sua área ocupados praticamente por casarões. Em 1996, essa área foi duplicada, chegando a 20,81% da área total, proliferando as casas populares que ocupam as encostas.

A bacia do Rio Príncipe (**Figura 3.7** e **Tabela 3.8**), em iguais condições que a anterior, manteve-se preservada de área urbana até a década de 60. Em 1976 possuía 7,07% de sua área ocupada pelo crescimento urbano de Teresópolis, atingindo, em 1996, 17,26%, estando essa área ocupada com casas populares.

A bacia do Rio Fischer (**Figura 3.7** e **Tabela 3.8**), sem presença de área urbana até a década de 60, teve seu crescimento com a construção da estrada Rio–Bahia (RJ-130). Em 1976, a área urbanizada atinge 4,13%. O processo de urbanização na bacia, iniciado próximo às nascentes, por encontrar-se mais perto do Centro da cidade, deu início à maior favela existente em Teresópolis, a Quinta do Lebrão. Encontrava-se em 1996 com 17,97% de área impermeabilizada pela ocupação da cidade.

Com ausência de área urbana até a década de 60, as bacias Quebra-Frascos, Príncipe e Fischer mostraram que o crescimento da cidade de Teresópolis ocorreu na direção norte, seguindo a rede de drenagem principal da nascente para a jusante e englobando os afluentes. As três bacias referidas representam as últimas áreas ocupadas pelo crescimento espacial da cidade.

3.2. RECONSTITUIÇÃO DA REDE DE DRENAGEM

A canalização é uma obra de engenharia realizada no sistema fluvial que envolve a direta modificação da calha do rio e desencadeia consideráveis impactos no canal e na planície de inundação (Cunha, 1995a). As obras alteram a seção transversal, o perfil longitudinal do rio, o padrão do canal, entre outras modificações (Cunha, 1995b e 1998).

Segundo Cunha (1995a), os diferentes processos de canalização consistem no alargamento e aprofundamento da calha fluvial, na retificação do canal, na construção de canais artificiais e diques, na proteção das margens e na remoção de obstruções no canal.

Na drenagem urbana, o recurso mais comum para o controle das cheias é a canalização dos cursos d'água, que consiste na ampliação e regularização das seções transversais, realizadas por escavação, e na redução da extensão do rio por meio de cortes e retificações. Ampliam-se as seções de escoamento e aumenta-se a velocidade das águas por diminuição da rugosidade e aumento do raio hidráulico e da declividade. O volume das águas superficiais, ampliado pela impermeabilização do solo, dirige-se para o canal modificando o regime fluvial e aumentando a amplitude das descargas locais. A velocidade do escoamento se eleva devido ao aprofundamento e ao alargamento do canal, à redução da sua extensão e ao aumento do declive (Cunha, 1998).

Mudanças ocorridas nos canais fluviais, através de obras de canalização e construções de casas, associadas à falta de educação ambiental, têm gerado o assoreamento dos rios e ocasionado um novo equilíbrio (Oliveira *et al.*, 1997).

Ainda, devido às obras de canalização, vários canais urbanos têm sido cobertos por placas de concreto. Os pequenos rios são geralmente ignorados. Muitas vezes, uma edificação é construída sobre um desses riachos que é aterrado, desviado ou canalizado sem qualquer critério. Os canais de primeira e segunda ordens somem debaixo de ruas e construções. No entanto, têm um papel importante no retardamento dos efeitos das enchentes, fazendo parte de toda a complexidade hidrológica da bacia (Dunne e Leopold, 1978).

Nesse item, as redes de drenagem foram reconstituídas para os anos de 1956, 1971 e 1994, indicando as modificações ao longo de 39 anos e apresentando as partes em que os rios foram cobertos por galerias, arruamento, pontes e casas, aumentando a impermeabilização. Comparações de mapeamentos da drenagem foram feitas, utilizando fotografias aéreas de 1956 (1:33.000, IBGE), planta cadastral de 1971 (escala 1:2.000, PLANAG Ltda.) e fotografias aéreas de 1994 (1:8.000, MARLAN).

As mudanças na rede de drenagem do Rio Paquequer Pequeno (**Figura 3.8**) tiveram início em 1971, com o cobrimento de trechos do canal principal e pequeno trecho nos baixos cursos dos afluentes. Em 1994, os trechos fechados por pontes que servem de acesso às casas existentes no local foram ampliados. O rio, até o momento, foi canalizado da desembocadura até a estrada Rio–Bahia (RJ-130), encontrando-se, em relação aos outros rios, com o menor grau de mudanças.

MUDANÇAS NA REDE DE DRENAGEM URBANA DE TERESÓPOLIS 137

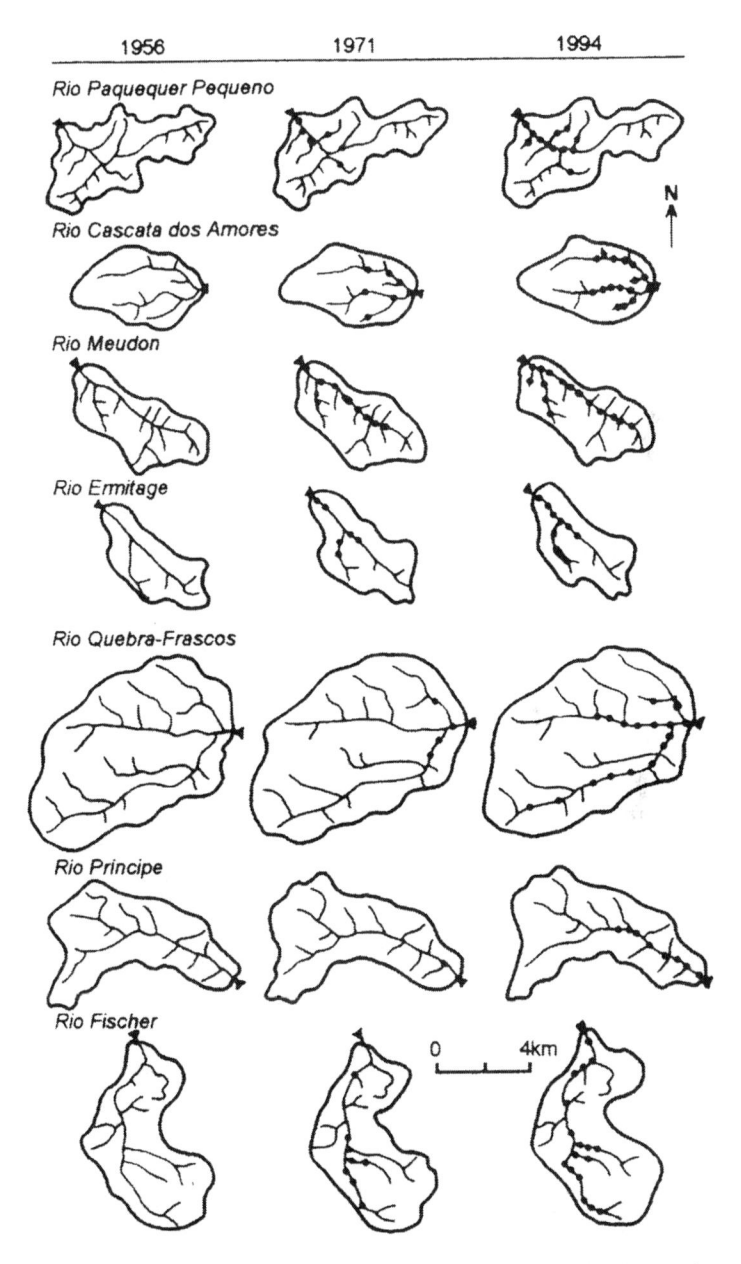

Figura 3.8 — Modificações na rede de drenagem nas sete bacias de 3ª ordem, ao longo de 39 anos (1956-1994), onde os pontos assinalados indicam cobertura da rede de drenagem por placas de concreto, arruamentos etc.

A bacia do Rio Cascata dos Amores tinha, para o ano de 1994, grande parte do baixo curso do rio principal canalizado e debaixo de ruas (**Figura 3.8**). Em 1971, as maiores modificações encontravam-se a jusante do curso, porém intercaladas por trechos de canais ainda naturais. O rio tem as nascentes como área de proteção de manancial e, na direção de jusante, atravessa terrenos de residências que o represam. A seguir, desaparece debaixo de ruas e residências, reaparecendo nas proximidades onde deságua no Rio Paquequer.

A rede de drenagem do Rio Meudon foi bastante modificada ao longo do período estudado (**Figura 3.8**), encontrando-se toda a extensão do rio principal canalizada. Somente as nascentes estão preservadas, local de abastecimento d'água para os bairros Meudon, Bom Retiro e Tijuca. Ao longo do seu trajeto, o rio sofre grandes estrangulamentos por construções (**Figura 3.9**) realizadas por moradores (garagens, canis, entre outros), autorizadas por órgão público, e, também, por construções de galerias pluviais construídas pela Prefeitura.

A bacia do Rio Ermitage (**Figura 3.8**), com área urbana em torno de 32% (1996), tem os rios retificados, debaixo de pontes, ruas e galerias, desaparecendo em diversos pontos. Até o ano de 1956, o rio principal e seus afluentes encontravam-se em condições naturais. Em 15 anos os baixos cursos sofreram obras de canalização, e, no ano de 1994, grande parte da drenagem estava fechada e coberta por concreto.

O rio passa por duas tubulações, com seus trechos antes e depois concretados, permitindo a passagem da estrada Rio–Bahia (RJ-130). Em seguida, na direção de jusante, atravessa os terrenos das residências, sendo em muito desses trechos coberto por obras realizadas pelos proprietários.

O Rio Tijuca, afluente do Rio Ermitage, com elevada área urbana em todo o seu percurso, apresentava locais críticos de enchentes durante as chuvas de verão. Concretado, passando atualmente por galerias, aparece a céu aberto, apenas, em um pequeno trecho e deságua no Rio Ermitage, em um terreno residencial.

O Rio Quebra-Frascos teve primeiramente a parte jusante do curso modificada (**Figura 3.8**). Com o aparecimento da área urbana em 1976 (**Figura 3.7** e **Tabela 3.8**), as alterações no padrão do canal, causadas pelas obras fluviais, atingiram toda a rede de afluentes. O rio, em 1972, era coberto, apenas, por pontes e viadutos que ligavam as ruas. Em 1994,

MUDANÇAS NA REDE DE DRENAGEM URBANA DE TERESÓPOLIS 139

Figura 3.9 — Rio Meudon, onde placas de concreto e de maior altura substituem antiga impermeabilização do canal.

apresenta grandes modificações, com construções de pontes e maior número de ruas cobrindo seu leito. No início da década de 70, nas proximidades do rio Imbuí, principal afluente do Rio Quebra-Frascos, tem início a formação do bairro popular chamado Caleme.

A bacia do Rio Príncipe, com crescimento de área urbana recente, possuía, em 1994, apenas seu leito principal coberto por obras de canalização (**Figura 3.8**). As áreas cobertas são representadas por pontes que ligam as ruas. A maior preocupação é o início de favelização que vem ocorrendo no alto curso.

A bacia do Rio Fischer foi bastante modificada com a construção da estrada Rio–Bahia (RJ-130). O curso principal, de padrão meândrico, fez com que o leito passasse pelos dois lados da estrada, ora por debaixo de tubulações, ora por debaixo de viaduto. A **Figura 3.8** mostra que as modificações foram iniciadas nas nascentes, onde se encontra a maior favela existente em Teresópolis (Quinta do Lebrão) e por ser o lugar mais próximo da cidade. O rio também corre em subsuperfície, devido à construção de ruas e casas.

4. CONCLUSÕES

O presente capítulo mostrou as modificações ocorridas nos canais das sete bacias de 3ª ordem do Alto Rio Paquequer, através de uma perspectiva espacial e histórica. Na perspectiva espacial foram consideradas situações pontuais ao longo dos perfis longitudinais, mostrando as alterações ocorridas na geometria dos canais e o grau de equilíbrio dos mesmos, em relação às áreas das bacias. Para o estudo temporal foi analisado o crescimento de áreas impermeáveis, representadas pelo aumento da área urbana, e reconstituídos os leitos dos canais.

O estudo sob a ótica espacial concluiu que, nos sete canais de 3ª ordem, a largura e a profundidade, que deveriam aumentar gradativamente, em direção à jusante, para conter o volume das águas, não vem acontecendo, devido à ocupação urbana acelerada e desordenada, mostrando valores desproporcionais para a capacidade do canal ao longo dos mesmos. A ocupação urbana acelerada, com crescentes obras de engenharia, realizadas em setores, pelos próprios moradores, vem intensificando as modificações na geometria do canal, apresentando cada rede de drenagem diferentes graus de modificação, ocorrendo diversos pontos de diminuição da capacidade do canal, sendo estes atuais pontos críticos de transbordamento ou de fácil tendência.

Espacialmente, os rios foram bastante modificados, não ocorrendo proporcionalidade entre as seções transversais (capacidades dos canais) e as respectivas áreas da bacia. A rede de drenagem não está em estado de relativa estabilidade ou equilíbrio, sendo comprovado pelas sucessivas inundações. Para esses rios a manutenção das áreas verdes nas respectivas bacias é fundamental, como, por exemplo, para o Rio Quebra-Frascos, que possui a capacidade do canal diminuída ao longo do seu percurso, na direção de jusante.

Através da perspectiva histórica, foram obtidos valores para o contínuo crescimento de solos impermeáveis, na área urbana de Teresópolis, devido à retirada da cobertura vegetal e à consequente substituição por asfalto e concreto, entre outros, aumentando os valores do escoamento superficial. Além do desmatamento e da impermeabilização, ocorre o assoreamento dos canais de drenagem causado pela erosão dos loteamentos irregulares nas encostas e pelo lixo lançado nos canais pelos moradores.

Os maiores valores de áreas impermeáveis foram registrados na bacia do Rio Meudon (53,80%), seguido pelas bacias dos rios Ermitage (31,72%) e Cascata dos Amores (29,50%). A bacia com menor área impermeável é a do Rio Paquequer Pequeno, com 11,81%. Conforme descrito no texto, bacias com valores superiores a 5% de área impermeável são consideradas críticas com relação às respostas dos rios aos volumes de vazão.

A reconstituição da rede de drenagem mostrou, com o decorrer dos anos, que o aumento das obras de engenharia, como pontes, tubulações e aterros, fez com que a rede de drenagem perdesse suas características naturais, sendo a geometria da calha totalmente alterada. Por outro lado, as nascentes mantiveram-se preservadas, à exceção do Rio Fischer. Entretanto, todos os baixos cursos de drenagem foram modificados, principalmente por estarem situados no Centro da cidade de Teresópolis.

Trabalhos sobre a drenagem urbana têm dado ênfase às questões que relacionam vazão e precipitação. Porém, em áreas com ausência desses dados nem sempre é possível a aplicação dessa metodologia. A presente abordagem pode ser aplicada em locais com deficiência dos dados de vazão e precipitação, obtendo-se respostas satisfatórias quanto às modificações ocorridas no sistema fluvial e ocorrência de inundações.

Abrem-se ainda novas perspectivas, necessitando-se de estudos mais aprofundados na área de infraestrutura, como lixo e esgoto, na taxa de infiltração dos diferentes tipos de solo das bacias, como também pesquisas para recuperar os canais degradados.

5. REFERÊNCIAS BIBLIOGRÁFICAS

CHOW, V. T. (1964). *Handbook of Applied Hydrology*. New York: McGraw-Hill. 1.418pp.

CHRISTOFOLETTI, A. (1976). *Geometria Hidráulica*. São Paulo: Notícia Geomorfológica, 16 (32): 3-37.

─────── (1981). "Geometria dos canais fluviais". *In*: Christofoletti, A. *Geomorfologia Fluvial*. São Paulo: Edgard Blucher, pp. 53-92.

─────── (1993). "Impactos no meio ambiente ocasionados pela urbanização no mundo tropical". *In*: Souza, M. A. A.; Santos, M.; Scalarto, F. C. & Arroyo, M. *Natureza e Sociedade de Hoje: uma Leitura Geográfica*. São Paulo: Hucitec, pp. 127-38.

COOKE, R. U. & DOORNKAMP, J. C. (1994). *Geomorphology in Environmental Management, a New Introduction*. Oxford: Claredon Press, pp. 332-38.

CUNHA, S. B. (1995a). "Impactos das obras de engenharia sobre o ambiente biofísico da bacia do Rio São João" (Rio de Janeiro–Brasil). Dissertação de Doutorado na Faculdade de Letras da Universidade de Lisboa. Editora do Instituto de Geociências da UFRJ, pp. 279-347.

─────── (1995b). "Impactos das obras de canalização: uma visão geográfica". Goiânia: Anais do VI Simpósio de Geografia Física Aplicada, vol. 1, pp. 431-7.

─────── (1996). "Geomorfologia fluvial". *In*: Cunha, S. B. & Guerra, A. J. T. *Geomorfologia: Exercícios, Técnicas e Aplicações*. Rio de Janeiro: Bertrand, pp. 157-89.

─────── (1998). "Geomorfologia fluvial". *In*: Guerra, A. J. T. & Cunha, S. B. (org.). *Geomorfologia: Uma Atualização de Bases e Conceitos*. (orgs.) 3ª edição. Rio de Janeiro: Bertrand, pp. 211-52.

─────── (1999). "A importância da geomorfologia para os estudos ambientais:

recuperação de canais, degradação e obras de engenharia". Conselho Regional de Engenharia, Arquitetura e Agronomia do Estado do Rio de Janeiro, Comissão de Meio Ambiente. Ciclo de Palestras Ambientais. Rio de Janeiro (mimeografado).

CUNHA, S. B. & GUERRA, A. J. T. (1996). "Degradação ambiental". *In*: Guerra, A. J. T. & Cunha, S. B. (org.). *Geomorfologia e Meio Ambiente*. Rio de Janeiro: Bertrand, pp. 337-79.

DUNNE, T. & LEOPOLD, L. B. (1978). "Channel changes". *In*: *Water in Environmental Planning*. New York: W. H. Freeman, pp 687-710.

GENZ, F. (1994). "Parâmetros para previsão e controle de cheias urbana". Porto Alegre: Dissertação de Mestrado. Universidade Federal do Rio Grande do Sul. 140pp.

GREGORY, R. J. & PARK, C. C. (1976). "Stream channel morphology in Northwest Yorkshire England". *Revue Géomorphologie Dynamique*, 25(2): 63-72.

HACK, J. T. (1965) "Geomorphology of the Shenandoah Valley, Virginia and West Virginia and origin of the residual ore deposits". U.S. Geol. Surv. Prof. Paper. 484pp.

HOLLIS, G. E. & LUCKETT, J. K. (1976). "The response of natural river channels to urbanization: two case studies from Southeast England". *Journal of Hydrology*, 30(4): 351-363.

IBGE (1995/1996). Censo demográfico do Estado do Rio de Janeiro.

KNIGHTON, A. D. (1974). "Variation in width-discharge relation and some implications for hydraulic geometry". *Geol. Soc. American Bulletin*, 85(7): 1.069-1.076.

――――― (1984). "The adjustment of channel form". *In*: *Fluvial Forms and Processes*. New York: Edward Arnold, pp. 85-161.

――――― (1998). "Channel form". *In*: *Fluvial Forms and Processes: a New Perspective*. New York: John Wiley e Sons, pp. 151-260.

LEOPOLD, L. B. (1968). Hydrology for urban land planning — a guidebook on the hydrologic effects of urban land use. U. S. Geol. Survey Circular, (554): 1-18.

LEOPOLD, L. B. & MADDOCK, T. (1953). The hydraulic geometry of stream channels and some physiographic implications. U. S. Geol. Surv. Prof. Paper, 252: 1-56.

MONTGOMERY, K. (1989). "Concepts of equilibrium and evolution in geomorphology: The model of branch systems". *Progress in Physical Geography*. 13(1): 47-66.

ODEMERHO, F. O. (1992). Limited downstream response of stream channel size to urbanization in a humid tropical basin. *The Professional Geographer.* Forum and Journal of the Association of American Geographers. v. 44, nº 3, pp. 332-8.

OLIVEIRA, P. T. T. M. (1999). "Relações entre o crescimento urbano e as características da drenagem fluvial no município de Teresópolis–RJ". Rio de Janeiro: Dissertação de Mestrado. Universidade Federal do Rio de Janeiro. 109pp.

OLIVEIRA, P. T. T. M.; CUNHA, S. B. & VIEIRA, V. T. (1997). "Crescimento de áreas impermeáveis no espaço urbano de Teresópolis-RJ". *In*: VII Simpósio Brasileiro de Geografia Aplicada, Curitiba. v. 1: 379.

OLIVEIRA, P. T. T. M.; VIEIRA, T. V. & CUNHA, S. B. (1998). "Modificações na rede de drenagem, ocasionadas pelo aumento da urbanização na cidade de Teresópolis-RJ". *In*: II Simpósio Nacional de Geomorfologia. Universidade Federal de Santa Catarina, Florianópolis–Santa Catarina.

PARK, C. C. (1995). "Channel cross-sectional change". *In*: Gurnell, A. & Petts, G. *Changing River Channels.* New York: John Wiley e Sons, pp. 117-45.

PEIXOTO, M. N. O.; SILVA, T. M. & MOURA, J. R. S. (1997). "Reflexões sobre as perspectivas metodológicas em geografia física". Revista da Pós-Graduação, Departamento de Geografia da UFRJ, ano I, vol. 1, pp. 35-47.

SALA, M. & INBAR, M. (1992). "Some hydrology effects of urbanization in Catalan rivers". *In*: *Catena.* vol. 19, nº 3/4, pp. 363-78.

SOARES CRUZ, M. A.; TUCCI, C. E. M. & SILVEIRA, A. L. L. (1998). "Controle do escoamento com detenção em lotes urbanos". *Revista Brasileira de Recursos Hídricos,* vol. 3, nº 4, pp. 19-31.

TUCCI, C. E. M.; BRAGA Jr., B. P. F. & SILVEIRA, A. L. L. (1989). "Avaliação do impacto da urbanização nas cheias urbanas". *In: Revista Brasileira de Engenharia,* vol. 7, nº 1, pp. 77-101.

TUCCI, C. E. M. (1993). "Controle de enchentes". *In: Hidrologia: Ciência e Aplicação.* ABRH, Porto Alegre, pp. 621-58.

—————— (1994). "Enchentes urbanas no Brasil". *In: Revista Brasileira de Engenharia,* vol. 12, nº 1, pp. 117-36.

—————— (1995). "Inundações urbanas". *In*: Tucci, C. E. M.; Porto, R. L. & Barros, M. T. (orgs.). *Drenagem urbana.* Porto Alegre: Universidade Federal do Rio Grande do Sul, pp. 15-36.

VASCONCELOS, A. C. & CUNHA, S. B. (1999). "Canalização em áreas tropicais: respostas aos processos fluviais no Rio da Bananeira, Rio de Janeiro, Brasil." *Revista Recursos Hídricos.* Associação Portuguesa de Recursos Hídricos, Lisboa, vol. 19, nos 2 e 3.

VIEIRA, V. T. (1999). "Rede de drenagem urbana: ação antrópica nos canais de

3ª ordem — alto Rio Paquequer, Teresópolis–RJ". Rio de Janeiro: Monografia. Universidade Federal do Rio de Janeiro. 81pp.

VIEIRA, V. T. & CUNHA, S. B. (1998). "Rede de drenagem urbana: mudanças e atuação antrópica nas sete sub-bacias de 3ª ordem do Rio Paquequer, RJ". XX Jornada de Iniciação Científica.

VIEIRA, V. T.; OLIVEIRA, P. T. T. M. & CUNHA, S. B. (1997). "Mudanças em canais urbanos na cidade de Teresópolis–RJ." XIX Jornada de Iniciação Científica: 64.

WOLMAN, G. (1967). "A cycle of sedimentation and erosion in urban river channels". Geografiska Annaler, 49, pp. 385-95.

CAPÍTULO 4

OCUPAÇÃO DO SOLO E RISCOS AMBIENTAIS NA ÁREA CONURBADA DE FLORIANÓPOLIS

Marcelo Accioly Teixeira de Oliveira
Maria Lúcia de Paula Herrmann

1. INTRODUÇÃO

Em encontro realizado em Florianópolis, centrado nos desafios ambientais postos pela urbanização, registrou-se a afirmação de que o ambiente natural, enquanto bem que possui valor de uso, deve ser considerado em função dos desejos que emanam das expectativas da sociedade em relação ao seu habitat (Prandini e Nakasawa, 1994). A afirmação nos parece importante, e a atribuição de valor de uso ao ambiente natural constitui o ponto a partir do qual foi encaminhada a discussão geral sobre os impactos ambientais urbanos nos municípios que compõem a área conurbada de Florianópolis.

O debate ambiental no Brasil tem gerado conceitos que, dentro das universidades e na sociedade (nesta incluídos seus representantes políticos), têm sido difundidos através de vocabulário específico que, por sua vez, tem sido incorporado às atitudes dos cidadãos e mesmo às diretrizes gerais de fomento à pesquisa e ao desenvolvimento. Conceitos como consciência ambiental, qualidade ambiental e educação ambiental, por exemplo, têm sido associados às noções de ética, conservação, preservação e, mais recentemente, de recuperação. Embora importantes em si, esses conceitos têm sido aplicados indiscriminadamente, sem mais reflexão, gerando por vezes conflitos, atitudes e percepções que em nada auxiliam a ética, a conservação, a educação etc. Para o uso comum, falar de meio ambiente implica, via de regra, preservar a Natureza e ser politicamente correto, criando um paradigma e um fato sociológico no qual natureza e ambiente se confundem em torno do ideal conservacionista.

No entanto, natureza e ambiente são conceitos distintos e, antes de iniciarmos nossa análise sobre impactos ambientais urbanos, talvez seja importante salientar o paradoxo implícito no conceito de ambiente natural formulado por Prandini e Nakasawa (1994), pois com frequência se percebe no debate ambiental a preocupação com a conservação do que ainda resta de natural no planeta.

Vários significados podem ser atribuídos ao termo Natureza (Mora, 1971). Em geral, a Natureza tem o significado do conjunto das coisas naturais, sendo com frequência associada ao Cosmos ou ao Universo. Consequentemente, Natural é todo corpo ou objeto que foi engendrado pelo Cosmos, que foi criado pelo Universo e que possui as mesmas propriedades que são comuns ao Todo.

Ao contrário, o conceito de ambiente traz em sua etimologia a noção de envoltório que serve à sustentação dos seres vivos (Art, 1998). Para que haja ambiente, é necessário, portanto, que haja seres vivos que possam ser envolvidos. Logo, não existe ambiente sem seres, assim como não existe ambiente urbano sem seres humanos.

Ao usar a expressão ambiente natural, Prandini e Nakasawa (1994) estavam fazendo referência a algo criado pelo Universo; a um espaço físico, ao mesmo tempo habitat e envoltório de seres vivos. Ao atribuir valor a esse "ambiente natural", é importante que se lhe associe o conceito de recurso natural, pois o ambiente fornece os recursos a partir dos quais os seres vivos definem seu habitat. Portanto, ao se discutir Ambiente ou qualquer outro substantivo seguido do qualificativo Ambiental, pelo menos no que diz respeito a seres humanos, seres que definem seu habitat através da transformação da natureza, é fundamental que o conceito de Habitat, e não necessariamente o de Natureza, seja enfatizado.

Aparentemente óbvia, a distinção entre Habitat e Natureza está longe de ser irrelevante. Com efeito, a ênfase dada ao Natural no discurso ambiental restringe e escamoteia o que constitui a maior potencialidade oferecida pelo processo de urbanização: a de constituir ambientes construídos nos quais prime a qualidade de vida de seus habitantes. Nas cidades, a expressão qualidade ambiental tem como sinônimos: qualidade do Habitat; qualidade da infraestrutura à disposição dos cidadãos; qualidade da cultura; qualidade do ar e das águas usadas; e qualidade da paisagem.

Devido à associação recorrente entre Ambiente e Natureza, criou-se no Brasil a falsa dicotomia entre o ambiental e o urbano, gerando certa incompatibilidade entre planejamento urbano e planejamento ambiental, a ponto de, como detectado por Moraes (1999), o setor de desenvolvimento urbano (desenvolvimento do habitat construído) e o de políticas ambientais (políticas relacionadas aos recursos naturais) exercerem comando por vezes conflitante no interior do próprio aparelho de Estado brasileiro, resultando em políticas desarticuladas e ineficientes.

Consequentemente, sendo a preocupação ambiental uma percepção exclusiva da humanidade e vivendo grande parte da humanidade nas cidades, antes de buscar conhecer a Natureza, para preservá-la, o fundamental para as nossas necessidades é o conhecimento que nos permita usar e modificar nosso ambiente sem precisar destruí-lo, pois as cidades são os espaços nos quais a Natureza se transforma em Habitat humano.

Para nós, habitantes de um país periférico, a questão ambiental torna-se mais complexa, pois em parte decorre de imposições da comunidade internacional, detentora de tecnologia de ponta e extremamente preocupada com o enorme potencial genético de nossas florestas. É raro ouvir declarações de intenções claras sobre o tema, e a mídia muito contribui para escamotear o problema. Um exemplo típico é fornecido pela cobertura jornalística que antecedeu e acompanhou o evento denominado Rio 92, convenção internacional voltada para a discussão de problemas ambientais globais. Ao noticiar acordo firmado entre a Costa Rica e o laboratório norte-americano *Merck* para o inventário de espécies potencialmente úteis à indústria farmacêutica, o *Jornal do Brasil*, do Rio de Janeiro, publicou matéria na qual o acordo é apresentado como um contrato de risco baseado em "... participação equitativa de ambos os parceiros e uma boa dose de confiança mútua e reciprocidade" (Michahelles, 1992). Artigo publicado oito meses antes pelo jornal francês *Libération* passa uma mensagem mais crítica do acordo, no qual, após o envio pela Costa Rica das espécies coletadas, "... *Merck* avaliará o potencial das amostras no sigilo dos laboratórios americanos" (Bensimon, 1991). A mensagem é clara, mas precisou ser colhida no exterior: para os países periféricos, o interesse está na possibilidade de gerar novas divisas em dólares; para os grandes laboratórios farmacêuticos, o interesse está na possibilidade de aumentar seus lucros e consolidar monopólios.

A partir da emergência da consciência ambiental global, durante a década de 80, aos países periféricos tem sido atribuído o papel de reservatórios de recursos naturais. Surpreendentemente, o veículo através do qual este papel tem sido reafirmado é o discurso ambiental acrítico, através de seu vocabulário específico e de seus desdobramentos moralizantes. Qual o significado, por exemplo, da expressão "desenvolvimento sustentado" para um país no qual tudo o que é natural deve ser preservado e permanecer intocado por seus habitantes? Com efeito, pela ótica do desenvolvimento *tout court*, a Natureza se reduz a um "estoque de natureza" ou "capital natural", destinado a garantir a reprodutibilidade dos fluxos de capital e de mercadorias no sistema (Egler, 1997). O conceito de desenvolvimento sustentado serve, portanto, como justificativa para o capitalismo financeiro global, que busca privatizar os estoques de riqueza natural e desregulamentar os mercados financeiros nacionais, alienando o Estado-Nação de seu papel autorregulador. Se em sua etimologia o termo desenvolver significa sair do envolvimento, do envoltório, não há desenvolvimento possível sem distanciamento e modificação do chamado ambiente natural. Ou se opta pelo desenvolvimento, visto enquanto distanciamento da escassez, da doença e da ignorância, ou voltamos todos a viver em nossas florestas ancestrais, habitat talvez mais agradável e seguro do que o constituído atualmente pela maioria das cidades brasileiras.

Entre outras razões, o chamado debate ambiental precisa começar a se aprofundar e deixar de gravitar em torno de conceitos como o de desenvolvimento sustentado, sem significado claro, exógenos, desprovidos de correspondência com nossa realidade e, por vezes, mal-intencionados. Muito grande, entre nós, é a preocupação com preservar e conservar, em detrimento de uma manifestação clara sobre o tipo de habitat que queremos para as cidades brasileiras. A questão urbana coloca de forma clara e premente os antagonismos oriundos da falta de reflexão de nossa sociedade sobre o chamado meio ambiente, expressão redundante que, ironicamente, denomina um ministério da nossa República.

Com efeito, se o ambiente é o que está à nossa volta, precisamos decidir como iremos transformá-lo, pois, ao considerar a história das civilizações e as taxas de modificação da superfície da Terra ao longo do tempo (Néboit, 1983; e Goudie, 1995), podemos concluir que talvez a função da humanidade no Universo seja, justamente, a de acelerar os processos naturais e de transformar o espaço através da técnica. O meio urbano é, por definição, o espaço no qual se operam as transformações ambientais induzidas pela humanidade, criando contingências, estruturas e padrões que extrapolam os limites das cidades; assim como sugerido pela expressão latina *Urbi et Orbi*: para a cidade e para o mundo; em toda parte.

Portanto, ao iniciar o capítulo discutindo a proposta de Prandini e Nakasawa (1994), queremos salientar que escrever sobre os impactos ambientais na área conurbada de Florianópolis nos remete, obrigatoriamente, a uma reflexão sobre a adequação ambiental das escolhas feitas para o desenvolvimento da área urbana. Com efeito, a questão fundamental para todos os habitantes da cidade é saber se seu habitat tem sido projetado de forma a atender suas expectativas e necessidades. Esta é a questão que devemos colocar de início, pois as cidades são o espaço histórico das relações políticas e, embora no Brasil a democracia seja ainda muito mais simbólica do que efetiva, cabe endereçar aos governantes e aos concidadãos um apelo à responsabilidade na construção do nosso habitat.

Com efeito, os riscos atuais aos quais está exposta a área conurbada de Florianópolis decorrem, principalmente, de conflitos políticos em torno da ocupação do território urbano e de seu planejamento. Como geomorfólogos, nossa preocupação recai, obrigatoriamente, sobre aspectos físico-naturais. No entanto, cabe ressaltar que outros aspectos devem ser considerados pelos responsáveis pelo planejamento da cidade, como a implementação de infraestrutura funcional; a organização socioeconômica e cultural; a preservação do patrimônio histórico e natural; a melhoria da qualidade de vida, entre outras coisas.

Consequentemente, este capítulo é iniciado com a apresentação de alguns aspectos gerais da geomorfologia da área conurbada de Florianópolis, ressaltando, através de suas características físicas, a rara qualidade do patrimônio natural da Ilha de Santa Catarina. Em seguida, um breve quadro do desenvolvimento urbano da área conurbada de Florianópolis é utilizado para introduzir a discussão das opções de planejamento que têm sido adotadas. Após esta abordagem, a título de exemplo, são apresentados resultados de pesquisas sobre os impactos ambientais nas chamadas áreas suscetíveis a riscos naturais.

2. Características Morfoestruturais da Área Conurbada de Florianópolis e uso do Solo

O município de Florianópolis compreende toda a Ilha de Santa Catarina e incorpora, ainda, uma pequena área que se alonga na porção continental, na faixa central do litoral catarinense, limitando-se com o município de São José. Este, por sua vez, faz divisa ao norte com o município de Biguaçu e ao sul com o município de Palhoça. As sedes distritais desses municípios constituem a Área Conurbada de Florianópolis, que faz parte do Aglomerado Urbano de Florianópolis, envolvendo outras cidades circunvizinhas (**Figuras 4.1 e 4.2**).

A Ilha de Santa Catarina possui aproximadamente 430 km² — mas num passado bastante remoto, no Período Terciário e em períodos alternados do Quaternário, essa área era bem menor. Os vários morros descontínuos, constituídos por rochas cristalinas do Pré-Cambriano, formavam grupos de ilhas, configurando um arquipélago. Essas ilhas abrigavam pequenas enseadas e protegiam antigas baías.

A linha da costa progradante pretérita era muito instável, devido à flutuação do nível do mar, ora subindo, ora baixando, respectivamente nos períodos interglaciais e glaciais do Quaternário. Nas épocas glaciais o nível do mar esteve abaixo de 100m, tornando emersas grandes áreas da plataforma continental. Há 11.000 anos a Ilha de Santa Catarina estava ligada ao continente; e há 5.000 anos o nível oceânico esteve 2m acima do atual, inundando extensas áreas da planície costeira. A configuração atual da ilha é posterior à transgressão marinha. Portanto, muito recente do ponto de vista geológico. Com 172km de extensão, a linha da costa é bastante recortada, com 42 praias, alguns costões e zonas de mangues. A ilha separa-se do continente por estreito canal de 500m de largura e 28m de profundidade e é ligada ao continente por três pontes, estando a mais antiga, a Ponte Hercílio Luz, desativada por motivo de segurança (**Figura 4.3**). Esta ponte constitui um importante marco turístico da cidade de Florianópolis e foi tombada em 1997 como patrimônio da humanidade. O canal onde

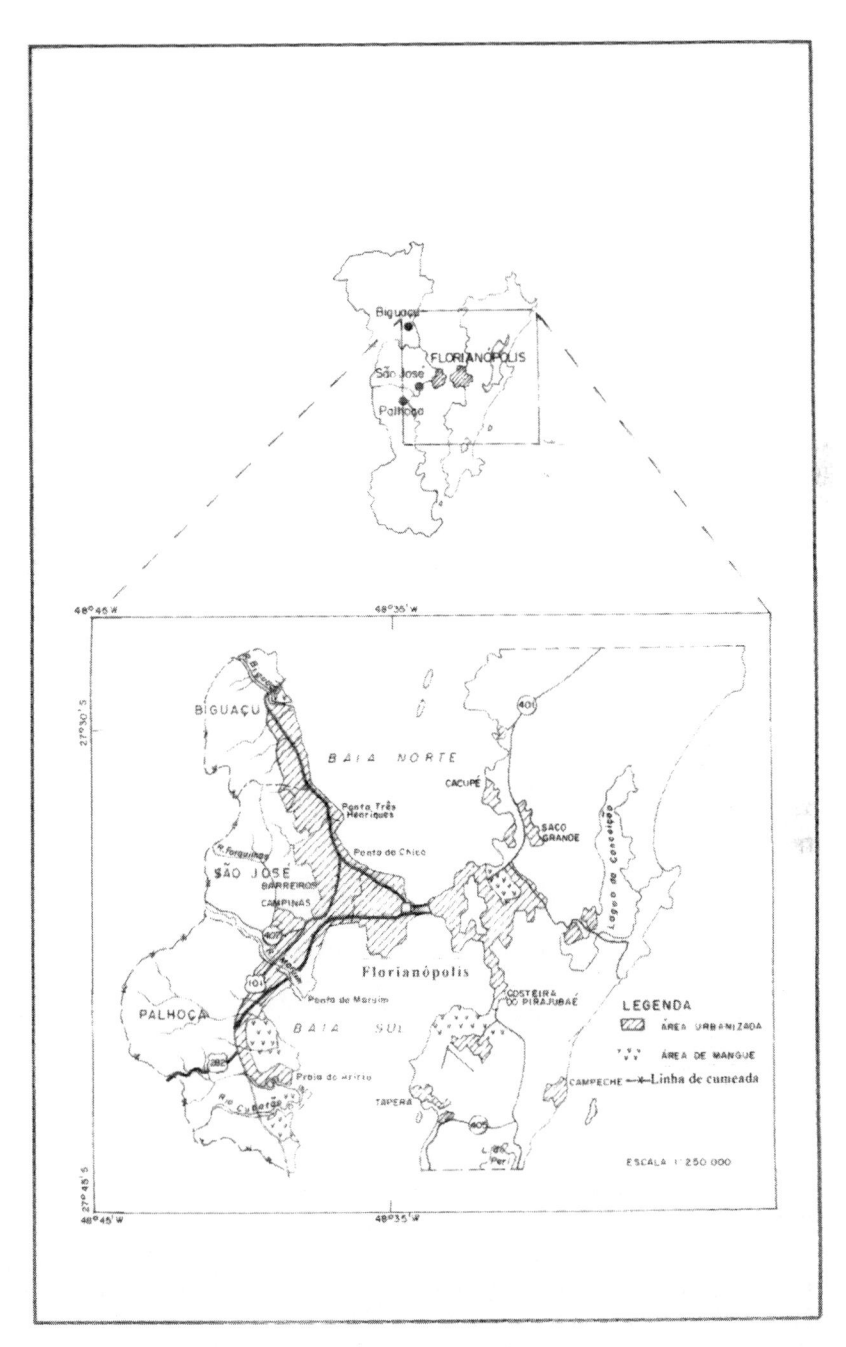

Figura 4.1 — Mapa da área conurbada de Florianópolis.

Figura 4.2 — Área conurbada de Florianópolis. Em primeiro plano, Planície Costeira da faixa continental; no centro, entre as baías Norte e Sul, as sedes distritais de Palhoça, São José e Florianópolis. Ao fundo, notam-se as elevações rochosas da Ilha de Santa Catarina (Foto: Maria L. de P. Herrmann).

Figura 4.3 — Paisagem do Centro de Florianópolis, vista a partir da Baía Norte, destacando-se ao fundo a Ponte Hercílio Luz (Foto: Suzete Sandin / Temp Editorial).

se situam as pontes divide a baía em Norte e Sul. A denominação de baía dá-se mais pela semelhança da forma do que pela sua gênese.

A geomorfologia da ilha (**Figura** 4.4), bem como a da faixa central do litoral catarinense, apresentam íntima relação com o substrato geológico. Nas áreas onde afloram as rochas cristalinas, a região geomorfológica é denominada de Serras do Leste Catarinense, que corresponde a um prolongamento das elevações localizadas na borda oriental do Estado de Santa Catarina. As áreas sedimentares de formação quaternária que delineiam o atual contorno da ilha e as planícies da faixa continental costeira, apresentando relevos com forma plana, constituem a região geomorfológica Planícies Costeiras. Em ambas regiões podem ser delimitados diversos tipos de modelados, descritos a seguir.

2.1. MODELADOS DE DISSECAÇÃO DAS SERRAS DO LESTE CATARINENSE

A região geomorfológica das Serras do Leste Catarinense está representada por elevações alongadas, às vezes isoladas, em forma de cristas associadas a falhamentos, com topos aguçados ou convexos, intercalados por colos e esporões isolados, cujas altitudes atingem na ilha 500m e no continente 915m, no Morro Cambirela. As elevações estão dispostas de forma subparalela, orientadas predominantemente no sentido NE-SW e se apresentam gradativamente mais baixas em direção ao mar, onde, com frequência, terminam em costões e pontais rochosos.

Na Ilha de Santa Catarina o embasamento rochoso dessa região geomorfológica está representado por granitos, riolitos e por intrusões em forma de diques de diabásio, evidenciando no relevo morfologia distinta. Nas áreas onde o granito se apresenta cataclasado ocorrem vales em forma de calha, com laterais delimitadas por linhas de falha; nas áreas onde ocorrem os diques, em razão da sua menor resistência ao intemperismo, o relevo apresenta-se deprimido em relação às rochas encaixantes mais resistentes; nas áreas onde aflora o riolito, o relevo, em forma de cristas aguçadas, sobressai na paisagem. É comum nas áreas em que ocorre o granito a presença de matacões, originados pela alteração ao longo de linhas de fraqueza que, através da remoção do material alterado, dão origem aos campos de blocos (Herrmann, 1989).

Figura 4.4 — Mapa Geomorfológico da Ilha de Santa Catarina — escala 1:250.000 — elaborado por Herrmann e Rosa (1991).

Na faixa continental costeira o embasamento rochoso dessa Região Geomorfológica, segundo o IBGE (1997), é composto de complexa assembleia litológica, de corpos graníticos intrusivos e de rochas do complexo metamórfico gnaisse-migmatito, elaborando formas de relevo arredondadas, com cristas relativamente proeminentes e padrão de fraturamento denso. No extremo sul, onde se localiza o Morro Cambirela, no município de Palhoça, o embasamento é formado por rochas vulcânicas extrusivas, que ocorrem na forma de derrames, recobrindo os corpos graníticos. Destacam-se ainda, nas Planícies Costeiras, corpos graníticos semelhantes aos que ocorrem em certos locais da Ilha de Santa Catarina.

Os diversos modelados de dissecação que compõem esta região geomorfológica foram classificados, segundo mapeamento efetuado por Herrmann e Rosa (1991) e Herrmann (1999), em dissecação em morrarias ou outeiros (Do) e dissecação em montanhas (Dm).

O primeiro tipo caracteriza-se por apresentar vales poucos encaixados, formando morros com vertentes côncavo-convexas e amplitudes altimétricas ao redor de 200m. O segundo tipo, com amplitudes altimétricas superiores a 200m, apresenta vales encaixados, ocasionalmente com terraços alveolares e vertentes com diferentes graus de declividade, que se encontram bastante dissecadas, com patamares e ombreiras oriundas do trabalho erosivo ao longo do tempo.

A declividade acentuada determina a ocorrência ocasional e localizada de movimentos de massa do tipo soliflúxão e deslizamentos que resultam em cicatrizes de arranque de material e nichos erosivos. O escoamento superficial difuso promove a lavagem do material de menor granulometria e concentra blocos e matacões graníticos ao longo das vertentes. Muitos desses blocos rochosos encontram-se em condições precárias de equilíbrio e constituem, durante os períodos de chuvas intensas, fator de alto risco para a população que ocupa as áreas adjacentes.

2.2. MODELADOS DE ACUMULAÇÃO DAS PLANÍCIES COSTEIRAS

A região geomorfológica Planícies Costeiras, conhecida como área de baixadas, contrasta com os relevos que lhe servem de apoio, desenvolvendo-se de forma descontínua e generalizada tanto na faixa litorânea da porção continental como por toda a Ilha de Santa Catarina, onde apresenta sua maior expressão espacial na porção norte.

As planícies — forma de relevo dominante na área conurbada de Florianópolis — foram moldadas em depósitos sedimentares arenosos e areno-argilosos, depositados durante vários episódios relacionados às oscilações climáticas quaternárias. Nessas áreas é possível reconhecer, de acordo com Herrmann e Rosa (1991) e Herrmann (1999), quatro compartimentos: o das planícies marinhas e de marés; das planícies lacustres e fluviais; das planícies eólicas (apenas na Ilha de Santa Catarina), e o compartimento colúvio-aluvionar.

Compartimento das Planícies Marinhas e de Marés

Abrange o conjunto de formas de relevo associadas aos sedimentos transportados e depositados sob o regime praial, por ação de ondas e correntes. Incluem-se nesse compartimento as praias atuais, as planícies e os terraços marinhos e flúvio-marinhos; as planícies de restinga e de marés.

As praias na Ilha de Santa Catarina diferenciam-se das demais praias meridionais, devido aos espigões rochosos que as flanqueiam, determinando compartimentos individualizados. As praias oceânicas na borda leste e no extremo norte da Ilha de Santa Catarina são caracterizadas como ambientes de alta energia, enquanto na borda oeste defronte ao continente a energia é menor. Na porção continental da área conurbada as praias apresentam reduzidas extensões, a exemplo da Praia João Rosa, no município de Biguaçu, que possui 4km de extensão.

As dezenas de praias existentes na Ilha de Santa Catarina, muitas das quais densamente povoadas, encontram-se em equilíbrio morfodinâmico relativamente estável, em face do regime das marés de amplitude reduzida e das ondas e correntes de atuação relativamente discretas. Porém, devido à configuração insular em segmentos diferenciados, algumas praias apresentam instabilidade no equilíbrio geomorfológico.

A Praia dos Ingleses constitui exemplo no qual se verificam, com muita intensidade nos últimos anos, recuos erosivos do terraço costeiro e das areias dunares, constituindo área de risco. Cruz (1998) enfatiza que o processo que mais tem influenciado os fenômenos erosivos no setor sudeste dessa praia é o movimento de materiais pela deriva com as correntes longitudinais, influenciadas pelas de maré. A autora nos esclarece ainda que os processos erosivos praiais não se manifestam continuamente, mas sim de forma esporádica e espacialmente descontínua.

As planícies de restinga e os terraços de construção marinha constituem as formas de relevo mais importantes desse compartimento. As planícies de restinga, constituídas por cordões de restinga, subatuais, apresentam uma série de cordões arenosos alongados e estreitos, formando uma sucessão de cristas e cavados (*slikke e schorre*); as cristas exibem, frequentemente, retrabalhamento eólico, ao passo que os cavados têm aspectos brejoso e paludal, abrigando, inúmeras vezes, estreitos e alongados cursos d'água, drenados artificialmente em direção à praia. As planícies de restingas perderam, em função dos extensivos loteamentos urbanos, muito de suas características originais, como as sucessões de cristas e de cavados depositados paralelamente uns aos outros e em relação à linha da praia.

Os cordões arenosos que formam as restingas testemunham o recuo da linha de praia e fizeram surgir na Ilha de Santa Catarina inúmeras lagoas, muitas das quais atualmente colmatadas. Destacam-se pela dimensão as lagoas da Conceição e do Peri. A Lagoa da Conceição possui 13,5km de comprimento por 0,15km a 2,5km de largura; as maiores profundidades encontram-se nas margens das encostas cristalinas, em torno de 5m, decrescendo até 0,5m nas margens sedimentares, nas quais o processo de colmatagem está em curso. Suas águas são salinas, sofrendo influência das marés. Principal fonte econômica de muitos moradores da região, sua fauna é rica e variada, destacando-se o camarão e o siri.

As planícies de marés (mangues) constituem o último grupo de feições geomorfológicas encontradas nesse compartimento. Localizadas na área conurbada, junto à foz dos rios que deságuam nas baías Norte e Sul, sua principal característica é a presença do solo vasoso, rico em matéria orgânica, formando o ambiente propício à instalação dos manguezais. Essas áreas, devido às constantes interferências humanas, através de construções e de aterros, já não guardam mais suas dimensões originais.

Compartimento das Planícies Lacustres e Fluviais

As planícies lacustres ocupam a maior área da região geomorfológica Planícies Costeiras da Ilha de Santa Catarina, com destaque no norte da ilha, da antiga Lagoa de Papaquara e ao sul da Planície do Pântano do Sul. Elas são resultantes do entulhamento de antigas lagoas, por material areno-argiloso e aluviões.

As planícies fluviais correspondem a uma extensa superfície sedimentar na faixa costeira da porção continental, apresentando diversificados modelados de acumulação resultantes da atuação dos processos fluviais e flúvio marinhos, elaborando terraços e planícies fluviais ou retrabalhando as planícies e terraços marinhos.

No conjunto, essas planícies são as áreas para as quais têm sido direcionados os projetos de expansão imobiliária da área conurbada de Florianópolis, ressaltando que os bairros instalados próximo aos canais fluviais, em sua maioria retificados ou canalizados, são periodicamente atingidos pelas enchentes.

Compartimento Eólico

Muito abrangente na Ilha de Santa Catarina, compreende o conjunto de formas de relevos associadas às ações eólicas litorâneas, onde predominam os campos de dunas ativas e estabilizadas, localizadas na face leste da ilha. Os ventos predominantes são os do nordeste, enquanto que os do sul, apesar de mais raros e de menor duração, possuem maior intensidade das rajadas.

Quanto à morfodinâmica, esse compartimento é bastante complexo e problemático; as frequentes intervenções humanas têm contribuído para perturbar o equilíbrio com riscos de soterramento iminente de áreas contíguas. Dentre as áreas mais seriamente ameaçadas podem ser citadas: Lagoa da Conceição, o Balneário do Campeche e a Região Nordeste da ilha, entre os balneários do Santinho e de Ingleses (**Figura 4.5**).

O compartimento eólico forma na Ilha de Santa Catarina um quadro natural de rara beleza cênica, ponto de atração turística cuja preservação e uso devem ser planejados.

OCUPAÇÃO DO SOLO E RISCOS AMBIENTAIS 161

Figura 4.5 — Ocupação do compartimento eólico no Norte da Ilha de Santa Catarina. Notar no primeiro plano, à direita, expansão de habitações, avançando sobre dunas ativas. Ao fundo, à direita, observa-se o compartimento colúvio-aluvionar apoiado sobre o modelado de dissecação (Ferreira, 1999).

Compartimento Colúvio-Aluvionar

Caracterizado como ambiente tipicamente transicional entre as regiões geomorfológicas Serras do Leste Catarinense e Planícies Costeiras, é constituído por rampas de declividade variada, geradas por processos morfogenéticos gravitacionais e/ou pluviais.

Duas categorias de rampas foram incluídas neste compartimento: colúvio-aluvionar e de dissipação. As primeiras ocorrem mais frequentemente na face oeste da ilha, enquanto as de dissipação localizam-se na face leste. Na porção continental, verificam-se apenas as rampas colúvio-aluvionares, com declividade ao redor de 0,5%, que apresentam descontinuidade espacial ao longo dos sopés das vertentes, recobrindo os terraços fluviais.

As rampas colúvio-aluvionares são constituídas, basicamente, por materiais originários da decomposição de rochas graníticas deslocadas vertente abaixo, por processos de solifluxão e de escoamento superficial.

As rampas de dissipação constituem-se com predominância de areias finas, de coloração parda a avermelhada, tendo sido denominadas originalmente por Bigarella (1974) como rampas de dissipação, referindo-se às dunas de captação, enriquecidas por areias remobilizadas das praias e dos campos de dunas, posteriormente dissipadas nas encostas dos morros.

Através desses aspectos geomorfológicos da área conurbada de Florianópolis podemos enfatizar a grande diversidade dos ambientes e paisagens. Ressaltamos, ainda, os impactos negativos sobre as planícies sedimentares causados pela densa urbanização e a tendência de localização da zona periférica urbana nas encostas das serras litorâneas.

3. DESENVOLVIMENTO URBANO DA ÁREA CONURBADA E VOCACAO TURÍSTICA DA CIDADE DE FLORIANÓPOLIS

A faixa central do litoral catarinense é uma das mais densamente urbanizadas do Estado. Abrange parte da área conurbada de Florianópolis, cujo crescimento das cidades, que compõem um *continuum* espacial urbano, foi notável a partir de 1960, elevando-se de 115.388 habitantes em 1960 para 333.988 em 1991 (**Tabela 4.1**). Isto implica aumento percentual de 189,44%, tendo Florianópolis participado com o maior número de habitantes. No entanto, em termos globais, a taxa de aumento populacional desacelerou ao longo desse período, sendo de 46,72% em 1970, de 33% em 1980 e de 25% em 1991.

Essa redução da taxa de aumento de população da cidade de Florianópolis não implica capacidade limitada de absorção de crescimento. O que vem ocorrendo, conforme salienta Lago (1996), seriam efeitos de transbordamento e de indução do crescimento de Florianópolis para espaços urbanos da área conurbada, paralelamente à transferência de contingentes rurais e não rurais para estes mesmos espaços conurbados. Florianópolis continua sendo um pólo de atração que, no entanto, não inibe o crescimento de espaços imediatamente periféricos, os quais, ao contrário, já adquirem atributos de grandes cidades.

Durante a década de 60 vários fatores contribuíram para o cresci-

Tabela 4.1 — População urbana e rural das sedes municipais da Área Conurbada de Florianópolis–SC — Período de 1960 a 1991

DISTRITOS	1960		1970		1980		1991	
	TOTAL	%	TOTAL	%	TOTAL	%	TOTAL	%
FLORIANÓPOLIS	78.752		115.547		153.652		192.073	
URBANA	73.889	93,82	115.547		153.652		192.072	
RURAL	4.863	6,17	—		—		—	
SÃO JOSÉ	17.116		22.946		41.957		52.133	
URBANA	3.251	18,99	15.852	69,08	37.650	89,73	44.643	85,63
RURAL	13.865	81,00	7.094	30,91	4.307	10,26	7.490	14,36
PALHOÇA	9.203		14.636		31.302		59.809	
URBANA	2.033	22,02	6.008	41,04	29.625	94,64	58.182	97,27
RURAL	7.170	77,90	8.628	58,95	1.677	5,35	1.627	2,72
BIGUAÇU	10.317		11.354		16.942		29.973	
URBANA	2.172	21,05	5.767	50,79	13.120	77,44	25.257	84,26
RURAL	8.145	78,94	5.587	49,20	3.822	22,55	4.716	15,73
ÁREA CONURBADA	115.388		164.483		243.853		333.988	
URBANA	81.345	70,49	143.174	87,04	234.047	95,97	320.155	95,85
RURAL	34.043	29,50	21.309	12,95	9.806	4,02	13.833	4,14

Fonte: Censos Demográficos do IBGE de 1960, 1970, 1980 e 1991.

mento urbano da área conurbada, destacando-se a implantação da BR-101, atravessando, no sentido norte-sul, as sedes municipais de Biguaçu, São José e Palhoça, propiciando abertura de loteamentos perpendiculares ao eixo da estrada, aumento da circulação de mercadorias e expansão do comércio.

Durante a década de 70, houve aumento notável da população, principalmente nas cidades de São José e Palhoça, que duplicaram o total demográfico.

O aumento do contingente urbano, segundo Ferreira (1994), está associado ao incentivo ao incremento da indústria. Esses incrementos foram favorecidos pelas limitações físicas do sítio urbano de Florianópolis, que influíram na ocupação dos espaços vizinhos, concentrando áreas industriais nos seus arredores, as quais deram origem aos distritos industriais. O de São José foi implantado em 1975 às margens da BR-101.

Durante a década de 70, São José assumiu a posição de área com serviços especializados e intensa atividade comercial, que se estendeu para amplos espaços geográficos. Um dos grandes fatores do crescimento urbano de São José foi a criação, em 1978, do bairro Kobrasol, produto da especulação imobiliária de Florianópolis e que responde por 53% dos empregos e 65% da receita do município (SEBRAE-SC, s/d).

No período de 1980 a 1991, a cidade de Palhoça suplantou a de São José em crescimento demográfico, que foi favorecido pela implementação do setor industrial, devido aos incentivos fiscais oferecidos pelo município. Porém, as cidades mais populosas em número absoluto são Florianópolis e São José, com densidade demográfica superior a 500 hab./km².

O crescimento urbano tem-se processado de maneira desordenada, sem considerar as características e a diversidade do meio físico, e esta não é característica exclusiva da cidade de Florianópolis. Com efeito, segundo Monteiro (1976), seja pela implosão demográfica, seja pela explosão das atividades socioeconômicas, os espaços urbanos passaram a assumir a responsabilidade do impacto máximo da atuação humana na organização da superfície terrestre e na deterioração do ambiente. No entanto, como sugerido na introdução deste capítulo, cabe ressaltar que não há necessariamente que se estabelecer uma relação fatalista entre modificação da superfície terrestre e deterioração do ambiente. A degradação decorre antes do modo pelo qual as modificações se realizam; via de regra através de soluções de curto prazo, sem nenhum compromisso com qualquer noção séria de planejamento. Convém lembrar que nas cidades a noção de ambiente deve ser vista de maneira mais ampla, incorporando não apenas aspectos naturais, como também aspectos infraestruturais e paisagísticos, indispensáveis ao seu funcionamento enquanto habitat humano.

Com efeito, Florianópolis é uma das várias cidades do Estado de Santa Catarina situadas no litoral, área na qual se concentram 36% da população do Estado. O planejamento urbano pode ser visto, respeitando suas peculiaridades, pela mesma ótica que caracteriza o planejamento das demais cidades litorâneas brasileiras, nas quais as fontes de financiamento para saneamento e habitação são reduzidas pelo cenário de estagnação de nossa economia, e o crescimento urbano é caracterizado pelo *espontaneísmo* do uso do solo (Moraes, 1999). Apesar disso, devemos refletir sobre as opções que vêm sendo adotadas para o planejamento da cidade.

As características morfoestruturais da cidade fornecem uma idéia da diversidade de aspectos físico-naturais que fazem de Florianópolis um pólo de atração turística no Cone Sul (Tissier, 1998). São especificamente estas características morfoestruturais que fornecem para Florianópolis o valor de uso ao qual se fez referência na introdução deste capítulo. Com efeito, ao serem consideradas as propostas desenvolvidas por Moraes (1999) para a gestão da zona costeira brasileira, nas quais a atribuição do valor de um sítio auxilia no seu microzoneamento, devemos enfatizar o fato de que o sítio no qual se encontra a cidade de Florianópolis possui valor elevado. Para este autor, o valor de um lugar pode ser estimado através dos conceitos de *valor contido* e de *valor criado*. O primeiro é definido pelas vantagens comparativas apresentadas pelos lugares. O segundo decorre da valoração (ato de atribuir valor qualitativo ou quantitativo) dos lugares, criando valores de uso, renda e lucro. No valor contido, um lugar tem sua vocação reconhecida por seu valor potencial, como é o caso do valor dos espaços preservados, monumentos naturais, que constituem uma reserva de valor. No valor criado, os recursos naturais são transformados em produtos.

A beleza cênica de Florianópolis, a fragilidade de seus ecossistemas montanhosos, lagunares, eólicos e flúvio-marinhos, a elevada quantidade de depósitos sedimentares e de sambaquis, patrimônio da história natural e cultural, fornecem à cidade uma vantagem comparativa que deve ser explorada de forma consciente pelo Poder Público e por sua população: a vantagem de possuir atratividade social elevada. Com efeito, essa atratividade decorre, segundo Moraes (1999), de ser o litoral percebido como o espaço por excelência para o desenvolvimento de atividades de lazer. É justamente essa percepção que atrai para o litoral uma das indústrias de maior dinamismo na atualidade: a indústria do turismo e do veraneio. Devido às suas características físico-naturais, Florianópolis possui uma localização diferenciada, sendo potencialmente capaz de gerar a chamada *renda diferencial* em relação a outros lugares (Moraes, 1999). Saliente-se, no entanto, o termo "potencialmente", pois a capacidade de gerar renda a partir do turismo não pode ser considerada sem se dotar o sítio urbano de infraestrutura e de pólos de atração que viabilizem o desenvolvimento planejado da atividade turística. Com efeito, "... os espaços costeiros ainda bem-preservados conhecem no presente uma valoração que deveria limitar as possibilidades de sua exploração a uma gama de atividades restritas que contemplem o potencial de valor neles identificado" (Moraes, 1999).

A atividade turística cristaliza em torno de si todos os antagonismos que afloram quando se trata de atribuir valor aos recursos naturais, ou de transformar os recursos naturais em produtos, ou ainda de aferir o benefício social oriundo da utilização dos espaços. Paradoxalmente, o turismo traz em si a equação para esses antagonismos, pois a valoração do espaço usado depende exclusivamente da sua preservação. Planejar toda e qualquer atividade turística, vista enquanto produto de consumo, sem preservar o que atrai o consumidor, equivale a condenar o empreendimento ao fracasso. Desenvolver o turismo em uma cidade litorânea, devastando o meio físico-natural, reduz o *valor contido* no lugar e condena o *valor criado* à depreciação. Em uma cidade litorânea, o benefício aferido pela atividade turística depende de uma constante: a preservação da qualidade da paisagem.

O exemplo da Lagoa da Conceição é bastante esclarecedor sobre o problema das opções que têm sido tomadas pela sociedade, pelo Estado (incluído o Poder Municipal) e pelos órgãos responsáveis pelo planejamento urbano do município.

A Lagoa da Conceição, na realidade uma laguna, é um dos principais atrativos turísticos de Florianópolis. No início da década de 90, quando o valor de nossa moeda estava depreciado em relação ao das moedas sul-americanas, especialmente ao da argentina, os panfletos turísticos distribuídos para atrair consumidores para a área vendiam a imagem da Lagoa da Conceição como a *Playa de los Niños*, fazendo referência à pureza e à tranqüilidade de suas águas. O fluxo de turismo foi tão intenso neste período, que muitos proprietários de casas nas diversas praias da ilha ou nas imediações da laguna construíram anexos em seus terrenos, transformados em pousadas para abrigar os turistas portadores de dólares, resultando em um padrão de edificações cuja estética é, no mínimo, duvidosa.

Porém, a *Playa de los Niños* não exerce atração apenas sobre turistas. Hoje, a Lagoa da Conceição e praias adjacentes formam uma área que está crescendo e que se tornou uma opção de lazer diurno e noturno para os habitantes da cidade. Devido à atratividade do sítio natural, a Lagoa é um bairro em processo de crescimento acelerado, ganhando também novos moradores e tal crescimento tem trazido problemas.

O maior problema se refere justamente à falta de planejamento para a chamada bacia da Lagoa da Conceição. Com efeito, além de estar obsoleto, o plano diretor para a área é com frequência modificado por vereadores, como exemplifica, entre outros, o Projeto de Lei nº 7.648, em tramitação atualmente, que propõe transformar o topo do chamado morro da Lagoa, principal divisor de águas da bacia, hoje classificada Área de Preservação Permanente (APP), em Área de Preservação Limitada (APL), na qual construções seriam legalizadas, contrariando normas universais de preservação de mananciais e de áreas de risco (Prates, 1999).

Apoiadas na falta de planejamento para Florianópolis e valendo-se de modificações oportunistas do plano diretor, são autorizadas construções de porte variado, sem levar em consideração as atuais limitações infraestruturais da área, sendo o problema mais sério o de saneamento. De fato, a estação de tratamento de esgotos da Lagoa foi construída em 1985 e está trabalhando acima de sua capacidade. Naquele ano, havia aproximadamente 905 ligações na rede de esgotos; hoje passam de 5.000 (Prates, 1999). O aumento do número de residências unifamiliares e multifamiliares, além de sobrecarregar a rede de esgoto atual, tende, através de fossas maldimensionadas, a saturar o lençol freático em coliformes fecais e outros eflúvios domésticos, sobretudo nas áreas de terraços lagunares, nas quais o lençol se situa em média a aproximadamente um metro de profundidade. Além do mais, várias saídas de esgoto residencial são, ilegalmente, ligadas diretamente a pequenos cursos d'água que correm para a laguna. Por outro lado, o aumento indiscriminado de construções e a abertura de servidões não pavimentadas sobre as encostas da bacia têm acentuado a erosão dos solos e acelerado o processo natural de assoreamento da laguna. De fato, após chuvas importantes, a superfície da laguna assume o aspecto turvo, de coloração parda, característico de águas com elevado teor de sólidos em suspensão. Desta forma, a *Playa de los Niños* tem suas águas cada vez mais impróprias para o banho e para a pesca.

Seguindo o atual plano diretor, que está influenciado pelo papel preponderante do capital imobiliário na estruturação do espaço, a área da Lagoa da Conceição, sítio de rara beleza cênica, seria transformada num amontoado de prédios e de ruas estreitas, ocultando o seu maior atrativo: a laguna.

Observe-se, portanto, que a falta de planejamento está condenando à depreciação um sítio de elevado valor turístico. O que surpreende, no entanto, é a visão limitada de empresários que investem apenas em lucros imediatos, completamente despreocupados com a possibilidade de gerar recursos duradouros através da valorização do enorme potencial turístico da área. A omissão do Poder Público na gestão e no planejamento da utilização dos recursos naturais de Florianópolis nem sequer chega a surpreender, pois de tão frequente já é quase norma em nosso país.

Enquanto produtor de espaços, o Estado é visto como um dos elementos centrais para a definição do valor de uma localidade (Moraes, 1999). Em função de sua capacidade de reverter tendências de ocupação, de gerar novas perspectivas de uso, de imobilizar áreas através de seu tombamento, de instalar grandes equipamentos e de criar infraestrutura, o Estado é o principal agente na valoração e na valorização dos espaços costeiros. Através do planejamento, o Estado "... busca orientar as tendências presentes, direcionando-as para padrões sustentáveis de uso ou estimulando a devastação" (Moraes, 1999). A ausência de planos claros de desenvolvimento turístico e urbano tende, no mínimo, no caso de Florianópolis, à depreciação do valor do sítio da cidade.

Desde a década de 70, a atividade turística no Estado de Santa Catarina e em Florianópolis foi, pelo menos, desejada e estimulada pelo CODESUL (Conselho de Desenvolvimento do Extremo Sul), através da abertura de vias de acesso aos balneários. Em 1981, o IPUF (Instituto de Planificação Urbana de Florianópolis) elaborou um plano de desenvolvimento turístico, definindo até mesmo um zoneamento para o município (Tissier, 1998). Porém, a exemplo do que se verifica com o plano diretor Municipal, este e outros planos elaborados pelo IPUF não são efetivados pelos órgãos competentes (Sostisso, 1994), como a SUSP (Secretaria de Urbanismo e Serviços Públicos), sendo priorizados os "planos" de expansão imobiliária.

A situação é eminentemente autodestrutiva, pois a atividade turística está longe de ser desprezível do ponto de vista financeiro, tanto para o Município quanto para o Estado. Em 1997, Florianópolis teria gerado através do turismo a receita bruta de 215 milhões de dólares, equivalente a 42% da receita gerada pelo turismo no Estado de Santa Catarina. No conjunto, o turismo representou 25% do total de receitas geradas pelas exportações de Santa Catarina no mesmo período (Tissier, 1998). O descompasso entre a receita gerada pela atividade turística e os investimentos feitos em infraestrutura para favorecer, entre outras, a própria atividade turística demonstra claramente os malefícios decorrentes da falta de planejamento: para ampliar o sistema de esgoto atual da área da Lagoa da Conceição, por exemplo, seriam necessários, segundo Hoff (1999), 5 milhões de reais, ou seja, para dotar a Lagoa da Conceição de infraestrutura de saneamento adequada às condições atuais de ocupação da área seria necessário apenas o equivalente a 1,15% da receita bruta gerada pelo município através do turismo em 1997.

Ao se omitirem de sua função mais nobre — o planejamento —, o Estado e o Município se reduzem à condição de espectadores de um processo de urbanização que serve apenas a alguns interesses privados (Santiago, 1993). A tendência é devastar os recursos naturais que, através de sua composição paisagística, atribuem valor turístico a Florianópolis.

Porém, cabe ainda lançar um apelo ao bom senso. Florianópolis tem hoje a vantagem de ser uma cidade provida de certa infraestrutura urbana que, associada ao índice de escolaridade de sua população e à sua expectativa de vida, colocou-a como a capital brasileira de maior Índice de Desenvolvimento Humano (IDH) em 1999. Com efeito, a qualidade de vida de seus habitantes, em geral, é elevada para os padrões brasileiros.

Embora índices como o IDH devam ser considerados com cuidado, pois refletem noções médias nas quais as contradições de nossa sociedade tendem a desaparecer, o dado é importante, pois a educação leva ao desenvolvimento de padrões estéticos mais sofisticados que, por sua vez, permitem o reconhecimento intelectual da beleza, principal característica da paisagem florianopolitana. A este fator populacional vêm somar-se dois fatos relevantes. O primeiro refere-se à urbanização acelerada relativamente recente de Florianópolis, associada ao desenvolvimento da atividade turística (Tissier, 1998). O segundo, à existência da chamada consciência ecológica, hoje disseminada universalmente. Juntos, população relativamente educada, urbanização acelerada em fase inicial, consciência ecológica e elevado valor paisagístico do lugar fornecem a Florianópolis a possibilidade de redefinir a tendência impressa ao seu processo de urbanização, sem incorrer, necessariamente, nos erros que levaram boa parte das cidades brasileiras à perda de sua memória e à degradação ambiental *lato sensu*.

De fato, se o mercado é um dos agentes mais poderosos do ordenamento espacial na atualidade (Moraes, 1999), pois então que se transforme Florianópolis em um produto rentável de qualidade, através do respeito pelo nível de educação de seus cidadãos, do planejamento da ocupação do solo e da preservação do que atribui à cidade o seu valor mercantil: a raridade de sua paisagem e de seu arcabouço físico-natural.

4. IMPACTOS AMBIENTAIS NAS ÁREAS SUSCETÍVEIS AOS RISCOS NATURAIS

Variados são os impactos ambientais na área conurbada de Florianópolis, tais como: impermeabilização do solo, principalmente nas áreas sedimentares dos modelados de acumulação fluvial, mais sujeitas às inundações; ocupação das encostas com loteamentos e edificações, aumentando o risco de deslizamentos; redução das áreas de mangue nas planícies de marés para implantação de loteamentos; invasão das áreas de dunas com construções clandestinas; canalização e retificação dos canais fluviais com percurso nas áreas urbanas; invasão das áreas periféricas e intraurbanas não edificáveis, com instalações de favelas; proliferação dos depósitos de lixo em locais não apropriados; construção de obras residenciais em áreas com elevado potencial para o aproveitamento público (parques; turismo ecológico; acesso ao lazer, entre outros); implantação de obras de infraestrutura maldimensionadas para eventos pluviais extremos, levando ao rompimento de canais pluviais, de esgotos, de pontes e calçamentos; aterro em áreas de planície de inundação para edificações diversas etc.

Além desses problemas relacionados aos aspectos físicos do sítio urbano, cuja superação requer soluções técnicas e administrativas de planejamento, existem problemas relacionados às desigualdades sociais, cujas soluções extrapolam o âmbito local.

Surgido como alternativa para solucionar conflitos acumulados historicamente no espaço urbano, o IPUF (Instituto de Planejamento Urbano de Florianópolis) tenta efetivar propostas para regular ou direcionar o crescimento racional do município; porém, esbarra em dificuldades, como: não estar representado nos centros de negociação (Câmara de Vereadores, Gabinete do Prefeito e Secretaria de Urbanismo); não possuir força política para barrar projetos paralelos que tramitam no Legislativo; possuir instalações precárias, entre outras. Essas dificuldades repercutem no planejamento da cidade (Sostisso, 1994), pois o órgão não tem poder executivo.

Do ponto de vista legal, o município tem o direito e o dever de atuar no controle do uso e da ocupação do solo, através da elaboração do Plano Diretor. No entanto, o Plano Diretor é frequentemente alterado pelo Legislativo Municipal, sob a influência de *lobbies* atuantes na Câmara (Carvalho, 1994) que, pelas vias peculiares de nossa democracia, obtêm sucesso para a tramitação e execução de seus planos. O resultado é o planejamento voltado para o lucro de poucos em detrimento de muitos e, a médio e longo prazos, em detrimento do próprio município, que, detentor de um invejável patrimônio natural em processo de degradação, abre mão de seu enorme potencial e de uma vocação que é considerada como a principal fonte de empregos e de renda para este milênio: o turismo. Em uma cidade como Florianópolis, o turismo deveria ser tratado como o fator a partir do qual o binômio qualidade ambiental-crescimento urbano fosse equacionado em prol do município e do conjunto de seus habitantes.

No entanto, como o crescimento tem-se realizado por movimentos espontâneos, orientados pela especulação imobiliária e pela apropriação indevida de domínios morfoestruturais que possuem dinâmica e propriedades específicas frequentemente ignoradas, os chamados impactos ambientais tendem a se multiplicar e a se repetir ao longo do tempo, como sugerem os exemplos que serão tratados a seguir.

4.1. IMPACTOS AMBIENTAIS DOS EPISÓDIOS PLUVIAIS NA ÁREA CONURBADA DE FLORIANÓPOLIS NO PERÍODO DE 1980 A 1995

Na área conurbada de Florianópolis, os episódios pluviais frequentemente ocasionam enchentes e alguns escorregamentos localizados. Nessa área, os mecanismos de circulação atmosférica, característicos da Região Sul, favorecem fortes chuvas que ocorrem durante a primavera e o verão. No outono e no inverno os fluxos das massas polares podem provocar chuvas violentas ao longo de toda a costa, que se agravam pelo efeito orográfico. Além desses sistemas sazonais de circulação atmosférica, a área é afetada por episódios pluviais irregulares do fenômeno *El Niño*, podendo ocasionar chuvas intensas.

Nas áreas urbanizadas não é necessário que ocorra índice pluvial excepcional para promover acidentes naturais, conforme foi constatado na análise dos aspectos pluviométricos ao longo de 16 anos, através do registro de 37 episódios pluviais que causaram enchentes e escorregamentos (Herrmann, 1998 e 1999).

De acordo com a análise do ritmo pluvial diário desses episódios, totais diários inferiores a 40mm, antecedidos por dias chuvosos, ou em torno de 40mm concentrados em poucas horas, antecedidos por dias secos, foram suficientes para provocar enchentes moderadas e escorregamentos localizados, totalizando 14 episódios.

O maior número de desastres naturais (17 episódios) foi verificado com índice pluvial entre 80mm e 100mm, antecedidos ou não por dias chuvosos e concentrados em torno de 8 horas. Com índice pluvial diário entre 100mm e 200mm foram registrados 6 episódios, sendo evidente que as enchentes que causaram calamidade pública (4 episódios) ocorreram com índice pluvial excepcional, superior a 200mm diários, concentrados ao longo de 4 horas ou mesmo no decorrer do dia. As chuvas excepcionais deixam com frequência grande número de desabrigados e mortos, destacando-se o episódio de 14/11/91, relacionado ao *El Niño*, quando mais de 15.000 pessoas ficaram desabrigadas e 10 morreram, das quais 5 por soterramento (Herrmann, 1999).

A análise da freqüência de chuvas realizada por Gama (1998), para um período de 25 anos, com os dados da estação meteorológica localizada em São José, acusou a frequência de apenas 2% para a ocorrência de chuva excepcional diária acima de 200mm; o índice pluviométrico predominante situou-se entre 25mm e 49mm (com 42% de frequência). Acusou, ainda, que a frequência maior de número de dias chuvosos ao longo do mês ficou entre 5 e 10 dias (42%). Quanto aos totais pluviais mensais, o índice entre 100mm e 150mm foi o predominante.

As áreas mais atingidas por enchentes e enxurradas na área conurbada de Florianópolis localizam-se na região geomorfológica Planícies Costeiras, constituída por sedimentos quaternários que modelam as planícies de inundação (aluvial) localizadas nos baixos cursos fluviais que mar-

OCUPAÇÃO DO SOLO E RISCOS AMBIENTAIS   173

geiam, ao longo de grande extensão, os rios Biguaçu, Maruim, Cubatão e seus afluentes, áreas onde se localiza grande parte dos sítios urbanos dos municípios de Biguaçu, São José e Palhoça. Da análise detalhada dos danos ocorridos nestes municípios, salientamos os dados da **Tabela 4.2**, que nos parecem suficientemente significativos (Herrmann, 1999).

No município de Biguaçu, as áreas planas, cujas cotas altimétricas situam-se ao redor dos 5m, são constantemente atingidas por enchentes (**Figura 4.6**). No período analisado, registraram-se 11 enxurradas, 10 enchentes moderadas, 2 enchentes de calamidade pública e apenas 2 deslizamentos (**Figura 4.7**). Esses desastres desabrigaram mais de 8.000 habitantes e causaram 2 mortes. Os maiores problemas ocorrem quando a precipitação diária é superior a 100mm, quando a BR-101, que atravessa em plano mais elevado a planície sedimentar urbanizada, constitui divisor de águas, inundando áreas onde moram aproximadamente 20.000 pessoas, o equivalente a 75% da população do município.

Figura 4.6 — Leque aluvial formado durante enxurrada. O leque aluvial foi criado a partir da erosão de talude arenoso exposto durante obras realizadas na área (Foto: Marcelo A. T. de Oliveira).

Figura 4.7 — Episódio pluvial intenso no dia 24/12/95 causou enchentes nas cidades de Biguaçu, São José e Palhoça. A foto destaca a Rua Getúlio Vargas, em Biguaçu, completamente alagada (Foto: Catarina Rüdiger).

O município de São José também é atingido com frequência pelos excessos pluviais. Durante o período estudado, foram registradas 11 ocorrências de enxurradas, 10 de enchentes moderadas, 2 de enchentes de calamidade pública e 4 deslizamentos, desabrigando mais de 8.000 habitantes e causando 17 mortes. Os bairros frequentemente atingidos pelas enchentes localizam-se próximo aos rios.

No município de Palhoça, em 16 anos, foram registrados 5 enxurradas, 9 enchentes moderadas, 2 de calamidade pública e 1 deslizamento, deixando 12.015 desabrigados e causando 1 morte. As áreas com maior ocorrência de enchentes estão localizadas nas extensas planícies aluviais, no leito maior dos rios Maruim, Passa Vinte, Grande, Aririu e Cubatão, onde se localizam os bairros mais populosos.

No município de Florianópolis, foram computadas, no período de 1980 a 1995, 16 enxurradas, 14 enchentes moderadas, sendo 2 de calamidade pública, e 14 deslizamentos, deixando 2.242 desabrigados e 3 mortos. Os locais frequentemente atingidos pelas enchentes, na porção insular, correspondem às áreas planas próximas às margens dos canais retilinizados que compõem a bacia do Rio Itacorubi, onde se encontram os bairros residenciais Jardim Santa Mônica, Córrego Grande, Parque São Jorge, Itacorubi e Trindade. Na porção continental, verificaram-se enchentes próximas às margens do Rio Araújo, que constitui parte do limite municipal com São José. Quanto ao número de desabrigados provocados por enchentes na área conurbada de Florianópolis, os maiores registros estão associados aos episódios pluviais excepcionais, destacando-se as chuvas dos dias 14 e 15 de novembro de 1991, que deixaram 14.545 desabrigados e 10 mortos. O município de Palhoça foi o mais atingido neste episódio, registrando-se 6.045 flagelados. Igualmente importante foi o episódio do dia 24 de dezembro de 1995, deixando 7.500 desabrigados, sendo o município de São José o que registrou o maior número de desabrigados: 4.500 (**Tabela 4.2**).

Ressalte-se, através desta análise, o papel da criação de novos espaços imobiliários, tanto em encostas sujeitas a deslizamentos como em áreas nas quais enchentes fazem parte da própria dinâmica natural do lugar. Evidentemente, quando as águas transbordam das calhas fluviais, inundando as planícies de inundação, o que antes era função da planície se transforma em catástrofe para a população, que, inadvertidamente ou por falta de outra opção, ocupa espaço natural que não possui vocação para assentamentos urbanos. Observa-se que, no caso específico das ocorrências de enchentes e deslizamentos, a área conurbada de Florianópolis é um exemplo típico, tal como verificado em outras cidades: o do uso inadequado do espaço físico, através da transformação imobiliária da Natureza em Habitat.

4.2. DEGRADAÇÃO AMBIENTAL POR EROSÃO ACELERADA

Nas encostas da área conurbada, em especial na Ilha de Santa Catarina, compostas de regolitos derivados principalmente de rochas graníticas e de coberturas eólicas e coluviais, construções de prédios e casas acarretam com frequência a exposição de material facilmente transportável pela água da chuva. Durante precipitações intensas, frequentes na área, as ruas são recobertas por grande volume de material arenoso que é parcialmente conduzido por bueiros e bocas de lobo para o sistema de drena-

Tabela 4.2 — Registros dos desastres naturais na área conurbada de Florianópolis–SC — Período de 1980 a 1995

Anos/área conurbada	Florianópolis	São José	Biguaçu	Palhoça
1980	V (26/07)	V-G (23/10)	—	—
1981	V (21/07)	—	—	—
	EX-V (28/03)	EM-V (28/03)	—	—
	EX-D (28/05)	—	—	—
			G (12/12)	
1982	EX-D (25/03)	—	—	V (21/02)
1983	EM (06/01)	EM (06/01)	—	—
	V (22/02)	300 Desab.		
			EM (11/07)	EM (11/07)
			EM-D (12/11)	EM (12/11)
	EM-D (17/12)	EM (17/12)	EM (17/12)	EM (17/12)
1984	EM (06/08)	EM (06/08)	EM (06/08)	EM (06/08)
	EX (08/11)	EX (08/11)	—	—
1985	EX (15/02)	EX (15/02)	—	—
1986	EX–D (10/10)	EM (10/10)	—	—
1987	V-EX (13/01)	—	—	—
	EP (14/02) 8 M.	EM (14/02) 1 M.	—	—
	V (30/07)	—	—	—
1988	EX (30/12)	EM (30/12)	EX (30/12)	EX (30/12
	EM (30/03)	EX (30/03)	EM (30/03)	EM (30/03)
	ES (/07)	ES (/07)	ES (/07)	ES (/07)
1989	EM-D (06/01)	EM (06/01)	EM (06/01)	EM (06/01)
	EM-D (12/09)	—	—	EM-D (12/09)
	212 Desab., 2 M.			220 Desab.
1990	EX-D (02/01)	EX-D (02/01)	EX-D (02/01)	EX-D (02/01)
	EX-D (10/01)	EX-D (10/01)	—	EX (10/01)
	EX-D (11/02)	EX-D (11/02)	—	—
1991	EX (14/05)			
	EX (06/10)	—	—	G (18/11)
	ECP (14/11)	ECP-D (14/11)	ECP (14/11)	ECP (14/11)
	1.500 Desab.	3.500 Desab. 7 M.	3.500 Desab. 2 M.	6.045 Desab. 1 M.
1992	—	EX (26/01)	—	EM (26/01)
				4.250 Desab.
1993	EX-D (05/01)	—	EX (09/02)	—
	EX-D (05/05)	—	—	—
	EX-D (02/07)	EX-D (02/07)	EX (02/07)	—
	—	EX (04/10)	EX (04/10)	—

Anos / área conurbada	Florianópolis	São José	Biguaçu	Palhoça
1994	EM-D (22/02) 30 Desab.	EM-D (22/02) 377 Desab. 2 M.	EM-D (22/02) 500 Desab. 1 M.	EM-D (22/02)
	EM (09/03)	EM (09/03)	EM (09/03)	EM (09/03)
	EX (11/05)	EX (11/05)	—	—
	EX (22/12)	EX (22/12)	EX (22/12)	EX (22/12)
1995	EM (12/01)	—	EM (12/01) 60 Desab.	—
	EM (20/01)	—	—	EX (20/01)
	EM (24/12)	ECP (24/12) 4.500 Desab.	ECP (24/12) 1.000 Desab.	ECP (24/12) 1.500 Desab.
	ECP-D (28/12) 500 Desab. 1 M.	—	—	—

Fonte: Herrmann (1998 e 1999), elaborado a partir do Relatório dos Eventos Adversos — DEDC-SC — e Jornais: *Diário Catarinense* e *O Estado*.

LEGENDAS
EX —Enxurrada   EM — Enchente Parcial   ECP — Enchente Calamidade Pública   D — Deslizamento
V — Vendaval   G — Granizo   ES — Estiagem   Desab. — Desabrigados   M. — Mortes

gem urbana. As fontes de tais sedimentos são canteiros de obras realizadas sobre encostas e loteamentos. Não é raro observar o pessoal da Prefeitura Municipal mobilizado para a evacuação de entulhos do sistema de drenagem urbana e nos arruamentos. Em algumas ocasiões, tamanha é a mobilidade das coberturas superficiais, que belos depósitos sedimentares são criados nas ruas de Florianópolis, como leques aluviais dignos dos melhores livros didáticos de Geomorfologia (**Figura 4.8**).

Infelizmente, não foram ainda incorporadas em nosso país medidas básicas de prevenção contra a erosão urbana. Com efeito, os canteiros de obra têm seu organograma definido e, mesmo que o provável imprevisto ocorra, como chuvas concentradas, sabe-se que em alguns meses o problema cessará. Para a comunidade, no entanto, a curto, longo e médio prazos, o custo é considerável, pois implica: riscos ao tráfego e à prevenção de acidentes de trânsito; mobilização periódica de funcionários públicos para limpeza de vias de circulação assoreadas por projetos privados; trabalhos de limpeza da rede de drenagem urbana; e assoreamento das redes de drenagem, acarretando enchentes frequentemente catastróficas que, por sua vez, levam ao aumento de gastos públicos com obras de reparação. Cria-se

Figura 4.8 — Deslizamento provocado pelas chuvas do dia 24/12/95, atingindo várias residências do loteamento instalado numa encosta na periferia da cidade de Biguaçu (Foto do Arquivo da DEDC-SC).

um efeito de bola de neve que tem por consequência a sobrecarga do erário e a diminuição da qualidade de vida dos habitantes da cidade, resultante da degradação ambiental *lato sensu* (**Figura 4.9**).

O problema agrava-se quando novos loteamentos são abertos, nos quais, como de hábito em outras cidades brasileiras (Vieira, 1998), a vegetação é retirada e o solo terraplenado e truncado deixa exposto o regolito friável e desprovido de estrutura pedológica. Recentemente, alguns engenheiros têm pregado o abandono de tal prática e sugerido a preservação do horizonte B do solo como forma de atenuar problemas de erosão e sedimentação decorrentes da terraplenagem. Outras técnicas podem ser implementadas a baixo custo, como exemplificam experiências interdisciplinares no exterior, com a participação de geomorfólogos (Harbor, 1997; Brusden e Moore, 1997; e Gupta e Ahmad, 1997).

O desconhecimento de processos elementares de erosão, a negligência em relação aos riscos incorridos e a visão segundo a qual processos dessa ordem são rapidamente mitigados após a conclusão das obras são os

Figura 4.9 — Rua no loteamento Saulo Ramos II entulhada por sedimentos após evento chuvoso nas proximidades de terreno em construção (Foto: Marcelo A. T. de Oliveira).

principais responsáveis pelos problemas relacionados à erosão urbana na cidade de Florianópolis e em sua área conurbada.

O exemplo da apropriação e modificação de dunas e rampas de dissipação é bastante adequado à análise dos riscos incorridos (Ferreira, 1999). Como mencionado anteriormente, no compartimento de planícies costeiras da Ilha de Santa Catarina ocorrem feições deposicionais de origem eólica que, devido à sua localização espacial, desenvolveram, ao longo do tempo, a forma de rampas, conectando encostas cristalinas a campos de dunas, chamadas rampas de dissipação (Bigarella, 1974). Trata-se de unidades geomorfológicas poligenéticas que, devido ao material altamente friável e pouco coeso, são facilmente degradadas pela erosão, quando indevidamente ocupadas ou utilizadas.

Na Ilha de Santa Catarina e no Sul do Estado, essas unidades são exploradas para a extração de areia, através de lavras concedidas ou clandestinas. O caso da rampa situada na rodovia SC-406, na altura da Praia Mole, é exemplar. Segundo informes da população local, a área foi terraplenada durante os trabalhos de asfaltamento da rodovia pelo DER, servindo tanto como área de funcionamento de uma usina de asfalto, cuja emulsão ainda pode ser vista no local, quanto como fonte de areia para aterro. Após o término do trabalho, a área foi abandonada à sua própria sorte. Ravinas e voçorocas rapidamente se estabeleceram, degradando a paisagem de um dos sítios naturais mais privilegiados da Ilha de Santa Catarina (**Figura 4.10**).

O estudo das feições erosivas nessa área feito por Oliveira e Nascimento (1996) demonstra a fragilidade de tais unidades do relevo, o caminho para sua recuperação e a caracterização de unidades do modelado particularmente suscetíveis à erosão. De fato, entre 1995 e 1997 a área foi objeto de estudos experimentais orientados para definir mecanismos de erosão muito comuns, de cuja atuação várias evidências foram encontradas na área. A área é composta de espessa cobertura de sedimentos classificados texturalmente como areias finas e apresenta altitude de aproximadamente 60 metros. O pacote sedimentar eólico recobriu o maciço cristalino e teve sua estrutura sedimentar característica dissipada ao longo do tempo, desenvolvendo morfologia de rampa. As declividades médias variam de 2º (4,4%), no topo, a 20º (44%), nos setores periféricos (Nascimento, 1998). As propriedades mecânicas estimadas apontam os seguintes valores: resistência ao

OCUPAÇÃO DO SOLO E RISCOS AMBIENTAIS

Figura 4.10 — Vista oblíqua da Praia Mole. Notar no centro superior voçorocas formadas a partir da terraplenagem. Os rochedos à direita separam a Praia Mole da Praia da Galheta.

cisalhamento entre 0,64 e 0,75kg.cm^{-2}; resistência à compressão entre 1,85 e mais de 4,5kg.cm^{-2}; coesão aparente entre 0,65 e 1,00kg.cm^{-2}; e ângulo de atrito interno entre 21 e 38 graus (Oliveira, 1997).

Os sulcos e ravinas criados rapidamente se transformaram em incisões profundas conhecidas como voçorocas (**Figura 4.11**), erodindo volumes de solo da ordem de 12.150 toneladas (Nascimento, 1998), com taxas de erosão variando entre 37,44 m^{3}a^{-1} e 180 m^{3}a^{-1} (Oliveira e Nascimento, 1996; e Nascimento, 1998). Essas taxas de erosão são bastante superiores às taxas globais de erosão acelerada, associada à mudança da paisagem pela atuação humana (Goudie, 1995). Os mecanismos de erosão específicos se relacionam principalmente ao escoamento superficial e a algumas interações com o escoamento hipodérmico (Oliveira, 1997; e Oliveira, 1999).

Por se tratar de área em torno da qual conflitos têm sido criados entre empreendedores e usuários da Praia Mole, nas adjacências da qual a rampa se situa, a recuperação das incisões erosivas foi dificultada. Com efeito, participantes de movimentos ambientalistas locais decidiram recuperar a área

Figura 4.11 — Detalhe de voçoroca criada pelo escoamento superficial concentrado em área adjacente à Praia Mole, na Ilha de Santa Catarina (Foto: Marcelo A. T. de Oliveira).

utilizando-se do plantio de gramíneas e de arbustos nativos, da escavação de calhas niveladas e da barragem do escoamento superficial com sacos de areia, ignorando tanto os mecanismos específicos responsáveis pelo processo erosivo como as propriedades mecânicas dos materiais. Demonstrando que boas intenções não bastam para controlar processos erosivos, as medidas tomadas pelos voluntários leigos não surtiram efeito (**Figura** 4.12).

Curiosamente, o fato remete ao debate sobre o papel da incorporação do discurso ambiental pela sociedade e da confusão recorrente entre Natureza e Habitat. O projeto elaborado pelos ambientalistas para a recuperação da área demonstra não só ingenuidade técnica, como também o desejo, explicitado através do plantio de espécies nativas, de reatribuir à área o seu aspecto natural. Por outro lado, empreendedores locais se aproveitam do abandono da área e pregam sua transformação em empreendimento de luxo.

O resultado do conflito de interesses entre recuperadores e predadores da Natureza é o vácuo ao qual a área foi destinada. Com efeito, o processo erosivo, apesar de estar em fase de estabilização natural, não foi controlado; a área jamais recuperará seu aspecto natural, mesmo porque um volume considerável de terra foi removido, modificando a morfologia original do terreno que mantém o aspecto de área degradada, favorecendo, consequentemente, qualquer outro tipo de uso ou de proposta para sua recuperação.

O exemplo é emblemático: ao manifestar o desejo de recuperar o aspecto natural de um sítio urbano, não distinguindo Natureza de Habitat, alguns ambientalistas criaram um impasse, dificultando a transformação paisagística da área, que a vocacionaria para o uso coletivo (Oliveira, 1998), e criando um vácuo que favorecerá apenas os interessados na sua transformação imobiliária, transformação de imobilização e de concentração de capital.

5. CONCLUSÕES

Neste capítulo, a grande diversidade paisagística de Florianópolis e de sua área conurbada foi apresentada através de nossa visão de geomorfólogos, profissionais que lidam com o estudo das constantes transformações

Figura 4.12 — Voçoroca próxima à Praia Mole. Notar ao centro o resultado da tentativa de conter a erosão, através da colocação de sacos de areia, que implicam acréscimo de massa em setor da voçoroca, sujeito, justamente, a movimentos de massa. Obviamente, os sacos desmoronaram junto com o talude (Foto: Marcelo A. T. de Oliveira).

sofridas pela superfície do planeta, seja sob o efeito da Natureza, seja sob o efeito da humanidade.

Verificou-se que, diante da ausência de indicadores claros da existência de planejamento, atividade que atribui certa nobreza ao Poder Público, as transformações pelas quais a área está passando tendem à devastação dos componentes paisagísticos de seu sítio, tal como foi sugerido pela discussão do desenvolvimento de sua área conurbada e pelos exemplos utilizados como ilustração para as opções de apropriação e utilização do relevo local.

Os problemas ambientais, *lato sensu*, enfrentados pelas cidades brasileiras são grandes, e sua solução depende do esforço conjunto da sociedade, através da sua organização e da reivindicação de atendimento a suas expectativas. Sobretudo, como procuramos ressaltar neste capítulo, a solução para tais problemas requer reflexão aprofundada sobre as questões postas e divulgadas, a partir da emergência do chamado movimento ambiental.

Deve-se ressaltar a utilidade do exemplo trazido pela cidade de Florianópolis, detentora de raro potencial natural que, devidamente utilizado, fornece ao município a possibilidade de se transformar, mantendo a qualidade de vida relativamente elevada de seus habitantes. Igualmente, deve-se ressaltar que a falta de reflexão aprofundada sobre o ambiente urbano pode levar ao desperdício desse potencial, tanto pela ausência de planejamento quanto pelas consequências de concepções ambientais equivocadas.

Se devidamente gerenciado, o enorme potencial que a cidade possui contribuirá para favorecer o turismo, que, sendo importante fonte de recursos, traz em seu bojo a equação para o aparente antagonismo entre conservação de recursos naturais e desenvolvimento urbano.

6. REFERÊNCIAS BIBLIOGRÁFICAS

ART, H. W. (1998). *Dicionário de Ecologia e Ciências Ambientais*. Melhoramentos, Unesp. 583pp.

BENSIMON, C. (1991) "Chasse aux molécules sous les arbres". *Libération*, Paris, 16 de out. Eureka, p. 23.

BIGARELLA, J. J. (1974). "Structures developed by dissipation of dune and beach ridge deposits". *Catena*, Giessen, 1, pp. 7-52.

BRUNSDEN, D. & MOORE, R. (1997). "Engineering geomorphology of the coast: lessons from the West Dorset". 28th Binghampton Symposium — Fourth International Conference on Geomorphology. Supplementi di Geografia Fisica e Dinâmica Quaternária, tomo 1, Bolonha, Abstracts..., p. 97.

CARVALHO, J. E. de (1994). "Direito ambiental urbano". Primeira Oficina de Desenho Urbano de Florianópolis. Universidade Federal de Santa Catarina. Florianópolis. Anais da Primeira Oficina de Desenho Urbano de Florianópolis, pp. 44-5.

CRUZ, O. (1998). *A Ilha de Santa Catarina e o Continente Próximo: Um estudo de Geomorfologia Costeira*. Editora da UFSC, Florianópolis, 280pp.

EGLER, C. A. G. (1997). "Notas sobre sustentabilidade, desenvolvimento e regulação econômica". Território. Rio de Janeiro, 3, pp. 5-11.

FERREIRA, R. C. S. (1994). "Bacia do Maruim: transformações e impactos ambientais". Florianópolis: UFSC/Curso de Mestrado em Geografia. Dissertação de Mestrado, 153pp.

FERREIRA, T. M. M. (1999). "Distrito de Ingleses do Rio Vermelho–Florianópolis. Um espaço costeiro sob a ação antrópica". Universidade Federal de Santa Catarina. Programa de Pós-Graduação em Geografia. Dissertação de Mestrado. Florianópolis, 151pp.

GAMA, A. M. R. C. (1998). "Diagnóstico ambiental do município de Santo Amaro da Imperatriz-SC; uma abordagem integrada da paisagem". Florianópolis. Universidade Federal de Santa Catarina. Programa de Pós-Graduação em Geografia. Florianópolis. Dissertação de Mestrado, 147pp.

GOUDIE, A. (1995). *The Changing Earth: Rates of Geomorphological Processes (The Natural Environment)*. Blackwell, 301pp.

GUPTA, A. & AHMAD, R. (1997). "Geomorphology and the urban tropics". 28th Binghampton Symposium — Fourth International Conference on Geomorphology. Supplementi di Geografia Fisica e Dinâmica Quaternária, tomo 1, Bolonha, Abstracts..., pp. 194-5.

HARBOR, J. (1997). "Engineering geomorphology at the edge of land disturbance: erosion and sediment control on construction sites". 28th Binghampton Symposium — Fourth International Conference on Geomorphology. Supplementi di Geografia Fisica e Dinâmica Quaternária, tomo 1, Bolonha, Abstracts..., p. 198.

HERRMANN, M. L. de P. (1989). "Aspectos ambientais da porção central da Ilha de Santa Catarina". Florianópolis: UFSC/Curso de Mestrado em Geografia. 229pp. Dissertação de Mestrado.

―――― (1998) "Análise dos episódios pluviais e seus impactos em locais do Aglomerado Urbano de Florianópolis-SC 1980 a 1895." *In*: Anais de

Florianópolis. II Simpósio Nacional de Geomorfologia — 1998. Geosul, Florianópolis, Edição Especial. v.14, nº 27, pp. 89-94.

———— (1999). "Problemas geoambientais na faixa central do litoral de Santa Catarina. São Paulo: USP/Instituto de Geografia. Tese de Doutorado, 307pp.

HERRMANN, M. L. de P. & ROSA, R. O. (1991). "Mapeamento Temático do Município de Florianópolis-SC". Geomorfologia, Prefeitura Municipal/ IPUF/IBGE/DIGEO-SC, Mapa Geomorfológico esc. 1: 50 000; acompanha Nota Explicativa. Florianópolis-SC. 26pp.

HOFF, J. (1999). "Esgoto e saneamento estão no limite". *Jornal da Lagoa* 62. Florianópolis, p. 4.

IBGE. *Estudos Ambientais da Grande Florianópolis.* Florianópolis: IPUF, 1997. 6v.

LAGO, P. F. *Florianópolis: A Polêmica Urbana.* Florianópolis: Fundação Franklim Cascaes, 1996. 312pp.

MICHAHELLES, K. (1992). "Um novo contrato de risco". *Jornal do Brasil,* Rio de Janeiro, 8 de jun. Ecologia & Cidade, p. 3.

MONTEIRO, C. A. F. (1976). "Teoria e clima urbano". São Paulo/USP, Instituto de Geografia (Série Teses e Monografias, 25), 181pp.

MORA, J. F. (1971). *Diccionario de Filosofía.* Editorial Sudamericana. Tomo II. Buenos Aires. 1.005pp.

MORAES, A. C. R. (1999). *Contribuições para a Gestão da Zona Costeira do Brasil. Elementos para uma Geografia do Litoral Brasileiro.* Editora Hucitec, São Paulo, 229pp.

NASCIMENTO, E. E. D. J. (1998). "Contribuição ao estudo de processos erosivos acelerados em áreas de dunas policíclicas — o caso da área antropizada na Praia Mole — Ilha de Santa Catarina." Universidade Federal de Santa Catarina. Programa de Pós-Graduação em Geografia. Dissertação de Mestrado. Florianópolis. 180pp.

NÉBOIT, R. (1983). "L'homme et l'érosion". Faculté de Lettres et Sciences Humaines de l'Université de Clermond Ferrand II. Fascicule 17, 183 p.

OLIVEIRA, M. A. T. & NASCIMENTO, E. E. D. J. (1996). Alcovas de regressão e expansão de voçorocas em sedimentos inconsolidados: Praia Mole, Município de Florianópolis–SC. *Sociedade e Natureza,* Edição Especial, Uberlândia, pp. 206-10.

OLIVEIRA, M. A. T. (1997). "Towards the integration of subsurface flow and overland flow in gully head extension: issues from a conceptual model for gully erosion evolution." *South African Journal of Geography,* vol. 2, 79, pp. 120-128.

———— (1998). "Proposta para recuperação de área degradada por erosão: Praia Mole, Ilha de Santa Catarina". Laboratório de Geomorfologia Experimental e Aplicada. Brochura apresentada à associação SOS Praia Mole. Setembro, 1998, 3pp.

———— (1999). "Processos erosivos e preservação de áreas de risco de erosão por voçorocas". *In*: GUERRA A. J. T.; SILVA, A. J. & BOTELHO, R. G. M. (orgs.) *Erosão e Conservação dos Solos: Conceitos, Temas e Aplicações*. Rio de Janeiro, Bertrand Brasil, pp. 57-99.

PRANDINI, F. L. & NAKASAWA, V. A. (1994). "Desafios ambientais da civilização urbana: uma síntese". Primeira Oficina de Desenho Urbano de Florianópolis. Universidade Federal de Santa Catarina. Florianópolis. *Anais da...* pp. 40-3.

PRATES, B. (1999). "Crescimento desordenado está matando a Lagoa e a Barra da Lagoa". *Jornal da Lagoa*, n? 62. Florianópolis. p. 3.

SANTIAGO, A. G. (1993). "Environnement, tourisme et aménagement: l'impératif d'une conciliation, l'île de Santa Catarina. Universidade de Paris I. Tese de Doutorado. Paris, 331pp.

SEBRAE-SC (s/d) Programa integrado de desenvolvimento socioeconômico. Diagnóstico municipal de São José. Florianópolis, s/d, 34 p.

SOSTISSO, I. (1994). "Diretrizes básicas de planejamento do Instituto de Planejamento Urbano de Florianópolis". Primeira Oficina de Desenho Urbano de Florianópolis. Universidade Federal de Santa Catarina. Florianópolis. *Anais da...* pp. 13-8.

TISSIER, T. (1998). L'internationalisation de Florianópolis à travers l'expansion de l'activité touristique. Université de Paris I. Mémoire de Maîtrise. Paris, 125pp.

VIEIRA, A. F. G. (1998). "Erosão por voçorocas em áreas urbanas: o caso de Manaus (AM)". Universidade Federal de Santa Catarina. Programa de Pós-Graduação em Geografia. Dissertação de Mestrado. Florianópolis. 222pp.

Capítulo 5

Movimentos de Massa na Cidade de Petrópolis (Rio de Janeiro)

Luiz Fernando Hansen Gonçalves
Antonio José Teixeira Guerra

1. Introdução

O espaço urbano é resultado de drásticas transformações antrópicas sobre o meio físico ao longo dos anos. Inúmeros pesquisadores tornaram-no seu objeto de estudo em função dos impactos a que estão submetidos. Assim, busca-se de forma integrada determinar variáveis, avaliar, diagnosticar, compreender e prever os efeitos da ocupação humana sobre o meio físico, assim como sua dinâmica temporal.

O processo histórico de ocupação deste espaço, bem como suas transformações, em uma determinada época ou sociedade, fazem com que esse meio ambiente tenha um caráter dinâmico (Cunha e Guerra, 1996).

As áreas urbanas, por constituírem ambientes onde a ocupação e concentração humana se tornam intensas e muitas vezes desordenadas, tornam-se locais sensíveis às gradativas transformações antrópicas, à medida que se intensificam em frequência e intensidade o desmatamento, a ocupação irregular, a erosão e o assoreamento dos canais fluviais, entre outras coisas.

O desrespeito ao meio físico no ambiente urbano pode ser analisado de diversas formas, seja através das respostas que a natureza dá ao homem, seja através do desrespeito ou ausência de uma legislação ambiental pertinente. Geralmente, as áreas urbanas têm sido vistas tradicionalmente como espaços mortos, do ponto de vista ecológico (Monte-Mór, *in* Santos *et al.*, 1994). As cidades constituem hoje o maior exemplo de degradação ambiental, colocando em risco a segurança e a qualidade de vida de sua população, constituindo um palco de embates ecológicos.

Este capítulo aborda a ocorrência de movimentos de massa em Petrópolis, através do reconhecimento do meio físico onde a área urbana se estabelece e se expande, de forma a considerar as suas limitações à ocupação humana. Além disso, procura avaliar, dentro de uma escala temporal, como a desordenada ocupação humana pode ser capaz de potencializar as limitações naturais, restringindo a ocupação e aumentando a ocorrência de movimentos de massa que tornaram a cidade nacionalmente conhecida.

O município de Petrópolis localiza-se ao norte da cidade do Rio de Janeiro (**Figura 5.1**), entre as coordenadas de 43º 04' — 43º 14' W e 22º 33' — 22º 35' S, com altitude média de 845 metros, abrangendo uma área de 811km². Segundo dados do IBGE (1996), sua população é de 269.669 habitantes, dos quais 97,5% estão situados na área urbana.

A rápida urbanização que vem ocorrendo nas últimas décadas é um dos principais fatores responsáveis pelos movimentos de massa que têm ocorrido na cidade. Aliás, os movimentos de massa têm sido uma das maiores causas de mortes, devido a fenômenos naturais, em todo o mundo. Segundo dados da ONU (Fernandes e Amaral, 1998), no ano de 1993 morreram 2.517 pessoas no mundo devido à ocorrência de movimentos de massa, ficando abaixo apenas dos terremotos e inundações. A propósito disso, Lima-e-Silva *et al.* (2000) chamam a atenção para o fato de que a urbanização desordenada que vem ocorrendo no século XX tem causado uma série de impactos ambientais, que são alarmantes nas grandes cidades, onde a densidade demográfica é bem maior. Apesar de Petrópolis ser uma cidade de porte médio, a grande concentração populacional, aliada aos fatores naturais, tem sido responsável pela ocorrência de mais de 1.000 eventos catastróficos nas últimas décadas, onde centenas de pessoas morreram.

Petrópolis está situada aproximadamente 60 quilômetros ao norte da cidade do Rio de Janeiro, na Serra do Mar, com suas encostas variando entre 5º e 80º de declividade. A cidade ocupa uma área serrana, com rochas bastante falhadas e fraturadas, encostas íngremes e, em alguns pontos, solos com perfis bastante profundos, possuindo áreas com totais plu-

MOVIMENTOS DE MASSA NA CIDADE DE PETRÓPOLIS

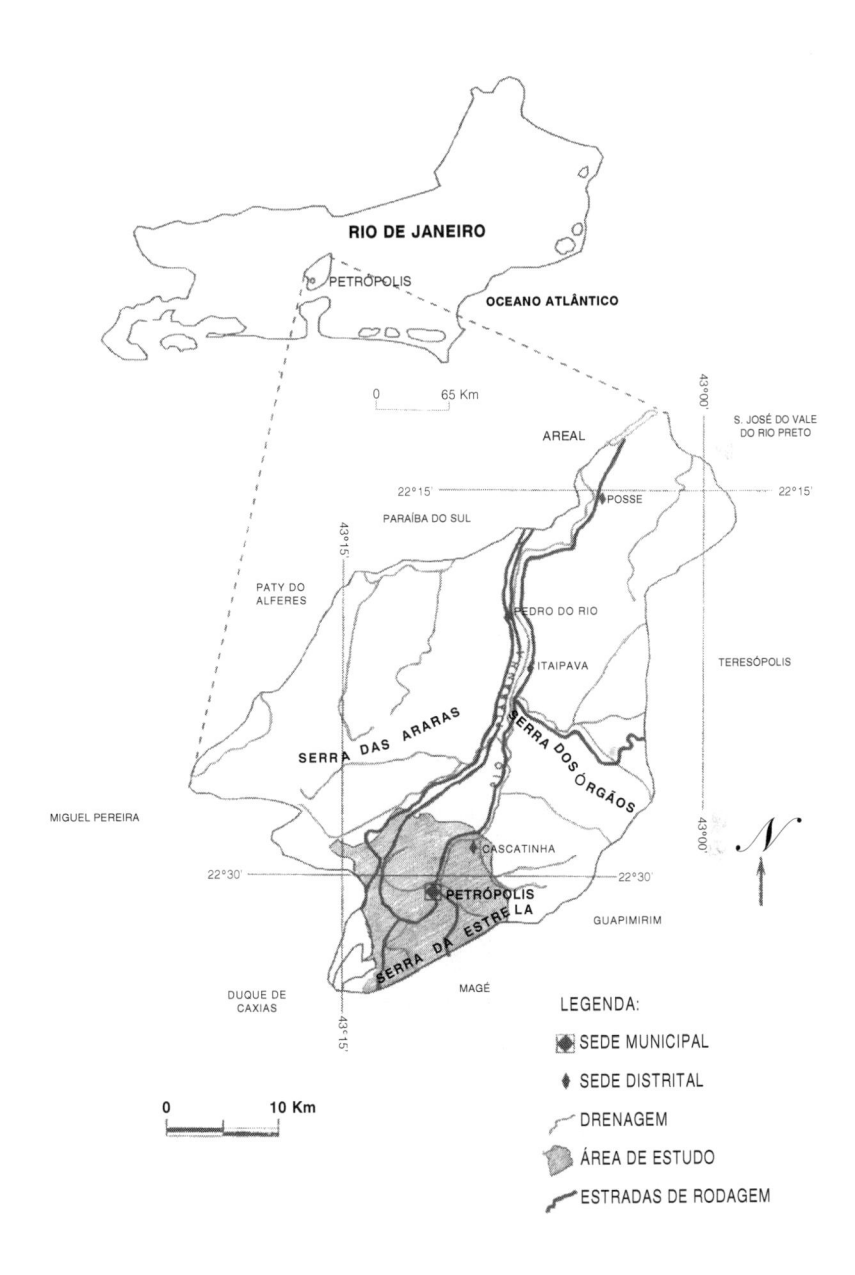

Figura 5.1 — Mapa de localização de Petrópolis.

viométricos anuais acima de 2.000mm, com chuvas concentradas nos meses que vão de novembro a março (Guerra e Favis-Mortlock, 1998). A urbanização que se vem processando na cidade, aliada às condições geológicas, geomorfológicas, climatológicas e pedológicas, tem sido a responsável pela degradação ambiental que se tem verificado, em especial, nas últimas quatro décadas (Guerra, 1995). Em função disso, esse capítulo aborda os problemas relacionados à degradação ambiental, tendo como principal objetivo compreender as causas e consequências dos movimentos de massa que tanto têm afligido a população da cidade. Para isso, será analisado como a urbanização desordenada tem influenciado na ocorrência de movimentos de massa, através de um histórico de seu planejamento urbano, do crescimento populacional e da legislação do espaço urbano, bem como da ocupação do solo e sua relação com a incidência dos movimentos de massa. Uma caracterização de seu quadro físico é também necessária, e, portanto, o clima, a cobertura vegetal, a geologia, os solos e o relevo são para tal analisados. Finalmente, a distribuição espaço-temporal dos movimentos de massa na área urbana é feita levando-se em conta as catástrofes ocorridas nas décadas de 60, 70, 80 e 90. Espera-se através dessa análise dar uma contribuição para melhor compreender a ocorrência dessa forma de degradação ambiental, bem como suas consequências para a população e para o meio ambiente e que, com isso, seja possível corrigir o que tem acontecido na cidade nas últimas décadas.

A escolha da área de estudo, 1º distrito (Petrópolis) e parte do 2º distrito (Cascatinha), deve-se ao fato de ser a porção mais urbanizada dentre os cinco distritos de Petrópolis (3º distrito — Itaipava; 4º distrito — Pedro do Rio e 5º distrito — Posse), dispostos no sentido sul-norte, seguindo o curso do principal rio do município — o Piabanha —, um dos afluentes do Rio Paraíba do Sul.

Esta área é a mais duramente afetada pelos movimentos de massa, especialmente por escorregamentos e rolamentos. Por constituir-se uma área que concentra a maior parte da população ao longo das estreitas planícies aluviais e encostas, torna-se um exemplo de cidade onde o equilíbrio com a natureza foi rompido, o que pode ser observado pela incidência de movimentos de massa que com as chuvas de verão intensificaram-se nas últimas três décadas.

2. Urbanização e Ocorrência de Movimentos de Massa

A ampliação de áreas urbanizadas, devido à construção de áreas impermeabilizadas, repercute na capacidade de infiltração das águas no solo, favorecendo o escoamento superficial e a concentração das enxurradas. A urbanização afeta o funcionamento do ciclo hidrológico, pois interfere no rearranjo do armazenamento e na trajetória das águas. O homem ao introduzir novas maneiras para a transferência das águas, na área urbanizada e em torno das cidades, provoca alterações na estocagem hídrica nas áreas circunvizinhas e ocasiona possíveis efeitos adversos e imprevistos, no tocante ao uso do solo (Christofoletti, 1998).

Há também que se analisar os impactos no meio ambiente ocasionados pela urbanização, considerando as transformações provocadas nos ecossistemas e geossistemas, diretamente, pela construção de áreas urbanizadas, e indiretamente, pela sua ação de influência e relações (Christofoletti, 1998). Propõe-se, assim, analisar a integração dos componentes do meio ambiente com a sociedade como unidade integrada.

Apesar de os fenômenos de chuvas de forte intensidade e escorregamentos serem mais propensos nas regiões tropicais, o aumento da ocupação de áreas pelas atividades antrópicas desencadeia reações que associadas ao mau uso, manejo e conservação dos solos vêm gerando problemas ambientais, principalmente em áreas de topografia acidentada, como ocorre no município de Petrópolis, que ainda são agravados pelo desmatamento e ocupação desordenada das encostas.

A cobertura vegetal é um fator que oferece um grau de segurança nas encostas. Muitas vezes processos erosivos podem ser contidos ou amenizados se a cobertura vegetal for suficientemente densa para tal.

A vegetação diminui o impacto direto causado pela gota de chuva no solo, diminuindo o grau de saturação do mesmo e, em muitos casos, diminui o nível de água do terreno, diminuindo, também, a poropressão no mesmo, que é um processo causador de deslizamentos (Brady, 1983).

O desencadeamento de escorregamentos em uma dada região depende de vários condicionantes naturais; porém, a chuva é um dos fatores mais significativos, pois quase todos os registros estão associados a episódios de chuvas de forte intensidade ou de períodos prolongados, geralmente concentrados em alguns meses, muito comum nas regiões tropicais.

A expansão urbana e as construções nas encostas, destituídas de técnica, têm produzido grandes alterações na paisagem, com o agravamento dos movimentos de massa.

Os deslizamentos de encostas destacam-se entre os vários tipos de riscos da natureza, ao lado das inundações, da erosão e dos desmoronamentos (Xavier, 1996).

O conhecimento da formação e evolução histórica do espaço urbano, sua implantação, parcelamento e ocupação oferecem ao pesquisador uma visão dinâmica da realidade, pois permitirá, através dos anos, compreender como o espaço urbano atingiu o seu estado atual e as mudanças que a sociedade vem promovendo.

O manejo inadequado do solo, tanto nas áreas urbanas como rurais, pode torná-lo mais sujeito a sofrer riscos de degradação que aliados à concentração e crescimento populacional podem potencializar essa degradação.

Os condicionantes naturais podem, juntamente com o manejo inadequado, acelerar a degradação. Chuvas concentradas, encostas desprotegidas de vegetação, contato solo-rocha abrupto, descontinuidades litológicas e pedológicas e declividade das encostas são algumas das condições que podem acelerar os processos erosivos (Cunha e Guerra, 1996).

A compreensão destes movimentos é fundamental, uma vez que sem o conhecimento da forma e extensão, bem como das causas dos deslizamentos, nunca se chegará a uma medida preventiva, ou mesmo corretiva, que implique maior segurança (Fernandes e Amaral, 1998).

Especificamente no caso de Petrópolis, a desestabilização das encostas, feita pela construção de casas populares e condomínios, tem provocado o desencadeamento de uma série de problemas ambientais, principalmente quando não existe uma legislação urbanística em sintonia com as limitações físicas ou quando, apesar de sua existência, ela não consegue ser colocada em prática de forma eficaz, como é o caso da área urbana, estabelecida no 1º e 2º distritos de Petrópolis.

A avaliação do processo de formação, ocupação e parcelamento de uma cidade pode oferecer uma visão bastante dinâmica da realidade de uma determinada época. Dessa forma, não basta analisar a cidade em apenas um momento de sua evolução, e sim entender como esta, através dos anos, atingiu seu estado atual.

Para se entenderem os múltiplos aspectos da ocupação e parcelamento do solo em Petrópolis (1º distrito) é necessário considerar aspectos históricos e principalmente a complexidade do meio físico como determinantes desse processo.

O processo de ocupação de Petrópolis pode ser dividido em quatro períodos: de 1845 até 1945; de 1945 até 1964; de 1964 até 1976; e a partir de 1976.

O parcelamento inicial dividia a cidade em lotes denominados prazos de terra, que partindo das ligações viárias subiam pelas encostas dos morros. O limite desses lotes era fixado pelos divisores de água. A característica principal desses lotes era, portanto, a sua grande profundidade. Porém, a ocupação urbana até 1945 restringia-se ao fundo dos vales e planícies fluviais, devido à menor densidade urbana e pela legislação vigente na época.

Entre 1945 e 1964, com a grande expansão urbana da cidade e as mudanças nas leis de ocupação do município, ocorre o parcelamento indiscriminado dos lotes no sentido de sua profundidade, com a ocupação de encostas adjacentes às áreas já urbanizadas, além de encostas com menor declividade, como os terrenos extremamente perigosos, como as faixas de sopé de encostas íngremes e rochosas (IPT, 1991).

De 1964 até 1976, a expansão urbana ocorreu sobre setores de encosta cada vez mais problemáticos, onde se conjugam as dificuldades impostas pela alta declividade dos terrenos, a sua instabilidade e as formas inadequadas de parcelamento e edificação. Entretanto, ainda se preservam setores da encosta mais problemáticos, como trechos de alta declividade (maior do que 75%) e os terrenos ao longo das linhas de drenagem natural intermitentes e mesmo perenes, localizados dentro ou junto à malha urbana, não só pelas características topográficas menos favoráveis (maior declividade), como também pela preservação da cobertura vegetal próxima da área urbana consolidada.

A partir de 1976, com destaque para a segunda metade da década de 80 até os dias de hoje, além da abertura de loteamentos executados sem qualquer critério quanto às limitações dos terrenos, a expansão urbana passa a se dar também através de invasões em áreas públicas ou em terrenos não ocupados, até por apresentarem maior declividade e/ou se constituírem áreas sob legislação da APA (Área de Proteção Ambiental) de Petrópolis, convertendo-se em áreas de risco, situadas no sítio urbano. Atualmente, a área urbana representa 43,27%, enquanto a área da APA, que a envolve, apresenta uma ocorrência muito menor de movimentos de massa, correspondente a 56,73%.

Quanto a Cascatinha (2º distrito), existe uma clara tendência de expansão desordenada, com a ocupação cada vez maior de encostas e os topos de morros, reforçada pela conurbação com o distrito-sede Petrópolis. Os loteamentos irregulares aqui estabelecidos transformaram-se em áreas de risco.

O distrito de Cascatinha carece da ação positiva no controle da ocupação do solo, não havendo delimitação das áreas de preservação, nem definição das áreas de proteção de mananciais ou destinada à produção agrícola (PDP, 1992). O número de parcelamentos e construções clandestinas é grande, ocasionando a ocupação desordenada das encostas e o assoreamento dos rios.

A maior parte do distrito não possui legislação urbanística, e os pedidos de licenciamento de uso, ocupação e parcelamento do solo são analisados por similaridade à legislação vigente, particularmente o Decreto 90/81, que tem vigência apenas na área central de Cascatinha. A conseqüência dessa ausência de legislação é um considerável número de construções e loteamentos irregulares que não respeitam as características ambientais de onde se estabelecem.

Essa ocupação irregular é uma das variáveis responsáveis pelo aumento gradual dos movimentos de massa que ocorrem no 1º e 2º distritos e que, aliada ao desmatamento e assoreamento dos rios principais, coloca em sério risco a área de proteção ambiental onde se insere toda a área de estudo, a APA de Petrópolis.

2.1. Histórico do Planejamento Urbano

O município de Petrópolis começou a ser ocupado por volta de 1720, quando Bernardo Soares de Proença abriu uma variante do caminho Rio-Minas, subindo e descendo a Serra da Estrela. Com isso, ele obteve a sesmaria do Itamarati, de onde surgiram várias fazendas, entre elas a do Córrego Seco (atual região da bacia do Rio Palatinado), que posteriormente seria adquirida por D. Pedro I. Mas foi somente em 1843, quando D. Pedro II inicia a construção de seu palácio de verão, sob a orientação do major e engenheiro Júlio Frederico Koeler, que se dá a colonização de Petrópolis.

Além dessa tarefa, o major Koeler, profundo conhecedor das características ambientais da região, foi solicitado pelo governo imperial para elaborar um plano urbanístico, que por muito tempo direcionaria a ocupação no município de Petrópolis. O planejamento da ocupação foi feito seguindo o curso dos três principais rios da cidade: Palatinado, Quitandinha e Piabanha.

O objetivo principal em seu projeto urbanístico apresentado em 1846 para a Vila Imperial, rodeada por 12 quarteirões coloniais inicialmente, era manter o equilíbrio entre o crescimento e a preservação da cidade, integrando a ocupação humana à paisagem natural (**Figura 5.2**).

Os lotes da Vila Imperial, em torno do palácio, foram aforados a

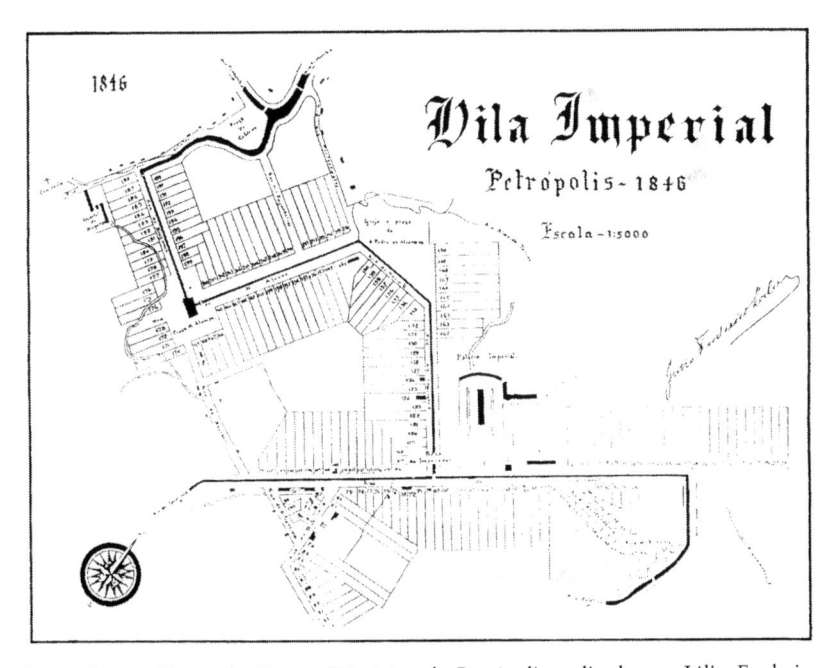

Figura 5.2 — Planta do Centro Histórico de Petrópolis realizada por Júlio Frederico Koeler (1846) (Fonte: Instituto Histórico e Geográfico de Petrópolis).

nobres da Corte, diplomatas e homens de negócios, que proporcionariam condições de sobrevivência para a povoação (Rabaço, 1985). Aos colonos alemães couberam os quarteirões coloniais, que receberam os nomes das localidades de onde procediam os colonos, como Bingen, Darmstadt, Ingelheim, Mosela, Renânia, Westphalia, Worms, dentre outros.

O plano também visava à preservação das matas e ao aproveitamento do solo para seu cultivo, estabelecendo-se, assim, uma colônia agrícola que tiraria proveito do grande manancial de água representado pelos inúmeros rios.

O Plano Koeler, como ficou sendo conhecido, foi o primeiro código de obras petropolitano (Rabaço, 1985). As principais disposições do regulamento urbanístico elaborado por Koeler possuíam uma orientação para o aproveitamento, adaptação e preservação das áreas urbanas, como:

- os lotes seguiam-se ao longo dos rios e tinham mais profundidade que largura (55m x 110m), subindo pelas encostas dos morros, adaptando-se à topografia acidentada;
- era proibido utilizar o topo dos morros; proibida também a subdivisão dos lotes; as áreas com maior declividade não poderiam ser ocupadas, preservando-se a sua cobertura vegetal para evitar deslizamentos;
- os proprietários tinham que plantar árvores nativas na testada dos terrenos; realizar a construção de calçada com 2,20m de largura em alvenaria no prazo de 1 ano e em pedra no prazo de 8 anos;
- obrigação de cercar ou murar solidamente os prazos (lotes) de terra, dentro de um ano no máximo;
- prévia aprovação das fachadas dos prédios;
- obrigação de construir dentro de 2 a 4 anos;
- aos proprietários exigia-se que fosse conduzida a água dos telhados para as ruas por meio de canos;
- todas as residências fariam frente para os rios, sendo que os esgotos seriam lançados em fossas no fundo dos terrenos, distantes dos cursos d'água, evitando-se assim qualquer tipo de contaminação dos mesmos.

O projeto urbanístico desenvolvido por Koeler segue um modelo orgânico, culturalista de cidades, onde o espaço é irregular, assimétrico e ligado à natureza (com áreas verdes), dividindo áreas limitadas, de baixa densidade.

A planta urbanística elaborada por Koeler para Petrópolis teve a originalidade de modificar o velho estilo colonial de construir as casas de fundos para os rios, utilizados com a simples função de esgoto. Koeler, revolucionando esse costume, aproveitou os cursos de água de que é rica a região petropolitana, banhada pelo Rio Piabanha e seus inúmeros afluentes, para traçar ao longo de suas margens as avenidas da Vila Imperial e as ruas de acesso aos bairros circundantes (Rabaço, 1985).

Esses são apenas alguns exemplos da preocupação com o meio ambiente em Petrópolis, já no século passado, quando a cidade ainda era muito pouco ocupada.

O cinturão verde dos quarteirões em torno da Vila Imperial completou o plano urbanístico de Koeler, que planejou para esses quarteirões a abertura de alamedas arborizadas ao longo de ambas as margens dos rios, com banquetas floridas de hortênsias azuis à sombra de perfumadas magnólias e de floridas paineiras, que deram a Petrópolis a fama internacional de cidade jardim (Rabaço, 1985).

Com o passar do tempo a atividade agrícola entra em crise por muitos fatores. O clima mais frio, as características do solo e a propensão à erosão limitaram a atividade agrícola, sem contar o relevo acidentado. Atribuía-se também o malogro ao pequeno tamanho dos lotes (100m x 600m), considerados impróprios para a rentabilidade agrícola (Magalhães, 1966).

Se por um lado as condições naturais dificultaram o desenvolvimento da atividade agrícola, estimularam os colonos alemães a entrar no mercado madeireiro do Rio de Janeiro, com o consequente desmatamento das serras petropolitanas. A implantação dessa atividade madeireira repercutiu negativamente, mobilizando os poderes públicos a formularem o primeiro código de posturas do município, ainda no século passado.

2.2. Crescimento Populacional e as Legislações do Espaço Urbano

Silva (1989) destaca que um trabalho geográfico associado à preservação, quando considera a legislação ambiental, permite a análise de situações onde os interesses econômicos e ambientais se confrontam, deteriorando, consequentemente, a qualidade de vida e do bem-estar social.

Bucci *et al.* (1991), ao analisarem a expansão urbana e a qualidade ambiental em municípios no Oeste do Estado de São Paulo, destacam que o crescimento desordenado do espaço urbano, sem controle do Poder Público local, tem sido um dos principais responsáveis pelo surgimento e acirramento dos graves problemas ambientais que comprometem a qualidade de vida da população. Além disso, propõem como única saída para a ação do Poder Público a aplicação e uso de instrumentos legais, como Leis de Uso e Parcelamento e o Plano Diretor, permitindo um maior controle sobre a especulação fundiária e imobiliária sobre os vazios urbanos.

Ao contrário do que se esperava, o fracasso da colônia agrícola, objetivo maior da colonização de Petrópolis, e as restrições à atividade madeireira, logo na segunda metade do século XIX, estimularam o surgimento da atividade industrial e, consequentemente, fizeram a população aumentar.

As limitações físicas acabaram concorrendo para o desinteresse da atividade agrícola, mas, por outro lado, estimularam a atividade fabril, pois, em 1858, 13 anos após a fundação de Petrópolis, a indústria já superava a agricultura.

A industrialização toma impulso, apoiando-se, inicialmente, nas indústrias têxtil, de vestuário e de papel, onde encontrou boas condições para se expandir em Petrópolis, com mão de obra estrangeira qualificada, recursos hidráulicos, ponto intermediário entre Rio de Janeiro e Minas Gerais, a construção de ferrovias e rodovias, além do apoio da Coroa Imperial.

A nova função industrial transformou Petrópolis, aumentando o número de estabelecimentos industriais espalhados pelas estreitas planícies fluviais, atraindo mão de obra de vários pontos do País que, ocupando toda a cidade, permitiu o aparecimento de novos bairros que não estavam previstos no projeto urbanístico de Koeler, criados em áreas cujo interesse maior era a preservação.

O relevo com vales encaixados e bacias independentes oferecia um potencial hidráulico razoável e fornecia água pura para as indústrias, razão essa que estimulou o estabelecimento do centro industrial no 1º distrito, onde o relevo era acidentalmente favorável (Gonçalves e Guerra, 1995).

É importante ressaltar que a indústria se estabeleceu com menor intensidade no 2º distrito, Cascatinha, e nos outros distritos, onde a agricultura e a pecuária tornaram-se as atividades predominantes em função do relevo de feições mais suaves.

A colonização alemã em Petrópolis, que constitui um dos grandes fatores para seu desenvolvimento industrial, levou as autoridades da província do Rio de Janeiro a facilitar a instalação de fábricas na cidade, aproveitando a existência de mão de obra qualificada. Com a atividade industrial, a colônia aumentava rapidamente a sua população, da qual uma porcentagem importante se dedicava às indústrias. Dessa forma, em 1852 a colônia possuía 2.936 habitantes; em 1858 chegava a 4.179 habitantes, sendo 2.974 estrangeiros e 1.205 brasileiros (Rabaço, 1985).

A indústria, uma vez estabelecida no século XIX em Petrópolis, expande-se no século XX, principalmente na década de 60, o que acaba por atrair um contingente populacional cada vez maior, proveniente de outras regiões do Estado do Rio de Janeiro e do País. Essa situação pode ser comprovada no rápido crescimento populacional, entre as décadas de 1960 e 1990 (**Figura 5.3**).

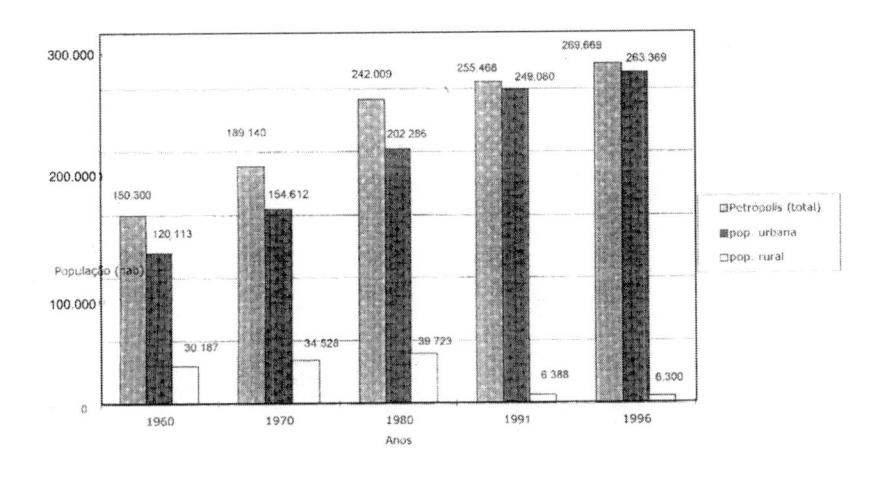

Figura 5.3 — Índices demográficos de Petrópolis-RJ (1960-1996) (Fonte: FIBGE).

Esse crescimento populacional, no entanto, acaba ocorrendo de forma desproporcional na área urbana, concentrando-se no 1º distrito (Petrópolis) e, com menor intensidade, no 2º distrito (Cascatinha). Esse crescimento acelerado faz com que os espaços ainda disponíveis para a ocupação, por localizarem-se em áreas desvalorizadas, em função da declividade e do difícil acesso ou por constituírem áreas de preservação, comecem a ser ocupados de forma desordenada, aumentando o desmatamento nas encostas e o número de habitantes residentes em áreas de risco.

A densidade populacional em áreas urbanizadas faz com que a topografia surja como um dos principais elementos a orientar o processo de ocupação. A preocupação com as características do sítio urbano sempre foi uma constante nos estudos geográficos sobre cidades, servindo como exemplos as cidades de São Paulo (Ab'Saber, 1956 e 1958) e do Rio de Janeiro (Bernardes, 1964), entre outras.

Essa situação se agrava na década de 70, quando a indústria petropolitana entra em decadência pela concorrência com as indústrias paulistas, aumentando o desemprego, o que levou à pauperização da população, que acabou por se estabelecer nas áreas mais desvalorizadas, as encostas.

Pode-se verificar através dos censos demográficos do IBGE um processo de urbanização surpreendente que coloca 97,5% de seus habitantes (249.080) residentes na área urbana e apenas 2,5% na área rural, perfazendo 6.388 habitantes (CIDE, 1995).

À medida que a ocupação e o desmatamento das encostas aconteciam na área urbana, a ocorrência de movimentos de massa aumentava com rapidez, da mesma forma que os loteamentos irregulares e invasões, destituídos de qualquer tipo de saneamento básico, se multiplicaram.

Assim, a omissão e o descaso do Poder Público acabaram por favorecer os interesses da especulação imobiliária em Petrópolis, autorizando a abertura de loteamentos para a população de baixa renda fora dos padrões urbanísticos. Esses loteamentos irregulares, ao serem ocupados, tornaram-se áreas vulneráveis a movimentos de massa, colocando em risco a população residente.

Quando avaliamos os dados sobre o crescimento populacional na cidade de Petrópolis, é possível caracterizar as mudanças demográficas com condicionantes históricos, políticos e econômicos pelos quais o País passou, principalmente a partir da segunda metade do século XX, quando o processo de industrialização dá início a profundas mudanças na sociedade brasileira, que passa a se urbanizar rapidamente (**Figura 5.4**).

O processo de urbanização não ficou restrito às grandes metrópoles brasileiras. Ele também teve condições de se reproduzir, com menor intensidade, em cidades pequenas e médias, que passaram a apresentar problemas decorrentes de um processo anômalo de urbanização, resultando no empobrecimento da população residente nas áreas urbanas e, consequentemente, de sua qualidade de vida.

Para a avaliação do crescimento populacional de Petrópolis, três períodos foram destacados: 1º período (1845-1950), 2º período (1950-1980) e o 3º período (1980 aos dias atuais).

Petrópolis teve seu primeiro censo demográfico em 1845, logo após a fundação da colônia agrícola, por determinação de D. Pedro II. A população residente era de 2.293 habitantes, em sua maioria formada por colonos alemães. A partir desse ano até 1950, o crescimento populacional foi intenso, sendo até o principal responsável pela elevação de Petrópolis à categoria de cidade em 1857.

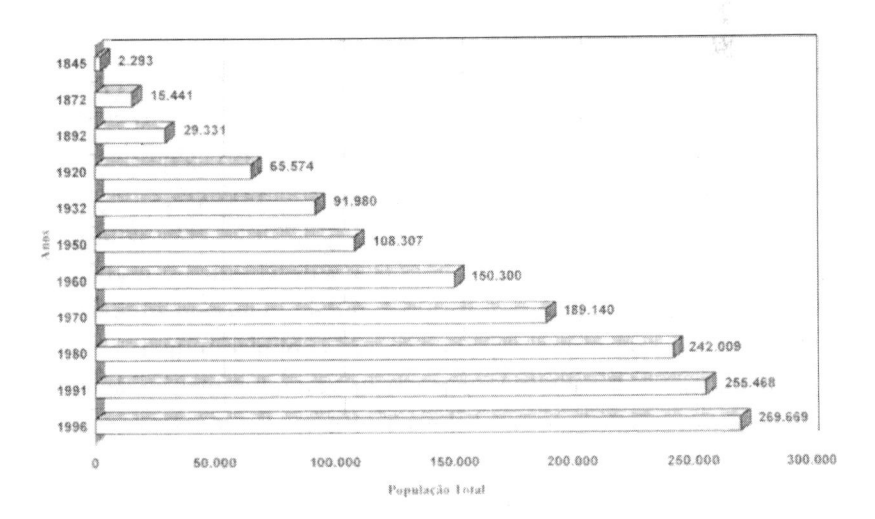

Ano	População
1845	2.293
1872	15.441
1892	29.331
1920	65.574
1932	91.980
1950	108.307
1960	150.300
1970	189.140
1980	242.009
1991	255.468
1996	269.669

Figura 5.4 — População de Petrópolis-RJ entre 1845-1996 (Fonte: Instituto Histórico e Geográfico de Petrópolis e FIBGE).

O crescimento desse período foi motivado pela chegada de novos colonos, com destaque para os alemães, italianos, franceses e portugueses (de origem açoriana), estes últimos, para servirem como trabalhadores braçais na construção do Palácio Imperial, da Estrada União e Indústria e pelas oportunidades de emprego junto ao comércio e à agricultura.

Com a inauguração da Estrada de Ferro Príncipe do Grão-Pará em 1883, que visava a atingir o vale do Paraíba do Sul e a Zona da Mata Mineira, para facilitar o acesso do café ao porto exportador do Rio de Janeiro, Petrópolis acabou interligada ao Rio de Janeiro, favorecendo a chegada de novos trabalhadores, atraídos pelo estabelecimento em Petrópolis da primeira indústria têxtil em 1873.

Com o desenvolvimento da atividade industrial em Petrópolis, através da indústria têxtil, de alimentos, papel e móveis, tem início uma precoce urbanização no município, também motivada pela falência da agricultura. Magalhães (1966) destaca que com o desenvolvimento da atividade industrial a população cresce rapidamente, passando, em 1852, de 2.936 habitantes para 4.179 em 1858. Assim, em 1857 já se encontravam em Petrópolis 84 estabelecimentos, destacando-se pela importância três relojoarias, sete fábricas de carruagens, 12 funilarias e duas tipografias (Magalhães, 1966).

Os dados mostram que no período compreendido entre 1845 e 1950 temos um intenso crescimento populacional, apoiado na expansão da atividade industrial que se estabeleceu no 1º e 2º distritos, atraindo um grande contingente populacional para o município, proveniente de outros países e regiões do Estados do Rio de Janeiro e Minas Gerais.

O segundo período, compreendido entre 1950 e 1980, demonstra claramente o intenso crescimento populacional pelo qual o município passou, seguindo uma tendência nacional, que fez com que a população urbana crescesse a um ritmo mais intenso que a população rural.

Na cidade de Petrópolis, o crescimento populacional foi acompanhado de uma concentração nos distritos de Petrópolis e Cascatinha, onde a atividade industrial inicialmente se fixou, enquanto que a agricultura e a pecuária tornavam-se as atividades predominantes nos outros distritos.

Neste período, o crescimento populacional acaba por tornar-se uma variável importante na degradação ambiental do município, comprovada pelo aumento do número de movimentos de massa, à medida que a população crescia e ocupava de forma desordenada a área urbana, procurando se estabelecer próximo às indústrias.

A força da atividade industrial na cidade pode ser comprovada pela existência de 192 estabelecimentos em 1960, destacando-se a indústria têxtil, de vestuário e produtos alimentares (Magalhães, 1966).

O período mais expressivo para o estudo dos movimentos de massa situa-se entre 1960 e 1980, que corresponde às mais elevadas taxas de crescimento populacional, aliado à grande crise que afetou as indústrias locais, provocando a falência e/ou transferência de muitas indústrias para outras regiões do País. Neste período fica clara uma correlação mais direta entre movimentos de massa, crescimento acelerado e empobrecimento da população.

A população de baixo poder aquisitivo passou a ocupar as encostas que até então estavam preservadas por sua vegetação, devido às limitações impostas pelos terrenos, como a declividade. Os interesses especulativos e políticos locais abriram loteamentos irregulares, apoiados em uma legislação flexível, e agora estavam voltados para a população de baixa renda que crescia rapidamente, tanto pela falência das indústrias locais como pelas crises econômicas nacionais e internacionais que o Brasil passou até o final da década de 80 (Gonçalves, 1998).

A falta de uma política habitacional para a população de baixa renda foi responsável pelo aumento das ocupações irregulares em todo o País, o que não fez de Petrópolis uma exceção. Pelo contrário, pois, além de surgirem diversos loteamentos irregulares, as invasões tornaram-se frequentes, constituindo no município um dos mais graves problemas sociais, provocando grandes impactos ambientais, percebidos através do desmatamento e movimentos de massa, cuja ocorrência passou a ser maior nessas áreas (**Figura 5.5**).

O terceiro e último período vai de 1980 até os dias atuais, quando já se verifica uma redução sensível do crescimento populacional, mas o mesmo não acontecendo quanto à concentração populacional, que chega a níveis bastante elevados no 1º e 2º distritos de acordo com o censo de 1996 (IBGE, 1996), que registra um total de 233.037 habitantes residentes na área urbana e zero habitante na área rural.

Os dados referentes à população rural nos dois distritos não levam em consideração a existência de uma área agrícola, o Vale do Caxambu,

Figura 5.5 — Área de invasão junto ao Centro Histórico de Petrópolis — Morro do Teleférico (1º distrito) (Foto: Luiz F. H. Gonçalves).

inserido entre os distritos de Petrópolis (sede) e Cascatinha, com atividades voltadas para a horticultura e floricultura, abastecendo o município de Petrópolis (**Figura 5.6**).

O Vale do Caxambu não se insere na mancha urbana, constituindo-se em uma área agrícola que ainda guarda áreas de vegetação original, onde a prática agrícola, realizada com o uso de pequenos terraços, não produz impactos ambientais, comuns na área urbana, e onde a ocorrência de movimentos de massa é sensivelmente menor (Gonçalves, 1998).

Quanto aos distritos, vem ocorrendo uma diminuição da população rural, principalmente no distrito de Itaipava, que rapidamente vem perdendo parte dessa população como consequência da especulação imobiliária que vem transformando o uso e a ocupação da terra, constituída por pequenas propriedades voltadas para a produção comercial de alimentos, para a abertura de *shoppings*, condomínios e pousadas, dentre outras coisas (Gonçalves, 1998).

Quanto aos movimentos de massa, a década de 90 tem apresentado um declínio que pode ter sido causado não só pela redução do crescimen-

MOVIMENTOS DE MASSA NA CIDADE DE PETRÓPOLIS 207

Figura 5.6 — Vale do Caxambu e a ocupação agrícola das encostas por terraceamento (1º/2º distritos) (Foto: Luiz F. H. Gonçalves).

to populacional, mas também pelo trabalho de conscientização ambiental, pelas obras públicas, pela redução dos índices pluviométricos, dentre outras coisas.

Ao considerarmos as legislações que foram aplicadas durante esses três períodos, podemos levantar a seguinte consideração: a área de estudo sofreu um parcelamento inicial, baseando-se no Plano Koeler, o qual dividira a área urbana em lotes denominados prazos de terra, que partindo das ligações viárias subiam as encostas dos morros. Os limites de profundidade destes lotes eram, geralmente, os divisores de água. A principal característica destes prazos de terra era sua grande profundidade, pois de acordo com a legislação vigente não poderiam ser subdivididos (Rabaço, 1985).

Com as legislações posteriores ao Plano Koeler ficou facilitada a subdivisão dos lotes, e o crescimento urbano torna-se desordenado, além de uma concentração populacional, onde hoje 90% da população do município residem no 1º distrito (Petrópolis) e 2º distrito (Cascatinha), segundo a FIBGE (1996). A principal consequência vem sendo o desmatamento e o aumento de processos erosivos e os movimentos de massa nesses distritos, que se intensificam com a expansão da área urbana.

O Código de Posturas Municipais de 1900 dedica oito artigos à preservação dos rios, mananciais e ao desmatamento indiscriminado. Nesse código são estabelecidas as regras para a instalação de indústrias no município, ficando evidente a preocupação de que a precoce vocação industrial de Petrópolis não trouxesse desequilíbrio ao meio ambiente e à vida em comunidade (PDM, 1982).

Além disso, os condicionantes físicos que limitavam a agricultura favoreceram a fixação e a expansão da atividade industrial, que rapidamente se expandiu, como cita Magalhães (1966), referindo-se à baixa temperatura pelo favorecimento da elaboração de matérias-primas, como da indústria têxtil, facilitando a fiação do algodão, impedindo que o fio se fragmente, provocando nós no tecido.

O relevo com vales encaixados e bacias independentes oferecia um potencial hidráulico razoável e fornecia água pura para as indústrias, razão essa que estimulou o estabelecimento do centro industrial no 1º distrito, ao longo dos vales e terraços fluviais mais amplos, os quais coincidiam com as principais vias de circulação e acesso a Petrópolis.

O Código de Obras de 1931 era menos restritivo que o código de 1900, tratando de questões sobre zoneamento, dividindo a cidade em zonas urbanas, suburbanas e rurais, especificando a altura dos edifícios e a arquitetura das fachadas. Já em 1938, a postura nº 11 dispõe sobre os lotes a serem edificados e suas condições, o loteamento de áreas, as construções dentro do mesmo lote e as vilas, desde que não fossem operárias.

Em 1941, é baixado o Decreto-Lei nº 48, que dispõe sobre loteamento e zoneamento urbano da cidade, que fica dividida em: zonas estritamente residenciais; dois tipos de zonas residenciais, permitindo outros usos; uma zona comercial; e uma zona mista (FUNDREM, 1983).

Em 25/02/1960, através da Deliberação nº 1.202, fica sancionado o novo código de obras, estabelecendo: a divisão do município em zonas; a subdivisão das zonas; a delimitação das zonas e usos permitidos e proibidos; as dimensões mínimas quanto à testada do lote, altura da edificação e gabarito; a taxa de ocupação; e o recuo e o afastamento lateral.

O Código de Obras de 1960 difere dos anteriores por não relacionar o afastamento lateral com a altura da edificação (permitindo a construção em até 10 gabaritos), sem contar que a exigência de recuo era variável conforme a zona, uso e via onde se estabelecesse a edificação, sendo que nas edificações com gabarito mais permissivo não eram previstos recuos, nem afastamento lateral. O Código de 1960 rompe definitivamente com a proposta inicial de Koeler, que integrava o espaço urbano ao espaço natural, pois possibilita a ocupação sem critérios dos reduzidos lotes, favorecendo a verticalização da área urbana, além de permitir a criação de loteamentos que, consequentemente, aumentaram o desmatamento e a incidência de movimentos de massa no 1º distrito, confirmados através dos levantamentos realizados a partir da década de 60.

Em 1970, como decorrência das propostas formuladas pelo Plano Diretor Local Integrado, elaborado pelo Consórcio Nacional de Planejamento Integrado, mediante convênio firmado entre a Prefeitura de Petrópolis e o SERFHAU (Serviço Federal de Habitação e Urbanismo), a Câmara de Vereadores aprova as normas gerais de uso do solo, através da Deliberação 2.912 (FUNDREM, 1983). Esta deliberação estabelecia diretrizes para a orientação do desenvolvimento urbano municipal e concedia ao Chefe do Executivo, representado pelo prefeito, a prerrogativa de baixar, por decreto, regulamentos e leis complementares. Além disso, são aprovados, sucessivamente, os Regulamentos de Zoneamento, de Loteamento, de Edificações e de Licenciamento e Fiscalização

(FUNDREM, 1983). Entretanto, na prática, foi difícil aplicar os dispositivos de regulamentação da Deliberação 2.912, que para muitos profissionais foi considerada indesejável ao zoneamento do município. Essa deliberação autoritária acabou criando condições para que a ocupação desordenada e irregular tivesse início. Esse quadro levou a Associação Petropolitana de Engenheiros e Arquitetos, em 1976, a promover o Seminário de Avaliação do Planejamento Local, que contou com o apoio e a participação de órgãos públicos, conduzindo à reformulação da legislação urbanística em vigor integralmente pelo Decreto 143/76. Este decreto estabelecia a divisão do território do município em quatro zonas: urbana, núcleos urbanos distritais, industrial e rural.

A zona urbana compreendia o 1º e 2º distritos, Petrópolis e Cascatinha, respectivamente, porém não abrangia a totalidade de sua área, como também não incluía quaisquer outros logradouros localizados nos demais distritos do município. Essa situação levou a Assessoria de Planejamento a interpretar e enquadrar, por critérios próprios, as áreas não atingidas pelo decreto, o que veio a facilitar a ocupação, sem que as limitações do meio físico fossem consideradas.

Para as áreas atingidas pelo Decreto 143/76, os aspectos de preservação da paisagem natural e sua compatibilização com o crescimento urbano foram fixados parâmetros frágeis para a proteção da cobertura vegetal e dos cursos d'água. Ao mesmo tempo, enunciava a necessidade de delimitação de áreas de reserva, áreas impróprias à edificação em encostas e coroas de morro, que deixava a cargo da Assessoria de Planejamento a tarefa de delimitá-las, o que não foi realizado.

O novo regulamento deixava, assim, de oferecer ao Poder Público os instrumentos de controle e ordenamento da expansão urbana que pudessem restaurar os princípios de equilíbrio entre a paisagem natural e a paisagem edificada, conforme preconizava o Major Koeler em seu plano (FUNDREM, 1982).

Já em 1981, a Prefeitura Municipal faz um convênio com a FUNDREM para a prestação de assistência técnica, com o objetivo de adequar os regulamentos de uso e parcelamento do solo às novas exigências do desenvolvimento urbano de Petrópolis. Dessa maneira, foi criado o Decreto 90/81, que retoma a preocupação com a proteção à paisagem natural, delimitando áreas com cobertura vegetal original, áreas das bacias hidrográficas e dos mananciais, além de áreas pertencentes à União.

O Decreto 90/81 traz inovações em seu conteúdo, pois prevê a proteção e a valorização do patrimônio histórico e cultural, através do tombamento de inúmeros imóveis na área urbana. Fica assim dividido o município em três áreas, que são subdivididas: área comprometida com a ocupação urbana (de ocupação progressiva), área de sítios (de ocupação reduzida), área de proteção à paisagem natural (e áreas tombadas pelo patrimônio histórico) e a área rural.

O Plano Diretor de Petrópolis (1992) traça as primeiras diretrizes quanto à preservação, recuperação, prevenção e defesa do meio ambiente. Essas diretrizes, em linhas gerais, resgatam parte dos princípios urbanísticos de Koeler, como impedir a ocupação em áreas cobertas de vegetação nativa ou onde se verifique a necessidade de reflorestamento. Além disso, estimula o reflorestamento como proteção das encostas e dos recursos hídricos.

No tocante à questão habitacional, o plano propõe a relocalização das habitações situadas em áreas de risco, iniciando o reflorestamento nestas áreas e implementação de planos de regularização de loteamentos irregulares de baixa renda.

Neste mesmo ano é criada pelo Decreto Federal 527/92 a Área de Proteção Ambiental de Petrópolis (APA de Petrópolis), abrangendo os municípios de Petrópolis, Magé e Duque de Caxias, tendo como limites a Reserva Biológica de Araras e o Parque Nacional da Serra dos Órgãos, com uma área total de 44 mil hectares. Os objetivos são garantir a preservação do ecossistema da Mata Atlântica, o uso sustentado dos recursos naturais, a conservação do conjunto paisagístico cultural e promover a melhoria da qualidade de vida na região. A APA de Petrópolis corresponde a toda a área onde está presente a Mata Atlântica, até mesmo dentro da área urbana do município.

Com a criação da APA, ficam proibidas, de maneira geral, a implantação de atividades poluidoras capazes de afetar mananciais, a realização de obras de terraplenagem ou atividades capazes de provocar erosão e assoreamento e a implantação de parcelamento do solo urbano, sem a prévia permissão do órgão administrador da APA, o IBAMA, além de não dispensar autorizações e licenças federais, estaduais e municipais porventura exigíveis.

Recentemente, foi aprovada sob o nº 5.393/98 a Lei de Uso, Parcelamento e Ocupação do Solo (LUPOS) para todo o município, que cria zonas de preservação e zonas de proteção ambiental, além de áreas de especial interesse social, procurando dentro dessa última área implantar programas habitacionais, além de regularizar, urbanizar e reflorestar as áreas ocupadas por loteamentos irregulares e invasões. Foram identificadas 40 áreas de especial interesse social, em todo o município, que de acordo com a LUPOS serão alvo de um planejamento autossustentável.

Apesar de tais medidas, a situação ambiental e habitacional na cidade continua bastante delicada. O desmatamento e as ocupações irregulares ocorrem a uma velocidade que impossibilita o Poder Público de ter um controle sobre essas práticas comuns, pois não ocorre um senso comum entre os poderes federal, estadual e municipal atuantes no município quanto ao processo de expansão da área urbana, inserida dentro da APA (Gonçalves, 1998).

Como resultado dessa falta de entrosamento entre os Poderes Públicos na preservação da vegetação e no controle do uso e parcelamento do solo, tornam-se cada vez mais expressivas as ocupações informais dentro da APA de Petrópolis pela população de baixa renda.

Assim, tornam-se sujeitas a movimentos de massa, pelo desmatamento e pela absoluta falta de saneamento básico adequado, deixando a população que reside nas encostas sujeita a perdas materiais e humanas.

2.3. A Ocupação do Solo e sua Relação com a Incidência de Movimentos de Massa

Para que se possa entender os múltiplos aspectos do parcelamento e da ocupação do solo de Petrópolis, é necessário levar em consideração a sua condição de cidade serrana e as consequentes limitações naturais para a sua ocupação.

O processo de subdivisão mais comum dos lotes consiste na abertura de uma via que sobe toda a encosta, para a qual se voltam as frentes dos novos lotes criados pelas divisões dos prazos (lotes).

Muitas vezes, a via local transforma-se, em seus pontos mais altos, em escadas, para que se aproveite ao máximo o terreno em toda a sua profundidade. Essa forma de ocupação do solo, que ocorre na cidade, destaca-se como a mais comum na expansão da área urbana, responsável por desmatamentos e movimentos de massa (**Figura 5.7**).

Um trabalho semelhante é realizado por Silva e Politano (1995), que procuram avaliar a ocupação do solo e as áreas sujeitas a processos erosivos, a fim de constatar o nível de alteração antrópica e os processos de erosão nos municípios paulistas de Pereira Barreto, Ilha Solteira e Suzanópolis.

Figura 5.7 — Subdivisão irregular de lotes no bairro Caxambu (1º distrito) (Fonte: IPT).

Com a ocupação desordenada de áreas inadequadas nas cidades brasileiras, são cada vez mais frequentes os acidentes em encostas, geralmente por ocasião de chuvas fortes e prolongadas.

Segundo Sobreira (1989), em seu estudo sobre Ouro Preto (MG), este município insere-se bem nesse contexto por suas características físicas, onde se somam a falta de planejamento no que se refere ao setor habitacional e expansão das cidades. Além disso, destaca que a ocupação desordenada, muitas vezes, ocorrida por meio de invasões de terrenos desvalorizados ou voltados para a preservação, tornou-se prática comum no País, devido à falta de infraestrutura urbana. O resultado é o crescente número de processos erosivos nessas áreas durante os períodos mais chuvosos.

A realização de um estudo espaço-temporal dos movimentos de massa é de fundamental importância para avaliar a intensidade da ação antrópica, combinada com os condicionantes físicos, ao longo das últimas décadas.

As informações utilizadas para a identificação temporal e dos totais de deslizamentos foram retiradas do Banco de Dados sobre Escorregamentos em Petrópolis (IPT, 1991), referindo-se aos períodos de 1960 até 1989.

Os dados do período de 1990 até 1997 foram obtidos através de pesquisa nos arquivos dos jornais *Tribuna de Petrópolis* e *Diário de Petrópolis*, além de terem sido conferidos e corrigidos os dados do IPT. A necessidade de atualização visa a dar continuidade aos estudos sobre deslizamentos em Petrópolis, que se acentuam à medida que ocorre a expansão urbana.

As informações foram coletadas utilizando-se um boletim próprio para descrição dos movimentos de massa. Além de localizar os eventos, classifica-os quanto ao tipo de ocorrência e material, o índice pluviométrico do dia, como o prejuízo material e o número de óbitos.

A avaliação foi feita ao longo de quatro períodos, de 1960-1969; 1970-1979; 1980-1989; e 1990-1997. A escolha desses períodos apoia-se na maior frequência com que os movimentos passaram a ocorrer a partir da década de 60 e no comportamento diferenciado quanto à pluviosidade.

Seguindo uma tendência nacional, o crescimento da população urbana supera a rural no município, dando início à expansão da malha urbana para além dos limites estabelecidos por Koeler, acelerando o desmatamento através de uma ocupação e parcelamento sem critérios das rampas adjacentes às áreas urbanizadas, que resultaram em invasões e loteamentos irregulares desprovidos de saneamento básico, onde se estabelece uma população de baixo poder aquisitivo (**Figura 5.8**).

O Código de Obras de 1960 também não demonstra qualquer preocupação com a preservação florestal, abrindo precedentes para que interesses especulativos viessem a ocupar as áreas ociosas que apresentavam elevada valorização junto ao 1º distrito, além de permitir a criação de loteamentos, o que até então era vetado pelo Plano Koeler. Além disso, o Poder Público municipal foi incapaz de controlar e fiscalizar a abertura de loteamentos ou delimitar áreas para este tipo de ocupação (**Figura 5.9**).

Na década de 60, aliados ao início do processo de ocupação desordenada da área urbana, os elevados índices pluviométricos, principalmente em 1966, contribuíram para a ocorrência de movimentos de massa, com destaque para os escorregamentos. Assim, ao avaliarmos a incidência dos movimentos de massa na década de 60 temos o prenúncio das consequências futuras que a expansão urbana poderia causar.

Os movimentos ao serem avaliados por década confirmam a maior ocorrência no 1º distrito, decrescendo em direção ao 5º distrito (Posse). Esse declínio pode ser explicado quando consideramos duas variáveis: a diminuição dos índices pluviométricos para o interior do município, como pelo menor processo de urbanização nos distritos que seguem em direção ao vale do Paraíba do Sul.

Nas quatro décadas avaliadas houve um predomínio quase que absoluto dos escorregamentos, dentre os outros movimentos de massa que foram considerados, como a corrida de lama e a queda de blocos, que podem ser confirmados por meio de gráficos que serão apresentados a seguir.

3. Caracterização Física da Área Urbana

O relevo da região serviu como fator de orientação e organização do espaço, restringindo, inicialmente, a implantação e o crescimento da área urbana ao longo dos vales, que constituem os formadores do Rio Piabanha, que, por sua vez, corre na direção norte, desaguando no Rio Paraíba do Sul (IPT, 1991).

É uma das poucas cidades que dentro do Estado ainda conserva e integra-se a parques nacionais e reservas biológicas — Parque Nacional da

Figura 5.8 — Loteamento irregular no 1º distrito (Morro da Oficina) e conjunto habitacional (BNH) no bairro Alto da Serra (1º distrito) (Foto: Luiz F. H. Gonçalves).

Figura 5.9 — Loteamento Bataillard, localizado no bairro Mosela (1º distrito) (Foto: Luiz F. H. Gonçalves).

Serra dos Órgãos, Reserva Biológica de Araras, Reserva Biológica do Tinguá, Reserva Ecológica da Alcobaça, Zona de Vida Silvestre da Maria Comprida, Zona de Vida Silvestre de Araras e Unidade de Conservação "Parque da Serra da Estrela" —, além de possuir dentro de seu sítio urbano áreas de Mata Atlântica, tombadas pela União — a APA (Área de Proteção Ambiental) de Petrópolis.

3.1. CLIMA

A cidade de Petrópolis, situada na região serrana do Estado do Rio de Janeiro, localiza-se de forma abrangente no domínio tropical, onde a posição geográfica, a altitude, o relevo movimentado, a influência da maritimidade, juntamente com a circulação atmosférica, estabelecem variações climáticas expressivas, ocasionando diferenciações nos índices térmicos e pluviométricos ao longo do ano.

Localmente, o relevo atua como fator importante no aumento da turbulência do ar (ascendência orográfica), principalmente nas passagens de frentes frias e linhas de instabilidade, onde o ar se eleva e perde temperatura, ocasionando fortes e prolongadas chuvas. Sendo assim, são abundantes as chuvas de concentração/hora, com destaque na vertente meridional da Serra do Mar, onde está localizado o município (FIDERJ, 1978).

Quanto ao tipo de clima, segundo a classificação climática proposta por Nimer (1989), a área de estudo apresenta o clima mesotérmico brando superúmido. A precipitação média anual é de 2.200mm, com temperaturas inferiores a 18°C no inverno (julho) e de 21°C no verão (fevereiro), e a umidade atmosférica varia em torno de 83% ao longo do ano. Nos trechos elevados da Serra do Mar verifica-se maior frequência dos ventos de sentido Sudoeste/Nordeste, influenciados também pela orientação do relevo — Sudoeste/Nordeste (FIDERJ, 1978).

As chuvas se concentram de outubro a março, ocorrendo com maior intensidade no mês de dezembro, quando os índices pluviométricos chegam a 316mm (15% das chuvas anuais). No período menos chuvoso, que vai de maio a agosto, o mês de julho apresenta o menor índice pluviométrico, com 66mm, correspondendo a 3% das chuvas anuais. Embora os

MOVIMENTOS DE MASSA NA CIDADE DE PETRÓPOLIS 219

índices de umidade sejam elevados no município, o regime pluviométrico acompanha o ritmo característico do interior, isto é, as precipitações se reduzem no inverno.

Bernardes (1952) menciona a rápida e gradativa diminuição dos totais pluviométricos em direção ao vale do Rio Paraíba do Sul e do aumento dos meses secos, conforme o distanciamento do alto da Serra do Mar.

Dessa forma, os elevados índices pluviométricos que ocorrem na área de estudo, principalmente na porção sul do município, sofrem uma considerável redução para norte em direção ao vale do Paraíba do Sul, o que pode ser comprovado com a análise dos dados pluviométricos do Departamento de Águas e Energia Elétrica (Brasil, 1980), das estações do município de Petrópolis, referentes ao período de 1938 a 1977 e de 1954 a 1977 (para a Estação de Fagundes) e de estações meteorológicas instaladas na área, como a Estação Capela e a Marambaia, de acordo com a **Tabela 5.1**.

Segundo o critério de Nimer (1972), para o clima tropical mesotérmico superúmido, não ocorre a existência de um período seco, pois, apesar da redução dos índices pluviométricos nos meses de junho, julho e agosto nas estações Capela e Petrópolis, eles não ficam abaixo dos 36mm, considerado o limite para a determinação de uma estação seca (**Tabela 5.2**).

No entanto, nas demais estações como Itamarati (julho), Rio da Cidade, Marambaia, Pedro do Rio e Fagundes (junho, julho e agosto) voltadas para o vale do Paraíba do Sul, pode-se observar a gradual caracterização de um período seco (**Figura 5.10**).

Tabela 5.1 — Localização das estações pluviométricas em Petrópolis

	Latitude	Longitude	Altitude(m)
Capela	22º31'S	43º14'S	900
Petrópolis	22º31'S	43º11'S	820
Itamarati	22º29'S	43º08'S	825
Rio da Cidade	22º27'S	43º10'S	720
Marambaia	22º27'S	43º08'S	720
Pedro do Rio	22º20'S	43º08'S	660
Fagundes	22º18'S	43º11'S	460

Fonte: Brasil (1980), exceto para as estações experimentais da Marambaia e Capela.

Tabela 5.2 — Dados pluviométricos médios (mm) das estações em Petrópolis no período de 1938 a 1977 e 1954 a 1977 (Estação Fagundes)

Meses	Petrópolis	Itamarati	Rio da Cidade	Pedro do Rio	Fagundes
JAN	314,3	269,4	268,6	239,8	182,3
FEV	234,4	189,8	189,3	165,6	130,5
MAR	231,3	196,5	168,5	138,8	122,3
ABR	141,3	96,8	69,1	52,6	56,6
MAI	86,7	63,0	45,7	35,9	36,5
JUN	55,3	38,3	26,2	21,0	16,7
JUL	52,0	33,0	23,4	17,8	22,9
AGO	66,1	41,2	28,8	20,9	22,2
SET	81,7	57,8	48,6	40,0	48,0
OUT	150,9	112,7	106,4	98,2	102,1
NOV	215,4	169,3	165,3	139,2	143,7
DEZ	282,0	255,0	251,5	210,1	182,9
TOTAL	1.441,4	1.522,8	1.391,4	1.189,9	1.066,7

Fonte: Brasil (1980).

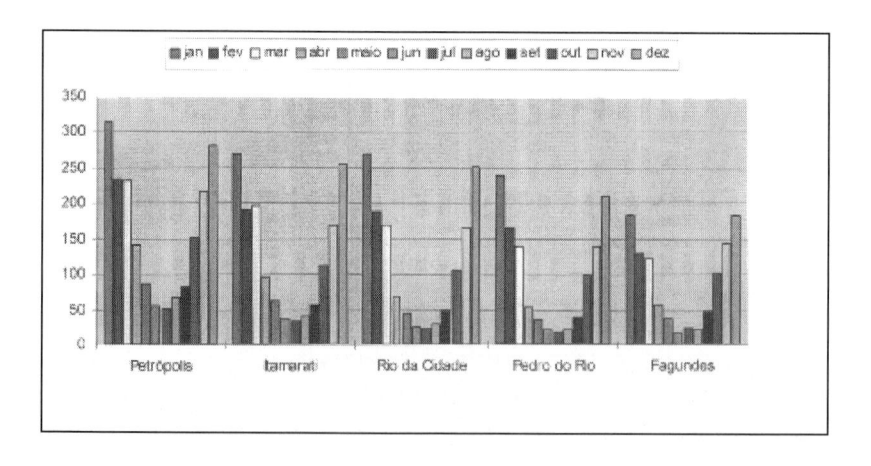

Figura 5.10 — Gráfico comparativo das estações pluviométricas (mm) em Petrópolis entre 1938 e 1977.

A ausência de uma estação seca caraterística pode ser também ratificada, quando relacionamos as condições climáticas às perdas de água do solo por evapotranspiração. O balanço hídrico acompanha o comportamento da pluviosidade na área de estudo.

Na análise do sistema de balanço hídrico (Thornthwaite e Mather, 1955, *in* FIDERJ, 1978) da Estação Petrópolis, verifica-se a ausência de um período onde a evapotranspiração exceda a precipitação, não ocorrendo qualquer deficiência hídrica, apesar de os índices pluviométricos se reduzirem nos meses de junho a setembro. Verifica-se também que nos meses de dezembro e janeiro o excedente hídrico atinge os valores mais altos, devido ao aumento da pluviosidade, o que pode acarretar maior incidência de movimentos de massa em função de um excedente de água no solo.

O excedente hídrico na Estação Petrópolis é de 1.180,7mm. Deringer (1984), a respeito disso, destaca que este excedente hídrico não representa grande problema, enquanto no período entre as precipitações houver tempo para que a água excedente percolasse para as camadas subterrâneas do solo. Acrescenta ainda que o perigo de desabamentos nas encostas torna-se maior quando a quantidade de água percolada dentro do solo para as camadas subterrâneas for menor do que o volume precipitado em um mesmo período.

A mesma situação já não ocorre no balanço hídrico das estações de Araras e Pedro do Rio, elaboradas pela FIDERJ (1978), que possuem excedentes menores, com 763,5mm e 333,7mm, respectivamente, nos meses de dezembro e janeiro. Quanto à deficiência hídrica, ela é 6,0mm na primeira e 58,0mm na segunda, ocorrendo nos meses de agosto e setembro, que são menos chuvosos.

3.2. Cobertura Vegetal

O Projeto RADAM (1983) subdividiu a Mata Atlântica em diversos tipos florestais, que receberam a denominação de Floresta Ombrófila Densa.

A designação Floresta Ombrófila Densa foi proposta por Ellenberg e Mueller-Dombois (1966), sendo que o termo *Ombrófila* (de origem grega) substitui *Pluvial* (de origem latina), ambos com o mesmo significado. Posteriormente serviu de base para uma classificação apresentada à UNESCO (1973), sendo a partir de então bastante adotada.

Este tipo de vegetação é caracterizado pela presença de fanerófitas perenifoliadas, com brotos foliares sem proteção contra a seca. Os ambientes ocupados pela Floresta Ombrófila Densa apresentam chuvas bem distribuídas, com médias anuais em torno e acima de 1.500mm, havendo estações sem seca ou mesmo com grande disponibilidade de umidade.

A subdivisão da Floresta Ombrófila Densa (Mata Atlântica), realizada pelo RADAM (1983), baseou-se principalmente na distribuição por altitude, sendo reconhecidas na área de estudo em Petrópolis: Floresta Submontana, Floresta Montana, Floresta Alto Montana e Vegetação Secundária.

Floresta Submontana

Ocorre na faixa de altitude entre 50 e 500 metros, em áreas dissecadas da Serra do Mar, das serras litorâneas e dos maciços isolados, sobre rochas do embasamento cristalino e rochas alcalinas.

Agrupamentos remanescentes desta formação florestal são encontrados nas serras litorâneas (Serra do Mar, Serra da Tijuca e Planalto do Caparaó), maciços isolados (Tinguá, Mendanha, Gericinó e Serra do Garcia) e nas encostas interiorizadas, sob a influência da massa tropical marítima (Serra dos Órgãos, Serra das Araras e Serra da Estrela).

Apresentando sempre algum grau de intervenção antrópica podem ser caracterizadas por possuir estrutura fanerófita, com ocorrência de canéfitas, epífitas (dentre elas as orquídeas e bromélias) e lianas, além da presença de um estrato de até 25-30 metros de altura com murici ou pau-de-tucano (*Vochysia tucanorum*); baguaçu (*Talauma organensis*); faveira (*Parkia sp.*); jacatirão (*Hiconi theaezans, Plathymenia foliosa* e *Alichornea trilinervia*), canelas (*Nectandra sp.* e *Ocotea sp.*) e sangue-de-drago (*Croton sp.*); pela ocorrência de palmito (*Euterpes edulis*), (*Geonoma sp.*) e também do xaxim. Existe muita ocorrência de embaúba (*Cecropia sp.*), sendo comum encontrarem-se no estrato inferior plântulas de regeneração de espécies do substrato dominante, algumas criptófitas e umas poucas camé-fitas das famílias *Rubiaceae, Myrtaceae* e *Melastomaceae* (RADAM, 1983).

De forma abrangente, a vegetação remanescente da Formação Submontana da Floresta Ombrófila Densa está presente em áreas de preservação ambiental ou faz parte de parques ou reservas equivalentes, pois se situam em encostas com acentuada declividade e estão associadas a mananciais. Esta formação está presente na APA de Petrópolis, que envolve toda a cidade, no Parque Nacional da Serra dos Órgãos, Parque Nacional do Tinguá, Reserva Biológica de Araras e Reserva Protetora da União de Xerém.

Floresta Montana

Ocupa áreas de relevo bastante dissecado, íngreme e de difícil acesso, o que contribui até hoje para a sua preservação. Este tipo de vegetação é encontrado nas faixas de altitude entre 500 e 1.500 metros, abrigadas no Parque Nacional da Serra dos Órgãos e no Parque Nacional do Tinguá, limítrofes à cidade de Petrópolis.

A Floresta Montana (**Figura 5.11**) se caracteriza por apresentar um estrato arbóreo de 25 metros, aproximadamente, com as seguintes espécies: *Vochysis laurifolia, Talauma organensis, Cariana excelsa, Clethra brasiliensis, Ocotea sp., Nectandra sp.*, dentre as macrofanerófitas, e um estrato

Figura 5.11 — Floresta Montana (Foto: Luiz F. H. Gonçalves).

dominante de meso e nanofanerófitas de diversas espécies das famílias *Rubiaceae*, *Myrtaceae* e *Melastomaceae*, e mais a presença generalizada de *Palmae* (palmito, guaricanga e tucum), *Pterophytae* (samambaia e xaxim), *Bromeliaceae* e grande quantidade de epífitas e lianas (RADAM, 1983).

Floresta Alto Montana (mata de altitude)

Está localizada em áreas de altitudes superiores a 1.500 metros sobre rochas do embasamento cristalino. Por estarem em altitudes elevadas, constituem mata úmida frequentemente envoltas por neblina.

Os solos onde ocorrem são rasos (litólicos e cambissolos). O porte da vegetação em função do solo raso, da elevada altitude e das temperaturas baixas, apresentam uma estrutura de nano e microfanerófitas, cuja altura pode variar em torno de 5 a 10 metros.

As espécies são endêmicas, revelando um antigo isolamento, cujos gêneros mais comuns são: *Drymis*, *Clhetra*, *Meimmannia*, *Rapanea*, *Hexaclamys*, *Marliera*, *Roupala* e *Miconia*. Ocorrem também *bromeliaceae* dos gêneros *Vriesia*, *Aechmea* e *Nidularium*; *Cyperaceae* representadas pelo gênero *Cyperus;* a *Gramineae*, *Chusquea mimosa* e muitas pteridófitas que recobrem o terreno (RADAM, 1983).

Em função das baixas temperaturas, frequentemente com médias abaixo de 15°C, é comum a vegetação desta formação florestal se apresentar com formas xerófitas, caracterizadas pelos troncos e galhos finos, casca rugosa, folhas ericoides, pequenas coriáceas ou carnosas, e brotos terminais protegidos. Normalmente há grande incidência de epífitas e liquens, que, por sua vez, indicam a existência de altos teores de umidade relativa do ar no ambiente local (RADAM, 1983).

Dentre essas três variações da Floresta Ombrófila Densa (Mata Atlântica), a Floresta Montana constitui a mais atingida pelo desmatamento provocado pela expansão desordenada do município.

A Floresta Montana também se encontra inserida dentro da malha urbana, na forma de pequenas ilhas, ocupando preferencialmente os divisores de água. Nas demais áreas, a cobertura vegetal original foi destruída para a expansão da área urbana ou para o desenvolvimento da horticultura, pastagens e exploração madeireira, sendo substituída por uma vegetação secundária.

Vegetação Secundária

A vegetação secundária que surge nas áreas desmatadas da Floresta Ombrófila Densa corresponde às capoeiras e capoeirões, além do capim melado ou gordura (*Melinis minutiflora*). Esse tipo de vegetação constitui a nova fisionomia que surge em substituição à vegetação anterior (**Figura 5.12**).

A cobertura vegetal tende a aumentar a capacidade de infiltração, pois solos recobertos por florestas geralmente apresentam maior capacidade de infiltração, especialmente pela formação da serapilheira. A redução na densidade de cobertura vegetal é acompanhada pelo decréscimo da infiltração, aumentando o escoamento superficial, sendo uma das variáveis detonadoras dos movimentos de massa (Coelho Netto, 1998).

As áreas de vegetação secundária são mais propensas à incidência de movimentos de massa, por não desenvolverem estratos arbóreos e raízes profundas, que possibilitariam uma proteção do solo contra as chuvas mais intensas, além de capturarem maior quantidade de solo, até mesmo em profundidade. Essa substituição de vegetação favorece a atuação de

Figura 5.12 — Vegetação Secundária (Foto: Luiz F. H. Gonçalves).

processos morfogenéticos onde os movimentos de massa são constantes (RADAM, 1983).

3.3. GEOLOGIA

A litologia da cidade é constituída predominantemente por migmatitos e granitoides de idade Pré-Cambriana. Estas rochas encontram-se intensamente seccionadas por fraturas e falhas de extensão regional, com forte reflexo na topografia, pois toda região de abrangência destas unidades foi submetida a eventos tectônicos caracterizados durante o Pré-Cambriano (Penha *et al.*, 1981). Geograficamente, observa-se a seguinte distribuição:

- Unidade de migmatitos heterogêneos: presente na porção noroeste e sudeste, constituindo a Unidade Santo Aleixo;
- Unidade de granitos gnáissicos: ocorre na porção central e sudeste e constitui a Unidade Batólito Serra dos Órgãos;
- Unidade de migmatitos homogêneos: na porção central e sudoeste, correspondendo à Unidade Bingen;
- Unidade de granitos intrusivos: em corpos menores na porção leste, correspondendo ao Granito Andorinha.

Dentre as quatro unidades litológicas, a Unidade Bingen é predominante, correspondendo a 61,58% da área, seguindo-se pela Unidade Santo Aleixo, com 21,2%, Unidade Batólito Serra dos Órgãos, com 13,3%, e Unidade Granito Andorinha, com 0,9% da área delimitada.

As características gerais do relevo são determinadas pelo controle estrutural, padrão de fraturamento e posição em relação à escarpa principal (limite meridional do domínio serrano). As estruturas regionais desempenham um notável controle na organização da rede de drenagem e no modelado do relevo. Os sistemas de fraturas e falhas mais importantes têm direção NNE e NE.

A Unidade Santo Aleixo carateriza-se morfologicamente por uma topografia bastante acidentada, com morros alongados, geralmente estruturados paralelamente à foliação NE (**Figura 5.13**). Estes morros têm a

Figura 5.13 — Unidade Batólito Serra dos Órgãos e Santo Aleixo (Foto: Luiz F. H. Gonçalves).

encosta SE bastante inclinada, geralmente formando paredões desnudos. Se considerarmos a NW, estes morros mostram-se sempre mais suaves, acompanhando aproximadamente o mergulho da foliação (DRM, 1981). A unidade é atravessada por um cortejo de diques de diferentes composições e origem, entre as quais se destacam os corpos tabulares do granito Andorinha, sendo um desses envolvidos pela Unidade Bingen.

A Unidade Bingen se caracteriza principalmente pela presença de biotita gnaisse granítico, bastante homogêneo, de cores claras, grão médio a fino, com uma gnaissificação moderada, ou ausente nos núcleos de aspecto tipicamente granítico. Esta unidade caracteriza-se pela presença de serras alinhadas e assimétricas com vertentes íngremes e rochosas, paredões lisos, muito escarpados e verticalizados (**Figura 5.14**). As unidades Santo Aleixo e Bingen, em geral, apresentam relevo menos acidentado do que aquele sustentado por granito. As zonas de falha condicionam a direção dos vales, produzindo um padrão de drenagem em treliça, com vales separados por morros alongados, como se observa na área urbana de Petrópolis (Penha *et al.*, 1981).

A Unidade Batólito Serra dos Órgãos (**Figura 5.15**), macroscopicamente, caracteriza-se por ser composta de rochas de granulação média à grossa, em geral biotítica, com ou sem hornblenda. O índice de cor varia

Figura 5.14 — Unidade Bingen (Foto: Luiz F. H. Gonçalves).

Figura 5.15 — Unidade Batólito Serra dos Órgãos (Foto: Luiz F. H. Gonçalves).

de leuco a mesocrático, predominando este último. Possui forte presença de quartzos grosseiros e textura levemente orientada.

A recristalização é intensa, e os grãos formam contatos irregulares. Quartzo e feldspato encontram-se bastante fraturados, contendo muitas inclusões, com destaque para a apatita, zircão e biotita (Penha *et al.*, 1981).

Os granitos gnáissicos do Batólito Serra dos Órgãos, com frequência, apresentam paredões escarpados, com rocha exposta, morros de formas arredondadas e rede de drenagem dendrítica, com as confluências em ângulos retos (Penha *et al.*, 1981).

A presença de confluências em ângulos retos, no padrão dendrítico, constitui anomalias que devem ser atribuídas, em geral, aos fenômenos tectônicos (Christofoletti, 1980).

A Unidade Granito Andorinha ocorre em quase toda a área, na forma de corpos intrusivos tabulares mapeáveis e diques menores, em geral com mergulhos de baixo ângulo. Caracterizam-se por possuir vertentes arredondadas e convexas. Sustentam morros e colinas, frequentemente cobertos por matacões, bem como os picos mais altos da região — Pedra do Sino e Pedra do Açu, dentre outros (DRM, 1981).

A maior densidade de falhas e fraturas está presente na parte sul do município, o que condiciona o relevo de morros alongados, de vales em "V" retilíneos, encaixados em descontinuidades NE e NW.

Nesta região, os migmatitos heterogêneos e homogêneos das Unidades Bingen e Santo Aleixo formam um relevo extremamente acidentado, com morros escarpados, paredões rochosos e vales profundamente sulcados sobre zonas de falhamento.

Podemos ressaltar o grande número de falhas geológicas alinhadas no sentido SW-NE, que ocorrem sobre a interseção de litologias na região central da área de estudo, isto é, exatamente sobre o centro histórico do município.

3.4. SOLOS

O Serviço Nacional de Pesquisas Agronômicas (SNPA, 1958) realizou um levantamento pedológico para o Estado do Rio de Janeiro, na escala 1:400.000, onde se verifica a ocorrência de três tipos fundamentais de solo em Petrópolis: o Latossolo Vermelho, que se situa a oeste do município, no 1º distrito e em suas imediações, somando uma área de 28,8%; o Latossolo Alaranjado, que prevalece nas partes sul e leste do município, correspondendo a 34,6% de sua área; e o Litossolo, que ocupa um total de 13,4% disperso em toda a área municipal.

Na realidade, embora a cor seja uma característica morfológica fácil de distinguir no terreno, constituem ambos os solos um só grande grupo: o dos Latossolos Vermelho-Amarelos, que cobrem, portanto, 53,4% das terras do município (CNPI, 1970).

A impossibilidade para elaborar um mapa pedológico relaciona-se ao elevado grau de ocupação humana na área de estudo. Por constituir uma área bastante urbanizada e, consequentemente, afetada pela ação antrópica, impossibilitaram uma avaliação pedológica detalhada, considerando também o elevado grau de impermeabilização da área urbana e a remoção de horizontes do solo.

Os trabalhos de mapeamentos pedológicos realizados por Tavares (1987) na bacia do Córrego da Ponte de Ferro e por Botelho (1996) na bacia do Rio Cuiabá, localizadas em Petrópolis, constatam a existência de uma variabilidade de classes de solos, em função da complexidade do relevo e geologia. As classes de solos identificadas em comum nos dois trabalhos são: Latossolo Vermelho-Amarelo, Podzólico Vermelho-Amarelo, Cambissolo, Solo Aluvial e Solo Litólico.

As áreas onde são encontrados os Latossolos Vermelho-Amarelos estão localizadas em regiões de relevo forte ondulado e, na maioria dos casos, em regiões de relevo montanhoso, como do alto da Serra do Mar e a vertente interior da mesma, drenada para o Rio Paraíba do Sul, estendendo-se pelas partes elevadas que prolongam para o interior os níveis superiores da Serra do Mar (SNPA, 1958).

Segundo Prado (1995), os latossolos são solos profundos, de sequência de horizontes A-Bw-C, com aparência bem individualizada; apresentam argilas de baixíssima atividade, pouca retenção de bases e virtual ausência de minerais primários facilmente intemperizáveis.

O horizonte A mais comum destes solos é o moderado, mas podendo ser encontrados o proeminente e o húmico. Tem cerca de 35cm de espessura, com coloração de castanho-escuro e cinzento, escuro, devido à riqueza em húmus, em condições normais.

O horizonte Bw é muito espesso, com aproximadamente 270cm e cor variada, desde o vermelho, passando pelo laranja, até o amarelo, apresentando uma textura rica em elementos finos (argila e silte). A estrutura é, em geral, muito pequena, granular com um aspecto de maciça porosa. A textura é bastante variada, a distinção dos sub-horizontes do B latossólico é pouco visível, baseada em pequenas diferenças de cor, estrutura e consistência. São solos ácidos, com pH de 4,6 no A, e de 5,2 nos sub-horizontes inferiores do B, sendo em geral, na região, pobres em bases solúveis

O horizonte C corresponde à rocha em decomposição, também é profundo, comprovando que o intemperismo das rochas é intenso na região. Possuem coloração rosada ou ligeiramente avermelhada, podendo haver a mistura de várias tonalidades associadas à diminuição de estruturação em relação ao horizonte B e acréscimo do teor de silte, e presença de partículas micáceas, quando deriva de rochas cristalofilianas.

As áreas de ocorrência na Região Sudeste são os planaltos Centro-Sul de Minas Gerais e Serras do Mar e da Mantiqueira.

Os Latossolos Vermelho-Amarelos, segundo Oliveira *et al.* (1992), apresentam baixa fertilidade, representada por reduzidos teores de bases trocáveis, de micronutrientes e de fósforo e alta concentração de alumínio, nos álicos, a principal limitação ao aproveitamento. Nas áreas de relevo acidentado, há também limitações causadas pela declividade e riscos de erosão.

Quanto aos Podzólicos Vermelho-Amarelos, apesar de não terem sido identificados pelo SNPA (1958), foram encontrados por Tavares (1987) e Botelho (1996) em estudos realizados em Petrópolis. Estes apresentam uma sequência de horizontes A-E-Bt-C ou A-Bt-C; o horizonte E pode faltar, e a diferenciação dos horizontes pode ser visível ou não. De acordo com Oliveira *et al.* (1992), os horizontes dos Podzólicos Vermelho-Amarelos podem ser assim caracterizados: o horizonte A mais frequente é o moderado, podendo ocorrer outros tipos, menos o turfoso; o horizonte E é mais comum nos Podzólicos Vermelho-Amarelos, de natureza álbica, e tem mudança textural abrupta, chegando a ser bastante espesso, por volta de 100cm; o horizonte B de cores vermelhas até amarelas apresenta um gradiente textural acentuado, sempre relacionado à sua estrutura; porém, quando pouco espesso, este horizonte deve apresentar estrutura em blocos ou prismática, composta de blocos e cerosidade suficientemente desenvolvidas para qualificar-se como um B textural. O horizonte C apresenta uma textura menos argilosa, cor menos viva, e menor desenvolvimento de estrutura e cerosidade, sendo possível ser mais friável e com vestígio de material rochoso em decomposição.

Os Cambissolos podem ser desde rasos até profundos, possuindo uma sequência de horizontes A-Bi-C, com uma diferenciação de horizontes pouco nítida. O horizonte A pode ser fraco, moderado, chernozêmico, proeminente ou húmico. O horizonte Bi apresenta uma diversidade de cores de tonalidades amarelas e brunadas; sua textura varia desde franco-arenosa até muito argilosa, sendo mais comuns as texturas médias a argilosas. Os teores de silte geralmente são elevados, e a textura varia pouco ao longo do perfil. O horizonte Bi apresenta estrutura em blocos, de fraca a moderada, não apresentando cerosidade. Os Cambissolos, quando ocorrem em relevo pouco movimentados, podem ser aptos à prática agrícola.

Os solos aluviais, devido à sua formação recente (depósitos quaternários), desenvolvem-se apenas nas planícies aluvionares, em depósitos recentes de origem fluvial.

E, por último, os Litossolos, solos minerais não hidromórficos, rasos, pouco evoluídos, que podem se assentar diretamente sobre a rocha. São solos de sequência A-R ou A-C-R, sendo o horizonte C pouco espesso, quando ocorre. No conjunto, esses horizontes raramente são superiores a 50cm. Seu aproveitamento é bastante restrito, devido à sua pequena espessura, como pela presença de matacões, pedras e cascalhos, ocorrendo normalmente em relevo acidentado, inviabilizando a ocupação e a prática da agricultura.

3.5. Geomorfologia

A área urbana se insere na Região das Escarpas e Reversos da Serra do Mar, inserida em uma das quatro unidades que compõem esta região, a Unidade Geomorfológica da Serra dos Órgãos (RADAM, 1983).

Esta região apresenta um quadro morfológico relacionado aos efeitos de um tectonismo regional e de sucessivas fases erosionais. Trata-se de uma área resultante de dobramentos, reativações de falhas e remobilização de blocos. A topografia reflete esses condicionamentos geológicos predominantes, e em toda a sua extensão são registrados vales alongados, segmentos de drenagem retilíneos, maciços graníticos, linhas de cristas e cumeadas paralelas, relevos com grandes desníveis altimétricos, escarpas íngremes e alvéolos intermontanos.

Cooke e Doornkamp (1977) dedicam alguns capítulos à geomorfologia na administração da paisagem. Acreditam que o modelado é importante em muitos sistemas, por refletir um balanço entre os processos passados e as propriedades físicas do material que compõe aquela forma. O modelado também influencia futuros processos, tanto assim que a declividade de uma vertente pode ser crítica na determinação da estabilidade potencial de uma vertente em particular.

Os estudos sobre os deslizamentos de terra não são significativos apenas para as cidades situadas no planalto cristalino e zonas litorâneas, como os casos de Petrópolis, Teresópolis, Caraguatatuba e Rio de Janeiro, mas também para todas as áreas urbanizadas que englobam diversos tipos de escarpamento. O desenvolvimento dos estudos e mapeamentos geotécnicos vem oferecendo informações e documentos valiosos para a compreensão da dinâmica geomorfológica em áreas urbanizadas (Christofoletti, 1998).

A avaliação do mapa geomorfológico demonstra um predomínio de duas feições na área, como as rampas que ocupam 41,35% e o embasamento com 41,8%. Os terraços fluviais representam 9,3%, localizando-se ao longo dos rios, expandindo-se quando o relevo permite. Os afloramentos correspondem a 6,3%, ocorrendo sempre em áreas de maior altitude, nos topos das elevações ou sob a forma de rampas.

Quanto à declividade, obtivemos as seguintes porcentagens para a área: 3-8% (3,84%), 8-20% (9,72%), 20-45% (22,9%), 45-75% (35,7%) e superiores a 75% (26,53%). Na avaliação dos resultados da carta de declividade, percebe-se um predomínio do relevo montanhoso e escarpado para onde a área urbana se expande, através da abertura de loteamentos irregulares e invasões.

4. Distribuição Espacial e Temporal dos Movimentos de Massa na Área Urbana

O termo deslizamento tem, segundo Coates (1981), um sentido amplo, pois é usado para designar processos geomorfológicos que envolvem, tanto rápidos movimentos gravitacionais como as formas resultantes causadas pelo deslocamento do material da encosta. As causas do deslizamento podem ser atribuídas a fatores naturais, como a declividade da encosta e a estratigrafia, ou a fatores induzidos a partir das atividades humanas.

Almeida *et al.* (1991) verificaram que o aumento dos escorregamentos seria um indicativo do grau de degradação ambiental de uma área, onde a pluviosidade seria uma das responsáveis detonadoras destes processos.

A intensidade da chuva, segundo Horton (1933), influencia no escoamento superficial, quando a capacidade de infiltração é excedida. A intensidade também precisa ser considerada, relacionando-a com as propriedades do solo e a cobertura vegetal (Kirkby, 1980).

Guerra (1998) destaca que a intensidade da chuva tem sido utilizada por vários pesquisadores, que têm tentado buscar um valor crítico, a partir do qual começa a haver erosão dos solos, sendo difícil estabelecer um valor universal, porque outros fatores também influenciam o processo.

Cabral e Jesus (1991) e Grillo (1993), ao analisarem os eventos pluviais extremos na Grande São Paulo, afirmam que estes são passíveis de ocorrências anômalas, cujos reflexos nas áreas densamente urbanizadas são perceptíveis através dos problemas decorrentes das enchentes e dos deslizamentos.

A caracterização pluviométrica tem um papel destacado na compreensão da dinâmica da paisagem na área de estudo (1º e 2º distritos de Petrópolis), sendo que suas diferenças de distribuição ao longo do tempo e espaço podem desencadear alterações rápidas na paisagem, como escorregamentos de encostas.

O comportamento dos totais pluviométricos no município, nos quatro períodos avaliados (1960-69; 1970-79; 1980-89; e 1990-1997), tem apresentado uma alternância entre décadas mais chuvosas, caraterizadas por grandes enchentes, como as de 1966 e 1988, e décadas mais secas. Nestes períodos, nos meses de junho e julho, a pluviosidade torna-se bastante reduzida, constituindo um problema que se agrava a cada ano, comprometendo o abastecimento de água potável para a população, em função do decréscimo da vazão dos quatro mananciais que abastecem os municípios Caxambu Grande, Caxambu Pequeno, Fazenda Inglesa e Morin, e pelo crescente consumo (Gonçalves, 1998).

Segundo o Plano Diretor de Petrópolis (1992), os terrenos próximos a esses mananciais vêm sendo ocupados para uso habitacional em diferentes níveis de qualidade. A ocupação desordenada junto aos afluentes de 1ª ordem que abastecem os mananciais, juntamente com a redução dos totais pluviométricos na década de 90, têm agravado a cada ano o fornecimento de água para todo o município.

Os meses de totais pluviométricos mais reduzidos — junho, julho e agosto — são inexpressivos quanto à ocorrência de movimentos de massa (**Figura 5.16**), mas são marcados pelo aumento do desmatamento, induzido ou não, mas que fizeram deste período o melhor para se dar início a ocupações irregulares, quando as autoridades locais não ficam em alerta pela quase ausência de movimentos de massa e da reduzida precipitação (Gonçalves, 1998).

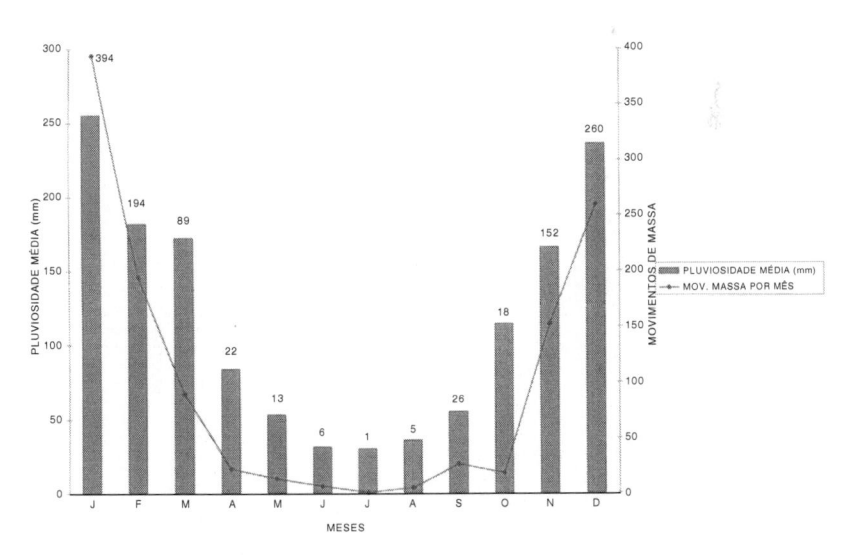

Figura 5.16 — Relação entre pluviosidade média e movimentos de massa em Petrópolis-RJ (1960-1997) (Fonte: Gonçalves, 1998).

A ocorrência de movimentos de massa, frequentemente relacionada aos períodos de maior pluviosidade, também está diretamente ligada à expansão e ocupação desordenadas da área urbana de Petrópolis, em especial no 1º distrito.

Os movimentos de massa, ao serem avaliados por década, confirmam a maior ocorrência no 1º distrito, decrescendo até o 5º distrito (Posse). Esse declínio pode ser explicado quando consideramos duas variáveis: a diminuição dos índices pluviométricos para o interior do município, como pelo menor processo de urbanização nos distritos, que seguem em direção ao vale do Paraíba do Sul (**Figura 5.17**).

Nas quatro décadas avaliadas houve um predomínio quase absoluto dos escorregamentos, dentre os outros movimentos de massa que foram considerados, como a corrida de lama e a queda de blocos.

Os escorregamentos e as corridas de lama tiveram a sua ocorrência mais expressiva nos meses de dezembro, janeiro e fevereiro, considerados os mais chuvosos, tanto pelo número de dias com chuva como pelo total mensal.

A ocorrência de queda de blocos não está relacionada necessariamente aos totais pluviométricos, podendo ocorrer em qualquer mês. O levan-

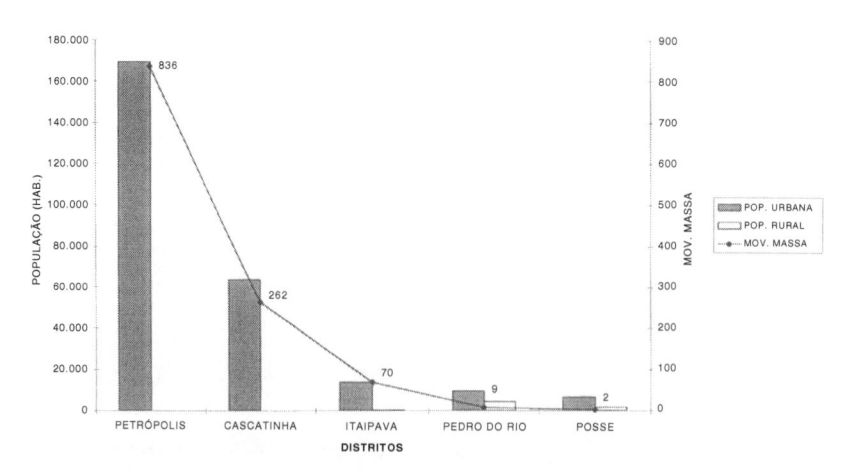

Figura 5.17 — Relação entre população e movimentos de massa por distritos entre 1960-1996 em Petrópolis (Fonte: Gonçalves, 1998).

tamento realizado para as quatro décadas demonstrou o predomínio dos escorregamentos como o tipo de movimento de massa mais comum, seguido pela queda de blocos e pela corrida de lama.

4.1. PERÍODO DE 1960 A 1969

A década de 60 apresentou um expressivo número de movimentos de massa no 1º distrito, característica comum às décadas posteriores, com destaque para os anos de 1962, 1966 e 1967 (**Tabela 5.3**).

Tabela 5.3 — Total de movimentos de massa por ano e por distrito no período de 1960 a 1969

Anos	Distritos					Total
	1º	2º	3º	4º	5º	
1960	7	1	0	0	0	8
1961	22	4	2	0	0	28
1962	50	2	2	0	0	54
1963	5	0	0	0	0	5
1964	0	0	0	0	1	1
1965	19	18	1	0	0	38
1966	67	21	1	0	0	89
1967	33	9	1	0	0	43
1968	1	1	0	0	0	2
1969	6	0	0	0	0	6
Total	210	56	7	0	1	274

Fonte: Gonçalves (1998).

Nestes três anos, os elevados índices pluviométricos nos meses de janeiro a março provocaram um maior número de movimentos de massa dentre os outros meses do ano. Nesta década, foi constatada uma correlação entre precipitação e movimentos de massa, pois a ocorrência destes estava mais condicionada à pluviosidade diária e acumulada do que à ocupação em si, até aqui mais restrita.

Nesta década, os movimentos de massa restringem-se à porção central da área urbana no 1º distrito, nos bairros Valparaíso, Castelânea, Saldanha Marinho, Campo do Serrano e Duchas, em áreas de afloramentos, embasamento cristalino e rampas, com declividades entre 3% e 45%. Esta região é recortada por falhas geológicas e onde se dá uma interseção de litologias (Gonçalves, 1998).

Estendendo-se para o 2º distrito, para onde se expande a área urbana, o vale do Quissamã é outra área de grande concentração de movimentos, onde predominam encostas com declividades superiores a 45%.

4.2. Período de 1970 a 1979

Na década de 70, houve uma redução na pluviosidade, que pode ser comprovada com a igual redução dos movimentos de massa que se concentraram nos anos de 1973, 1976 e 1979. Apesar da redução dos índices pluviométricos anuais, mensais e diários com relação à década de 60, o número de eventos foi maior (**Tabela 5.4**).

Podemos verificar que houve na década de 70 uma dispersão dos movimentos de massa para as áreas mais periféricas ao Centro, caracterizando assim o sentido da expansão urbana, através da abertura de loteamentos irregulares, resultantes ou não de invasões informais, que foram rapidamente ocupados pela população de baixa renda, tanto em função das facilidades para o pagamento dos lotes, como pela proximidade do Centro. O vale do Quissamã e do Rio Piabanha tornam-se os principais eixos de expansão da área urbana para o interior do município (Gonçalves, 1998).

A década de 70 foi marcada pela mais alta taxa de crescimento populacional, quando se acentua, de modo geral, o processo de urbanização do País, com a transferência de população de áreas deprimidas economicamente para os centros urbanos.

O que se verifica é o aumento de movimentos de massa em áreas mais periféricas ao centro urbano, junto às áreas de rampa, afloramento e embasamento, com declividade situada entre 8% e acima de 45%, onde a ocupação fez surgir dezenas de loteamentos irregulares e invasões, com destaque para o bairro do Alto Independência, localizado junto aos divisores da Serra da Estrela, onde começava a se estabelecer um dos maiores loteamentos irregulares do município (Gonçalves, 1998).

Tabela 5.4 — Total de movimentos de massa por ano e por distrito no período de 1970 a 1979

Anos	Distritos					Total
	1º	2º	3º	4º	5º	
1970	2	1	0	0	0	3
1971	34	6	1	0	0	41
1972	19	17	3	0	0	39
1973	49	17	2	0	0	68
1974	6	0	0	0	0	6
1975	20	4	6	0	0	30
1976	38	5	2	0	0	45
1977	11	6	2	0	0	19
1978	12	3	2	3	0	20
1979	30	13	7	0	0	50
Total	221	72	25	3	0	321

Fonte: Gonçalves (1998).

4.3. PERÍODO DE 1980 A 1989

Quanto à década de 80, esta conjuga condicionantes importantes que determinaram a ocorrência de movimentos de massa nas décadas anteriores: precipitação elevada (década de 60) e ocupação desordenada (década de 70). A consequência direta da combinação dessas variáveis pode ser visualizada na **Tabela 5.5**.

Tabela 5.5 — Total de movimentos de massa por ano e por distrito no período de 1980 a 1989

Anos	Distritos					Total
	1º	2º	3º	4º	5º	
1980	20	14	8	0	0	42
1981	58	19	3	0	0	80
1982	10	1	4	0	0	15
1983	29	13	5	0	0	47
1984	5	0	0	0	0	5
1985	29	13	2	0	0	44
1986	1	3	3	1	0	8
1987	51	17	3	0	0	71
1988	102	15	6	0	0	123
1989	9	2	0	1	0	12
Total	314	97	34	2	0	447

Fonte: Gonçalves (1998).

O ano de 1987 e principalmente o de 1988, quando se deu a grande enchente, deixaram clara a fragilidade em que se encontra a área urbana, quando 42% dos 447 movimentos ocorridos na década se concentraram em dois anos. Os índices pluviométricos que causaram a grande enchente de 1988 não superaram os de 1966, que, segundo pesquisadores locais, superaram em muito os 160mm de 1988.

Houve uma falha nos registros pluviométricos durante parte do ano de 1966, quando a estação do 1º distrito foi desativada temporariamente, no período em que ocorreu a enchente de 1966. Os dados que foram considerados neste período correspondem à Estação Cascatinha, no 2º distrito, que registrou 151,8mm.

As áreas mais atingidas por escorregamentos correspondem aos bairros que foram afetados por ocupações irregulares nas duas décadas anteriores, com destaque para o vale do Quissamã, onde a ocorrência de deslizamentos foi mais expressiva. Nesta década, os movimentos de massa não ficaram restritos às áreas onde reside a população de baixa renda, mas atingiram bairros nobres, ambos estabelecidos em áreas próximas aos divisores da Serra da Estrela.

A década de 80 é considerada a mais expressiva, tanto pelo número de movimentos de massa como pelo elevado total pluviométrico que ocorreu na grande enchente em fevereiro de 1988.

A ocupação desordenada das encostas, iniciada na década de 60 e acelerada na década de 70, tornou o município nacionalmente conhecido em 1988, quando ocorreram centenas de deslizamentos, causando prejuízos materiais e mortes no 1º distrito (sede).

Os danos causados pela enchente de 1988 foram muito mais expressivos do que na enchente de 1966, apesar de o total pluviométrico deste evento ter sido menor. O total de movimentos de massa foi de 274 na década de 60 e na década de 80 chegou a 447, sendo que no ano de 1966 ocorreram 89 movimentos de massa e em 1988 alcançaram 120, concentrados na área urbana do 1º distrito.

Os bairros mais atingidos por movimentos de massa na década de 80 situam-se em áreas de embasamentos e rampas, com declividades entre 8% e acima de 45%. Estes bairros seguem paralelos aos divisores da Serra da Estrela, como Alto Independência, Quitandinha, São Sebastião, Siméria, Alto da Serra, Morin, Alto Morin, Cremerie, Parque São Vicente e Lopes Trovão, no 1º distrito, que recebem frontalmente as frentes frias, registrando os maiores índices pluviométricos do município (**Figuras 5.18 e 5.19**).

Outra região duramente atingida foi o vale do Quissamã, que sofreu mais de 30 movimentos de massa durante a década de 80, provavelmente em função da alta declividade das rampas (superior a 45%) situadas ao longo do vale.

Os bairros próximos ao vale do Quissamã, como Caxambu, Provisória, Floresta e Estrada da Saudade, também registraram numerosos movimentos de massa.

Todos os bairros citados apresentam-se densamente ocupados, através de loteamentos irregulares e áreas de invasão, sendo que no vale do Quissamã, atravessado por uma falha geológica, foi onde o número de movimentos de massa foi mais elevado. O sentido da falha geológica, como da maioria que corta a área urbana, facilita a interiorização das

Figura 5.18 — Escorregamentos generalizados no bairro Vila Felipe (1º distrito) (Fonte: IPT, 1991).

Figura 5.19 — Escorregamento com queda de blocos no bairro Morin (1º distrito) (Foto: Luiz F. H. Gonçalves, 1998).

massas úmidas do 1º para o 2º distrito, através do vale do Quissamã, constituindo uma área de risco expressiva quanto à ocorrência de deslizamentos no período compreendido entre 1960 e 1997 (**Figura 5.20**).

4.4. PERÍODO DE 1990 A 1997

A década de 90 tem apresentado um comportamento semelhante à década de 70, mas apenas quanto à redução dos índices pluviométricos. A maior concentração de eventos ocorreu em 1991 (**Tabela 5.6**), nos meses de janeiro e fevereiro.

Tabela 5.6 — Total de movimentos de massa por ano e por distrito no período de 1990 a 1997

Anos	Distritos					Total
	1º	2º	3º	4º	5º	
1990	10	0	0	0	0	10
1991	13	14	1	0	0	28
1992	8	2	1	1	1	13
1993	5	6	0	0	0	11
1994	17	5	1	2	0	25
1995	18	5	0	0	0	23
1996	18	4	0	0	0	22
1997	5	1	1	0	0	7
Total	94	37	4	3	1	139

Fonte: Gonçalves (1998).

O reduzido número de movimentos de massa nesta década também está relacionado à redução da pluviosidade. As obras de contenção realizadas pelo Poder Público municipal e as campanhas educativas podem ser responsáveis por esta redução dos eventos. Entretanto, apesar de a década

Figura 5.20 — Vista parcial do vale do Quissamã (1º/2º distritos) (Foto: Luiz F. H. Gonçalves, 1998).

de 90 ser até agora uma década mais estável quanto à ocorrência de movimentos de massa, é importante destacar a rápida expansão das áreas de invasão em terrenos com características mais complexas aos ocupados nas três últimas décadas, podendo futuramente constituir uma área de grande risco para a população que neles se estabelece precariamente, principalmente se houver um aumento dos índices pluviométricos.

Neste período de oito anos houve um aumento do número de queda de blocos, provavelmente devido à ocupação de rampas com declividade superior a 45%, pela população de baixa renda, podendo esta ser responsável indireta pela ocorrência deste tipo de movimento.

Essas rampas com altíssimo risco apresentam perfis retilíneos, muitas vezes com a presença de matacões na superfície ou imersos no solo (**Figura 5.21**). É uma área onde não ocorreu a expansão urbana, em função de suas próprias características. Entretanto, como estão inseridas na área urbana, bem localizadas quanto à infraestrutura urbana, começaram a ser ocupadas desordenadamente a partir do final da década de 90, favorecendo a ocorrência de movimentos de massa como rolamento de blocos.

MOVIMENTOS DE MASSA NA CIDADE DE PETRÓPOLIS

Figura 5.21 — Escorregamentos ocorridos em depósitos de tálus no bairro Carangola (1º/2º distritos) (Fonte: IPT, 1991).

A menor alteração que seja feita nas encostas constitui áreas de altíssimo risco para a população de baixa renda que aí se estabelece (**Figura 5.22**).

Na década de 90, apesar da redução do número de movimentos de massa, estes continuam a ocorrer, preferencialmente nos bairros limítrofes aos divisores de água, como Alto da Serra, Vila Felipe, Sargento Boening, Chácara Flora, São Sebastião e no vale do Quissamã, somando 94 movimentos de um total de 140 ocorridos em todo o município, o que corresponde a 67%.

Apesar do menor número de movimentos de massa nesta década, tais movimentos estão ocorrendo, preferencialmente, em áreas ocupadas de maneira informal.

A rapidez com que as ocupações cresceram na década de 90 representa um risco futuro para a população residente, partindo do princípio de que estarão mais vulneráveis às chuvas, pois tais áreas são consideradas impróprias à ocupação, tanto por suas feições como por sua declividade.

Figura 5.22 — Escorregamento em área de invasão no bairro Chácara Flora (1º distrito) (Fonte: IPT, 1991).

5. CONCLUSÕES

O uso de um Sistema de Informações Geográficas (SIG), como o Sistema de Análise Ambiental (SAGA), permitiu a assinatura e avaliação ambiental de dados obtidos de diferentes mapas, que, aliados aos conhecimentos adquiridos em campo, permitiram em momentos de decisão corrigir imperfeições e limitações dos resultados.

A avaliação integrada dos mapas de movimentos de massa por década com o de caracterização do relevo demonstra que a incidência de movimentos de massa apresenta uma correspondência direta com a ocupação, a pluviosidade e o relevo, variando de acordo com cada década avaliada.

Os movimentos ocorridos na década de 60 estavam mais relacionados aos índices pluviométricos em si do que à ocupação desordenada que ainda era restrita. As áreas atingidas por movimentos de massa ocorriam geralmente em diversos pontos da área urbana, não havendo uma correlação direta com algum tipo de ocupação ou feição do relevo específico.

A década de 70 apresentou um aumento do número de movimentos de massa, apesar de os totais pluviométricos terem sofrido uma redução. Nessa década de grande crescimento populacional e leis ambientais politicamente flexíveis e omissas, a ocupação sobrepujou a precipitação, assumindo a maior responsabilidade pela ocorrência de movimentos de massa, pois as novas áreas que foram incorporadas de forma inadequada à malha urbana apresentavam limitações físicas à sua ocupação.

Já a década de 80 teve um expressivo número de movimentos de massa, sendo maior que os da década de 60 e 70. Entretanto, os totais pluviométricos não acompanharam os valores da década anterior, mostrando-se mais elevados.

Vale ressaltar a década de 80 como uma década de diagnóstico, pois percebe-se que a ocupação desordenada sobre áreas de relevo mais acidentado, aliada a maiores totais pluviométricos, facilitou a ocorrência de movimentos de massa, como não havia ocorrido até então na história do município.

O período compreendido entre 1980 e 1989 foi marcado pelo empobrecimento geral da população. Essa década é o resultado do enfraquecimento da legislação ambiental iniciada na década de 60 e da ocupação desordenada na década de 70, o que permitiu a rápida ocupação das áreas de relevo acidentado, que por apresentarem menor valorização foram ocupadas pela população de baixa renda, atendendo aos interesses especulativos e políticos locais.

Sendo assim, com o aumento dos totais pluviométricos na década de 80, os movimentos de massa também se intensificam, expondo as consequências da ação antrópica na área urbana, através dos movimentos de massa que tornaram o município conhecido internacionalmente, durante a grande enchente de fevereiro de 1988.

Dentre as quatro décadas avaliadas, a de 90 apresentou menor número de eventos, sendo caracterizada pelas inúmeras invasões e ocupações informais em quase todos os distritos, sem que o Poder Público tome qualquer atitude direta para reverter essa situação, impedindo que novas áreas de risco se formem, favorecendo a ocorrência de movimentos de massa no futuro.

Torna-se importante mencionar a variável ocupação como a responsável direta pelos movimentos de massa na área urbana, tornando-a mais vulnerável a eventos catastróficos, mesmo com chuvas de pouca intensidade e volume, como acontece nos oito anos analisados da década de 90. Dessa forma, apesar das limitações impostas pelas características físicas, a ocupação tornou-se a variável mais expressiva para a fragilização da área urbana aos eventos catastróficos nos últimos 37 anos, no município.

O grande desafio está em compatibilizar a expansão da área urbana às características físicas do município. Na área de estudo existem graves limitações físicas a novas ocupações, devido ao predomínio de um relevo montanhoso, com presença de serras escarpadas, morros alongados, paredões rochosos e uma série de fraturas e falhamentos, sendo imprescindível impedir novas ocupações, sejam informais ou não, garantindo a preservação da vegetação nativa, que envolve a área urbana e está presente no seu interior.

Quanto à presença dos loteamentos irregulares e invasões já incorporados à área urbana, é necessário que o Poder Público impeça que continuem a crescer desordenadamente, realizando obras de saneamento básico que garantam segurança à população residente, como incentivo ao reflorestamento. Para algumas comunidades, no entanto, em função dos riscos a que estão submetidas, por sua localização, precisam ser removidas para locais mais seguros.

Para que tais medidas obtenham resultado, é necessário que haja uma integração entre poderes no município, no sentido de preservar a cobertura vegetal, orientar e fiscalizar a ocupação, além de assegurar e manter a qualidade de vida da população residente no município, com destaque para os distritos de Petrópolis e Cascatinha, onde a ação antrópica está em desarmonia com o meio ambiente. Os eventos catastróficos ocorridos nesses dois distritos devem servir de exemplo para os outros três distritos, em especial Itaipava, que vem passando por um processo de urbanização acelerado na década de 90, principalmente através dos condomínios e loteamentos.

6. REFERÊNCIAS BIBLIOGRÁFICAS

AB' SABER, A. N. (1956). Geomorfologia do sítio urbano de São Paulo, SP, Boletim da Fac. de Filosofia, Ciências e Letras da USP.

—————— (1958). O Sítio urbano da cidade de São Paulo. *In*: A cidade de São

Paulo. Azevedo, A. de (org.), vol. 1: 169-245. São Paulo, Companhia Editora Nacional.

ALMEIDA, M. C. J. de *et al.* (1991). Levantamento e cadastro dos escorregamentos no município de Petrópolis, RJ, *In*: Anais do Simpósio de Geografia Física Aplicada, IV, Porto Alegre, UFRS, v.1, pp. 292-99.

BERNARDES, L. M. C. (1952). Tipos de clima do Estado do Rio de Janeiro. *R. Brasileira de Geografia*, Rio de Janeiro, 14(1): 57-80.

_____ (1964). A Cidade do Rio de Janeiro. Rio de Janeiro, Conselho Nacional de Geografia.

BOTELHO, R. G. M. (1996). Identificação de Unidades Ambientais na Bacia do Rio Cuiabá (Petrópolis-RJ) visando ao planejamento de Uso do Solo. Rio de Janeiro, Departamento de Geografia, UFRJ, 112pp. (Dissertação de Mestrado).

BRADY, N. (1983). The nature and properties of soils. Macmilliam Publ. Co. Inc., New York, USA, pp. 227-254.

BRASIL (1980). Departamento Nacional de Águas e Energia Elétrica. Divisão de Controle de Recursos Hídricos. Bacia do Rio Paraíba do Sul. Dados pluviométricos mensais atualizados até 1977. Brasília, DF.

BUCCI, E. F. B. MARTIN, E. S. & MELAZZO, E. S. (1991). Expansão urbana e qualidade de vida em municípios de pequeno porte no oeste paulista. *In*: III Encontro Nacional de Estudos sobre Meio Ambiente — Anais, volume 1, Londrina, PR, pp. 664-674.

CABRAL, E. & JESUS, E. F. R. (1991). Eventos pluviais extremos na Grande São Paulo em 1991: Impactos na vida urbana. *In*: Anais do Simpósio de Geografia Física Aplicada, IV, Porto Alegre, UFRS, v.1, pp. 175-82.

CIDE (1983). Centro de Informações de Dados do Rio de Janeiro. Anuário Estatístico do Estado do Rio de Janeiro, 583pp.

COATES, D. R. (1981). Environmental Geology, 19:607-634, John Wiley & Sons, New York, EUA, 701pp.

COOKE, R. U. & DOORNKAMP, J. C. (1977). Soil Erosion by Water. *In*: Geomorphology in Environmental: A introduction. 2ª ed. Oxford University Press, New York, pp. 21-50.

CHRISTOFOLETTI, A. (1998). Aplicabilidade do conhecimento geomorfológico nos projetos de planejamento. *In*: Geomorfologia: uma atualização de bases e conceitos. Orgs.: A. J. T. Guerra & S. B. Cunha. 3ª ed. Bertrand Brasil, Rio de Janeiro, pp. 415-440.

CNPI (1970). Consórcio Nacional de Planejamento Integrado S/A Município de Petrópolis: Plano de Desenvolvimento Local Integrado — CNPI. Rio de Janeiro.

COELHO, NETTO, A. L. (1998). Hidrologia de encostas na interface com a Geomorfologia. *In:* Geomorfologia: Uma atualização de bases e conceitos, organizado por GUERRA, A. T. J. & CUNHA, S. B. Ed. Bertrand Brasil, 3ª edição, pp. 93-148.

CUNHA, S. B e GUERRA A. J. T. (1996). Degradação Ambiental. *In*: Geomorfologia e Meio Ambiente. Ed. Bertrand Brasil, Rio de Janeiro — R.J., pp. 337-379.

DERINGER, R. (1984). As enchentes e os deslizamentos em Petrópolis: Causas, consequências e propostas de solução. *In*: I Congresso Brasileiro de Defesa do Meio Ambiente — Anais, volume 2, pp. 523-526.

DRM (1981). Departamento de Recursos Minerais: Projeto carta geológica do Estado do Rio de Janeiro, Folha de Itaipava, relatório final. Niterói–RJ, 97pp.

ELLEMBERG, H. & MUELER-DOMBOIS, D. (1965/66). Tentative physiognomic ecological classification of plant formation of the earth. *Bericht Uber des Geobotanische Institut. Rubel, Zurich*, 37: 21-25.

EMBRAPA (1983). Empresa Brasileira de Pesquisa Agropecuária. Bases para leitura de mapas de solos. (SNLCS — Série Miscelânea, 4), Rio de Janeiro–RJ, 91pp.

FERNANDES, N. F & AMARAL, C.P. (1998). "Movimentos de Massa: Uma abordagem geológica-geomorfológica". *In*: Geomorfologia e Meio Ambiente, organizado por Guerra, A. T. J. & CUNHA, S.B.; Ed. Bertrand Brasil, 2ª edição, pp. 123-194.

FUNDAÇÃO INSTITUTO BRASILEIRO DE DESENVOLVIMENTO ECONÔMICO E SOCIAL DO RIO DE JANEIRO (1978). Diretoria de Geografia e Estatística. Indicadores Climatológicos do Estado do Rio de Janeiro, 156pp.

FUNDAÇÃO INSTITUTO BRASILEIRO DE GEOGRAFIA E ESTATÍSTICA (1996). Censo Demográfico do Estado do Rio de Janeiro, Município de Petrópolis.

FUNDREM (1982). Fundação para o Desenvolvimento da Região Metropolitana do Rio de Janeiro. Projeto Petrópolis, planejamento e preservação, 156pp.

GONÇALVES, L. F. H. (1998). Avaliação e diagnóstico da distribuição espacial e temporal dos movimentos de massa com a expansão da área urbana em Petrópolis-RJ. Rio de Janeiro, Departamento de Geografia, UFRJ, 170pp. (Dissertação de Mestrado).

GONÇALVES, L. F. H. & GUERRA, A. J. T. (1995). A concentração populacional e os impactos ambientais no município de Petrópolis–RJ. *In*: Simpósio Nacional de Geografia Física Aplicada, 6, vol. 2, Goiânia–GO, pp. 36-41.

GRILLO, R.C. (1993). O impacto da precipitação pluvial na cidade de Rio Claro (SP). *In*: V Simpósio de Geografia Física Aplicada, São Paulo, SP, pp. 247-251.

GUERRA, A. J. T. (1995). Catastrophic events in Petrópolis City (Rio de Janeiro State), between 1940 and 1990. *GeoJournal*, 37.3, 349-354.

_____ (1998). Processos Erosivos nas Encostas. *In*: Geomorfologia — uma atualização de bases e conceitos, 149-209, Editora Bertrand Brasil, Rio de Janeiro–R.J., 3ª edição.

GUERRA, A. J. T. & FAVIS-MORTLOCK, D. (1998). Land degradation in Brazil. *Geography Review*, 12.2, pp. 18-23.

HORTON, R. E. (1933). The role of infiltrattion in the hidrological cycle. Trans. Am. Geophys. Un., 14, pp. 446-460.

IPT (1991). Instituto de Pesquisas Tecnológicas — Carta Geotécnica de volumes 1 e 2, 97pp.

IPT (1991) Instituto de Pesquisas Tecnológicas. Banco de Dados sobre movimentos catastróficos de Petrópolis, entre 1940 e 1990. São Paulo, 401pp.

KIRKBY, M. J. (1980). Modelling water erosion processes. *In*: Soil erosion, John Wiley & Jons, New York, pp. 183-212.

LIMA-E-SILVA, P. P.; GUERRA, A. J. T. & DUTRA, L. E. D. (2000). Subsídios para Avaliação Econômica de Impactos Ambientais. *In*: Avaliação e Perícia Ambiental, 2ª edição, Orgs. S. B. Cunha e A. J. T. Guerra. Ed. Bertrand Brasil, pp. 217-261.

LUPOS (Lei de Uso, Parcelamento e Ocupação do Solo do Município de Petrópolis). (1998). *In:* Anexo do Diário Oficial de Petrópolis — Petrópolis–RJ, pp. 2-8.

MAGALHÃES, J. C. (1966). A função industrial de Petrópolis. *In*: Separatas da Revista Brasileira de Geografia. Rio de Janeiro. Conselho Nacional de Geografia, 55pp.

MONTE-MÓR, R., SANTOS, M. *et al.* (1994). Território: Globalização e Fragmentação. Hucitec — ANPUR, São Paulo–SP, pp. 169-182.

NIMER, E. (1989). Climatologia do Brasil. IBGE — Departamento de Recursos Naturais e Estudos Ambientais, Rio de Janeiro–RJ, 2ª edição, 421pp.

OLIVEIRA, J. B., JACOMINE, P. K. & CAMARGO, M. N.(1992). Classes gerais de solos do Brasil: guia auxiliar para o seu reconhecimento. FUNEP — Fundação de Estudos e Pesquisas em Agronomia, Medicina Veterinária e Zootecnia, Jaboticabal–SP, 201pp.

PDP (PLANO DIRETOR DE PETRÓPOLIS) (1992). Prefeitura Municipal de Petrópolis, 83pp.

PENHA, H. M.; FERRARI, A. L.; JUNHO, M.C.B.; SOUZA, S.L.A. de &

BRENNER, T. L. (1981). Projeto Carta Geológica do Estado do Rio de Janeiro; Folha Itaipava. Rio de Janeiro, Convênio DRM/IG-UFRJ, v. 1. Relatório final.

PRADO, H. (1995). *Solos Tropicais — Potencialidades, limitações, manejo e capacidade de uso*. Piracicaba, SP, 166pp.

RABAÇO, H. J. (1985). História de Petrópolis — Instituto Histórico de Petrópolis, Petrópolis, RJ, 140pp.

RADAM (1983). Ministério das Minas e Energia — Secretaria Geral. Levantamento de recursos naturais. Brasília, v. 32, 775pp.

SAGA (1994). Manual operacional de montagem (módulo de reamostragem, transformação e montagem de mapas do SAGA/UFRJ) Laboratório de Geoprocessamento (Rio de Janeiro, RJ), UFRJ, ed. preliminar. 34pp.

——— (1994). Manual operacional do traçador vetorial do SAGA/UFRJ, Laboratório de Geoprocessamento (Rio de Janeiro, RJ), UFRJ, ed. preliminar. 57pp.

——— (1994). Manual operacional de análise ambiental do SAGA/UFRJ, Laboratório de Geoprocessamento (Rio de Janeiro, RJ), UFRJ, ed. preliminar. 17pp.

SNPA (1958). Boletim do Serviço Nacional de Pesquisas Agronômicas. Levantamento de reconhecimento de solos do Estado do Rio de Janeiro e Distrito Federal (Contribuição à Carta de Solos do Brasil), Ministério da Agricultura, Centro Nacional de Ensino e Pesquisas Agronômicas, Rio de Janeiro, RJ, nº 11, pp. 34-5.

SILVA, H. R. & POLITANO, W.(1995). Análise do uso e ocupação do solo e processos de erosão na área de influência do Conjunto de Urubupungá: Estudo dos municípios de Pereira Barreto, Ilha Solteira e Suzanópolis (SP). *In*: V Simpósio Nacional de Controle de Erosão — Bauru, SP, pp. 145-147.

SOBREIRA, F. G. (1989). A ocupação desordenada nas encostas de Ouro Preto, MG. *In*: Revista Escola de Minas, 42(4): 12-16.

TAVARES, N. P. (1987). O relacionamento morfopedogênico em uma secção transversal ao Vale do Caxambu Pequeno no Município de Petrópolis — Estado do Rio de Janeiro, PPGG, UFRJ, 173p. (Dissertação de Mestrado).

THORNTHWAITE, C. W. & MATHER, J. R. (1955). The water balance climatology. Centerton, USA., v. 8 (1): 1-86.

XAVIER, H. (1996). Percepção Geográfica dos Riscos de Deslizamentos de Encostas em Áreas de Risco do Município de Belo Horizonte, MG, UNESP, Rio Claro, SP (Tese de Doutorado).

CAPÍTULO 6

EROSÃO DOS SOLOS E IMPACTOS AMBIENTAIS NA CIDADE DE SORRISO (MATO GROSSO)

Flávio Gomes de Almeida
Antonio José Teixeira Guerra

1. INTRODUÇÃO

A cidade de Sorriso, localizada no Planalto do Teles Pires, no centro-norte mato-grossense, vem sofrendo problemas provenientes do mau uso da terra, num meio físico com alta suscetibilidade à erosão, bem comuns na referida macrounidade geomorfológica.

Problemas como a devastação do Cerrado, assoreamento dos rios e da erosão dos solos sobre diferentes formas, acredita-se que estão ligados ao mau uso e distribuição das terras, quando se assume uma visão da economia política da erosão dos solos (Blakie,1985).

Degradação do solo e erosão são causadas pela intervenção entre o uso, vegetação e forças erosivas (erosividade, escoamento superficial e subsuperficial, energia eólica e solar). Admitem-se esses parâmetros, mas ainda são considerados os elementos sociais como pertinentes à problemática.

O desenvolvimento sustentável é algo mais do que um compromisso entre ambiente físico e o crescimento econômico. Ele significa uma definição que reconhece, nos limites da sustentabilidade, origens não só naturais, como também estruturais. Cabe, assim, reconhecer na relação homem-natureza os processos históricos, através dos quais o ambiente é transformado, e a sustentabilidade será decorrência de uma conexão entre movimentos sociais, mudança social e, consequentemente, possibilidade de políticas mais efetivas.

O desenvolvimento sustentável, segundo Becker (1993), constitui a face territorial da nova forma de produzir o desenvolvimento regional e que se fundamenta nos princípios de uma nova racionalidade; da diversidade e da descentralização. Para a autora, a difusão do modelo tende a ser inevitável, o que torna uma situação preocupante para os países periféricos ou semiperiféricos, quando adotada a classificação de Wallerstein (1979), pois os estoques de capital natural seriam mantidos em prol do desenvolvimento regional, que se sustentaria no uso de bens e serviços gerados pelos recursos naturais.

Para responder a essas questões iniciais acredita-se que os programas de conservação dos solos têm fracassado nos países semiperiféricos e periféricos, por adotarem uma abordagem tradicional. Existem questões técnicas, mas as variáveis sociais e políticas devem ser consideradas porque é através delas, juntamente com as propriedades físico-químicas dos solos (erodibilidade), que se pode explicar holisticamente a origem do problema da erosão dos solos. A cidade de Sorriso não apresenta um grande quantitativo de processos de degradação ambiental em seu sítio, comparada à área que possui, mas, se considerarmos a velocidade com que evoluem, passa a ser um problema de grandes proporções.

2. Localização e Características da Área de Estudo

O município de Sorriso está localizado no centro-norte mato-grossense, entre os paralelos 11 e 14 graus de latitude S e entre os meridianos 55 e 57 graus de longitude W. A área de estudo compreende o sítio urbano localizado entre os paralelos 12°25' e 12°29' de latitude S e entre os meridianos 55°40' e 55°48' de longitude W.

A cidade de Sorriso (**Figura 6.1**) localiza-se numa bacia hidrográfica pertencente ao alto curso dos afluentes da margem direita da Bacia Amazônica, onde o Rio Lira, desembocando no Rio Teles Pires, deságua no Juruena, que, desembocando no Madeira, corre para o Amazonas, verificando-se problemas de ordem ambiental já no alto curso da Bacia Amazônica.

EROSÃO DOS SOLOS E IMPACTOS AMBIENTAIS 255

Figura 6.1 — Visão panorâmica da cidade de Sorriso, onde ao fundo é possível serem observados a várzea e o Rio Teles Pires.

O sítio urbano de Sorriso situa-se na macrounidade geomorfológica considerada por Almeida (1997) como Planalto do Teles Pires, pelo relevo plano e por se tratar de Latossolos e, numa primeira afirmativa, poderia ser considerada uma área com baixíssima predisposição do meio físico à erosão. Entretanto, isso não acontece, pois os solos são de acentuada erodibilidade pela textura arenosa que possuem.

Agrava-se ainda mais o problema da erosão pela ação do homem, que, em nosso entendimento, deve ser acrescentada na lista de fatores modificadores do solo, visto que ele assume, pelo menos ao nível local, maior significado que todos os demais fatores naturais em conjunto (Almeida, 1997).

Certos aspectos do solo modificam-se rapidamente, mas outros são mais lentos. A textura dificilmente muda, a menos que se adicionem largas quantidades de areia grossa ou material orgânico fibroso, mas a parte química e a biológica variam com muito mais facilidade, o que traz efeitos posteriores para a estrutura e a drenagem. A ação antrópica pode ser considerada como uma variável da erosão dos solos. O difícil é medir o limite entre a sua ação e a erosão natural, mas para tanto são consideradas as escalas temporais e espaciais, bem como a modelagem matemática que tenta reconstituir a realidade.

Sorriso localiza-se numa área de ocupação recente (17 anos), mas já possui sérios problemas de erosão acelerada (**Figura 6.2**), em solos com horizonte superficial de textura arenosa, apresentando descontinuidade textural entre seus horizontes, o que os caracteriza como de alta suscetibilidade à erosão. As chuvas concentradas no verão são de grande intensidade, o que as qualifica de alto poder erosivo. Em alguns registros de campo, realizados em 1992, foi possível observar até 150mm/h no verão. A chuva após 100mm/h atinge seu valor máximo de erosividade.

O relevo, apesar de apresentar baixa declividade em suas encostas, possui grandes comprimentos de rampa, fazendo com que se acumule grande volume de água ao longo das encostas. Estas, por sua vez, quase que totalmente ocupadas com o cultivo ou pecuária, ou com o asfalto da área urbana, desembocam suas águas em ruas não asfaltadas, transformando-as em imensas voçorocas.

Todos estes aspectos acima mencionados estão contribuindo com grande aporte de sedimentos lançados ao sistema de calha fluvial. A vegetação, que varia da floresta estacional à savana aberta, evidencia nesta faixa uma área de tensão ecológica com a transição do domínio da Floresta Amazônica para o Cerrado típico, a qual foi em grande parte desmatada, concentrando-se ainda em algumas áreas de maior teor de umidade (EMPAER, 1993).

A população é predominantemente sulista, trazendo uma forte cultura de desmatamento, embora hoje em dia esteja atenta e preocupada com a erosão dos solos. As lavouras apresentam-se com intensa mecanização, correção dos solos através da calagem e o uso de defensivos agrícolas, que mal utilizados transformam-se em agrotóxicos.

De acordo com Almeida (1997), a estrutura fundiária caracteriza-se por grandes propriedades rurais ao longo da bacia do Lira, conforme dados do inventário socioeconômico realizado, podendo ser considerada a estrutura fundiária como uma variável da erosão dos solos. Na área urbana o processo é inverso; os grandes lotes que chegam a se tornar pequenas chácaras são áreas totalmente arborizadas que servem de moradia para os

EROSÃO DOS SOLOS E IMPACTOS AMBIENTAIS 257

Figura 6.2 — O muro de uma residência dentro do perímetro urbano de Sorriso está sendo ameaçado pela voçoroca que anteriormente era uma rua não asfaltada. Ao final desta encosta há um pequeno afluente do Lira. Depoimentos dos primeiros moradores do sítio urbano informam que o córrego possuía uma profundidade média de 1,5m e hoje possui menos de 10cm devido aos sedimentos recebidos desta voçoroca.

grandes proprietários de lavoura de soja dentro da bacia do Lira. A ocupação em áreas de risco à erosão e/ou inundação não foge muito ao modelo de outras cidades brasileiras, ou seja, o da população de baixa renda.

3. Histórico do Processo de Ocupação

O município de Sorriso foi fundado no dia 13 de maio de 1986, tendo sido aprovada pela Assembleia Legislativa do Estado, por meio da Lei 5.002/86, a sua elevação à categoria de município, sendo desmembrado dos municípios de Sinop, Nobres e Paranatinga (Lei Orgânica de Sorriso, 1990).

O início da colonização foi feito pela Colonizadora Tropical, de capital privado, e pelos imigrantes dos Estados do Sul do Brasil por volta do ano de 1982, com a chegada dos primeiros produtores. Estes agricultores, tradicionalmente do ramo da agricultura mecanizada, chegaram incentivados e/ou apoiados por diversos programas do Governo Federal, tais como: POLOCENTRO — Plano de Desenvolvimento do Centro-Oeste; SUDAM — Superintendência de Desenvolvimento da Amazônia; SUDECO — Superintendência de Desenvolvimento do Centro-Oeste; e FUNRURAL — Fundo de Incentivo ao Trabalhador Rural, que tinham por objetivo tornar a área do Cerrado brasileiro produtiva.

De acordo com os dados da EMPAER (1993), o primeiro colono a ocupar as terras da margem direita da BR-163, entre os rios Lira e Celeste, no ano de 1982, foi Leonir Capitânio. Neste primeiro ano, Leonir plantou 60ha de arroz e, nos anos seguintes, a soja. Hoje, a família Capitânio possui uma área de 950ha de cultura da soja, com uma produtividade média acima de 2.700kg/ha.

O município possui uma área de 1.048.000ha (10.048km^2), representando 1,19% da área total do Estado de Mato Grosso, contendo uma área urbana de 618,97 ha, com um total de 16.046 habitantes, distribuídos em 70,4% na área urbana e 29,6% na área rural (IBGE, 1991).

4. Erosão dos Solos e Impactos Ambientais na Área Urbana

As instituições públicas são responsáveis, em vários casos, por processos de degradação ambiental. No caso de Sorriso, tanto a esfera federal como a municipal contribuíram significativamente para o impacto ambiental na área urbana. A voçoroca mostrada na **Figura 6.3** foi consequência da convergência das águas pluviais da cidade, principalmente da

EROSÃO DOS SOLOS E IMPACTOS AMBIENTAIS 259

Figura 6.3 — Tentativa de entulhamento com lixo em uma voçoroca em Sorriso.

parte asfaltada, para aquele ponto. Dando continuidade ao processo de desconhecimento da dinâmica ambiental local, a própria Prefeitura manda entulhar dois anos depois a voçoroca, com restos de serralheria e borracharia, entre tantas outras formas de lixo, o que naturalmente só contribuiu para aumentar o impacto ambiental.

Outro descaso público foi do DNER, que construiu, paralelamente à Rodovia BR-364, um sistema de captação de água sem quebra de energia do fluxo superficial, jogando todo ele num só ponto da encosta, criando uma imensa voçoroca (**Figura 6.4**).

Exemplo oportuno de mencionar é o da tentativa de criação de uma pista de *moto cross*, numa área que pode ser considerada como periurbana do município de Sorriso. A não observância da suscetibilidade à erosão dos solos gerou um irreversível problema de erosão na encosta (**Figura 6.5**).

Para ocupação de uma área devem ser analisadas e complementadas informações através de estudos sobre a dinâmica ambiental. Estas análises ambientais devem servir de base para as políticas públicas (programas, projetos e planos), existentes nas diversas instituições e agências governa-

Figura 6.4 — Voçoroca criada às margens da BR-364, Sorriso, consequência de uma obra malfeita.

Figura 6.5 — Encosta danificada pelo fluxo superficial e subsuperficial da água num solo concrecionário distrófico, em função da construção de uma pista de *moto cross*.

mentais, nos centros de ensino e pesquisa, no setor privado e nas organizações da sociedade civil.

Muitos programas, projetos e planos, quando desconhecem a dinâmica do ambiente, estão fadados ao insucesso, através de sérios impactos ao meio ambiente. Efetuar pesquisa de campo em locais selecionados para checagem das informações é de vital importância para captar a dinâmica dos processos, devendo ser dada especial atenção às relações solo/relevo/clima/uso da terra.

5. *Ações Estratégicas Cabíveis (Medidas Preventivas)*

Um mapeamento, ao nível de detalhe dos solos, da área em que será implantado um sítio urbano é um instrumento mínimo que se deve ter em mãos para evitar problemas de impactos ambientais futuros. Além de um mapa de solos, o ideal é que se tenha um mapa de declividade, um geomorfológico, outro geológico, para que, cruzando estas informações via um Sistema de Informações Geográficas, se possa ter uma ideia precisa da suscetibilidade do meio físico à erosão e/ou movimentos de massa.

A comunidade técnica e científica ligada à Geografia está às voltas com os métodos de fazer Zoneamento Ecológico-Econômico (ZEE). Em diferentes locais e com diversificado grau de profundidade e abrangência, estão sendo promovidos debates e discussões na busca de entendimento único sobre a metodologia de zoneamento. Enquanto isso, os reclamos de certos segmentos da sociedade que se arvoram de ambientalistas ou ecologistas, mesmo sem conhecimento de causa, vêm pressionando o Poder Público para que sejam encontrados meios de exploração de recursos minerais sem provocar degradação ambiental. As nações mais ricas do mundo colocam a Amazônia no centro de suas cobiças e o Brasil no banco dos réus por questões ambientais, principalmente por causa dos danos provocados pelo desmatamento das florestas tropicais e do Cerrado na Amazônia nos últimos anos (Becker e Egler, 1996).

A relação entre Geografia e Ordenamento Territorial e Ambiental se dá cada vez mais de uma forma real e necessária. É conveniente precisar conceitual e metodologicamente o que venha a ser ordenamento territorial, através de um significado claro e que compartilhe das ideias fundamentais, bem como o entendimento do processo histórico de estruturação espacial, que no presente trabalho será do espaço geográfico brasileiro. Ainda é importante ressaltar os aspectos culturais, políticos e jurídicos dos planos nacionais e regionais de ordenação do território brasileiro (Becker e Egler, 1996).

No que concerne aos aspectos jurídicos e políticos, em 13/01/88 tramitou em plenário da Câmara dos Deputados uma emenda que teve por objetivo introduzir, entre as competências da União, a de elaborar e executar planos nacionais de ordenação do território. A mencionada emenda (2PO1256-6) justifica-se através dos seguintes argumentos:

> "As Constituições brasileiras, até hoje, padeceram de uma aguda carência de disposições relativas ao espaço territorial e às condições concretas de organização da vida nacional — distribuição da população e suas atividades no território e utilização de recursos naturais e equipamentos instalados no País.
>
> A própria expressão *ordenação do território* revela preocupação com a distribuição da população e de suas atividades, com a observância de uma criteriosa e racional utilização dos recursos naturais decorrente de uma política de Estado que objetiva harmonizar o desenvolvimento econômico com a ocupação do território, abrangendo uma variada gama de fatores urbanos, rurais, de localização industrial, reforma agrária, conservação e proteção do meio ambiente, entre outros.
>
> Trata-se de uma prática governamental de largo emprego nos países europeus e latino-americanos, como comprova a Carta Europeia de Ordenação do Território, aprovada pelos ministros responsáveis pela ordenação do território dos países europeus, em reunião realizada em Terremolinos, na Espanha, em 1983."

Desta forma, o Inciso IV do art. 23 passa a ter a seguinte redação:

"Art. 23 — Compete à União:

IV — elaborar e executar planos nacionais e regionais de ordenação do território e de desenvolvimento econômico e social aprovados pelo Congresso Nacional."

O território, além do povo e das instituições políticas, é um dos três fundamentos da expressão política do poder nacional, que é definida como "... a manifestação de natureza predominantemente política, do conjunto interativo dos homens e dos meios que constituem o Poder Nacional, pelos quais se integra e expressa a vontade do povo de modo a identificar e a estabelecer os Objetivos Nacionais e orientar-lhes a conquista e a preservação" (ESG, 1999).

A manutenção da integridade territorial e a utilização racional e ordenada dos recursos, quando expressam verdadeiramente a vontade do povo de modo a identificar e estabelecer os Objetivos Nacionais, passam também por uma questão de soberania, sendo esta um objetivo nacional permanente. O território reforça o conceito de identidade nacional, mas a princípio o de Estado-Nação, de que é elemento estrutural, essencial à existência do próprio atributo estatal da Soberania.

Ao longo da década de 70, as políticas governamentais foram no sentido de ocupação da Amazônia, ocupação desordenada que provocou em muitas áreas sérios problemas de degradação ambiental. No caso de Sorriso, a lavoura altamente mecanizada das grandes propriedades rurais, bem como a própria implantação do sítio urbano, sem o conhecimento das variáveis ambientais e da suscetibilidade dos solos à erosão, geraram acelerados processos erosivos e assoreamento de cursos fluviais que pertencem ao alto curso da Bacia Amazônica.

Por outro lado, o Congresso Nacional estatuiu e o Presidente da República promulgou uma Carta Magna com dispositivos que impõem o uso racional dos recursos naturais e considera o meio ambiente como um bem comum, onde todos os cidadãos têm direito de usufruí-lo, sadio e ecologicamente equilibrado (art. 225). No caso de Sorriso, o Rio Lira, que pode ser o abastecedor de água para a cidade, pois encontra-se numa posição geográfica de altimetria superior à do sítio urbano, fazendo com que a água chegue à cidade por gravidade, o mesmo se encontra totalmente contaminado por agrotóxicos das lavouras de soja, negando aos cidadãos o direito de usufruí-lo.

No âmbito dessa busca do entendimento metodológico, é falso pensar que os levantamentos e inventários, pelo simplismo que encerram e pelo caráter estático que conferem às análises das variáveis, parâmetros e atributos identificados, venham a construir o caminho único e certo para uma ocupação adequada e compatível com a dinâmica ambiental de certas partes do território brasileiro. Entretanto, não se pretende criticar os levantamentos e inventários de recursos naturais, sociais e econômicos, como processo de elaboração de diagnósticos, ainda porque eles foram muito úteis com essa finalidade e ainda o serão na fase inicial de execução de um Zoneamento Ecológico-Econômico. Todavia, os termos **ecológico/econômico** já demonstram uma certa apropriação do território pela via econômica, como foi no caso de Sorriso. Ao contrário, entendemos que o interesse social com a devida proteção do meio ambiente é o que deve justificar o uso racional dos recursos. Daí se defende a ideia de um ZGUA — Zoneamento Geográfico das Unidades Ambientais — para fins de uso e conservação da natureza. Uma concepção metodológica que não venha a reproduzir o modelo europeu simplesmente, mas sim um zoneamento que ressalte os processos geográficos, e, tal como eles, seja dinâmico e mutável. Se quando da ocupação do Planalto do Teles Pires, onde está localizada a cidade de Sorriso, tivesse sido feito um ZGUA, hoje teríamos mais condições de monitorar, ou até mesmo minimizar, ou evitar alguns problemas de degradação ambiental por que passa a cidade.

5.1. Aspectos Conceituais entre o ZEE e o ZGUA

A primeira questão emerge do próprio conceito do ZEE, como é concebido e como deve ser entendido. Neste sentido, o disposto no Decreto Federal 99.540, de 21/09/90, diz que o ZEE deve ser concebido como o resultado de uma ação de identificação, no qual se determinam zonas caracterizadas pelos componentes físicos e biótipos e pelas formas de ocupação resultantes da ação antrópica. Diz ainda que "é um instrumento teórico indispensável à ordenação do território, entendida como a expressão espacial de políticas econômicas, sociais, culturais e ecológicas, que visam a reduzir as diferenças regionais mediante melhor distribuição das atividades produtivas e de proteção ambientais. Ab'Saber (1987) mostra que o conceito de ZEE exige uma série de entendimentos prévios e que um esforço para realizar um ZEE, de um espaço geográfico da ordem de grandeza de um grande domínio morfoclimático e fisiográfico, é uma tarefa que implica muitos pressupostos.

A par dessas considerações, podemos definir um ZGUA como delimitação de um espaço geográfico, tendo por base as características dos fatores físicos e bióticos dos geossistemas e suas interações entre si e com o meio socioeconômico, evidenciando e antevendo os impactos sobre o sistema natural e o rebatimento sobre o sistema antrópico. Assim, muitos problemas de ordem ambiental registrados em Sorriso teriam sido evitados.

É mais conveniente um ZGUA em áreas intocadas como era a área do sítio urbano de Sorriso na década de 70, onde a intensidade da ação antrópica era mínima. Isto porque, nessas áreas, o ZGUA pode apresentar recomendações de uso futuro (prognósticos) para os geossistemas, de acordo com a alocação natural e o grau de sustentabilidade ambiental claramente definidos e avaliados. Em contraposição, as áreas com alta concentração de atividades econômicas por ocupação histórica e o fato de a exploração dos recursos naturais já estar em andamento pela economia vigente, sem os cuidados requeridos para a proteção ambiental, fazem com que seja limitada a eficácia do ZGUA no âmbito das recomendações e sugestões de uso de tais recursos. Portanto, deve-se entender que um ZGUA constitui a base para o planejamento estratégico do uso racional da oferta do meio físico de um espaço geográfico, de qualquer grandeza, complexidade e localização.

5.2. Metodologia Geral do Zoneamento Geográfico das Unidades Ambientais

O modelo fitogeomorfológico, que demonstra com maior nitidez a integração dos elementos do meio biofísico, está apoiado nas correntes metodológicas defendidas pelas escolas francesa e anglo-australiana, que utilizam os modelos fitoecológico e geomorfológico, respectivamente, como principais fatores de integração de elementos do meio ambiente. Assim, com o apoio das ciências biofísicas e suas variáveis temáticas, a metodologia adotada possibilita uma análise integrada dos recursos naturais e permite delinear unidades de terras com certas características, cujo conjunto de combinações lhes confere um considerável grau de individualidade (Costa, 1996).

A individualidade das unidades de terras aumenta quando fazemos a sobreposição dos mapas de geologia/geomorfologia/declividade/solos (mapa de fragilidade do meio físico) ao de vegetação e uso, gerando um produto que Almeida (1997) considerou como sendo um Mapa de Unidades Ambientais para fins de uso e conservação ambiental, tendo sido feito para a bacia hidrográfica do Lira, onde está localizada a cidade de Sorriso.

A incorporação dos elementos de natureza socioeconômica utilizou como estudos os cenários socioeconômicos, os quais priorizam a análise da estrutura produtiva, da evolução passada à perspectiva futura, sob os ângulos setorial, temporal e espacial. Almeida (1997), preocupado em associar estrutura fundiária com erosão dos solos, fez para todas as propriedades rurais da bacia do Lira um inventário socioeconômico do grau de mecanização, percebendo que na cidade de Sorriso os setores da economia com maiores perspectivas de lucro seriam aqueles ligados direta ou indiretamente às atividades de apoio à lavoura de soja (escritórios de consultoria, venda de produtos agrícolas, transportes e peças e consertos de equipamentos agrícolas).

É possível, ainda no Zoneamento Geográfico das Unidades Ambientais, a definição dos espaços geoeconômicos, considerando os elementos relacionados com: sistema de manejo florestal, agroflorestal e agrossilvo-pastoril, compatíveis com os ambientes naturais, a exploração mineral (incluindo a garimpagem) e a proteção ambiental. Desta forma, o ZGUA pode ser definido mediante a agregação de conhecimentos interdisciplinares, relacionados com as ciências biofísicas e socioeconômicas sob o enfoque holístico-sistêmico.

Os estudos do meio físico e biogeográfico quebram o aspecto estático dos levantamentos sistemáticos de recursos naturais e passam por um leque amplo de discussões sobre os diferentes enfoques temáticos, método de avaliação da potencialidade ambiental. Essas discussões buscam fortalecer a visão sistêmica do meio físico e biogeográfico para a análise das relações dos diferentes atributos e variáveis da dinâmica ambiental. Os dados básicos temáticos levantados podem ser sintetizados e analisados sob esta ótica e representados cartograficamente, configurando o delineamento dos sistemas ambientais, os quais serão avaliados do ponto de vista da potencialidade e da sustentabilidade ambiental (fragilidade do meio físico aos diferentes usos). No caso da cidade de Sorriso, no item fragilidade do meio físico, nem tanto pelo relevo plano, mas sim pela textura arenosa dos solos e pelo comprimento das rampas, percebe-se acentuada fragilidade do meio físico à erosão dos solos e ao assoreamento das calhas fluviais.

Os estudos do meio socioeconômico têm sua temática estruturada em dois grupos de análises — espacial e temporal —, os quais, com a agregação dos dados do meio físico, constituem os impulsos para a análise da organização espacial e o consequente ordenamento territorial e ambiental de uma área, que, dependendo da escala, pode ser uma cidade, um município, um estado ou uma região. Essas análises estarão representadas cartograficamente em dois tipos de mapa: 1º — Uso dos diferentes usos da terra x estrutura fundiária; 2º — Crescimento econômico x aumento da PEA (População Economicamente Ativa), elementos integrantes do diagnóstico socioeconômico composto de duas partes: a análise dos processos socioeconômicos e a análise da organização espacial para fins do ordenamento territorial e ambiental.

As análises de potencialidade e sustentabilidade ambiental, agregadas aos dados do diagnóstico socioeconômico, constituirão o diagnóstico socioambiental, o qual analisará os efeitos da ação antrópica sobre os sistemas ambientais identificados e os rebatimentos resultantes sobre o meio socioeconômico. No âmbito desse diagnóstico serão identificados os níveis de consistência das informações, o padrão de compatibilidade do ordenamento territorial e do uso dos recursos naturais e de qualidade dos modelos de exploração vigentes, os danos e riscos ambientais consequentes e/ou emergentes e os atores responsáveis pelo estado atual da degradação dos geossistemas naturais e pela qualidade de vida da sociedade local de cada área (Becker e Egler, 1996).

A construção de cenário será a técnica utilizada para incorporar ao diagnóstico socioambiental a visão prospectiva da área. Esta ferramenta será privilegiada na metodologia do ZGUA pela sua capacidade de permitir uma visão global da realidade da área em estudo e importância das relações com o seu entorno, analisando a interdependência de fatores econômicos, políticos, sociais, tecnológicos e ambientais na montagem dos cenários prospectivos. Para um município como Sorriso, que já é a 3ª arrecadação do Estado de Mato Grosso, que possui um sítio urbano com disponibilidade de área para um crescimento horizontal e harmonioso com as respectivas características ambientais, recomenda-se um ZGUA como condição básica para um desenvolvimento autossustentável.

As análises das tendências espaciais e temporais constituirão os impulsos para a montagem do cenário socioeconômico, o qual, agregado aos dados das análises de potencialidade e sustentabilidade ambientais, conformará o cenário socioambiental.

Outra questão que se coloca diz respeito à utilidade, isto é, para que serve um ZGUA ou quais os benefícios que um ZGUA traz para a sociedade. A resposta a esse questionamento passa pelo entendimento de que um ZGUA constitui um conjunto de estudos e pesquisas, os quais atualizam e sistematizam as informações referentes à oferta e demanda no âmbito da contabilidade social dos recursos naturais de um determinado espaço geográfico. Portanto, o produto de um ZGUA constitui um leque de informações atualizadas, sistematizadas e confiáveis, devendo inserir o mais recente conhecimento técnico-científico disponível. O uso dessas informações é que representa o âmago da utilidade do ZGUA, ou seja, o destino, a forma e a seriedade com que essas informações são utilizadas é que poderão dar respostas à sociedade, trazendo benefícios concretos para as gerações atuais e futuras. A vertente política é de extrema importância para que os resultados de um ZGUA sejam colocados em prática. Cabe à sociedade, que, em seus Estados de origem, já deixara para trás sérios problemas de erosão dos solos e que são pessoas que buscam na cidade de Sorriso um futuro promissor para seus filhos e netos, pressionar o Poder Público municipal e o estadual à realização de um ZGUA.

Colocada nestes termos, a utilidade do ZGUA pressupõe, no âmbito do interesse e da vontade política, a necessidade de mudanças profundas na essência do que se convencionou chamar de perfil de desenvolvimento e na estrutura do sistema econômico predominante. Estas mudanças são extremamente importantes como pressuposto básico para o estabelecimento do novo perfil, o qual deverá preconizar em sua estrutura e dinâmica o uso racional da oferta de recursos dos geossistemas que a natureza colocou à disposição do homem.

Para que problemas de degradação ambiental, como no caso da erosão dos solos em Sorriso, entre tantos outros existentes em território brasileiro, não aconteçam, é preciso, com a máxima urgência, que estudos reveladores da dinâmica ambiental e dos processos que ocorrem no espaço geográfico brasileiro se tornem frequentes como suportes no planejamento regional.

Para a cidade de Sorriso podem ser determinados os seguintes elementos fundamentais para orientar a discussão sobre os problemas ambientais.

Necessidades Básicas

Necessidades de exploração e conservação em termos sustentáveis dos recursos ambientais, humanos e da biodiversidade.

Óbices

— Falta de integração e vontade política dos representantes;
— Corporativismo de grupos antagônicos ao processo;
— Falta de recursos;
— Falta de uma cultura que absorva o Método Participativo da População (MPP);
— Dificuldades no trabalho interdisciplinar.

Políticas de Ordenamento Territorial e Ambiental

Revelam preocupação com a distribuição da população e de suas atividades, com a observância de uma criteriosa e racional utilização dos recursos naturais decorrente de uma política de Estado que objetiva harmonizar o desenvolvimento econômico com a ocupação do território, abrangendo uma variada gama de fatores urbanos, rurais, de localização industrial, reforma agrária, conservação e proteção do meio ambiente, entre outros.

Formular e implementar políticas de fronteira, contribuindo para vitalizar essas regiões e promovendo o desenvolvimento socioeconômico sustentável das populações nessas áreas, integrando-as à cidadania e ao conjunto nacional.

Políticas coordenadas que permitam maior integração regional e o desenvolvimento sustentável das regiões. Promover esforços de integração nacional e desenvolvimento harmônico das diferentes regiões ao conjunto da nação em termos sociais, econômicos e ambientais.

Elaborar uma política de fronteiras que contemple ações diferenciadas às características próprias dos diversos segmentos.

Estratégias

Articular e coordenar um programa de ordenamento territorial de abrangência municipal que contemple, de forma harmônica, as prioridades de desenvolvimento socioeconômico.

Desenvolver estudos e ações visando a operacionalizar um planejamento integrado de ordenação territorial, envolvendo as diversas esferas municipais e a comunidade em geral de Sorriso. Constituir um núcleo com o objetivo de desenvolver enfoques e prioridades de ordenamento territorial, coordenar e executar medidas preliminares e iniciar o diálogo com a sociedade.

Planejar, coordenar, acompanhar e avaliar a execução do zoneamento geográfico das unidades ambientais, visando a classificar o território de Sorriso segundo suas potencialidades e vulnerabilidades, possibilitando a otimização da ocupação do espaço geográfico.

Interagir, em níveis estadual e federal, com os órgãos responsáveis pela execução dos eixos estaduais e nacionais de integração e desenvolvimento, de modo a fortalecer institucionalmente o ZGUA como instrumento necessário à execução dos programas a serem implantados em Sorriso.

Acompanhar e orientar a elaboração e cumprimento de projetos para a recuperação de áreas degradadas diagnosticadas durante o programa de zoneamento

Promover seminários de ordenamento territorial com vistas a harmonizar e nivelar conceitos metodológicos de zoneamento.

Desenvolver, internamente à comissão coordenadora do zoneamento geográfico das unidades ambientais, ações com vistas a estimular e promover a harmonização metodológica.

Executar o zoneamento, para efeito de concessão de incentivos fiscais, formulando e implementando projetos e um rigoroso processo de fiscalização.

Fortalecer o ordenamento territorial e o zoneamento geográfico das unidades ambientais, de modo a contribuir para que os esforços de integração e desenvolvimento municipais sejam executados em bases ambientalmente sustentáveis.

Empregar o zoneamento, como instrumento de ordenação territorial, em estreito relacionamento com os sistemas de vigilância e proteção da Amazônia. No caso, está-se ressaltando a importância do SIPAN/SIVAN.

Cenário Desejado

Com o ordenamento, a longo prazo haverá redução das desigualdades socioeconômicas intra e inter-regionais.

Aproveitamento da distribuição territorial da infraestrutura e investimentos produtivos nos eixos nacionais de integração e desenvolvimento mediante diretrizes criteriosas de zoneamento geográfico das unidades ambientais.

O ZGUA irá contribuir para a harmonização metodológica, em termos de ordenamento territorial, dos diferentes critérios de demarcação e aproveitamento de terras para fins de reforma agrária, zoneamento econômico, proteção ambiental, delimitação de propriedades, definição do uso da terra em poder da União e outras unidades territoriais.

Maior integração da Região Amazônica ao conjunto nacional em termos de vigilância e proteção de seus recursos, aproveitamento e desenvolvimento de sua biodiversidade, bem como mediante a plena incorporação das populações locais à cidadania em termos sociais e econômicos.

6. Conclusões

A cidade de Sorriso, assim como outras situadas na região do Cerrado, no Centro-Oeste brasileiro, apresenta sérios problemas de erosão de solos e impactos ambientais, resultantes desses processos erosivos, como, por exemplo, a poluição e o assoreamento dos rios, que recebem grande parte dos sedimentos erodidos, tanto da parte rural, próxima à cidade, quanto dos esgotos domésticos e industriais, resultantes das atividades urbanas aí existentes.

O capítulo referente a Sorriso procurou destacar não só características relativas ao meio físico, que têm um importante papel na erosão, como por exemplo a textura predominantemente arenosa dos solos aí existentes e as chuvas concentradas nos meses de verão, mas também o próprio uso da terra e a forma de exploração dos recursos naturais, que não podem deixar de ser levados em consideração, quando se procura compreender de uma forma holística as causas dos processos responsáveis pela degradação ambiental.

Devido à semelhança quanto ao meio físico, bem como à própria história de ocupação e colonização da cidade de Sorriso e suas redondezas, esperamos contribuir para o entendimento de outras formas de degradação ambiental, que ocorrem em outras cidades brasileiras que tenham tido uma colonização semelhante e recente, como é o caso de Sorriso.

Dessa forma, entendemos que para a melhor compreensão de como Sorriso vem passando por processos de erosão acelerada e dos impactos ambientais resultantes desses processos, como a formação de voçorocas, o assoreamento dos córregos que cortam a cidade e que fazem parte da Bacia Amazônica, é necessário levar em consideração não só as características do meio físico, mas também a própria forma como Sorriso foi criada e ocupada.

Finalmente, entendemos que não basta diagnosticar os processos erosivos e os impactos ambientais resultantes desses processos. Daí termos incluído, neste capítulo, um item referente às ações estratégicas cabíveis, passando por uma política de ordenamento territorial e ambiental, através de medidas preventivas que devem ser adotadas, caso a cidade não queira continuar a passar pelos processos de erosão acelerada por que vem passando nos últimos anos, como as várias outras formas de impactos ambientais resultantes desses processos, sendo o principal deles o assoreamento dos rios.

7. *Referências Bibliográficas*

AB'SABER, A. (1987). Zoneamento Ecológico e Econômico da Amazônia. Questões de Escola e Método. Brasília CEPAL/IEPA.

ALMEIDA, F. G. (1993). Plano de Ação para Combater a Erosão Acelerada no Município de Sorriso-MT. Anais do IV Encontro Nacional do Meio Ambiente. Cuiabá.

ALMEIDA, F. G. & GUERRA, A. J. T. (1994). Erosão dos Solos e Impacto Ambiental na Microbacia do Rio Lira-MT. I Encontro Brasileiro de Ciências Ambientais. Rio de Janeiro.

ALMEIDA, F. G.; MARTINS, F. J. C.; SANTIAGO, F. L. & VIEIRA, L. S. (1994). O Uso da Pedologia em Diferentes Formas de Ocupação e Utilização do Meio Físico. IX Congresso Brasileiro de Geógrafos, Curitiba-PR.

ALMEIDA, F. G., GUERRA, A. J. T. & MARANHÃO, V. A. (1994). A erosão dos solos no contexto da Economia Política e da (des)ordem mundial. IX Congresso Brasileiro de Geógrafos, Curitiba-PR.

ALMEIDA, F. G. (1997). A estrutura fundiária como mais uma variável a ser considerada no processo de erosão dos solos. Sorriso-MT. Tese de doutorado. UFRJ/PPGG. 218pp.

BECKER, B. K. (1982). Geopolítica da Amazônia. A nova fronteira de recursos. Rio de Janeiro.

_____ (1990). A gestão do território e territorialidade na Amazônia: A CVRD e os garimpeiros na província mineral de Carajás. *In*: Becker B. Miranda M. & Machado, L. Fronteira amazônica. Questões sobre a gestão do território, pp. 196-219.

_____ (1993). Repensando a questão ambiental no Brasil a partir da Geografia Política. *In*: Saúde, Ambiente e Desenvolvimento, org. Leal, M.C. *et al.*, vol. 1, Hucitec, RG/SP.

BECKER, B.K. & EGLER, C. A. G. (1996). *Detalhamento da Metodologia para Execução do Zoneamento Ecológico Econômico pelos Estados da Amazônia Legal*, SAE — MMA, 43p., mimeo.

BLAIKIE, P. M. (1981). *Land-use and soil erosion*, ODI Review, 2, 57-77. Also in The Political Economy of Development and Underdevelopment, Eilber, C. K.

_____ (1983). *How can soil erosion be a political matter?* Pokhara, Nepal.

BLAIKIE, P. (1985). The political economy of soil erosion in developing countries. Easex,UK, Longman Group Limited, 182pp.

BLAIKIE, P. & BROOKFIELD, H. (1987). Land Degradation and Society. UK, Methuem, 320pp.

BLAIKIE, P.; ABEL, N.; BIOT, Y., & STOCKING, M. (1990). Environmental Management in Agricultural Development. Couces Texto of Mc Externa Programe, Wye College, Published by University of London, 300pp.

BRASIL. Constituição. Constituição da República Federativa do Brasil. Brasília: 1988.

_____ Decreto-Lei nº 99.540, de 21 de setembro de 1990. Institui a Comissão Coordenadora do Zoneamento Ecológico-Econômico do Território Nacional e dá outras providências. Diário Oficial da República Federativa do Brasil, Brasília, v. 128, nº 184, p. 18.325, 24 de set. 1990. Seção 1, pt. I.

COSTA, M. F. (1996). Zoneamento Ecológico-Econômico. Pará, IDESP/CRN.

EMPAER (1992). Registros Climatológicos dos Postos de Sorriso. Relatório Interno.

ESCOLA SUPERIOR DE GUERRA (1999). Fundamentos Doutrinários. Rio de Janeiro.

GUERRA, A. J. T. (1998) Processos erosivos nas encostas. *In*: *Geomorfologia: Uma atualização de bases e conceitos*. Org.: A. J. T. Guerra & S. B. Cunha. 3ª Ed. Bertrand Brasil, Rio de Janeiro, pp.149-209.

IBGE (1991) — Anuário Estatístico. Rio de Janeiro, IBGE.

WALLERSTEIN, I. (1991). The capitalist world-economy. Cambridge: Cambridge University Press, 305pp.

CAPÍTULO 7

PROCESSO DE URBANIZAÇÃO E MUDANÇAS NA PAISAGEM DA CIDADE DE AÇAILÂNDIA (MARANHÃO)

Mônica dos Santos Marçal
Antonio José Teixeira Guerra

1. INTRODUÇÃO

Açailândia é uma das muitas cidades do Leste da Amazônia marcada pelo crescente e desordenado processo de urbanização nas últimas três décadas. Situada no Oeste do Maranhão, próximo à cidade de Imperatriz, quase fronteira com o Pará (**Figura 7.1**), ela também se destaca por pertencer ao grupo de cidades localizadas no corredor da Estrada de Ferro Carajás (EFC).

Em função de sua localização privilegiada, ocupa hoje no Estado do Maranhão um importante papel de entroncamento rodoferroviário, composto das rodovias Belém-Brasília (BR-010) e BR-222, que liga a Belém–Brasília à BR-316 (Pará/Maranhão), e, ainda, as ferrovias Carajás–São Luís e o primeiro trecho construído da ferrovia Norte–Sul, ligando Açailândia à cidade de Imperatriz.

Nascida nos anos 60, surgiu primeiramente como acampamento de trabalhadores que participavam da construção da estrada BR-010 (Belém–Brasília), que liga Imperatriz, no Estado do Maranhão, a Brasília e a Belém. Nas últimas três décadas, o povoado, que desde o início dos anos 80 passou a ser a cidade de Açailândia, vem crescendo de forma acelerada, causando mudanças na sua paisagem. As administrações locais não têm conseguido oferecer serviços básicos à população, como habitação,

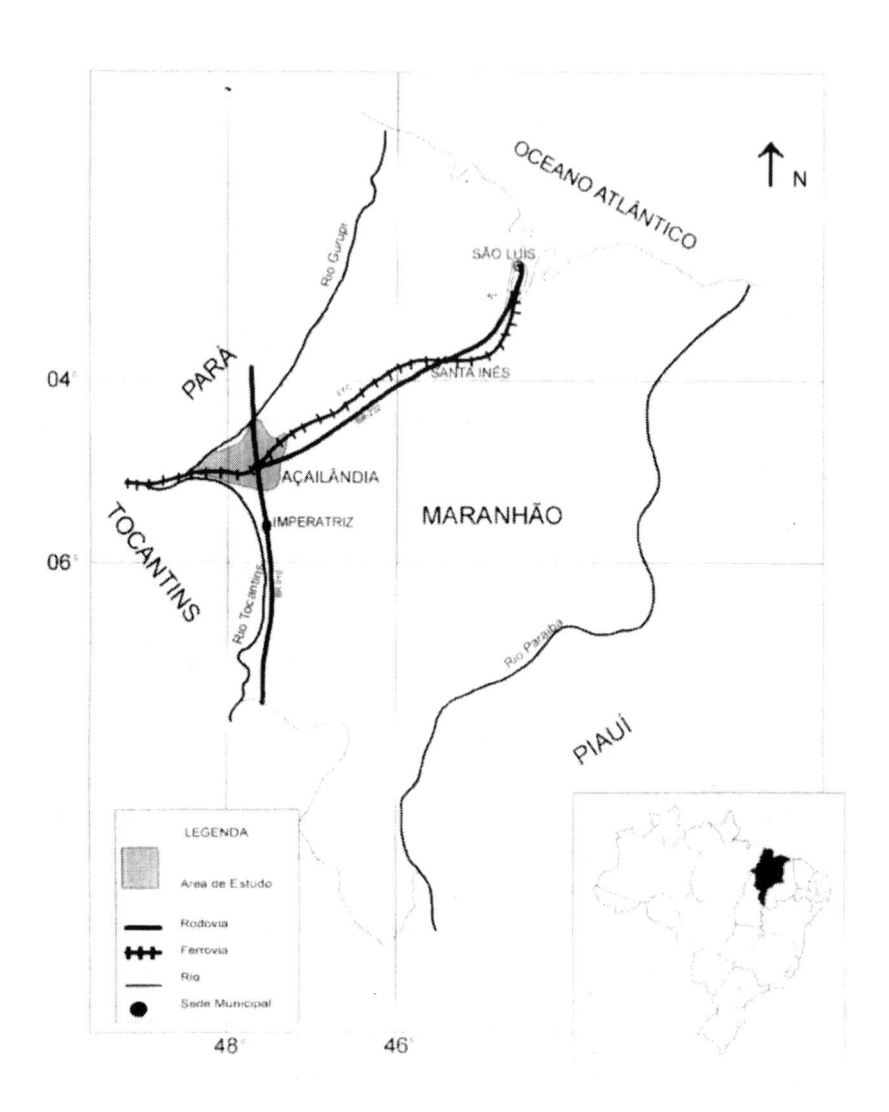

Figura 7.1 — Localização da cidade de Açailândia (MA).

transporte e saneamento. Além disso, não têm conseguido solucionar os problemas ambientais, como o desmatamento e a degradação do solo, resultantes da urbanização rápida e desordenada.

O Programa Grande Carajás, lançado pelo Governo federal na década de 80, com o objetivo de estimular a industrialização das cidades por onde passa a Estrada de Ferro Carajás, construída pela Companhia Vale do Rio Doce (CVRD), também foi responsável pela atração de um número elevado de pessoas que viam na cidade de Açailândia uma perspectiva de conseguir emprego e habitação. Isso contribuiu mais ainda para o crescimento acelerado da cidade, onde ruas foram abertas sem nenhum critério, loteamentos foram criados e casas foram sendo construídas, sem saneamento.

A cidade, que é concentradora de atividades industriais (primeiro as serrarias e mais recentemente as guserias) e de um contingente elevado de força de trabalho (migrante), apresenta sérios problemas, como a erosão dos solos, assoreamento dos rios e poluição atmosférica, que se agravam à medida que a população cresce.

Há pelo menos 20 anos, a erosão tem-se tornado um problema crítico para a cidade. A erosão em voçorocas, sulcos profundos e progressivos, dando o contínuo avanço de suas cabeceiras, atinge, de forma implacável, a periferia da cidade. As ravinas evoluem para voçorocas de grandes dimensões, provocando desastres, como a derrubada de casas e destruição de ruas, ampliando a cada período de chuvas intensas o número de população desabrigada.

Os problemas causados pelas voçorocas em Açailândia também têm reflexo no abastecimento de água da cidade. Isto acontece devido à grande carga de sedimentos carreada para os dois cursos d'água que circundam o núcleo urbano da cidade — o Rio Jacu e o Córrego Boa Esperança. A poluição do ar, originária das serrarias e guserias localizadas nas proximidades da cidade, também vem a ser um problema para a população de Açailândia.

Diante de tantos problemas, o desmatamento rápido e desordenado tem sido uma grande ameaça, tanto na área urbana, onde a cidade vem crescendo aceleradamente, como na área rural, evidenciada pela construção de rodovias, a exploração madeireira, as aberturas de roças, a formação e ampliação de pastagens e o número elevado de serrarias, sobretudo na cidade de Açailândia. Contudo, acrescenta-se ainda o risco de crescente destruição das matas ainda existentes, devido ao estímulo à instalação de siderúrgicas ao longo da ferrovia, a maioria a ser alimentada por carvão vegetal.

Este capítulo procura destacar as consequências do processo de urbanização sobre a paisagem de Açailândia. Dessa forma, a evolução do crescimento urbano é analisada a partir das últimas três décadas (70, 80 e 90). Os impactos decorrentes da urbanização são abordados, analisando-se a fragilidade do ambiente físico através dos efeitos do desmatamento e a consequente degradação do solo com o avanço das voçorocas.

2. Crescimento Urbano

Açailândia, que surgiu inicialmente como acampamento para trabalhadores que participavam da construção da rodovia Belém–Brasília, tem seu primeiro fluxo migratório registrado por volta de 1960; são de trabalhadores ligados à atividade agrícola como um desdobramento do desenvolvimento de frentes de expansão, composto de camponeses de origem maranhense e nordestina. Outra corrente, mais heterogênea, chega na segunda metade da década de 60, originária, principalmente, de Minas Gerais, Espírito Santo e Bahia, vinda diretamente para Açailândia através da Belém–Brasília. São trabalhadores não agrícolas e camponeses com o objetivo de instalar comércio e pequenas serrarias (Carneiro, 1997).

Nesse primeiro momento, as obras de construção da rodovia atraíam um grande número de pessoas a Açailândia em busca de trabalho. Incentivados pela abertura da rodovia e com a criação do Programa de Integração Nacional (PIN), que tinha como um dos objetivos criar Projetos de Colonização para a Amazônia através do Instituto de Colonização e Reforma Agrária (INCRA), foram atraídas outras pessoas, dando, assim, as primeiras características urbanas. Dos anos 60 em diante já se observava a formação de ruas, em decorrência da explosão demográfica. Com isso, houve o surgimento de pequenos comércios, pensões, igrejas, escolas etc.

No começo dos anos 70, com o início da construção da BR-222 (que liga São Luís ao Oeste maranhense), o povoado ficou exatamente no entroncamento entre a nova estrada e a Belém–Brasília, o que acelerou seu crescimento. A partir de então iria chamar a atenção pela sua importância geográfica.

Nesse período, a atividade agropecuária e da indústria madeireira firmou-se na região, na qual estabeleceu a propriedade da terra em Açailândia. A agricultura camponesa já coexistia, mas em condições de difícil reprodução, sobrevivendo "espremida" por latifúndios ou acompanhando pequenos córregos. Isso ocorria em função do monopólio das terras do município por grupos privados e o arrendamento como estratégia temporária e parcial de reprodução do campesinato (Carneiro, 1997).

Entretanto, na zona urbana, o rápido acúmulo de moradias precárias, associado à falta de infraestrutura e de um modelo de ocupação adequado, deu à cidade uma imagem de imensa favela, que, em meados dos anos 70, passou a expandir-se em meio às serrarias que ali se instalaram. Estas, junto com a miséria, a prostituição e a poeira, foram responsáveis por uma imagem de desordem e vício (Guerra *et al.*, 1998).

Neste momento a Companhia Vale do Rio Doce (CVRD) firma-se como uma das maiores empresas mineradoras do mundo, que, na época, correspondia a uma corporação de capital misto, com 51% de suas ações controlados pelo Governo e 48,68% delas distribuídos pelo investidores estrangeiros (Coelho, 1997).

A construção de várias rodovias, como a Transamazônica (BR-230), Belém–Brasília (BR-010), Açailândia–Santa Luzia (BR-222) e outras, ocasionou a colonização ao longo das suas margens, surgindo vários povoados, como, por exemplo, Trecho Seco e Santa Tereza. Concomitantemente, inicia-se o trabalho de construção da Estrada de Ferro Carajás (EFC), a qual percorre o Sul do Pará e o Estado do Maranhão.

Dessa forma, a rodovia Belém–Brasília tornou-se um importante eixo de comunicação e de circulação de imensos fluxos migratórios dentro do próprio Estado do Maranhão e em outras regiões que se deslocavam pela fronteira. A Belém–Brasília, devido à sua função de conduzir contingentes populacionais, transformou-se num elemento modificador e estruturador do espaço (Coelho, 1997).

No final da década de 70, com a abertura da BR-222, que liga Santa Luzia a Açailândia, foi impulsionada a ocupação da parte oriental do município, espaço inicialmente marcado pelas roças de arroz, milho, feijão e mandioca. Com a incorporação de terras devolutas ao patrimônio privado, Açailândia é progressivamente ocupada pelos latifúndios agropecuários, processo que seria acelerado com a implantação da política de incentivos fiscais do Governo Federal através da SUDAM, órgão de planejamento, controle e execução de projetos, e do Banco de Crédito da Amazônia (BCA), hoje BASA, criados com o objetivo de atrair capital particular para investimentos na região no auge da Operação Amazônia, que privilegiou a grande empresa agropecuária (Coelho, 1997).

Por outro lado, Carneiro (1997) aponta que os conflitos pela terra na região de Açailândia datam de 1966, indo num primeiro momento até a década de 80, basicamente na área rural. Entretanto, no início dos anos 80 há um deslocamento dos conflitos agrários em Açailândia para as proximidades das áreas urbanas, o que pode ser explicado, segundo o autor, pela hipótese de que os trabalhadores não estariam mais com interesse na agricultura, e sim buscando postos de trabalho, preferencialmente os núcleos madeireiros (Itinga, Pequiá e Açailândia-sede) e, posteriormente, o núcleo industrial (Pequiá) (Carneiro, 1997).

No final desse período, com o crescimento populacional rápido, falava-se na ideia de emancipação do povoado de Açailândia, tornando-se um município, o que só foi concretizado no início da década de 80, com o apoio de empresários locais (madeireiros) e alguns políticos, no dia 6 de julho de 1981.

Com a criação do Programa Grande Carajás (PGC) na década de 80, Açailândia passa a ser considerada o maior polo madeireiro da área, contando com 54 madeireiras, além de pequenas serrarias. Segundo dados do Instituto Brasileiro de Geografia e Estatística (IBGE), para a produção da extração vegetal, em 1987, Açailândia era responsável por 255 madeireiras do Maranhão, com volume superior cinco vezes ao produzido em Imperatriz. Com o funcionamento dessas madeireiras, ocorreu uma série de transformações que alteraram a paisagem da cidade e do município (Carneiro, 1997).

O Projeto Carajás integra mina-ferrovia-porto, isto para explorar o minério de ferro da Serra dos Carajás. A ferrovia possui um percurso de 850km que vai das jazidas até o Porto de Ponta da Madeira, em São Luís (MA), passando em Pequiá, povoado a 14km da sede urbana de Açailândia, onde mantém um de seus cinco postos de manutenção encontrados ao longo de sua extensão (Coelho, 1997).

A instalação da CVRD no município e a perspectiva de industrialização induziram a Prefeitura e os empresários a sanear e até embelezar a cidade. Ruas foram asfaltadas, e surgiram praças. A cidade ficava cada vez mais independente de sua vizinha, a próspera cidade de Imperatriz (Guerra *et al.,* 1998).

Assim, com a construção da Estrada de Ferro Carajás (EFC), impõe-se um novo movimento à estrutura econômica e social em Açailândia, além de contribuir para um extenso corredor de desmatamento e uma acentuada valorização do espaço urbano (Coelho, 1997).

Durante as obras de construção da Estrada de Ferro Carajás (EFC), a cidade passou por um processo de crescimento acelerado, usufruindo de todos os benefícios trazidos pela construção da mesma, como saneamento, postos de saúde, transporte urbano e a tão sonhada energia elétrica, entre outros serviços.

Paralelamente à obra da ferrovia, implanta-se também um conjunto de empreiteiras, que expandiu o mercado de trabalho regional, elevou os preços e alimentou a especulação imobiliária no espaço urbano (Carneiro, 1997), o que deu um impulso final e decisivo à ocupação irregular do solo.

O trecho Imperatriz–Açailândia de outra ferrovia, a Norte–Sul, inaugurado em 1989, encontrou a ferrovia de Carajás também em Pequiá (Estação Açailândia). Isso levou a Prefeitura a criar um distrito industrial junto a Pequiá, com toda a infraestrutura necessária, acelerando o crescimento da população de Pequiá e, particularmente, da própria Açailândia. Em Pequiá, a população passou de 847 pessoas em 1970 para 1.264 em 1980, segundo o Instituto Brasileiro de Geografia e Estatística (IBGE), e de 2.282 em 1989 para 5.256 em 1995, segundo a Fundação Nacional de Saúde (FNS).

Com a implantação do Distrito Industrial de Pequiá, usinas siderúrgicas transformam o minério de ferro vindo da Serra dos Carajás, no Estado do Pará, em ferro-gusa, através de altos fornos movidos a carvão vegetal extraído da floresta. Com a instalação das primeiras empresas siderúrgicas (Siderúrgica Viena e Vale do Pindaré) no distrito industrial, além da explosão urbana, vêm também com ela os problemas sociais e ambientais.

Nos anos 90, o afluxo de população e a urbanização acelerada e não planejada das últimas duas décadas, o corte das florestas e a industrialização mudaram ainda mais a paisagem da cidade de Açailândia. Um dos principais problemas é o desmatamento de extensas áreas, muitas vezes sem um manejo adequado, causando um intenso processo de degradação dos solos, principalmente na área considerada de maior índice de ocupação humana do município, que é a bacia do Rio Açailândia, onde está incluída a cidade.

Nos últimos anos, a erosão tem sido um dos principais desafios que as autoridades locais têm enfrentado na busca de soluções, que geralmente culminam em medidas paliativas. A erosão castiga a cidade principalmente em sua periferia pobre, provocando desastres como a derrubada de casas e ruas, ampliando a cada período de chuvas fortes o número de população desabrigada.

Sem um planejamento prévio, compatível com a realidade do ambiente físico, o espaço urbano em Açailândia vem-se expandindo através (**Figura** 7.2): (a) da população pobre, que no início invadia o núcleo antigo e agora se aloja na periferia; (b) dos empresários, ao criarem loteamentos para a classe média, fazendeiros, profissionais liberais e funcionários graduados de empresas locais; (c) das autoridades, que distribuem lotes com fins eleitoreiros; e (d) da CVRD, que constrói moradias para seus funcionários (Guerra *et al.*, 1998).

Os anos passam, e os problemas erosivos se intensificam e se agravam. Hoje, a cidade apresenta diversas voçorocas em vários estágios de desenvolvimento, onde a população convive com estes verdadeiros "buracos", sempre na esperança de que um dia terão algum tipo de melhoria. Desde 1994, quando do início do monitoramento de algumas voçorocas urbanas, as erosões têm evoluído, tomando proporções gigantescas dentro de bairros periféricos ao Centro, e, muitas vezes, servem de depósito de lixo e "área de lazer" para as crianças que ali moram.

Para se ter uma ideia, o ano de 1997 foi caracterizado por um período de intensas chuvas, e os problemas erosivos na periferia da cidade se intensificaram e se agravaram ainda mais; as voçorocas evoluíram, provocando mais destruição de ruas e casas. A morte de membros de uma família no bairro periférico do Jacu levou a Defesa Civil, juntamente com a Prefeitura, a interditar várias casas no bairro, precisando desalojar os moradores para acampamentos e escolas da Prefeitura.

Entretanto, os moradores desse bairro relutaram em sair de suas casas porque a alternativa apresentada pelas autoridades havia sido a de deslocá-los para áreas muito distantes do Centro e que, até então, não apresentavam

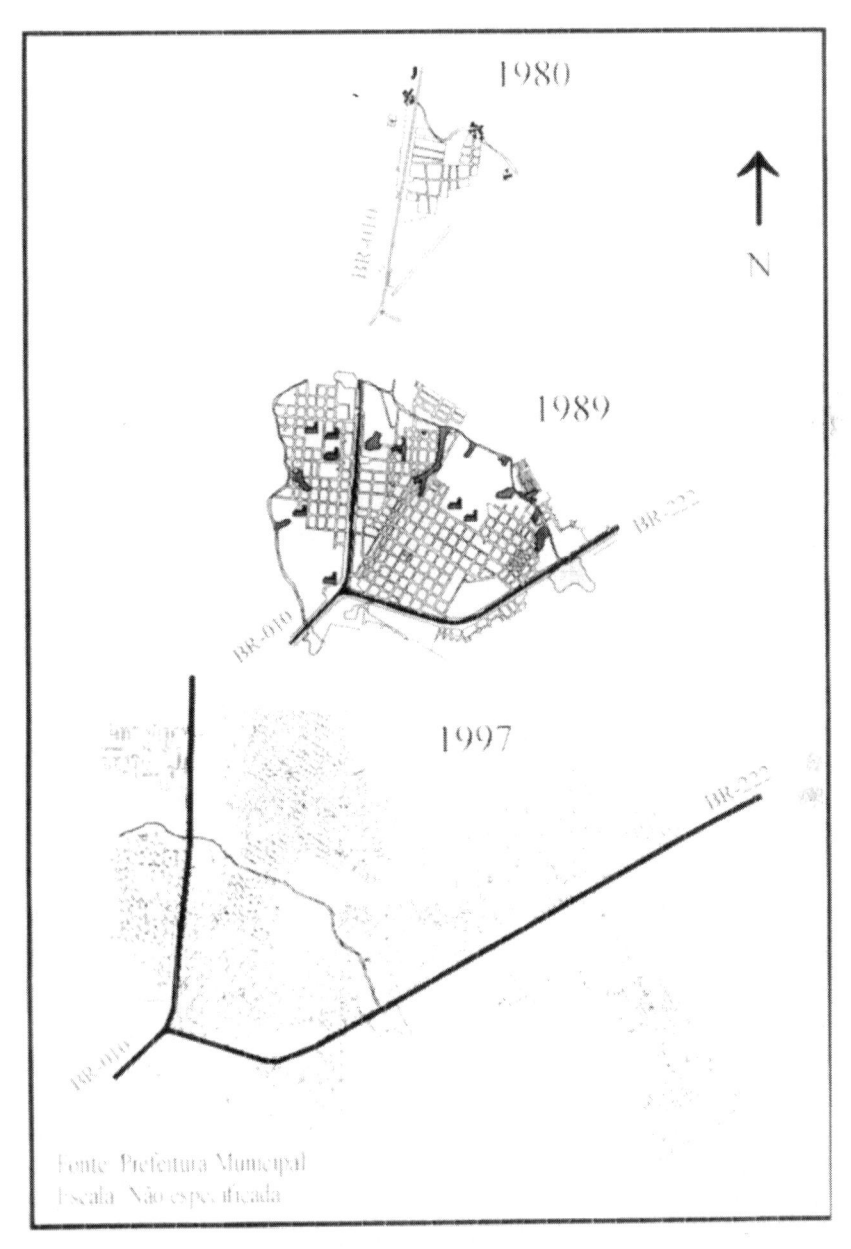

PROCESSO DE URBANIZAÇÃO E MUDANÇAS NA PAISAGEM 283

Figura 7.2 — Expansão urbana de Açailândia (MA).

infraestrutura necessária, somente ruas abertas. A maioria da população prefere permanecer em seus bairros, correndo o risco de ver a qualquer momento suas casas serem destruídas pela erosão. Somente nos anos em que há eleição é que alguns candidatos jogam carradas de pó de serraria, misturado com piçarra, o que provisoriamente diminui a profundidade da voçoroca, que volta novamente a evoluir pelo trabalho da drenagem de esgoto.

Esses moradores têm a esperança de que um dia a Prefeitura apresente soluções definitivas para conter esses problemas de erosão, fazendo com que o lixo e as constantes ameaças de erosão desapareçam da paisagem.

3. FRAGILIDADE DO AMBIENTE FÍSICO E AS MUDANCAS NA PAISAGEM

Para compreendermos as mudanças que vêm ocorrendo na paisagem da cidade de Açailândia é necessário, inicialmente, entendermos os aspectos ligados às condições do seu ambiente físico. Assim, torna-se fundamental descrever, mesmo que de forma sintética, as condições ambientais em que a cidade vem se desenvolvendo.

A cidade de Açailândia cresceu sobre um planalto sedimentar, localizado na parte oeste da Província Sedimentar do Meio-Norte (Goes, 1995), anteriormente chamada Bacia do Parnaíba. Suas formações rochosas constituídas predominantemente de arenitos argilosos, datadas do Período Cretáceo, mostram uma paisagem com topografia bastante irregular com formas tabulares (mesas), onde suas bordas encontram-se em avançado processo de dissecação, dando origem a elevações entremeadas de vales assoreados coalescentes, que encontram continuidade na planície fluvial.

As florestas pluviais sempre verdes e deciduais que se encontravam na região já foram destruídas há muito tempo. O tipo florístico representado por uma vegetação densa, com árvores de grande porte, troncos grossos, copas largas e irregulares (Brasil, 1973), atualmente se encontra descaracterizado pela exploração de madeira e pelo desmatamento para a implantação de pastagens e agricultura, surgindo uma vegetação secundária mista, caracterizada principalmente pela consorciação de babaçu, que hoje domina a paisagem, ocorrendo singularmente nas florestas ou ao longo dos rios.

Na consorciação do babaçu prevalecem os tipos de porte alto e de porte anão, entremeados pelos seus híbridos de porte médio. O primeiro babaçu é de origem florestal, e o segundo é de origem savanícola. Daí o alerta a ser feito, pois o problema do hibridismo entre os babaçus deverá ocorrer devido às devastações florestais e às queimadas que estão sendo realizadas na floresta Ombrófila (CPRM, 1990).

A floresta tropical foi aí mantida pela precipitação relativamente alta, variando de 1.300mm a acima de 1.700mm por ano. Entretanto, os mais elevados índices de precipitação ocorrem basicamente em três meses (de janeiro a março), considerados de inverno, denominação correspondente ao período chuvoso. As fortes chuvas de inverno intensificam a fricção das águas superficiais, ameaçando as escarpas despidas de vegetação. A crescente instabilidade das vertentes causada pela remoção da vegetação e os cortes das rodovias tem conduzido à crescente erosão em ravinas e voçorocas do solo e à remoção de partes significantes do material sedimentar.

As ravinas desenvolvidas progridem rumo aos topos do planalto sedimentar, dissecando-o progressivamente. O alargamento de seus bancos e o processo de deposição dos sedimentos nas partes baixas formam pacotes sedimentares espessos, dando origem à formação de vales assoreados.

Os solos do tipo latossolo e podzólico encontrados na área do alto curso da bacia do Rio Açailândia (Marçal *et al.*, 1999) revelam uma textura predominantemente arenosa, com valores de pH ácidos e matéria orgânica relativamente baixa, favorecendo a forte relação com as feições erosivas características da região.

Entretanto, as transformações causadas no quadro natural, em função do processo acelerado e desordenado das últimas três décadas em Açailândia, são marcantes. Muitos autores colocam que a principal causa da degradação ambiental é o manejo inadequado do solo, tanto nas áreas urbanas como nas rurais (Morgan, 1986; Daniels e Hammer, 1992; Gerrard, 1995; e Cunha e Guerra, 1998).

No caso de Açailândia, uma das principais causas da degradação do solo tem sido o desmatamento em grande escala, tanto na área urbana como na rural, levando ao surgimento e intensificação dos processos erosivos. No seu espaço urbano, as mudanças na paisagem estão caracterizadas principalmente pela expansão de grandes voçorocas que se vêm desenvolvendo nas áreas periféricas da cidade, ou seja, nas encostas desmatadas dos morros para expansão da cidade.

3.1. Efeitos do Desmatamento

A expansão do desmatamento é um problema que cresce a cada ano na região de Açailândia. Os dados apresentados por Coelho (1991) para o período de 1978 a 1988 mostraram o rápido avanço das áreas desmatadas, evidenciado pelas altas taxas de desmatamento verificadas principalmente na Zona Oeste, região onde está localizada a cidade.

Sabemos que a floresta tropical é um dos mais importantes sistemas ecológicos do planeta, e diversos órgãos governamentais e não governamentais desenvolvem estudos no sentido de prever os efeitos do seu desmatamento.

Em 1994, os resultados das pesquisas apresentados pelo Projeto Abracos (Estudo Anglo-Brasileiro de Observações do Clima da Amazônia) na Amazônia, por exemplo, mostram que durante os períodos chuvosos a proporção da energia disponível à superfície utilizada para evaporação é similar para floresta e pastagem. Entretanto, durante períodos de vários dias ou semanas sem chuvas, a evaporação na pastagem diminui, enquanto as florestas continuam a evaporar água às mesmas taxas. Durante os períodos secos as pastagens retornam menos água para a atmosfera do que as florestas; isso, por sua vez, reduz a probabilidade de formação de nuvem e chuva. Adicionalmente, menos energia usada para a evaporação na pastagem significa que há mais energia para aquecer o ar, ou seja, a substituição de florestas por pastagens deve resultar, consequentemente, em estações secas mais quentes e com menos chuva. Estas mudanças irão afetar o ciclo hidrológico e resultar em modificações no escoamento dos rios; porém, a severidade dos impactos irá depender da duração da estação seca e do tipo de solo, o qual controla a disponibilidade de água.

Quando a floresta é derrubada, mudanças consideráveis podem ocorrer na estrutura do solo, e essas mudanças podem causar importantes alterações na hidrologia local. O escoamento superficial é raramente visto na floresta virgem, mas, após o desmatamento, a compactação do solo pode reduzir a infiltração, a ponto de gerar a ocorrência de escoamento superficial. Isso irá certamente reduzir a água disponível para a vegetação e, em casos extremos, pode produzir erosão do solo e inundações.

Em Açailândia, a legitimação do latifúndio agropecuário há pelo menos três décadas, que na maioria das vezes se estabeleceu sem a preocupação com o manejo adequado do solo, tem descaracterizado a cobertura vegetal original, de mata ombrófila (árvores de mesma altura), ajudando a reduzir a velocidade do escoamento superficial. A floresta atenuava os efeitos de formação de ravinas e voçorocas, também limitados pela formação de húmus, que garantia a estabilidade do solo ao elevar o teor de agregados.

A poluição do ar provocada pela queima de resíduos de madeira é outra consequência do desmatamento, pois a cidade cresceu englobando as serrarias e madeireiras que se instalavam em meio à área urbana ou nas proximidades. Em 1989, embora já existisse uma legislação que requeria a transferência dessas serrarias para fora do espaço urbano, isto ainda não havia acontecido (Coelho, 1991).

Hoje, a escassez de madeira, só encontrada agora a mais de 100km, reduziu o número de serrarias, principalmente no entorno da cidade. Muitas madeireiras já migraram para áreas onde a floresta ainda é abundante, no Pará ou no Amazonas. Mas os pastos em torno da cidade trouxeram mais problemas, onde de julho a dezembro as queimadas usadas para "limpar" esses pastos (eliminar plantas indesejáveis) e os incêndios acidentais aumentam muito a poluição do ar (Guerra *et al.*, 1998).

A construção da Estrada de Ferro Carajás (EFC) nos anos 80 pela CVRD teve como um dos objetivos transformar a Amazônia Oriental brasileira em um grande polo minerometalúrgico. Só que com isso, além do progresso e do desenvolvimento em termos regionais, trouxe também a degradação ambiental, a pressão sobre a floresta e as tensões sociais que estão presentes na região (Monteiro, 1997).

Hoje, cinco siderúrgicas encontram-se em operação no Estado do Maranhão, sendo que quatro dessas estão localizadas em Açailândia, no distrito industrial de Pequiá — a Companhia Siderúrgica Vale do Pindaré, Viena Siderúrgica, a Gusa Nordeste S.A. e a Siderúrgica do Maranhão S. A. (SIMASA). A presença dessas guserias intensificou a poluição do ar, que já era grave por conta da queima de resíduos da madeira.

Entretanto, a demanda significativa de carvão vegetal para alimentar um parque siderúrgico nas proporções imaginadas pelo Plano Diretor da Estrada de Ferro Carajás e as críticas ao uso do carvão vegetal nas guserias e em outras indústrias levaram a CVRD a modificar seus interesses e estratégias.

Em razão de o carvão vegetal ser o principal responsável pelas causas do aumento da poluição do ar e da devastação da floresta, hoje a mineradora tenta transformar a área de influência da Estrada de Ferro Carajás em um grande celeiro de *Eucalyptus* para plantas industriais de celulose e ferrogusa (Carneiro, 1997).

3.2. Avanço das Voçorocas

Uma das principais mudanças que vem ocorrendo na paisagem da cidade de Açailândia tem sido o grande número de ocorrência de erosões no seu espaço urbano. A cidade, que está situada em topografia colinosa, característica da região, apresenta com certa facilidade o escoamento superficial, que unido com o esgoto a céu aberto, que segue o traçado das ruas e corre continuamente, aumentando seu fluxo no período chuvoso, forma inicialmente pequenos sulcos que evoluem para ravinas, chegando ao estágio de voçorocas.

Voçorocas são escavações ou rasgões do solo ou de rocha decomposta que apresentam paredes laterais íngremes e fundo chato, ocorrendo em geral fluxo de água em seu interior. Durante os eventos chuvosos ou quando aprofundam muito chegam a atingir o lençol freático (Guerra e Guerra, 1997). No caso de Açailândia, elas ocorrem principalmente nas áreas periféricas, geralmente nos bairros mais pobres, localizados nas encostas das colinas, próximo aos rios que circundam a cidade.

Em 1994, o mapeamento da área urbana de Açailândia constatou a presença de 12 voçorocas (**Figura 7.3**) (Marçal *et al.*, 1996; e Guerra *et al.*, 1998). Três delas foram selecionadas para pesquisa, obedecendo a critérios como facilidade de acesso, presença ou ausência de vegetação e interferência humana direta na área. Optou-se, ainda, por situações erosivas com características distintas, para avaliar melhor sua origem e evolução. As voçorocas escolhidas foram denominadas de voçoroca do Jacu, voçoroca do Eucalipto e voçoroca Véu-de-Noiva.

A primeira, uma das mais antigas, está localizada no bairro periférico do Jacu (**Figura 7.4**). Situado em uma das colinas que formam o sítio urbano, este bairro fica próximo ao vale do rio que recebe o mesmo nome (Jacu), que está sendo completamente assoreado pelo material resultante

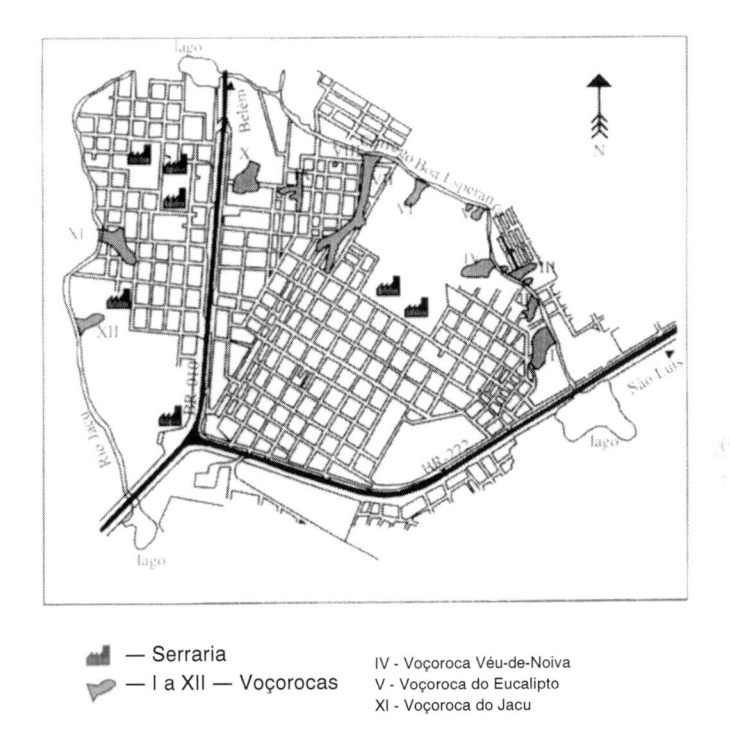

PROCESSO DE URBANIZAÇÃO E MUDANÇAS NA PAISAGEM 289

Figura 7.3 — Planta da cidade de Açailândia a partir de 1989.

das voçorocas. Várias ruas (como a Pedro Álvares Cabral e a Moamari) foram destruídas por gigantescas e profundas erosões, que evoluem em direção ao centro do bairro. Os primeiros sinais de erosão na área datam aproximadamente de 1983, segundo relato dos moradores mais antigos.

Além da destruição de ruas, o bairro também convive com desmoronamento de casas e com o lixo que a própria população deposita nesses "buracos", por falta de orientação e de infraestrutura urbana, causando doenças como infecções e doenças de pele, principalmente nas crianças.

As voçorocas do Eucalipto e Véu-de-Noiva estão na área da serraria Gramacosa, às margens do Córrego Boa Esperança, em áreas onde a declividade varia de dois a cinco graus. A do Eucalipto ganhou esse nome porque sua cabeceira foi reflorestada com esse tipo de árvore. Já o nome Véu-de-Noiva surgiu a partir do formato assumido pela queda do esgoto saído de um cano que termina em seu interior (**Figura 7.5**). Esse esgoto vem da

Figura 7.4 — Vista da voçoroca do Jacu. A população local utiliza o "buraco" para despejar o lixo (agosto de 1995) (Foto: Alan Guimarães).

Figura 7.5 — Vista da voçoroca Véu-de-Noiva (agosto de 1997) (Foto: Mônica Marçal).

serraria e despeja no Córrego Boa Esperança, segundo informações locais, um produto químico não identificado, usado no combate ao cupim — o que pode trazer consequências à população que usa a água do córrego para as necessidades domésticas.

Essas duas últimas voçorocas foram escolhidas para verificar e comparar a força erosiva das águas de escoamento superficial: os solos em que se localizam têm características semelhantes, mas uma delas apresenta alguma cobertura vegetal (cabeceira reflorestada com eucalipto) e na outra não há qualquer cobertura.

O avanço das voçorocas foi monitorado através da fixação de estacas em torno de suas bordas, medindo-se as distâncias entre as bordas e as estacas, a intervalos de quatro meses (outubro de 1994, janeiro, maio e agosto de 1995). Além disso, análises granulométricas indicaram os teores de areia fina, areia grossa, silte e argila, e outras análises verificaram os teores de carbono orgânico e matéria orgânica e o pH. Todas as análises foram realizadas pelo Laboratório de Solos da Faculdade de Ciências Agrárias do Pará (FCAP).

As análises de solos obtidas nas três áreas de estudo (**Tabelas 7.1** e **7.2**) revelaram baixíssimos percentuais de matéria orgânica e valores altos de areia. Esses dados comprovam a grande suscetibilidade à erosão. O teor de areia (fina e grossa) variou de 46,3% (na única amostra abaixo de 50%) até 92,2%, e o de matéria orgânica ficou entre 0,98% e 3,66%. Esses dados comprovam a grande suscetibilidade à erosão. Com menos de 2% de matéria orgânica no solo, os agregados quebram-se, liberando materiais que preenchem os poros existentes junto à superfície, o que aumenta a densidade aparente e reduz a capacidade de infiltração (Guerra, 1998). Isso favorece o escoamento superficial e, portanto, amplia a capacidade erosiva (Morgan, 1984; Evans, 1996; e Guerra, 1998 e 1999).

Outra propriedade do solo, também de grande influência para a erodibilidade, é sua característica textural (De Ploey e Poesen, 1985; Morgan, 1986; Evans, 1996; e Guerra, 1998). No caso das amostras coletadas na voçoroca do Jacu, o teor de areia, silte e argila apresentou-se em alta discordância, prevalecendo o grande percentual de areia, a qual não exerce a propriedade de coesão e agregação do solo proporcionado pela argila.

As medições revelaram que, em cerca de um ano, os desmoronamentos avançaram bastante em alguns pontos das voçorocas, atingindo às vezes distâncias de até 50m. O avanço foi mais acelerado na voçoroca do

Tabela 7.1 — Resultados das análises granulométricas das voçorocas do Jacu, Eucalipto e Véu-de-Noiva (outubro de 1994). Laboratório de Solos da FCAP (Marçal *et al.*, 1996 e Guerra *et al.*, 1998).

Amostra	Areia fina (%)	Areia grossa (%)	Silte (%)	Argila (%)
VOÇOROCA DO JACU				
1	19,79	26,51	18,08	35,62
2	21,19	35,24	18,22	25,35
3	6,55	85,72	2,73	5,00
4	19,89	35,94	8,73	35,44
VOÇOROCA DO EUCALIPTO				
1	25,92	51,54	2,28	20,25
2	21,10	58,10	10,71	10,09
3	20,48	63,26	6,62	10,06
4	20,13	64,57	10,21	5,04
VOÇOROCA VÉU-DE-NOIVA				
1	12,14	61,96	5,83	20,07
2	22,17	48,99	13,72	15,12
3	20,13	64,57	10,21	5,09
4	5,10	82,14	7,76	5,00
5	23,36	61,25	9,94	5,45
6	16,39	69,12	9,04	5,45
7	19,60	50,58	9,49	20,27
8	22,95	36,16	5,34	35,55
9	20,34	34,10	35,44	10,12

Jacu (**Figura 7.6**), através de desmoronamentos descontínuos ao longo de sua extensão. A erosão é maior no lado nordeste, o que pode ser explicado provavelmente pela mudança da constituição do solo nessa direção: redução do teor de silte e aumento do teor de areia grossa. Ao longo da voçoroca do Jacu também foram obtidos índices de matéria orgânica mais baixos do que nas outras duas, situadas em áreas de menor expansão urbana.

Tabela 7.2 — Resultados das análises de fertilidade das voçorocas do Jacu, Eucalipto e Véu-de-Noiva (outubro de 1994). Laboratório de Solos da FCAP (Marçal *et al.*, 1996 e Guerra *et al.*, 1998).

Amostra	Carbono (%)	Mat. Orgânica (%)	pH
VOÇOROCA DO JACU			
1	1,06	1,83	5,1
2	0,65	1,12	3,3
3	0,17	0,98	4,9
4	1,39	2,39	4,4
VOÇOROCA DO EUCALIPTO			
1	2,13	3,66	7,4
2	1,23	2,11	5,8
3	0,90	1,55	5,8
4	1,31	2,25	4,4
VOÇOROCA VÉU-DE-NOIVA			
1	1,23	2,11	5,3
2	0,98	1,69	4,5
3	0,82	1,41	5,3
4	1,64	2,82	5,2
5	1,64	2,82	6,1
6	1,72	2,96	6,0
7	1,64	2,82	6,2
8	1,20	2,25	5,0
9	1,80	3,10	6,0

O menor crescimento das voçorocas do Eucalipto e Véu-de-Noiva pode ser atribuído à relativa ausência de moradias nas proximidades. Comparando ambas, verifica-se que o desmoronamento por atividade erosiva avançou um pouco mais na voçoroca Véu-de-Noiva que na do Eucalipto (**Figura 7.7**). A diferença decorre em parte da presença da cobertura vegetal, que mesmo sendo de eucalipto reduziu a velocidade do processo,

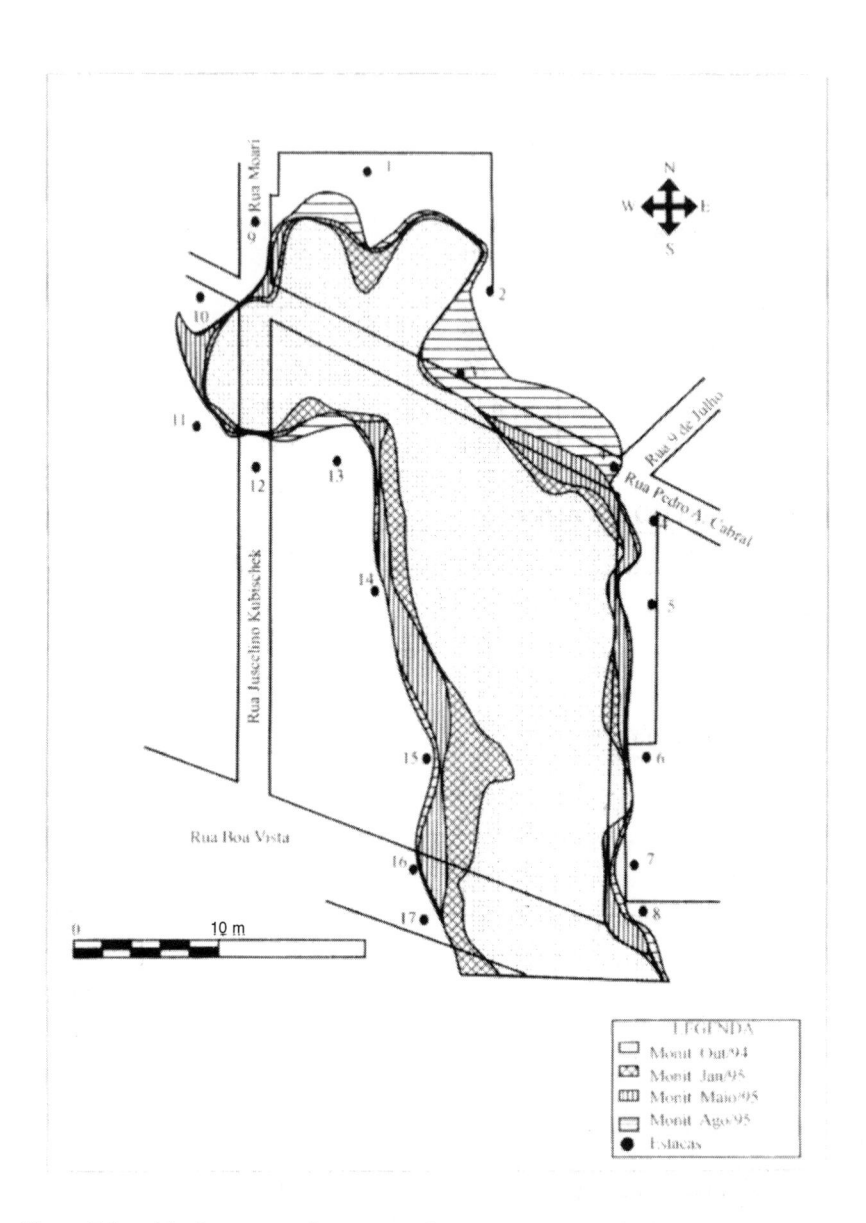

Figura 7.6 — Monitoramento da voçoroca do Jacu (Marçal *et al.*, 1996 e Guerra *et al.*, 1998).

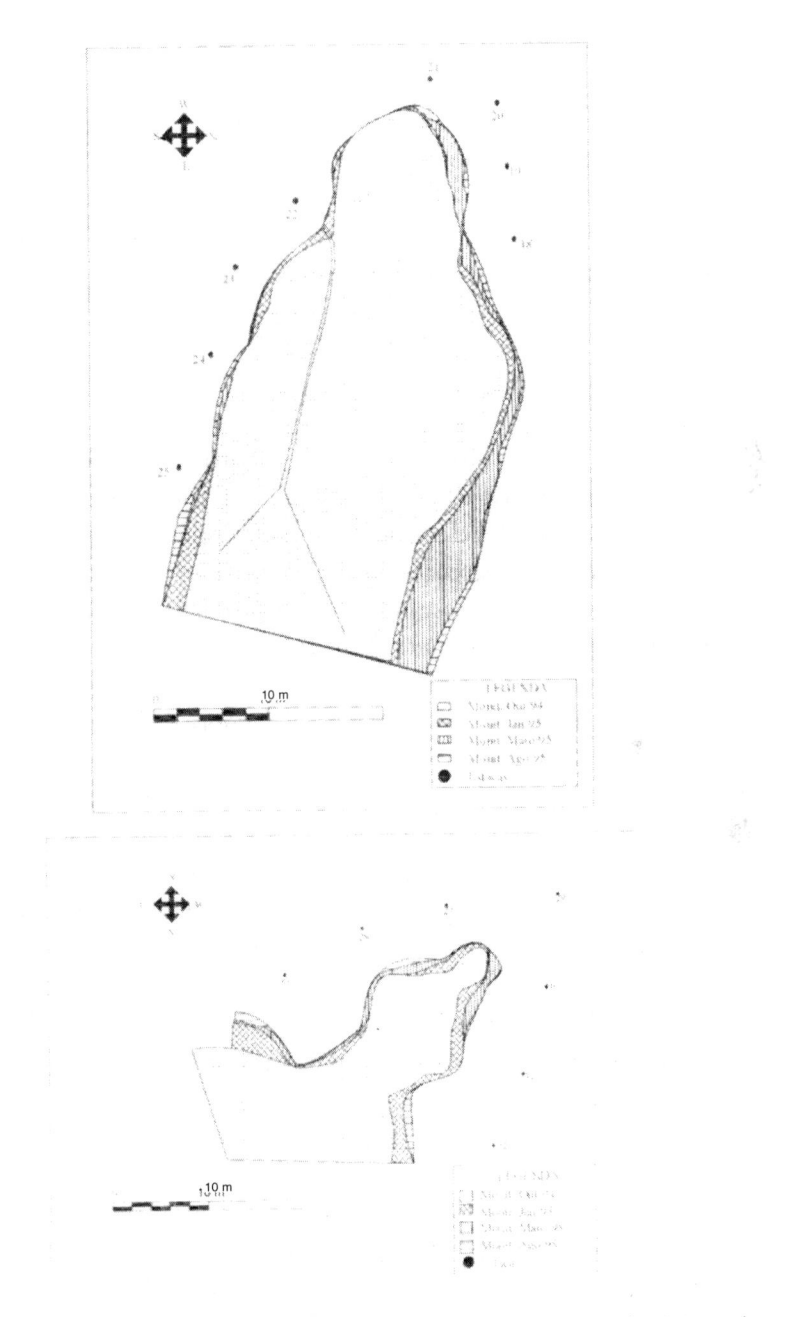

PROCESSO DE URBANIZAÇÃO E MUDANÇAS NA PAISAGEM 295

Figura 7.7 — Comparação dos monitoramentos das voçorocas Véu-de-Noiva e do Eucalipto (Marçal *et al.*, 1996 e Guerra *et al.*, 1998).

e em parte do teor de areia grossa, de distribuição mais homogênea ao longo da voçoroca Véu-de-Noiva. Por causa da maior presença de vegetação, a voçoroca do Eucalipto apresentou os valores mais elevados de carbono e matéria orgânica no solo, diminuindo a capacidade erosiva.

Com isso, a pesquisa revela que o avanço da erosão se dá em áreas onde não há vegetação ou onde a ocupação urbana se dá de forma desordenada, sem planejamento e sem infraestrutura básica.

4. EM BUSCA DE SOLUÇÕES

Em Açailândia, a qualidade da vida urbana vem caindo gradativamente devido à expansão da cidade, aliada à má ocupação e utilização do solo. Estes são alguns dos elementos que explicam um grande número de erosões (em forma de voçorocas) no espaço urbano, o que muda a paisagem da cidade e, por conseguinte, causa problemas de desequilíbrio ambiental, como o assoreamento de córregos e rios que cortam a cidade.

A erosão dos solos, causada pela água das chuvas, é um processo que depende de uma série de fatores, tais como: propriedade dos solos, erosividade da chuva, característica das encostas (forma, comprimento e declividade), cobertura vegetal e uso e manejo dos solos, dentre outros (Guerra, 1998). Quando o uso e o manejo do solo não respeitam a fragilidade do ambiente físico, a degradação ambiental pode ser catastrófica, tanto para o próprio ambiente como para a população que habita a área atingida (Cunha e Guerra, 1998; Guerra e Favis-Mortlock, 1998; e Lima-e-Silva *et al.*, 2000).

O processo de valorização de espécies vegetais e o uso da terra descaracterizaram totalmente os sistemas vegetais da região. Hoje, a vegetação existente é representada, em sua maioria, por pastos degradados e juquiras abandonadas, não diferindo da área urbana, que quase não apresenta arborização. Os poucos espaços verdes de Açailândia são encontrados, em geral, na periferia, os quais se tornam focos de queimadas no período de estiagem.

Nesse caso, a retirada da vegetação é um dos fatores relevantes no processo de detonação da erosão, sem descartar, é claro, os outros fatores determinantes, como a concentração da precipitação durante três meses do ano, o que implica a formação de crostas na superfície do solo no período de estiagem, favorecendo o aumento do volume e da velocidade do escoamento superficial no período chuvoso, e o tipo de solo ser predominantemente arenoso. A falta de saneamento básico também é um fator importante neste processo, pois o escoamento das águas tanto pluviais como de esgoto acelera o desenvolvimento da erosão.

Em busca de soluções e de uma melhoria da qualidade de vida, muitos autores têm apresentado opções de controle e recuperação de voçorocas em áreas urbanas e rurais (Mafra, 1981; e Bigarella e Mazuchowski, 1985). A maioria consiste em estabilizar a superfície das grotas por meio de vegetação, sem necessariamente considerar seu tamanho ou condição. A cobertura vegetal natural, protegida adequadamente e com condições de crescimento rápido, pode ajudar no processo inicial de retenção e diminuição da velocidade da água, proteção contra pisoteamento do gado e a remoção de outras causas prejudiciais, no caso das áreas urbanas, diminuindo a enxurrada excessiva pelo corte irregular das ruas e nas bordas das voçorocas.

No caso de Açailândia, o ponto de partida para o controle e prevenção da erosão no espaço urbano seria a elaboração de projetos que visem à arborização, principalmente dos bairros considerados em condições críticas pela erosão, além da criação de um cinturão verde no entorno da cidade para amenizar tanto os problemas erosivos quanto o aumento da temperatura.

É importante que o desvio das águas de superfície seja realizado antes de qualquer medida de contenção da voçoroca, independentemente de seu tamanho. Esse desvio consiste na construção de canaletas ou valas por onde a água deve passar, tendo degraus invertidos, diminuindo o impacto e a velocidade da água (Bigarella e Mazuchowski, 1985).

Considerando as características de cada área de erosão, outra alternativa que pode ser realizada em Açailândia seria a construção de pequenas barragens dentro da voçoroca. Isto ajudaria a preencher as valas através da retenção da água e do solo erodido. A barragem pode ser construída com pedras soltas ou muros de gabiões, que ficariam bem encravados nas paredes laterais e no fundo, a fim de evitar que a água cause erosão no fundo e nos lados das grotas. Na construção dessas barragens podem também ser utilizados tela de arame, madeira e troncos de árvore, mas nunca lixo, pois este só aumenta o desgaste do solo com a erosão.

Contudo, estas são apenas algumas das soluções alternativas de controle e prevenção à erosão em Açailândia. Claro que outras medidas em paralelo serão necessárias e urgentes. Entretanto, o sucesso da retenção e recuperação das voçorocas dependerá fundamentalmente da consciência do problema por parte de toda a comunidade e do Poder Público local. A educação ambiental é primordial nesse caso.

Assim, diante dos desafios atuais que a cidade tem enfrentado, a solução dos problemas, seja físico ou social, exige um sistema complexo de coordenação e de cogestão, em vez do planejamento centrado no Governo estadual ou nas prefeituras. Uma gestão compartilhada permite governar em parceria, envolvendo a Prefeitura, associações de bairros, conselhos comunitários, sindicatos e ainda a iniciativa privada (Guerra *et al.*, 1998). Destaca-se aqui, ainda, que um programa de controle da erosão não pode ser considerado isoladamente, mas sim como parte de um plano de desenvolvimento regional, no qual a conservação dos solos seja uma das maiores premissas (Bigarella e Mazuchowski, 1985).

Na ótica de um contexto regional, o diagnóstico e a avaliação das características e funcionamento dos elementos componentes dos sistemas ambientais físicos, como os condicionantes geológicos, geomorfológicos, pedológicos, entre outros, assinalam potencialidades para os programas de desenvolvimento. Os programas que visam ao bem-estar das populações e ao desenvolvimento sustentável, econômico, social e político devem ser formulados adequadamente, considerando as potencialidades dos recursos ambientais (Christofolletti, 1991).

A degradação da paisagem que vem ocorrendo em Açailândia precisa ser compreendida a partir de estudos que integrem o entendimento dos processos de mudanças ocorridos na área, levando em consideração tanto a dinâmica do espaço produzido pelo homem como também a própria dinâmica da natureza, que procura ambientar-se às transformações vigentes nesse espaço.

O controle da erosão só será possível através de um esquema integrado de prevenção e combate (Bigarella e Mazuchowski, 1985). A área afetada deve ser estudada dentro de uma ótica holística e sistêmica, envolvendo as lideranças urbanas e rurais, somando esforços com as entidades governamentais e privadas.

A caracterização ambiental e a necessária conservação dos solos em

Açailândia ajudarão na busca de soluções para a prevenção e recuperação dos terrenos sujeitos à erosão e no encontro das técnicas e práticas apropriadas à realidade da região, e, com isso, certamente ajudarão na melhoria das condições socioeconômicas da cidade.

5. Conclusões

Sabemos que a expansão de uma cidade envolve fatores ambientais, econômicos, sociais, culturais e políticos. Dessa forma, existe a necessidade de uma organização no espaço e de um planejamento urbano que leve em consideração a atuação de fatores econômicos e sociais sobre a natureza das cidades, para uma melhor qualidade de vida no seu espaço urbano. Inserida no contexto da realidade ambiental brasileira, a cidade de Açailândia tem sido palco de amplo processo de redefinição socioespacial, principalmente por se tornar, a partir da década de 70, um importante entreposto comercial e um entroncamento rodoferroviário dentro do Estado do Maranhão.

Apesar de toda a infraestrutura adquirida ao longo desses anos, contando com indústrias madeireiras (nos seus diversos segmentos), indústrias siderúrgicas, indústria agropecuária e ainda um grande comércio, Açailândia tem crescido sem um planejamento adequado, principalmente na periferia, onde o esgoto corre a céu aberto acompanhando a topografia local.

A cidade, que é ameaçada por processos erosivos acelerados, agravados por desmatamentos, queimadas, poluição, desvio dos cursos dos rios e fortes alterações dos recursos hídricos, precisa encontrar soluções para tais problemas que exijam práticas inovadoras de gestão urbana, com a participação da comunidade (através de comitês de bairros, por exemplo) na discussão de prioridades e na definição das medidas de controle.

Este capítulo procurou abordar em que medida os processos de uma urbanização acelerada e desordenada, atuando em conjunto com fatores relacionados ao ambiente físico, podem ser responsáveis por uma série de impactos que irão causar a degradação ambiental de uma determinada área, bem como poderão ter consequências danosas para a população que habita essa região.

A cidade de Açailândia demonstra de uma forma bem clara que os fatores relacionados ao meio físico podem ser acentuados, quando a ocupação de uma determinada área é desordenada, não respeitando os limites impostos pela natureza.

Nesse sentido, o rápido e desordenado crescimento urbano que se vem processando na área de estudo nas últimas três décadas é um dos fatores que explicam toda uma série de impactos aí verificados. Enquanto na década de 70 a população do então povoado de Açailândia era de 2.107 habitantes, em 1981, quando o município foi criado, já era de 52.455 habitantes e, em 1994, segundo dados do IBGE, já atingia 91.262 pessoas, podendo chegar a 100.000 habitantes até o ano 2000, ou seja, sua população total quase duplicou em um período de apenas 30 anos.

O crescimento populacional poderia não ter tido consequências tão danosas, caso a infraestrutura urbana tivesse conseguido acompanhar esse rápido crescimento, o que não é o caso de Açailândia, que não tem um serviço de esgoto adequado, fazendo com que a maioria das casas, principalmente nos bairros da periferia, jogue seu esgoto direto nas ruas. Isso faz com que haja um aumento do escoamento superficial, provocando problemas de erosão, além dos relacionados à saúde pública, devido à falta de saneamento básico. Como consequência, várias ruas apresentam voçorocamento, sendo que algumas chegam mesmo a desaparecer, devido aos processos erosivos acelerados aí estabelecidos.

Além dos processos erosivos destacados neste capítulo, através de uma série de monitoramentos, que têm sido desenvolvidos na cidade, bem como das análises das propriedades físicas e químicas dos solos, que os tornam de alta erodibilidade, a estrutura socioeconômica, com o estabelecimento de madeireiras, guserias e siderúrgicas, também tem sido responsável pelas mudanças na paisagem da cidade.

A disponibilidade de madeira que serve tanto para a indústria do mobiliário como para a produção do carvão vegetal, aliada ao minério de ferro vindo da Serra dos Carajás, no Estado do Pará, tem sido responsável pelo surgimento dessas atividades econômicas, atraindo cada vez mais mão de obra, vinda de localidades próximas a Açailândia e mesmo de áreas mais afastadas, para trabalhar nessas indústrias, acelerando ainda mais o crescimento urbano do município.

Esse fato, aliado à quase que total falta de preocupação com a instalação de altos-fornos, com filtros e outras técnicas não poluentes, tem deflagrado impactos tanto no que diz respeito à poluição das águas dos rios que circundam a cidade, como também do ar, em função da queima do carvão vegetal para o funcionamento dessas indústrias, quase todas localizadas nas proximidades da cidade de Açailândia.

Assim, o rápido crescimento urbano, associado à industrialização, ao desmatamento, às queimadas, às condições pedológicas, geomorfológicas e climáticas, com chuvas concentradas em poucos meses, tem sido responsável por toda uma gama de impactos, como os destacados neste capítulo. Quem mais sofre com isso é a população de Açailândia, principalmente a de mais baixo poder aquisitivo, pois, além de viver em um ambiente poluído, algumas pessoas correm o risco constante de perder suas casas, que estão situadas em áreas consideradas de risco pela defesa civil, em razão de se localizarem em bordas de voçorocas.

Finalmente, este trabalho procura destacar algumas soluções alternativas para o controle e prevenção dos processos erosivos em curso na cidade, dando com isso uma contribuição no sentido da melhoria das condições de vida para a população de Açailândia.

6. REFERÊNCIAS BIBLIOGRÁFICAS

BIGARELLA, J. J. & MAZUCHOWSKI, J. (1985). Visão Integrada da Problemática da Erosão. *In*: Simpósio Nacional de Controle de Erosão, 3, Maringá (PR), 1985, Anais... Maringá (PR), ABGE/ADEA, 240pp.

BRASIL (1973). Departamento Nacional da Produção Mineral. Projeto RADAMBRASIL. Levantamento dos Recursos Naturais. Folha SB. 23/24, Teresina/Jaguaribe. vols. 2 e 4. Rio de Janeiro.

CARNEIRO, M. S. (1997). Do Latifúndio Agropecuário à Empresa Latifundiária Carvoeira: A EFCarajás e a Propriedade da Terra no Oeste Maranhense. *In*: *10 Anos da Estrada de Ferro Carajás*. Editora UFPA/NAEA, Belém, 223-250.

CHRISTOFOLLETTI, A. (1991). Condicionantes Geomorfológicos e Hidrológicos aos Programas de Desenvolvimento. *In*: Tauk, S. M. (org.). *Análise Ambiental*. São Paulo, UNESP/FAPESP, pp. 82-84.

COELHO, M. C. N. (1991). The Socioeconomic Impacts of the Carajás Railroad in Maranhão, Brazil. Syracuse. 498pp. (Tese de Doutoramento), Syracuse University.

────── (1997). A CVRD e o Processo de (Re)estruturação e Mudança na Área de Carajás (Pará). *In*: Coelho, M. C. N. & Cota, R. G. (orgs.) *10 anos da Estrada de Ferro Carajás*. Editora Gráfica Supercores, UFPA/NAEA, Belém, pp. 51-78.

CPRM. Companhia de Pesquisa e Recursos Minerais (1990). "Programas de Levantamentos Geológicos Básicos do Brasil: Projeto Especial Mapas de Recursos Minerais de Solos e de Vegetação para a Área do Programa Grande Carajás, Folha Imperatriz — SB23-VC". DNPM. Brasília.

CUNHA, S. B. & GUERRA, A. J. T. (1998). Degradação Ambiental. *In*: Guerra, A. J. T. & Cunha, S. B. (orgs.) Geomorfologia e Meio Ambiente, Editora Bertrand Brasil, 2ª edição, Rio de Janeiro, pp. 337-379.

DANIELS, R. B. & HAMMER, R. D. (1992). Soil Geomorphology. John Wiley & Sons, Inc. United State, 236pp.

DE PLOEY, J. & POESEN, J. (1985). Aggregate stability, runoff generation and interril erosion. *In*: Geomorphology and Soils. Editores: K. S. Richards, R. R. Arnett e S. Ellis, pp. 99-120.

EVANS, R. (1996). Some soil factors influencing accelerated water erosion of arable land. *Progress in Physical Geography*, 20, 2, pp. 205-215.

GERRARD, J. (1995). Soil Geomorphology: An Integration of Pedology and Geomorphology. Chapman & Hall. London. 269pp.

GÓES, A. M. (1995). A Formação Poti (Carbonífero Inferior) da Bacia do Parnaíba. São Paulo, 171pp. (Tese de Doutoramento — Instituto de Geociências — USP).

GUERRA, A. J. T. (1998). Processos Erosivos nas Encostas. *In*: Guerra, A. J. T. & Cunha, S. B. (orgs.) *Geomorfologia: Uma Atualização de Bases e Conceitos*. Editora Bertrand Brasil, 3ª Edição, Rio de Janeiro, pp. 149-209.

────── (1999). O Início do Processo Erosivo. *In*: Guerra, A. J. T; Silva, A. S. & Botelho, R. G. M. (orgs.) *Erosão e Conservação dos Solos: Conceitos, Temas e Aplicações*. Editora Bertrand Brasil, Rio de Janeiro, pp. 17-51.

GUERRA, A. J. T.; COELHO, M. C. N. & MARÇAL, M. S. (1998). Açailândia: Uma Cidade Ameaçada pela Erosão. *Revista Ciência Hoje*, 23 (138): 36-45.

GUERRA, A. J. T. & FAVIS-MORTLOCK, D. (1998). Land degradation in Brazil, Geography Review, 12, 2, pp. 18-23.

GUERRA, A. T. & GUERRA, A. J. T. (1997). Novo Dicionário Geológico-Geomorfológico. Editora Bertrand Brasil, Rio de Janeiro, 652pp.

LIMA-e-SILVA, P. P., GUERRA, A. J. T. & DUTRA, L. E. D. 2000 Subsídios para avaliação de impactos ambientais. *In*: Cunha, S. B. & Guerra, A. J. T. (orgs.) *In*: Avaliação e Perícia Ambiental, 2ª edição. Editora Bertrand Brasil, Rio de Janeiro, pp. 217-261.

MAFRA, N. M. C. (1981). Considerações a respeito da Erosão dos Solos. Revista Brasileira de Geografia, Rio de Janeiro, 43(2): 301-312.

MARÇAL, M. S.; ALENCAR, A. A. C.; SILVA, E. L. G.; CORRÊA, C. S. A.; RUA, F. R. L.; BORGES, M. R. S. & COSTA, A .B. (1996). Caracterização e Monitoramento dos Sistemas Ambientais dos Municípios Cortados pela Estrada de Ferro Carajás no Pará e no Maranhão. DEGEO/CFCH/UFPA, Belém-Pa. 69pp.

MARÇAL, M. S.; BOTELHO, R. G. M.; GARCIA, S. F.& GUERRA, A. J. T. (1999). Soil Cover and Soil Erosion in Açailândia-Maranhão State (Eastern Amazonia-Brazil). *In*: Regional Conference on Geomorphology. Rio de Janeiro, p. 95.

MONTEIRO, M. A. (1997). A Siderurgia e a Produção de Carvão Vegetal no Corredor da Estrada de Ferro Carajás. *In*: Coelho, M. C. N. & Cota, R. G. (Orgs.). *10 Anos da Estrada de Ferro Carajás*. Editora UFPA/NAEA, Belém, pp. 183-221.

MORGAN, R. P. C. (1984). Soil Dedradation and Erosion as Result of Agricultural Pratice. *In*: Richards, K. S.; Arnett, R. R. & Ellis, S. (orgs.) *Geomorphology and Soils*, George Aleen and Uniwin, Londres, pp. 370-395.

_____ (1986). Soil Erosion and Conservation. Longman Grop, Inglaterra, 298pp.

PRIMO, A. C. (1987). Panorama Histórico de Açailândia. (MA). Prefeitura Municipal, Açailândia (MA), 51pp.

Agradecimentos

Os autores agradecem aos geógrafos Ane Alencar, Elza Silva, Carmen Corrêa, Alice Costa, Luis Claudio, Fátima Rua e Márcia Borges pela ajuda nos trabalhos de monitoramento das voçorocas.

CAPÍTULO 8

Problemas Ambientais Urbanos Causados pelo Trânsito na Região Metropolitana de São Paulo (RMSP)

Laura Valente de Macedo

1. Introdução

Se o mundo fosse acabar de fato no final deste século, só em São Paulo cerca de quatro milhões e meio de pessoas estariam dentro de automóveis, circulando pela cidade, provavelmente em algum engarrafamento. O mundo não acabou em agosto de 1999, e as pessoas continuaram a perder horas no trânsito de São Paulo.

Apesar do tom jocoso desta introdução, o trânsito constitui um problema realmente grave, tanto em São Paulo quanto em diversas capitais do mundo. Trata-se de um intrincado sistema de causas e efeitos, gerando uma problemática quase impossível de ser solucionada. Não faltam especialistas para analisar a situação, mas a maioria parece concordar sobre um aspecto: caso não se tome uma providência imediata, o caos irá se instaurar dentro de poucos anos. Algumas tentativas foram feitas no sentido de se resolver a problemática do trânsito, ora de maneira preventiva, ora com paliativos. Todas porém falharam, em maior ou menor grau, seja do ponto de vista de gerenciamento de tráfego, seja do ponto de vista ambiental. A gravidade do quadro ficou bastante clara durante as eleições de 1996 para a Prefeitura de São Paulo, quando praticamente todos os candidatos a prefeito declararam o transporte urbano como prioridade de suas plataformas de governo. Pode-se considerar que a campanha do vencedor foi certamente alavancada pelas promessas de um sistema de transporte público eficiente e econômico. O "carro-chefe" da propaganda eleitoral era o "fura-fila", veículo leve sobre pneus, circulando em pistas dedicadas, segregadas da via principal por canaletas de concreto. Quase no final de sua gestão, as obras progrediam lentamente e não havia sinais de que o sistema pudesse se concretizar por obra e graça daquele governo.

Ao se inaugurar o novo milênio, verifica-se que as maiores transformações da civilização ocorreram nos últimos 100 anos, sem dúvida alguma, nas cidades. Embora a tendência nos países desenvolvidos seja de estabilização dos assentamentos humanos, o fenômeno da urbanização acelerada nos países em desenvolvimento assume contornos alarmantes, sobretudo no que diz respeito à capacidade de suporte do planeta. Um dos problemas que tem recebido maior atenção de especialistas e governos refere-se ao tráfego e à crescente motorização das populações urbanizadas. Suas consequências sobre a sociedade, a saúde humana e o meio ambiente ocorrem tanto em escala local, com as deseconomias (prejuízo devido às externalidades negativas, consideradas aqui da perspectiva dos economistas, como sendo ações de indivíduos que acarretam custos para terceiros) resultantes dos congestionamentos, quanto em escala regional, com os conflitos econômicos resultantes das disputas entre Estados e municípios pelas indústrias automobilísticas (tais como as guerras fiscais) e em escala global, com as emissões de poluentes contribuindo para o agravamento das mudanças climáticas no planeta.

O excesso de automóveis em circulação é a principal causa de congestionamentos, sobretudo nas grandes cidades. De Nova York a Kuala Lumpur, do Cairo a Moscou, os habitantes das metrópoles melhoraram o padrão de vida, enriqueceram e passaram a usar cada vez mais o transporte individual, perdendo cada vez mais tempo em viagens motorizadas, quase sempre por vias congestionadas (Whitelegg, 1993 e 1997; WRI, 1996; Maddison *et al.*, 1996; CPTM/STM, 1997). Ainda assim, esses motoristas parecem dispostos a pagar o preço pelo mal necessário, a fim de garantir o acesso àquilo que se considera o almejado estilo de vida cosmopolita, sinônimo de contemporaneidade.

Estima-se que o setor de transportes responda por cerca de 20% dos gases de efeito estufa (WRI, 1996), embora, em termos globais, as emissões veiculares ainda não tenham um papel preponderante. A preocupação maior se refere aos impactos locais do automóvel, em termos de poluição do ar e sonora, e de desperdício de tempo resultante dos congestionamentos, além dos enormes custos envolvidos em se lidar com o problema da maneira convencional, ou seja, construindo mais vias.

As perspectivas por enquanto não são muito animadoras. A situação dramática de metrópoles como São Paulo e Cidade do México, onde a população deverá aumentar em cerca de 8 milhões até o ano 2010, tende a se repetir em outros países em desenvolvimento. Estudos da UNCHS — *United Nations Centre for Human Settlements* — revelaram que no final da década de 90 quase 50% das populações em países do Terceiro Mundo estariam nas cidades, das quais pelo menos 30 com mais de cinco milhões de habitantes.

Os problemas ambientais das megacidades transcendem as fronteiras geopolíticas e devem ser enfocados a partir de uma visão sistêmica e global. Neste contexto, o planejamento e a gestão ambientais são fundamentais para garantir o processo em direção ao desenvolvimento urbano sustentável. Destacando a experiência do Rodízio, o presente capítulo pretende avaliar a eficácia das medidas de restrição à circulação de automóvel na mitigação dos impactos ambientais, econômicos e sociais. São Paulo é um caso emblemático, e, portanto, as soluções propostas para o seu desenvolvimento podem servir de exemplo para outras megacidades no mundo. Espera-se que a avaliação dos erros e acertos dessa experiência possa servir como referência para futuras tentativas, no sentido de se implantar um modelo de gestão ambiental urbana que tenha como principal meta a qualidade de vida para seus cidadãos.

2. CONTEXTUALIZAÇÃO

2.1. SAO PAULO: A CIDADE E A REGIAO METROPOLITANA

No final do século XX, a Região Metropolitana de São Paulo, situada no Planalto Atlântico, em um compartimento rebaixado, espalha-se por uma área de cerca de 8.000 km², cujo relevo de colinas varia entre 650 e 1.200m de altitude. Sua condição geográfica acidentada e a proximidade com o Oceano Atlântico influenciam fortemente o padrão de circulação atmosférica. Aliados ao processo intensificado de urbanização e industrialização, estes fatores definem suas características ambientais.

Ao se abordarem os problemas de meio ambiente e transporte que afetam São Paulo na chegada do novo milênio, é importante compreender sua história, sua origem colonial e seu contexto social e político. Além da influência cultural dos portugueses, as sucessivas levas de imigração, assim como as políticas de uso do solo iniciadas no final do século XIX, foram fatores determinantes na formação da metrópole paulistana (Hollanda, 1995).

São Paulo de Piratininga foi fundada por missionários jesuítas em 1554, como colégio para converter e educar os índios, especialmente as crianças, e assim protegê-las da escravidão, promovendo o casamento misto (Caldeira, 1997). Os jesuítas ocuparam a maioria das cidades portuárias do Brasil e, na Região Sudeste, estabeleceram-se originalmente em São Vicente, de onde atravessaram a serra até São Paulo. Segundo a versão oficial, o Padre Anchieta previu que a cidade se tornaria a futura metrópole do Brasil (Maia, 1996).

Os nativos de São Paulo nascidos de mãe índia e casados com índias ficaram conhecidos como *mamelucos* no começo do século XVII. Devido ao seu conhecimento ancestral, eram capazes de penetrar nas florestas em busca de índios para servir de mão de obra escrava para os barões do açúcar, que, com a ocupação holandesa no Nordeste, haviam perdido seu fornecimento de africanos. Em 1640, os mamelucos expulsaram os jesuítas da cidade para impedi-los de atrapalhar o comércio de escravos. Assim, apesar dos esforços dos padres, São Paulo consolidou sua vocação comercial, seguindo os passos de seus ancestrais portugueses.

Antes da Independência do Brasil em 1822, vigorava o regime de uso do solo das "sesmarias". A terra era propriedade do Estado, e a concessão dependia do uso. As consequências para o meio ambiente desta política estão presentes ainda hoje, com o estímulo à ocupação, acarretando devastação sistemática. Após 1822, a posse da terra ainda era definida pela ocupação, embora informalmente e sem a tutela da Coroa Portuguesa. Em 1850, a Lei de Terras definia a propriedade como um objeto legal de comércio, independentemente de ocupação ou uso. É significativo que esta mesma lei regulamentasse também a imigração de camponeses europeus, dirigida pelos barões do café com patrocínio do Governo (Rolnik,

1997). Ao final de 1929, o café era o principal comércio brasileiro, respondendo por mais de 70% da produção mundial. A derrocada do setor veio com o desastre financeiro a partir daquele ano. Apesar de tudo, depois da queda da bolsa, a indústria brasileira voltou a crescer, menos afetada pela crise global do que pelo comércio cafeeiro. Nas décadas que se seguiram, o País esteve sujeito a diversos tumultos políticos, passando pela ditadura de Getúlio Vargas de 1937 a 1945, o governo progressista de Juscelino (eleito em 1955, governou de 1956 a 1961) e a renúncia de Jânio Quadros (1961), até 1964, quando houve o golpe militar. Eleições diretas para a Presidência só voltariam a ocorrer em 1989.

2.2. Histórico das Políticas Públicas para Transporte, Meio Ambiente e Uso do Solo

Mudanças no regime de propriedade foram fundamentais na definição do crescimento urbano e sua legalização, no final de 1800. A cidade tinha então propriedades bem definidas, quarteirões, alinhamento e ruas. O ambiente urbano foi também regulamentado pelo código sanitário do Estado de São Paulo, publicado em 1894, a fim de evitar o alastramento de doenças em regiões de alta densidade. Durante esse período foram definidos os bairros de elite, bem como as periferias da capital. Estabeleceu-se a geografia social da cidade, com os ricos concentrados no eixo sudoeste e os pobres distribuídos fora do perímetro urbano. A infraestrutura paga pela Prefeitura restringia-se às áreas urbanizadas. A primeira lei de zoneamento entrou em vigor em 1923, e a responsabilidade pela infraestrutura foi dividida entre os loteadores e a Prefeitura. Os loteamentos residenciais para a classe alta, baseados em princípios sanitários, recebiam incentivos e financiamento, enquanto que as atividades poluentes, tais como as indústrias, eram confinadas às zonas periféricas, onde as habitações econômicas eram construídas sem restrições por loteadores e proprietários de terras. Este padrão de crescimento perdurou até os anos 70, com a cumplicidade do Poder Público, que, incapaz de resolver a demanda por moradia, fazia vista grossa para esse tipo de ocupação (Kowarick e Bonduki, 1994).

O período entre 1926 e 1930 foi marcado pela transição política do modelo da Primeira República para o do Estado intervencionista. Ao mesmo tempo, a política urbana se deslocava para um enfoque mais populista, com o fornecimento de serviços de massa para a população carente. A cidade se expandiu e se adensou, e o Governo investiu em infraestrutura viária, a fim de atender ao crescimento da indústria automobilística promovido pela vinda da Ford, que também introduziu os primeiros ônibus em São Paulo. Estes eram caminhões adaptados, que, ao contrário dos bondes, podiam seguir praticamente qualquer trajeto, chegando às periferias e portanto incentivando o crescimento desordenado. A primeira crise do transporte público data desse período, quando os bondes tiveram que enfrentar a competição com os ônibus, tarifas fixas apesar da inflação e a diminuição no fornecimento de energia elétrica.

Prestes Maia (Prefeito de São Paulo por três mandatos: 1938-42, 1942-45 e 1961-65) foi o primeiro prefeito a encarar a cidade de um ponto de vista global e sistemático. Sendo arquiteto e engenheiro, projetou o primeiro plano urbanístico de São Paulo, o Plano das Avenidas, em 1930, quando ainda era assessor do chefe do Departamento de Planejamento da Prefeitura. Até o final do século XIX, a cidade manteve-se razoavelmente dentro dos limites estabelecidos originalmente pelos padres jesuítas, começando a crescer para além do vale do Anhangabaú a partir do início de 1900, quando a companhia canadense de energia elétrica, *The São Paulo Tramway, Light and Power*, conhecida como *Light*, instalou o sistema de trilhos que atravessava o centro velho da cidade em direção à nova área. São Paulo contava então com 250.000 habitantes. Em 1912, o sistema ferroviário tinha 188,7km de extensão, chegando a 266km em 1924. A essa altura, a população da cidade tinha mais do que dobrado e, com o crescimento desordenado resultante do *boom* do café e do desenvolvimento industrial, construiu-se o primeiro trecho asfaltado, ligando São Paulo a Santos. A classe média urbana emergente tinha agora acesso ao automóvel, o modelo T da Ford, disponível no mercado desde 1917. O início dos anos 20 testemunhou os primeiros congestionamentos em São Paulo, com suas ruas estreitas lotadas de bondes e de *Fords-bigodes*.

Finalmente, em 1924, uma seca que comprometeu o fornecimento de energia levou à desativação de diversos bondes, e as necessidades de transporte tiveram que ser complementadas pelos primeiros ônibus movidos a combustível fóssil. O monopólio da *Light* sobre o transporte urbano havia terminado, e o Plano das Avenidas, projetado para garantir espaço nas vias para ônibus e automóveis, foi parcialmente implementado por Prestes Maia, durante seus dois primeiros mandatos (Pontes, 1996).

Com a crescente industrialização do período pós-guerra, os problemas urbanos de São Paulo tornaram-se cada vez mais complexos. Em termos de uso do solo, o controle sobre o crescimento horizontal desordenado, até 1964, foi inexpressivo. O Governo, incapaz de resolver os problemas de habitação para populações carentes, adotou uma política *laissez faire*, favorecendo a expansão das periferias, onde as moradias de mutirão construídas em lotes sem escritura ou infraestrutura básica aumentavam em ritmo acelerado. Ao mesmo tempo, a expansão vertical de áreas centrais era estimulada pelas políticas financeiras do Banco Nacional da Habitação (BNH), com o apoio das autoridades, que investiam dinheiro público em infraestrutura urbana para bairros de classes média e alta. O sistema de transporte público com ônibus, que havia começado a substituir os bondes nos anos 40, consolidou-se nos anos 50. Em 1966, as companhias particulares de ônibus já transportavam cerca de três quartos dos passageiros urbanos (Kowarick e Bonduki, 1994).

As profundas mudanças decorrentes do golpe militar de 1964 foram sentidas de forma mais aguda na Região Metropolitana de São Paulo (RMSP), o coração do milagre econômico. Entre 1960 e 1970, o regime militar iniciou um processo de modernização, abrindo a economia a investimentos estrangeiros que afetaram profundamente a sociedade brasileira. O PIB aumentou 102% nesse período, e a renda *per capita* cresceu a uma taxa anual de 4,6% entre 1964 e 1985, atrás apenas da Coreia do Sul. A distribuição de renda, entretanto, era altamente concentrada. Os 50,6% da renda total ficavam com a camada dos 10% mais ricos, enquanto que os 10% mais pobres respondiam por apenas 7% da renda em nível nacional. Havia um grau elevado de mobilidade social, e foi nessa época que as classes médias emergentes se consolidaram, particularmente em áreas urbanas (Vasconcellos, 1996). O Prefeito Faria Lima (1965-1969) e seus sucessores, atendendo às demandas dos novos consumidores, investiram com entusiasmo na reforma do espaço urbano, construindo estradas, pontes, viadutos e avenidas, alargando ruas para dar espaço à frota de veículos que cresceu vertiginosamente, passando de 160 mil a 3,6 milhões em 30 anos (**Tabela 8.1**). A tendência de aumento da frota se manteve até meados da década de 90 (**Figura 8.1**).

Tabela 8.1 — Frota de veículos em 1997

		CIDADE DE SÃO PAULO	REGIÃO METROPOLITANA DE SÃO PAULO
CARROS E UTILITÁRIOS MOVIDOS A GASOLINA (GASOLINA C/ 22% ETANOL)		2.911.876	3.647.952
CARROS E UTILITÁRIOS MOVIDOS A ETANOL PURO		1.145.112	1.409.677
DIESEL	CAMINHÕES	145.912	204.931
	UTILITÁRIOS	69.609	87.927
	ÔNIBUS	50.404	67.820
TOTAL DIESEL		265.925	360.678
MOTOCICLETAS		290.657	360.601
TOTAL		4.879.495	6.139.586
NÚMERO DE OCUPANTES POR CARRO DE PASSEIO			1,51

Fonte: DETRAN/CETESB (1997).

Evolução da Frota do Estado — DETRAN SP (1990-1996)
(Número de veículos x ano)

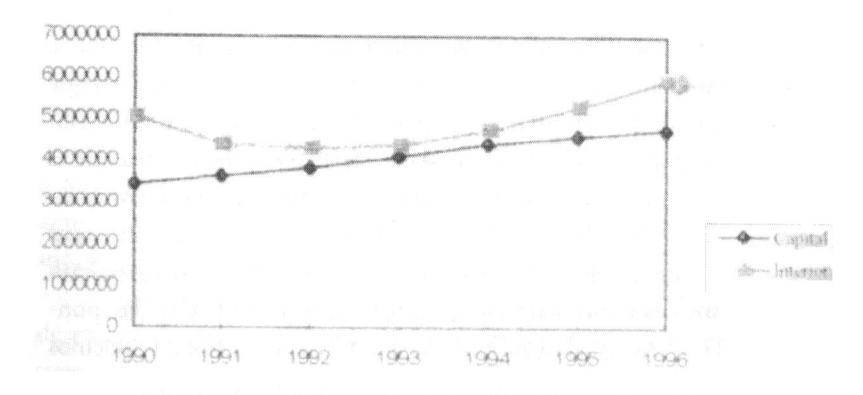

Figura 8.1 — Tendência crescente de motorização em SP (Fonte: SMA/CETESB, 1997).

Com o enfraquecimento do regime militar e a estagnação da economia no início dos anos 80, houve uma redução acentuada na mobilidade social. O fenômeno seguiu o padrão observado em outros países latino-americanos, onde as classes médias tinham os mesmos valores, percepções e demandas das classes médias de países desenvolvidos, sem a mesma estabilidade. Com a crise econômica que se seguiu, houve um empobrecimento relativo dessas classes, ao mesmo tempo que as classes trabalhadoras, que desde 1930 se empregavam em indústria e construção civil, começaram nos anos 90 a migrar para o trabalho informal. A relação entre residência e propriedade de veículos ilustra o padrão de vida dos habitantes de São Paulo e da RMSP (**Tabelas 8.2 e 8.3**). As desigualdades sociais se acentuaram ainda mais, com impactos sobre o uso e ocupação do solo, assim como em transporte e nas questões ambientais urbanas (Oliveira e Roberts, 1996). Houve um deslocamento de atividades econômicas do centro da cidade de São Paulo para *shoppings* nas marginais, ao longo do eixo sudoeste da cidade, onde se desenvolveram os bairros de classe média. Nesse meio tempo, as classes trabalhadoras foram empurradas para mais longe ainda, em direção ao sul e ao leste. As características de viagens por modal revelam que aumentou o uso do automóvel e diminuiu o uso de transporte público (**Tabela 8.4**), sendo que para viagens curtas, em 1997, a escolha tem sido a de realizar percursos a pé e correspondem ao expressivo número de 34,4% do total (**Tabela 8.5**). Os assentamentos irregulares em áreas protegidas se

Tabela 8.2 — Relação de propriedade de veículos em 1987

	VEÍCULOS POR RESIDÊNCIA — 1987			
Número de veículos	SÃO PAULO %	UNs. RESIDS.	RMSP %	Uns. RESIDS.
0	54,5%	1.299	56,9%	2.057
1	33,7%	802	8,1%	1.192
2	9,4%	223	8,1%	293
3 OU MAIS	2,4%	58	2,0%	71
TOTAL	100,0%	2.382	100,0%	3.613

Fonte: METRÔ/STM (1998).

Tabela 8.3 — Relação de propriedade de veículos em 1997

VEÍCULOS POR RESIDÊNCIA — 1997				
	SÃO PAULO		RMSP	
Número de veículos	%	UNs. RESIDS.	%	UNs. RESIDS.
0	48,6%	1.330	49,3%	2.249
1	36,6%	1.001	10,5%	1.702
2	11,4%	311	10,5%	477
3 OU MAIS	3,4%	94	2,9%	130
TOTAL	100,0%	2.736	100,0%	4.558

Fonte: METRÔ/STM (1998).

expandiram enormemente durante o início dos anos 90. A questão só foi abordada com mais consistência a partir da revisão da Lei de Proteção aos Mananciais, aprovada em 1998.

Tabela 8.4 — Região Metropolitana de São Paulo
Evolução das viagens motorizadas por modo principal
1977, 1987 e 1997

Modo Principal	1977		1987		1997	
	Viagens (x 1.000)	%	Viagens (x 1.000)	%	Viagens (x 1.000)	%
Metrô	542	3,39	1.438	7,64	1.697	8,23
Trem	512	3;20	825	4,38	649	3,15
Ônibus	8.659	54,12	8.058	42,83	7.928	38,44
Automóvel	6.127	38,30	7.996	42,50	9.741	47,24
Lotação	–	–	26	0,14	200	0,97
Outros	159	0,99	473	2,51	406	1,97
Total	15.999	100,00	18.816	100,00	20.621	100,00

Fonte: METRÔ/STM (1998).

Tabela 8.5 — Viagens de acordo com modo principal na RMSP 1997

Modo principal	Viagens/dia	
	Número (x 1.000)	%
Público	10.307	33,4
Ônibus[2]	7.965	25,8
Metrô[1]	1.688	5,5
Trem	654	2,1
Particular[3]	9.578	31,0
Outros[4]	382	1,2
Motorizado – total	20.267	65,6
A pé	10.615	34,4
Total	30.882	100,0

Fonte: METRÔ/STM (1998).
(1) corresponde ao modo de maior capacidade dentre todos adotados (em viagens combinadas)
(2) inclui trânsito normal, ônibus alugados, ônibus escolares de aluguel e 200.000 viagens/dia em peruas clandestinas
(3) automóveis e táxis
(4) motos e bicicletas

2.3. Tráfego Urbano na RMSP: Gerenciamento, uso e Propriedade do Automóvel

Após a Segunda Guerra Mundial ocorreu um processo maciço de conurbação que resultou naquilo que é hoje a Região Metropolitana de São Paulo, incluindo 39 municipalidades, das quais a cidade de São Paulo é a maior. O transporte tornou-se uma questão de política pública, enfrentando uma crise do sistema existente que até então era administrado pelo setor privado (Oliveira e Roberts, 1996; e Vasconcellos, 1996). A Companhia Metropolitana de Transportes Coletivos (CMTC), criada em 1945, transportava cerca de 90% de todos os passageiros em 1954, principalmente de ônibus. Enquanto isso, o tráfego crescente na região central da cidade passou a gerar os primeiros problemas de circulação e os primeiros conflitos entre os diferentes níveis de governo. Entre os anos 60 e 70, o crescimento econômico trazido pelo processo de modernização favoreceu o estabelecimento das novas classes médias. A conseqüência mais importante do ponto de vista do transporte foi que uma parte da classe média migrou do modo de transporte público para o particular (Vasconcellos, 1996). Mudanças significativas na infraestrutura de transporte ocorreram durante este período, com investimentos na construção de estradas, melhorias nos sistemas de gerenciamento de tráfego e no estabelecimento, em 1976, de uma agência de controle de tráfego altamente especializada, a Companhia de Engenharia de Tráfego (CET). Já em 1987, os veículos particulares respondiam por cerca de 43% das viagens motorizadas, atingindo mais de 47% em 1997 (CPTM/STM, 1998) (**Tabela 8.4**).

As 39 municipalidades da RMSP, com seus 39 diferentes departamentos de administração de transporte e tráfego, são controladas, via de regra, por partidos políticos diferentes. Além dos conflitos de interesses entre municípios diferentes, mesmo internamente não há integração de políticas em qualquer nível ou setor, não há prioridade para o transporte público nas políticas de gerenciamento de tráfego, e, de maneira geral, os sistemas de transporte coletivo não são interligados entre si ou com os sistemas sobre trilhos.

O sistema viário na cidade de São Paulo, compreendendo 14.000km, apresenta congestionamentos diários que totalizam 100km de extensão, podendo ultrapassar 200km nos horários de pico ou em dias de enchente e outros eventos excepcionais. Nesse contexto, do total de 10,4 milhões de viagens em transporte público, 67% são geradas em São Paulo, o restante sendo distribuído entre os outros 38 municípios (CPTM/STM, 1998). Os usuários do sistema público costumam viajar de 20km a 25km diariamente, chegando a passar até 4 horas em deslocamentos de casa para o trabalho. A ineficiência, a falta de confiabilidade e o desconforto do sistema de transporte público desestimulam o usuário, e as pessoas que podem pagar preferem usar o automóvel, aumentando assim os problemas crônicos de congestionamento e poluição do ar no centro expandido da cidade.

A política ortodoxa em relação ao transporte é investir na infraestrutura viária, por tradição e por conferir maior visibilidade aos realizadores. Os custos são altos, e as dívidas, repassadas para os governos seguintes. Estima-se que entre 1993 e 1996 foram gastos um total de R$ 3 bilhões com grandes obras viárias, tais como o túnel Ayrton Senna, sob o Parque Ibirapuera, o túnel sob o rio Pinheiros, as avenidas Águas Espraiadas e Faria Lima, as passagens sob as avenidas Senador Queiroz e Santo Amaro (Túnel Tribunal da Justiça), além de uma série de viadutos (Folha de São Paulo,

1996, *in* SMA/CETESB, 1997c). Privilegiando o transporte individual em detrimento do transporte público, acentuam-se as desigualdades sociais. Considerando os investimentos municipais como um todo, aqueles relativos ao sistema viário atingiram cerca de 50% do total dos investimentos municipais, sendo destinados a obras de infraestrutura viária, principalmente em regiões de renda mais alta (Rolnik, 1996, *in* Vasconcellos, 1996). Na competição pelo espaço viário e orçamentário, o transporte coletivo sempre acabou perdendo para o automóvel, prejudicando assim os atores menos favorecidos (**Figura 8.2**).

O Programa Integrado de Transportes Urbanos (PITU), coordenado pela Secretaria de Transportes Metropolitanos, é iniciativa do Governo estadual, que pretende melhorar o sistema com uma série de medidas de *hardware* (infraestrutura e equipamento) e de *software* (programas e serviços). A integração institucional entre as empresas estaduais vinculadas e o poder local propõe ainda a gestão metropolitana do sistema com a participação de atores da sociedade civil, tais como empresas e associações, por

Figura 8.2 — Região Metropolitana de São Paulo, anos 90: modais de transporte — Metrô, ônibus, motos e automóveis (Fonte: CPTM/STM, 1997).

intermédio da Comissão Regional de Planejamento de Transportes (CRPT), já implantada em convênio com o município de São Paulo. O sistema de integração existente, entretanto, está longe de atender à demanda de viagens motorizadas na RMSP, que aumentaram mais de 20% nos últimos 10 anos, de acordo com a pesquisa de origem-destino realizada pelo Metrô. A pesquisa contabilizou um total de 20.621.000 viagens motorizadas em 1997 (CPTM/STM, 1998) (**Tabela 8.4**).

Até 1997 havia 4km de ciclovias em uso, distribuídas em cinco rotas, duas em vias principais e três em parques municipais. Esta rede, porém, não vem sendo utilizada como via de transporte, e sim para lazer, já que a maior parte se encontra dentro de parques. A situação do trânsito na cidade, seu relevo e sobretudo o fator cultural impedem que a bicicleta seja encarada como um meio de transporte pela maioria da população, ao contrário do que ocorre em outros países em desenvolvimento, tais como Índia e China (The World Bank e Replogle, 1992; e Whitelegg, 1997). Pelo menos a curto prazo, este modal é uma alternativa inviável.

Conforme a tendência mundial, a propriedade do automóvel no Brasil depende basicamente da situação socioeconômica. Por se tratar de um símbolo de *status*, os consumidores tendem a assumir o custo de aquisição do bem, controlando seu uso, a fim de economizar nos custos operacionais (Swait e Eskeland, 1994). A observação dos dados relativos à compra de veículos nos anos 70 e 80 em São Paulo corrobora a conclusão dessa pesquisa para o Banco Mundial (*op. cit.*) Durante a crise do petróleo, quando foi implementado o programa do álcool combustível, ao contrário do que ocorreu com a circulação de automóveis, a frota não foi afetada significativamente. A partir dos anos 60, a compra de veículos passou a ser facilitada através de diversos esquemas de *marketing* e financiamento, e foi nesse período que o consórcio como sistema de compra se consolidou junto à classe média. Este sistema de cooperativa ou autofinanciamento surgiu para estimular e viabilizar a compra do segundo carro, a longo prazo, sem prejuízo devido à inflação (Macedo, 1998).

A RMSP possuía, em 1997, mais de 5 milhões de automóveis licenciados (**Tabela 8.1**), e, em 1995, a relação de propriedade em São Paulo, conforme dados da CET, era de 2,18 habitantes por veículo, equivalente a índices de países ricos, como a Bélgica e a Suécia (ANFAVEA, 1997, *in* SMA/CETESB, 1997c). Em 1997, estimava-se que o número de ocupantes por automóvel fosse 1,51, o que significa um aproveitamento muito baixo. A tendência de motorização deverá se manter, uma vez que a indústria automobilística considera o País como um mercado consumidor potencial a ser desenvolvido. A afirmação é do então presidente da ANFAVEA, Silvano Valentino. Estavam previstos na época investimentos da ordem de US$ 18 bilhões até o ano 2000, aumentando a produção para 3,5 milhões de veículos ao ano (*Gazeta Mercantil*, 1997, *in* SMA/CETESB, 1997c). Como estes investimentos diretos são de longo prazo, mesmo depois da crise monetária no início de 1999 as intenções de investimentos se confirmaram pelas montadoras que planejavam entrar no mercado brasileiro ou expandir suas atividades já instaladas. Tanto o Governo Federal quanto os Estados continuaram a negociar vantagens fiscais e acordos para incentivar os planos da indústria automobilística, dentro de uma perspectiva desenvolvimentista que não prioriza, para dizer o mínimo, a política ambiental. De fato, reflexos dessa política já se percebem também nos anos 90. De acordo com a pesquisa de origem e destino de 1997, aumentou a frota de automóveis na RMSP, embora o ritmo de crescimento das viagens tenha diminuído (METRÔ/STM, 1998), confirmando o resultado das pesquisas do Banco Mundial (1992).

A transição do sistema sobre trilhos para o sistema sobre rodas ocorreu no início do século por toda a América Latina. O processo de urbanização no pós-guerra não foi planejado e não dependia mais do transporte ferroviário como indutor. Devido ao acentuado crescimento na verticalização e ocupação da periferia, aumentou a demanda de ônibus, peruas (*lotação*) e miniônibus. O serviço ainda se caracteriza pela precariedade, tanto de oferta quanto de atendimento, altos custos e operadores competitivos (Câmara e Banister, 1993). O processo acelerado de suburbanização da cidade não foi seguido por investimentos em transporte público. O sistema de tarifa única incentivou as companhias particulares de ônibus a atender os trajetos mais rentáveis, abandonando as periferias que não contavam com sistemas viários adequados. Os ônibus que eventualmente chegavam às regiões de periferia eram obrigados a circular por ruas estreitas e sem pavimentação. Consequentemente, os trabalhadores — em geral se concentravam nessas áreas — eram obrigados a enfrentar viagens mais longas, com menos segurança e conforto. Nas duas últimas décadas do século XX, este quadro alterou-se muito pouco.

Houve uma tentativa durante a gestão municipal de 1989 a 1992 que adotou o imposto territorial urbano progressivo numa política de redistribuição de renda. Foram incrementados os gastos com programas sociais, educacionais e de saúde, enquanto que os projetos de infraestrutura viária foram interrompidos. A regulamentação do sistema de transporte de massa — a CMTC — foi considerada como sua realização mais visível. Esta política foi negociada com a Câmara de Vereadores de maioria oposicionista, depois que um projeto de lei para subsidiar o sistema de transporte público — o Projeto de Lei da "tarifa zero" — foi rejeitado. Entre 1989 e 1993, foram acrescentados 2.000 ônibus à frota existente, que havia permanecido a mesma desde 1977. A estratégia conhecida como municipalização dos transportes consistia no controle de preço do bilhete de ônibus das companhias particulares arrendadas, pagas por distância percorrida em vez de pelo número de passageiros transportados, de maneira a evitar a superlotação dos veículos (SPTrans, 1997). O sistema foi bastante criticado pelos adversários políticos que se sucederam devido à ineficiência administrativa, que resultou em lucros para as empresas e déficit para os cofres públicos. A companhia foi privatizada e passou a ser gerida em 1995 pela SPTrans, uma empresa de capital misto, tendo como maior acionista a Prefeitura de São Paulo. A SPTrans é responsável pelo planejamento e gerenciamento das linhas e das frotas, supervisionando, cobrando, contratando e pagando as empresas operadoras.

A imensa rede de transporte da RMSP continuou insuficiente para suprir a demanda. Com 44km de linha de metrô atendendo cerca de 2,5 milhões de passageiros diariamente, um sistema de trens metropolitanos para 800 mil passageiros por dia e um sistema de ônibus metropolitanos operado por 52 empresas particulares, a frota de 11,5 mil veículos, que é o coração do sistema, transporta cerca de 5,5 milhões de passageiros/dia. O sistema todo não atende às necessidades da população: praticamente um terço das viagens é feito a pé, conforme revelou a pesquisa de origem-destino realizada em 1997 (METRÔ/STM, 1998).

3. QUANTO CUSTA USAR O CARRO

3.1. IMPACTOS SOBRE A SAÚDE E A QUALIDADE DE VIDA

Considerada pelo Governo do Estado de São Paulo como área crítica em termos de poluição do ar, juntamente com Cubatão (CETESB/SMA, 1998), a RMSP tem apresentado níveis elevados de poluentes atmosféricos. A CETESB, agência de controle ambiental da Secretaria Estadual do Meio Ambiente (SMA), monitora a qualidade do ar, indicando que os poluentes mais significativos são os de material particulado (PM 10), os poluentes fotoquímicos, tais como o ozônio (O_3) e o monóxido e o dióxido de carbono (CO e CO_2). Em 1990, a Resolução 03/90, do Conselho Nacional do Meio Ambiente (CONAMA), estabeleceu os padrões nacionais de qualidade do ar e os respectivos métodos de referência.

A média anual dos índices de partículas inaláveis (uma fração do material particulado) costuma ultrapassar os padrões aceitáveis de $50mg/m^3$ em diversos locais. A média máxima de concentração de CO em áreas de trânsito saturado na RMSP varia entre 5 e 8ppm, não ultrapassando o padrão de 9ppm para qualidade de ar durante um período de 8 horas. Entretanto, nos últimos anos tem havido episódios isolados em que se atingiu o nível de alerta de 15ppm. As concentrações de pico para O_3 costumam ultrapassar o padrão para o período de uma hora estabelecido em $160mg/m^3$, em alguns casos atingindo o nível de alerta de $200mg/m^3$ (SMA/CETESB, 1997c).

Outros importantes gases poluidores, o chumbo e o dióxido de enxofre (SO_2), já foram reduzidos em níveis aceitáveis. O chumbo foi totalmente eliminado da gasolina, em 1992 (de acordo com dados da Petrobrás). O SO_2 de emissões industriais foi reduzido através de uma campanha de controle no início dos anos 80, que também conduziu a uma significativa redução de matéria particulada (SMA/CETESB, 1997c).

As principais fontes de poluição do ar nas regiões urbanas são os veículos automotores. A emissão de CO em 1997 atingiu o total de 1.523.100t/ano (**Tabela 8.6**), sendo apenas 2% procedentes de fontes fixas (indústria), com preponderância na emissão de matéria particulada, respondendo por cerca de 60% do total na RMSP (**Tabela 8.7**).

Tabela 8.6 — Estimativa de emissão das fontes de poluição do ar na RMSP em 1997 (1.000t/ano)

FONTE DE EMISSÃO			EMISSÃO (1.000t/ano)				
			CO	HC	NOx	SOx	MP*
M Ó V E L	TUBO DE ESCAPAMENTO DE VEÍCULOS	GASOLINA*	907,8	78,2	49,6	8,5	4,2
		ÁLCOOL	230,4	26,8	15,6	—	—
		DIESEL	271,5	44,2	198,3	17,2	12,4
		TÁXI	35,9	3,2	2,0	0,3	0,2
		MOTOCICLETAS	38,9	5,2	0,3	0,3	0,1
	CÁRTER E EVAPORATIVA	GASOLINA*	—	121,8	—	—	—
		ÁLCOOL	—	26,8	—	—	—
		MOTOCICLETAS	—	2,8	—	—	—
	PNEUS	TODOS	—	—	—	—	6,0
	COMBUSTÍVEL OPERAÇÕES DE TRANSFERÊNCIA	GASOLINA*	—	24,4[1]	—	—	—
		ÁLCOOL	—	5,1[1]	—	—	—
F I X A	OPERAÇÃO DE PROCESSO INDUSTRIAL (Número de indústrias inventariadas)		38,6[2]	12,0[2]	14,0[2]	21,7[3]	40,7[3]
			(750)	(800)	(740)	(634)	(766)
TOTAL			1.523,1	350,5	279,8	48,0	63,6

Fonte: CETESB (1998).
*MP refere-se ao total de material particulado, sendo que as partículas inaláveis PI são uma fração deste total.
Ano de consolidação do inventário: 1 – 1996, 2 – 1990, 3 – 1997.

De acordo com o inventário conduzido pelo Programa Estadual de Mudanças Climáticas Globais (PROCLIMA/SMA) (Inventário das emissões de gases de efeito estufa no estado, para a Agenda 21 Brasileira), 84% do total das emissões de CO_2 no Estado provém da queima de combustíveis derivados do petróleo. A emissão de carbono *per capita* em São Paulo é de 0,51tC/hab., 65% superior à média brasileira. O setor de transportes responde por 47% do total de emissões provenientes da queima de combustíveis fósseis.

Os veículos automotores produzem mais poluição atmosférica do que qualquer outra atividade humana isolada, variando de acordo com as características de cada cidade e do tipo de combustível usado. Na Região

Tabela 8.7 — Contribuição relativa das fontes de poluição do ar — 1997

FONTE DE EMISSÃO		POLUENTES (%)				
		CO	HC	NOx	SOx	PI[2]
TUBO DE ESCAPAMENTO DE VEÍCULOS	GASOLINA	60	22	18	17	10
	ÁLCOOL	15	8	5	—	—
	DIESEL[1]	18	13	70	36	30
	TÁXI	2	1	1	1	—
	MOTOCICLETAS E SIMILARES	3	1	1	1	—
CÁRTER E EVAPORATIVA	GASOLINA	—	35	—	—	—
	ÁLCOOL	—	8	—	—	—
	MOTOCICLETAS E SIMILARES	—	1	—	—	—
OPERAÇÕES DE TRANSFERÊNCIA DE COMBUSTÍVEL	GASOLINA	—	7	—	—	—
	ÁLCOOL	—	1	—	—	—
OPERAÇÃO DE PROCESSO INDUSTRIAL (1990)		2	3	5	45	10
RESSUSPENSÃO DE PARTÍCULAS		—	—	—	—	25
AEROSSÓIS SECUNDÁRIOS		—	—	—	—	25
TOTAL		100	300	100	100	100

Fonte: CETESB (1998).
(1) Apenas veículos pesados.
(2) Contribuição conforme estudo de modelo receptor para partículas inaláveis. A contribuição dos veículos (40%) foi rateada entre veículos a gasolina e diesel de acordo com os dados de emissão disponível.

Metropolitana de São Paulo, em 1995, os veículos contribuíram com 98% das emissões de CO, 97% de hidrocarbonetos (HC), incluídos aqui os percentuais de evaporação nas operações de transferência de combustíveis, 97% de óxidos de nitrogênio (NOx), 85% de SOx e 40% das partículas inaláveis (sem considerar sua contribuição na ressuspensão de partículas). As principais emissões de diesel são os óxidos de nitrogênio e de enxofre. A frota de 22.200 ônibus urbanos, representando 0,4% da frota total de veículos em 1997, não contribui substancialmente para as emissões. Sua cota de monóxido de carbono, por exemplo, não excedeu 1,8% do total em 1997 (SMA/CETESB, 1998).

Os jornais de São Paulo e do exterior noticiam diariamente os índices sobre a qualidade do ar com frequentes matérias sobre a relação entre saúde e poluição do ar (OESP, 03/08/99; Portella e OESP, 30/08/99; e Schoon, 04/08/97). Os efeitos dos gases poluentes sobre a saúde humana estão resumidos na **Tabela 8.8**. Pesquisas na Suécia e no Reino Unido sugerem que há fortes evidências de causalidade entre câncer do pulmão e poluição do ar originada do tráfego (OESP, 03/08/99). Outros efeitos da poluição do ar sobre a saúde humana já são conhecidos. Segundo o departamento de saúde, de 12 mil a 22 mil mortes precoces por ano são associadas à poluição do ar, sem contar as mortes por câncer. Mesmo nos Estados Unidos, onde o automóvel reina absoluto, há cientistas empenhados em traçar as relações entre emissões veiculares e doenças ou mortalidade, através de estudos que monitoram grupos submetidos a índices elevados de ozônio e material particulado PM_{25} (Fairley, 1999; e Koenig, 1999).

A população da RMSP tem sido exposta a altos índices de poluição do ar, principalmente durante os meses de inverno, conforme demonstram 14 anos de monitoramento automático da CETESB (SMA/CETEB, 1997a). Neste período, o monóxido de carbono e as partículas inaláveis costumam atingir altas concentrações. Durante episódios agudos, os mais afetados são crianças e idosos, além dos portadores ou suscetíveis a doenças respiratórias e cardiovasculares. Estudos realizados por pesquisadores da USP (Saldiva *et al*, 1994 e 1995) corroboram os resultados de pesquisas internacionais, sugerindo que em casos extremos a poluição do ar pode ser fatal (Wiles e Savitz, 1997; e Whitelegg, 1997). Durante o inverno, o Hospital das Clínicas de São Paulo registra um aumento de 30% a 40% nas crises de bronquite, asma e sinusite, e o Instituto da Criança, 20% a mais de internações (SMA/CETESB, 1997c).

A poluição sonora é considerada como um dos principais problemas em ambientes urbanos. São Paulo figura entre as 10 cidades mais barulhentas do mundo, devido principalmente ao trânsito (SMA/CETESB, 1997c). No Reino Unido, uma pesquisa realizada em 1978 constatou que a maioria dos entrevistados identificava o ruído de tráfego como a principal fonte de perturbação (RCEP, 1994).

A sensibilidade ao ruído é subjetiva e varia de acordo com a altura, continuidade e tempo de exposição, além do volume. A magnitude do som é expressa em decibéis (dB). Os níveis de ruído definidos pela

Tabela 8.8 — Os Efeitos da Poluição do Ar na Saúde Humana

POLUENTES	PRINCIPAIS FONTES	EFEITOS NA SAÚDE
Monóxido de Carbono (CO)	Veículos (95,5% das emissões do sangue que leva o oxigênio às veias).	Liga-se à hemoglobina, substância do sangue que leva o oxigênio às células, formando a carboxi-hemoglobina, e diminui a oxigenação do sangue. Causa tonturas e vertigens. Causa alterações no sistema nervoso central. Pode ser fatal em doses altas, em ambiente fechado. Doentes cardíacos, portadores de angina crônica, são considerados o grupo mais suscetível aos efeitos da exposição ao CO.
Dióxido de Enxofre (SO_2)	Indústrias e veículos a diesel.	Provoca coriza, catarro e danos irreversíveis aos pulmões. Em doses altas pode ser fatal. Também afeta plantas e espécies mais sensíveis, e contribui para a destruição do patrimônio histórico, acidificação do solo e corpos d'água.
Ozônio (O_3)	Ação da luz solar sobre os hidrocarbonetos e óxidos de nitrogênio, resultantes do processo de queima de combustíveis, principalmente por veículos.	Causa envelhecimento precoce. Diminui a resistência às infecções. Provoca irritação nos olhos, nariz e garganta, e desconforto respiratório.
Material Particulado (fumaça, poeira, fuligem)	Veículos movidos a diesel, indústrias, desgastes dos pneus e freios de veículos em geral. Ressuspensão de poeiras assentadas.	Agrava quadros alérgicos, de asma e bronquite. Pode ser carcinogênica. As poeiras mais grossas ficam retidas no nariz e na garganta, causando irritação e facilitando a propagação de infecções gripais. As poeiras mais finas (partículas inaláveis) chegam aos pulmões, agravando casos de doenças respiratórias ou do coração.
Hidrocarbonetos (HC)	Queima incompleta e evaporação dos combustíveis (álcool, gasolina e diesel) e outros produtos voláteis.	Responsáveis pelo aumento da incidência de câncer no pulmão. Provocam irritação nos olhos, nariz, pele e aparelho respiratório.
Aldeídos	Veículos.	Irritação dos olhos, nariz e garganta. Aldeídos emitidos por veículos a diesel e gasolina podem provocar o câncer.
Óxidos de Nitrogênio (NO_x)	Processo de combustão em geral. Veículos.	Podem provocar desconforto respiratório, diminuição da resistência a infecções e alterações celulares.

Fonte: SMA/CETESB (1997a).

Organização Mundial de Saúde (OMS) (55dB durante o dia e 35dB à noite) determinam seu impacto sobre a saúde humana. O ruído causa ou agrava problemas de saúde relacionados ao estresse, tais como hipertensão, distúrbios psicológicos e do sono. A Organização para Cooperação Econômica e Desenvolvimento (OECD) estabelece o limite de 65dB como aceitável e estima que mais de 100 milhões de pessoas estão expostas diariamente a mais do que isso, tendo o tráfego como fonte principal (Whitelegg, 1993; Tolley e Turton, 1995; e WRI, 1996). A preocupação com a poluição sonora tende a estar presente nas inovações tecnológicas da indústria automobilística. Entretanto, o que aparentemente seria uma solução pode acarretar problemas graves do ponto de vista da segurança, já que níveis de ruído estão associados ao desenvolvimento de velocidade em pistas livres, aumentando o risco de acidentes (Whitelegg, 1997).

Em São Paulo, os níveis de ruído são controlados pelo Estado (CETESB — atividades industriais) e pela Prefeitura (Secretaria do Verde e do Meio Ambiente — bares, obras e comércio), cujo Programa PSIU atende a denúncias de poluição sonora. Existe legislação específica, mas sua aplicação tem sido falha. No início de 1999, uma polêmica em relação aos bares levou as autoridades a determinar seu fechamento à 1h, gerando protestos de tal ordem, que a medida acabou sendo revogada. O assunto acabou sendo esquecido temporariamente, e os bares que tinham liminar continuaram funcionando normalmente.

Os acidentes apresentam a maior complexidade na relação entre transporte e saúde pública, e os números são assustadores. Mesmo assim, os dados disponíveis em geral são subestimados devido às falhas nos registros. No Brasil, por exemplo, o Departamento Nacional de Trânsito contabilizou em 1994 mais de 22 mil mortes e mais de 330 mil feridos no trânsito. Em muitos casos, porém, não é feita a ocorrência, até mesmo se houver morte após o acidente. A estimativa de custo global é superior a US$ 3 bilhões por ano, sem contar os prejuízos aos que adquirem deficiências físicas permanentes (SMA/CETESB, 1997c). Entre as fatalidades, a maioria é de pedestres (60%), ciclistas e motoristas (**Tabela 8.9**).

Um outro dado não contabilizado é que os acidentes de trânsito atingem principalmente pessoas jovens e produtivas. Estudos demográficos revelam que o nível da expectativa de vida na RMSP, que vinha aumentando progressivamente até 1950/60, desacelerou consideravel-

Tabela 8.9 — Pedestres mortos nas grandes cidades

Cidade	Pedestres mortos	Mortes/100.000 pessoas
São Paulo	1.621	17,1
Nova York	271	3,9
Tóquio	43	0,4

Fonte: CET (1992) *in* Vasconcellos (1996).

mente nas décadas seguintes. Sugere-se que esta tendência esteja associada ao aumento dramático das taxas de mortalidade por morte violenta entre rapazes adultos, tanto na cidade de São Paulo quanto na RMSP. Acidentes de carro aparecem como a segunda causa para este grupo desde 1960, particularmente nos anos 80. No final da década de 90, constituem 25% das mortes violentas em geral. O impacto estatístico dessas mortes nos índices de expectativa de vida é de tal ordem, que invalida os ganhos resultantes de avanços científicos na área médica dos anos anteriores. Ao serem projetados os níveis de 1960, por exemplo, deveria ter havido um aumento da expectativa de vida equivalente a 1,66 ano no momento do nascimento, mais do que o índice real em 1991 (Ferreira e Castiñeiras, 1996).

Medidas simples, porém enérgicas, como por exemplo a fiscalização de velocidade e a obrigatoriedade de uso do cinto de segurança, são eficazes na redução dos acidentes. Brasília, em 1996/97, estava entre as capitais que se destacaram nas campanhas para sensibilizar a população e coibir os excessos. Mesmo em São Paulo, a introdução de fiscalização fotográfica e o aumento da rede eletrônica conseguiram resultados positivos, assim como o uso obrigatório do cinto de segurança. O preço que se paga pela motorização, porém, ainda é alto demais, e a conta maior acaba sendo paga pelos que menos se beneficiam com o uso do carro.

3.2. CONGESTIONAMENTOS E EXTERNALIDADES

A cidade de São Paulo evoluiu tipicamente como outras cidades, de uma fase *compacta*, identificada como *cidade pedestre* por Whitelegg (1997) até meados do século XIX, passando pela valorização do transporte público durante o início do século XX até a crise dos anos 50, quando entrou na fase de *cidade do automóvel.*

O aumento de volume do tráfego fatalmente acarretou uma diminuição de sua velocidade média, uma vez que a capacidade viária não acompanhou este crescimento. Esta relação entre fluxo de trânsito e capacidade da infraestrutura viária é o que determina o congestionamento. Portanto, a causa implícita dos congestionamentos reside na tentativa de se gerenciar o tráfego em vias saturadas, não em enchentes ou acidentes. A conclusão mais óbvia seria promover a migração de usuários de carros para o transporte público. Entretanto, a percepção dos indivíduos é a de que na maioria das vezes se viaja mais rápido de carro, não havendo assim incentivo para se trocar de modo, conforme argumenta Goodwin (1997). Trata-se, portanto, de uma mobilidade urbana, questão que transcende o aspecto técnico e pragmático adotado por engenheiros de tráfego, de maneira geral.

Os congestionamentos são explícitos em revelar as falhas no sistema de planejamento de transporte público. A acessibilidade e velocidade oferecidas pelo automóvel são completamente anuladas pelos engarrafamentos urbanos. No caso da Região Metropolitana de São Paulo estima-se que sejam desperdiçados cerca de 2,4 milhões de horas por ano nos deslocamentos. O congestionamento médio da cidade de São Paulo atinge picos matinais superiores a 80km de extensão, chegando a mais de 120km no período da tarde. Em 1996, foram registrados picos correspondendo a 163,6km pela manhã e 242km à tarde (CET, 1997). Seus custos foram estimados em 2% do PIB em 1996, a maior externalidade do setor de transportes (**Tabela 8.10**).

A prática pública tradicional procura resolver os congestionamentos aumentando a capacidade viária. Entretanto, esta política já se provou inadequada, conforme relatório de 1994 do SACTRA – *Standing Advisory Committee on Trunk Roads Assessment* —, comitê criado no Reino Unido especialmente para avaliar as políticas de transporte (RCEP, 1997). Na realidade, constatou-se que, em média, cada 10% de melhoria na velocidade de tráfego causa cerca de 5% a mais de trânsito no curto prazo e 10% no longo prazo. O tempo economizado na via com menos trânsito é utilizado em mais circulação. Portanto, conclui-se que o aumento da infraestrutura viária acaba induzindo o aumento do tráfego. Ademais, esta estratégia exige investimentos altos. Muitas vezes é preciso desapropriar terras, causando problemas sociais, e, no fim, de modo geral, a ampliação

Tabela 8.10 — Estimativas dos custos externos dos transportes

Origem	Porcentagem do PIB
Poluição atmosférica (1)	0,4%
Ruído	0,2%
Acidentes	1,5%
Congestionamento	2,0%

Fonte: (SMA/CETESB, 1997a).

da capacidade viária acaba sendo absorvida pelo crescimento da frota (**Figura 8.3**) e pelo aumento do número de viagens.

O caso da cidade de São Paulo corrobora estas teses, conforme constatou uma matéria publicada no jornal *O Estado de São Paulo*, em 1997 (SMA/CETESB, 1997c): apesar dos investimentos maciços em obras viárias durante a gestão de 1992-1996, o trânsito da cidade piorou: a velocidade média da frota em vias com semáforos era de 30km/h em 1992, caindo para 25km/h em 1996.

O setor de transportes tem uma demanda energética elevada. Globalmente, 20% de toda a energia produzida é utilizada por transporte e, no Brasil, o setor respondeu por 21% da energia consumida em 1994. No Estado de São Paulo, de 1994 para 1995, o setor de transportes cresceu 9,3%, consumindo 35% do total. É importante lembrar que foi indicado pelos cientistas do *Intergovernmental Panel on Climate Change* (IPCC), o painel intergovernamental para mudanças climáticas estabelecido pela ONU, que o aquecimento global está associado à queima de combustível fóssil, a maior fonte de energia do transporte motorizado.

3.3. QUEM PERDE E QUEM GANHA NA GUERRA URBANA DO TRÂNSITO

Do ponto de vista econômico, no conjunto perdem todos. A contabilização dos custos econômicos com transporte soma 4,1% do PIB (**Tabela 8.10**). Estudos do Ministério do Trabalho revelaram que cada 10

Figura 8.3 — Av. 23 de Maio, São Paulo, um dia de semana qualquer, nos anos 90: Quem precisa de Rodízio? Fonte: SMA/CETESB, 1997a (Foto: Walter Dioniso — Chuvisco).

minutos adicionais gastos no trajeto entre a casa e o trabalho representam uma redução de 4% na produtividade do funcionário (Scholz/OESP, 1996, *in* SMA/CETESB, 1997). O Metrô de São Paulo, usando o modelo de carência, estimou que as deseconomias causadas pelos congestionamentos na RMSP atingem cerca de 6 bilhões de dólares (CPTM/STM, 1997).

Já foram contabilizados milhares de dólares em gastos hospitalares com o tráfego, associados à poluição, mortalidade e morbidade, assim como a acidentes. Estima-se que o custo *per capita* de danos da poluição para 10 milhões de habitantes da cidade de São Paulo implicaria prejuízos entre 220 milhões e 1,6 bilhão de dólares (SMA/CETESB, 1997c).

Gasta-se também com a manutenção das vias e do sistema, com os seguros e com o tempo desperdiçado. O setor produtivo, por exemplo, tem aplicado estratégias, tais como o reescalonamento de horário e distribuição noturna para diminuir os custos com transporte.

4. Políticas Públicas e Gestão Ambiental

4.1. Políticas Públicas e Sociedade

As políticas para transporte e meio ambiente no Brasil são estabelecidas tanto em nível nacional quanto estadual e municipal. Como consequência, suas agendas e interesses costumam entrar em choque sobre os limites das competências e responsabilidades, que nem sempre são definidos com clareza. Portanto, há bastante espaço nos processos decisórios para conflitos entre os diferentes setores e os próprios órgãos governamentais. Diferentemente do que ocorre nos países ricos, onde os atores sociais são incluídos nos debates e têm poder de decisão, nos países em desenvolvimento o processo decisório é altamente centralizado, e os atores relevantes são poucos (Vasconcellos, 1996). As decisões que ocorrem no âmbito da Câmara dos Vereadores na cidade de São Paulo, por exemplo, estão subordinadas às bancadas majoritárias, que têm representado modelos centralizadores de poder.

Nesse contexto, os atores sociais com menos influência são os usuários do transporte público. O fato pode ser constatado pela cobertura dada ao Rodízio pela mídia. Embora se destacasse a melhora no trânsito (que beneficia o passageiro de ônibus com o aumento de velocidade e ganho de tempo de viagem), pouco ou quase nada foi comentado sobre este impacto positivo para uma parcela significativa da população que não usa carro, a qual estava estimada em 4,5 milhões de pessoas na RMSP. Geralmente nas classes mais pobres, esses atores não têm organização ou representatividade, sendo que precisam se ocupar de outras questões prioritárias, como habitação, saneamento, nutrição, educação e saúde. Desta maneira, torna-se difícil a mobilização social pelos problemas do trânsito (Vasconcellos, 1996). As reações ocorrem de forma pontual, em caso de acidentes graves por exemplo, cessando assim que as autoridades intervêm.

Esta dinâmica social não acontece por acaso. As políticas setoriais no Brasil ocorrem em um contexto característico de democracias jovens. Devido a seu sistema de representação política, os eleitores delegam as decisões a seus candidatos, que passam a ter enorme poder no que concerne a assuntos públicos. Na Europa, as democracias baseiam-se em um modelo de cooperação competitiva entre grupos sociais, visando ao interesse institucional acima dos interesses de indivíduos ou grupos. As relações institucionais são fortes, ao contrário do que ocorre nas democracias delegativas, cujas relações institucionais são fracas, e as informais, baseadas em contatos pessoais, são fortes, favorecendo o clientelismo e a corrupção. Dependem de redes pessoais para o acesso a processos decisórios, sobrepondo-se aos direitos formais de cidadania das democracias de representação (Vasconcellos, 1996).

No caso das políticas propostas pela SMA e pelo Governo do Estado de São Paulo, durante a gestão 1994-1998, foi realizado um esforço de integração entre as instituições e a população que resultou no Projeto de Lei pelo Transporte Sustentável. A iniciativa envolveu um processo longo de consultas, audiências públicas e eventos para informar e envolver os diversos atores sociais na definição de uma política ambiental para transporte urbano.

4.2. GESTÃO AMBIENTAL, SEUS AGENTES E ESTRATÉGIAS

Gestão ambiental refere-se aos meios de se alocar, consumir e conservar os recursos naturais, tais como o ar e a água, a fim de atender às necessidades humanas. O conceito aplica-se também à gestão ambiental urbana, na medida em que os elementos modificadores do meio antrópico estão intrinsecamente associados às cidades. Sendo os seres humanos os principais agentes de transformação do meio ambiente, é importante considerar as análises sociológicas na resolução dos problemas ambientais gerados pela ação antrópica (Town, 1981). A fim de compreender estas interações, parte-se do pressuposto de um sistema de coevolução (Redclift e Woodgate, 1994), em que sociedade e meio ambiente evoluem lado a lado, interativamente. Daí a importância de serem incluídos atores sociais não especialistas na gestão do meio ambiente, corroborando a visão processual de Wilson e Bryant (1997) sobre gestão ambiental, que se refere à interação entre diversos atores sociais, governamentais e nãogovernamentais, e destes com o meio ambiente. Esta visão enfatiza o papel dos atores sociais ou gestores ambientais, que podem ser indivíduos ou grupos de interesse, incluindo governos, ONGs, mídia, lideranças políticas, empresários e empresas (locais, nacionais e empresas transnacionais — TNCs), consultores, instituições financeiras em nível nacional ou internacional, além de uma série de outros atores quando em papéis diferentes, como no de motorista, pedestre, autoridade ou consumidor. Independentemente da escala de seus impactos, seus interesses e poder de decisão ou do grau de dependência, é importante ressaltar que não atuam isoladamente, mas interagem tanto vertical quanto horizontalmente através de redes e processos.

A consagração do Princípio da Precaução nos processos decisórios relativos à gestão ambiental ressalta o papel do gestor institucional. Este, porém, não pode prescindir de soluções negociadas que fortaleçam e consolidem as decisões em defesa dos interesses difusos.

5. SUBVERTENDO O CONCEITO DA TRAGÉDIA DOS COMUNS: O CASO DO RODÍZIO AMBIENTAL

> "... Quando houver perigo de dano grave ou irreversível, a falta de certeza científica absoluta não deverá ser utilizada como razão para se adiar a adoção de medidas eficazes em função dos custos para impedir a degradação do meio ambiente."
> (Declaração do Rio, Princípio 15, 1992.)

5.1. A OPERACAO RODÍZIO

A partir de uma experiência de caráter voluntário durante uma semana em 1995, a Operação Rodízio entre 1996 e 1998 consistiu na retirada diária das ruas de aproximadamente 20% da frota de veículos, em São Paulo, e em mais nove municípios da RMSP nos meses de inverno, quando há maior dificuldade de dispersão de poluentes na atmosfera. A estratégia era restringir a circulação do veículo em um dia da semana de acordo com o final da sua placa, com multa para os infratores. Com a retirada destes veículos e o consequente aumento da fluidez do tráfego, estima-se que as reduções nas emissões foram da ordem de 1.486,7t/dia de CO (**Tabela 8.11**), acumulando uma redução total de CO da frota que atingiu 19% até 1998 (SMA/CETESB, 1999). Outro aspecto importante da Operação Rodízio foi conscientizar a população sobre a relação entre qualidade do ar e uso do transporte, além de gerar pressão para que as autoridades investissem na expansão e melhoria da qualidade dos transportes públicos, reduzindo assim a poluição atmosférica (SMA/CETESB, 1997a).

Como parte da estratégia, alguns veículos relacionados às atividades essenciais consistiam em exceções, podendo circular livremente (por exemplo, carros elétricos, transportes de perecíveis, transporte escolar). A propósito das exceções, houve um pressão por parte de entidades de classe, indivíduos que se manifestaram através de cartas aos jornais, e mesmo de montadoras, para se isentarem os carros a álcool e os carros importados ou novos equipados com catalisadores. O argumento específico para se manter a restrição no caso do álcool foi que se tratava de um combustível que polui menos, mas polui também. No caso dos carros importados ou novos, equipados com catalisadores, invocou-se a dificuldade de se operacionalizar a fiscalização (SMA, 1997b). Além do mais, o fato de o congestionamento ser resultante do volume de veículos em circulação, independentemente da tecnologia dos motores ou combustíveis, também foi discutido. As ciências econômicas fornecem uma boa explicação para a polêmica gerada pelo Rodízio, através da famosa alegoria de Hardin (1968) sobre a Tragédia dos Comuns. Em seu artigo, Hardin descreve uma situação onde o indivíduo tem acesso livre a um bem comum compartilhado

Tabela 8.11 — Dados sobre redução de monóxido de carbono (CO) a partir de estimativas de frota circulante e emissão (em t/dia)

Motivo/Período	1996	1997	1998
Devido à diminuição de veículos em circulação	329,1	319,4	273,9
Devido ao aumento na fluidez do tráfego	200,2	189,2	174,9

Fonte: *site* CETESB (1999).

com uma comunidade. A lógica individual, porém, fará com que cada um que tem o mesmo acesso procure tirar o máximo de vantagem sobre isso e, assim, acaba prejudicando a todos, já que se trata de um recurso limitado. O exemplo é o de uma pastagem onde todos podem colocar cabeças de gado. No caso do trânsito urbano, pode-se considerar o ar como o bem comum acessível a todos. O *direito de ir e vir* e o de poluir o ar com isso acabam prejudicando a todos. A análise de Maddison, Pearce e outros no livro *The True Cost of Transport*, de 1996, aponta para a necessidade de se restringir o acesso individual através das instituições; no caso, o Governo.

O Rodízio de 1996 não incluía os caminhões, o que gerou protesto da população. A poluição causada pelo diesel é muito mais visível e, embora a frota de caminhões e ônibus circulando na RMSP fosse muito menor, o resultado da poluição por fumaça preta se percebia facilmente por qualquer um. Em 1997, porém, assim como em 1998, os caminhões foram incluídos no Rodízio, sendo autorizados a circular fora de um perímetro demarcado pela SMA (SMA/CETESB, 1998 e 1999).

A Operação Rodízio serve como exemplo de atuação interdisciplinar na resolução de problemas ambientais, na medida em que contou com uma base técnica e científica de origens variadas, tendo envolvido processos de investigação e participação pública na elaboração de uma estratégia de restrição ao uso individual de veículos, visando a evitar episódios críticos de poluição do ar, em consonância com o Princípio da Precaução. Do ponto de vista sociológico, representou uma oportunidade para a compreensão do conceito de bem comum, uma vez que implicava a restrição a interesses individuais em favor daqueles da coletividade. De certa maneira a experiência resultou temporariamente na contradição da teoria sobre a tragédia dos comuns (Hardin, 1964), no caso do ar de São Paulo. Embora fosse uma medida imposta, as pessoas colaboraram por se sentirem participantes de uma ação da comunidade na melhoria da qualidade do ar. Um benefício coletivo resultou de um pequeno sacrifício individual. Um artigo na *Folha de São Paulo* avaliou que "a sociedade brasileira só se mobiliza em situações de emergência: para evitar o pior, mais do que para melhorar o que está ruim" (Coelho, *Folha de São Paulo*, 11/09/96).

Argumenta-se aí que talvez seja melhor contribuir através do sacrifício pessoal em termos de ações em vez de despesas, com o pagamento de impostos para a construção de ruas, por exemplo. Foi uma das primeiras reações positivas da imprensa durante o Rodízio de 1996. Entretanto, o jornalista salienta que esta mudança conceitual em termos de percepção pública e ação somente se consolidará como uma mudança cultural se as autoridades adotarem políticas coerentes para resolver o congestionamento e a poluição resultantes dos problemas de transporte em São Paulo. O Rodízio da SMA foi percebido por aqueles que o apoiaram como uma iniciativa civilizatória, por seu caráter disciplinador, social e comunitário, e pode ter sido um indicador de que as pessoas estão se dando conta do quanto "o *menos* pode ser melhor do que o *mais*, que é melhor ser civilizado do que ser moderno".

Verificou-se a receptividade à medida no elevado grau de adesão (94% em 1996 e 96% em 1997 e 1998) (SMA/CETESB, 1999). O debate resultante da campanha de 1996, com a divulgação da mídia, acabou por trazer a público o assunto da poluição atmosférica e qualidade de vida urbana (SMA/CETESB, 1997b). Esperava-se que o fato gerasse pressão sobre as autoridades para que adotassem medidas quanto ao transporte coletivo, e, em certa medida, a estratégia funcionou. Porém, a gestão estadual seguinte suspendeu a medida, alegando que o *outro rodízio* se manteria e que a renovação da frota iria por si mesma resultar em melhor qualidade do ar devido ao uso de tecnologia menos poluente (motores e combustíveis mais eficientes) e à retirada dos carros mais velhos. As autoridades declararam à imprensa que, a despeito dos elevados índices de poluição do ar naquele inverno, a medida só seria adotada em caráter "corretivo, e não preventivo" (*sic*) (Portella/OESP, 30/08/99), o que contraria os conceitos mais básicos da proteção ambiental, tais como o da Precaução. Politicamente, porém, o Governo acertou em não desagradar aos eleitores. Apesar de toda a informação técnica e conceitual apresentada, discutida e publicada comprovando o contrário, a população reagiu com indiferença ao cancelamento do Rodízio ambiental em 1999, comprovando a impopularidade da medida.

5.2. A OPERAÇÃO HORÁRIO DE PICO OU O OUTRO RODÍZIO

A infraestrutura viária da cidade de São Paulo opera no limite de sua capacidade, frequentemente ultrapassada durante a estação de chuvas, quando há enchentes. Os níveis de congestionamento, de acordo com os levantamentos realizados pela CET, têm aumentado nos últimos anos, particularmente durante os horários de pico, no centro expandido da cidade. A maior parte do tráfego na RMSP passa por esta região circunscrita pela marginais e outras vias de circulação principais (Av. dos Bandeirantes, Av. Affonso de Taunay, Complexo Maria Maluf, Av. Tancredo Neves, Av. das Juntas Provisórias, Av. Prof. Luís Anhaia Melo e Av. Salim Farah Maluf). A área é denominada Minianel Viário.

A partir de outubro de 1997, a CET passou a implementar uma estratégia de restrição à circulação de veículos nessa área considerada mais sensível, monitorando as vias mais congestionadas durante o período da manhã, das 7h às 10h, e à tarde, das 17h às 20h, de acordo com o final das placas e o dia da semana. A Prefeitura publicou um relatório ao final dos primeiros seis meses de implantação da medida, em abril de 1998, onde avaliava a Operação Horário de Pico de modo positivo (CET, 1998).

A restrição imposta pela Prefeitura adotou os critérios da medida estadual, de forma menos severa, já que abrangia um perímetro menor durante menos horas por dia. Ao serem analisados os argumentos em favor dessas estratégias, a natureza política da decisão torna-se clara. Na verdade, a estratégia da Prefeitura estava voltada exclusivamente para melhorar o congestionamento nos horários de pico, assunto que concerne diretamente aos eleitores de classe média. Depois de aprender com a experiência do Governo estadual, ficou mais fácil introduzir uma medida menos antipática. Mesmo assim, a melhora do tráfego afetou positivamente os usuários de transporte público, que também apoiaram a iniciativa (SMA/CETESB, 1998; e CET, 1998).

5.3. Resultados e Implicacoes

Um balanço da Operação Rodízio durante seus três anos de vigência apresentou resultados considerados positivos pelo Poder Público na época (SMA/CETESB, 1999). Somente em 1998 deixaram de circular por dia mais de 640 mil veículos, dos quais cerca de 75% de automóveis e 4% de caminhões. Foram economizados quase 200 milhões de litros de combustível, equivalendo a R$ 113.876.000. A redução total de CO chegou a 55 toneladas, quase cinco vezes maior do que em 1996 (**Tabela 8.12**) (SMA/CETESB, 1999).

Outras ações fundamentais fizeram parte da campanha *Respira São Paulo*, visando à conscientização da população, tais como o Programa de Capacitação de Professores e Participação de Alunos e Pais, que mobilizou cerca de 1,86 milhão de alunos de 1.800 escolas de 10 municípios da Grande São Paulo (SMA/CETESB, 1997a). Uma das consequências políticas da Operação Rodízio foi a adoção da Operação Horário de Pico pelas autoridades do município de São Paulo. Suas características voltadas exclusivamente para o gerenciamento de tráfego incomodaram menos os paulistanos do que o Rodízio ambiental. Entretanto, o fato de ser uma medida limitada a uma área circunscrita, com horários específicos no decorrer do dia, implica distribuir o movimento, tanto do ponto de vista de horário quanto do de local. Os efeitos de divisa (*boundary effects*) desta política já são bem conhecidos em cidades como Atenas, Roma e Cidade do México. O movimento maior transfere-se para a área lindeira ao perímetro da restrição, congestionando as vias periféricas e espalhando a poluição do ar (Macedo, 1998).

Em 1994, o Centro de Estudos de Cultura Contemporânea (CEDEC) realizou uma pesquisa em 1.000 residências, abrangendo seis classes sociais diferentes na cidade de São Paulo, para avaliar a percepção pública sobre problemas ambientais e sua relação com a qualidade de vida urbana (Jacobi, 1997). A poluição do ar foi identificada como o problema ambiental mais importante, sendo que as emissões de veículos foram consideradas como sua principal causa pela porcentagem mais significativa.

Tabela 8.12 — Redução total de CO (em toneladas) na Operação Rodízio

Rodízio	Data do início	Data do fim	Toneladas
1996	05/08	30/08	10.586
1997	23/06	26/09	42.460
1998	04/05	25/05	55.070

Fonte: *site* CETESB (1999).

Os impactos sobre a saúde humana revelaram-se a preocupação maior, mas também se constatou que a maioria considera responsabilidade das autoridades resolver os problemas ambientais. Pesquisa posterior revelou que a principal fonte de informações sobre meio ambiente é a televisão, seguida de jornais e rádio, sendo que material do Governo foi mencionado apenas por uma parcela insignificante da amostra de aproximadamente 900 entrevistados em 1998 (WRI/CETESB e PROCAM, 1998). Estas pesquisas revelam que é preciso mais informação para mobilizar os cidadãos. Embora haja consciência em relação a problemas ambientais, fruto de campanhas na mídia, a atitude geral é de passividade, independentemente do nível de escolaridade ou classe social. Poucos identificaram as ações do Governo no combate à poluição, embora vários conhecessem o Rodízio, confundindo as iniciativas estadual e municipal na maioria dos casos.

6. Conclusões

Melhorar o acesso à informação e à participação social deverá promover as mudanças de atitude que favoreçam o desenvolvimento de uma consciência ambiental coletiva, um importante passo na direção da consolidação da cidadania. A liberdade do indivíduo não pode se sobrepor aos interesses da comunidade. Em relação ao uso de transporte individual, a questão é mais complicada, na medida em que o carro é um poderoso símbolo de *status*, seguramente o mais importante ícone da civilização contemporânea. Em São Paulo, como em outras metrópoles, acaba por ser também uma necessidade, devido ao padrão de uso e ocupação do solo e ao sistema de transporte público, insuficiente na RMSP.

A crescente dependência do sistema urbano sobre o transporte motorizado gera o aumento das distâncias percorridas e do número de viagens, alterando a relação temporal entre usuários e suas atividades. Como qualquer outro bem produzido pela sociedade contemporânea, o tempo se torna um bem de consumo a ser otimizado (Whitelegg, 1997). Trata-se de uma questão existencial, quando são consideradas as profundas implicações para o estilo de vida nas cidades, a percepção sobre meio ambiente e os valores dos habitantes urbanos. São Paulo tem pressa, não pode parar, e, paradoxalmente, horas são perdidas em congestionamentos.

O sistema de transporte influencia padrões de desenvolvimento, e o uso do solo, por sua vez, influencia o comportamento. O aumento no padrão de vida associado com mobilidade crescente, tanto de pessoas quanto de mercadorias, resulta na dispersão físico-territorial. A centralização de infraestrutura, tal como escolas, hospitais e comércio, tem sido o modelo adotado a partir da premissa de mobilidade. Esses têm sido implantados em menor quantidade, maiores dimensões e mais afastados, acessíveis apenas por automóvel ou caminhão. As tendências levam ao afastamento entre residências, escritórios e serviços; os novos padrões de atividades geram demanda por maior espaço viário e, consequentemente, mais pressão por modificação dos padrões de ocupação territorial. Este efeito de espiral ascendente da mobilidade associada à dispersão revela-se nas cidades-dormitórios e subúrbios, nos centros de compras e lazer afastados e nos conjuntos comerciais de bairros distantes (Owens, 1996). Assim, o uso do carro se torna uma questão mais de necessidade do que de escolha.

Os padrões atuais de ocupação e locomoção são insustentáveis sob todos os aspectos: economicamente, por causa dos custos envolvidos (congestionamento e externalidades); socialmente, por causa da marginalização daqueles que não possuem automóveis, bem como da deterioração dos serviços que não podem competir com as instalações projetadas para atender a usuários de automóveis; e, politicamente, porque no fim ninguém fica satisfeito.

De maneira geral, as pessoas têm consciência do impacto do transporte em seu cotidiano, devido à poluição, ruído, danos à paisagem, tráfego e falta de alternativas ao uso do carro. Existe uma oposição crescente, embora frágil, à construção indiscriminada de sistemas viários, independentemente das questões partidárias. O caso da ampliação da Av. Faria Lima na região dos Jardins, em São Paulo, entre 1993 e 1994, gerou pela primeira vez uma polêmica sobre a priorização política dos investimentos em sistema viário. Foi uma discussão sobre uso do solo, transporte, meio ambiente urbano e especulação imobiliária que mobilizou a classe média da região, além de arquitetos, urbanistas, políticos e ONGs ambientalistas. A pressão imobiliária resultante de projetos como este não é computada adequadamente em suas estimativas de relações custo-benefício.

Embora o tema "integração" não seja uma novidade na área de políticas para transporte, é recente a relação entre uso do solo, transporte e sustentabilidade: uma mudança de postura significativa tem sido perceptível apenas nos últimos anos. As diretrizes propostas pelo Governo britânico no *A New Deal for Transport: Better for Everyone* (DETR, 1998) ressaltam a necessidade de se garantir mobilidade, reconhecendo a importância do setor de transporte como vetor para o desenvolvimento sustentável. Uma política de transporte sustentável inclui redes de integração de modais, melhores serviços e preços justos, bem como avanços tecnológicos e incentivo ao transporte público e não motorizado como alternativa (RCEP, 1997).

É preciso redefinir a relação entre acessibilidade e mobilidade. O que determina os padrões atuais é a preferência por liberdade de locomoção e descentralização. As tendências de mercado têm sido estimuladas por ações políticas que refletem interesses corporativos. Existem inúmeras políticas governamentais que incentivam o crescimento da indústria automobilística, tais como investimentos em infra-estrutura viária, isenção fiscal, planejamento urbano comprometido, baixo custo de combustíveis etc.

Nos processos decisórios deve-se levar em consideração a necessidade de resultados em termos sociais e ambientais, em vez de se nortear por escolhas de mercado que tendem a privilegiar benefícios individuais diretos. O mercado não pode determinar políticas visando à sustentabilidade. É necessário encarar transporte, meio ambiente e desenvolvimento como um sistema complexo e inter-relacionado que requer um tratamento político integrado.

A RMSP é um complexo sistema que desafia qualquer expectativa de um ambiente urbano menos insustentável. Considerando-se o índice de desemprego de 9% em 1997, até então o mais alto desde 1982, a violência, a poluição do ar e o trânsito, não é de se estranhar que quase 60% da população manifestem vontade de deixar São Paulo, conforme pesquisa citada em matéria da *The Economist* (1998:347).

Pode-se concluir a partir da experiência do Rodízio que, para se superar a tendência natural ao individualismo expresso na alegoria de Hardin, é preciso a intervenção firme das autoridades governamentais na defesa dos interesses difusos. O processo de formação de cidadania ainda é incipiente no Brasil. O aprendizado, porém, só se dá com a prática, ainda que através de erros. No caso das medidas restritivas, não se pode esperar agradar a todos, mas o convencimento ou conscientização só será consistente a longo prazo, com educação e transparência. O descrédito deste tipo de política pode decorrer não apenas da discussão conceitual sobre direitos constitucionais, como também da coerência com que o Governo trata suas políticas. No caso do Rodízio, a destinação adequada dos recursos das multas (conforme compromisso assumido), assim como a sustentação dos argumentos que validaram a estratégia, seriam fundamentais para consolidar uma conscientização da população da RMSP.

A médio prazo, a falta de consistência sem qualquer explicação plausível irá se somar à lista de fracassos políticos, independentemente do partido que estiver no poder. Fato é que o "outro rodízio" (municipal), como ficou conhecida a Operação Horário de Pico, não traz resultados significativos em termos ambientais, e a percepção da população foi distorcida, na medida em que houve uma certa confusão entre as políticas em nível local e estadual. Embora os benefícios em termos de deseconomias com congestionamento sejam importantes, está provado que com o aumento da frota logo será necessário ampliar as restrições. Isto seria aceitável ou pelo menos tolerável, caso houvesse uma tentativa eficaz de se estender a atuação do Poder Público para as necessidades de transporte público de forma integrada, tanto entre os setores quanto entre os diferentes níveis de governo. Algumas intenções e propostas expressas ao longo de 1998, como o Projeto de Lei pelo Transporte Sustentável, apresentado à Assembleia Legislativa em agosto de 1997 (SMA/CETESB, 1997c), ainda precisam se concretizar para que se possa avaliar o compromisso das autoridades com um transporte urbano que acrescente qualidade de vida nas cidades.

7. REFERÊNCIAS BIBLIOGRÁFICAS

ANFAVEA — Associação Nacional dos Fabricantes de Veículos Automotores (1997). Anuário Estatístico da Indústria Automotiva São Paulo: ANFAVEA.

CALDEIRA, J. *et al.* (1997). Viagem pela História do Brasil. São Paulo: Companhia das Letras.

CÂMARA, P. & BANISTER, D. (1993). "Spatial inequalities in the provision of public transport in Latin American cities". *In*: Transport Reviews, vol. 13, nº 4, pp. 351-373.

CETESB, SMA — SECRETARIA DO MEIO AMBIENTE, GOVERNO DO ESTADO DE S. PAULO (1998). Relatório Anual de Qualidade do Ar (1997) — Série Relatórios São Paulo: CETESB, 97pp.

COELHO, M. & FOLHA DE SÃO PAULO (1996). Matéria sobre a Operação Rodízio de 11/09/96.

COMPANHIA DE ENGENHARIA DE TRÁFEGO — CET (1998). São Paulo City Factsheet São Paulo: SMT/CET.

COMPANHIA PAULISTA DE TRENS METROPOLITANOS — CPTM — e SECRETARIA DOS TRANSPORTES METROPOLITANOS (1997). METRO Yearbook São Paulo: CPTM/STM, Governo do Estado de São Paulo.

DEPARTMENT OF THE ENVIRONMENT, TRANSPORT AND THE REGIONS — DETR (1998). A New Deal for Transport: Better for Everyone — The Government's White Paper on the Future of Transport Norwich: Her Majesty's Stationery Office — HMSO.

FAIRLEY, D. (1999). "Daily Mortality and Air Pollution in Santa Clara County, California: 1989-1996". Environmental Health Perspectives, vol. 107, nº 8, 08/99 (pp. 637-641).

FERREIRA, C. & CASTIÑEIRAS. L. (1996). "O rápido aumento da mortalidade dos jovens adultos em São Paulo — Uma trágica tendência". In: São Paulo em Perspectiva — Revista da Fundação SEADE, vol. 10, nº 2 (34-41). São Paulo: Fundação SEADE.

GOODWIN, P. (1997). "Opening address — UCL". London: University College London (inédito).

HARDIN, G. (1968). "The Tragedy of the Commons". In: Science, nº 162, 1968 (pp. 1.243-1.248).

HOLLANDA, S. B. de (1936) (1995). Raízes do Brasil São Paulo: Companhia das Letras. 220pp.

JACOBI, P. (1997). "Contaminação atmosférica: romper com a desinformação", p. 24. In: Governo do Estado de São Paulo, Secretaria do Meio Ambiente/ CEAM e Centro de Estudos de Cultura Contemporânea — CEDEC (1997). Debatendo a Poluição do Ar. São Paulo: CEDEC, 27p.

KOENIG, J. (1999). "Relationship between Ozone and Respiratory Health in College Students: A 10-Year Study". In: Environmental Health Perspectives, vol. 107, nº 8, 08/99 (pp. 614-615).

KOWARICK, L. & BONDUKI, N. (1994). "Urban Space and Political Space: From Populism to Redemocratization". In: Kowarick, L. (org.). Social Struggles and the City — The Case of São Paulo. New York: Monthly Review Press.

MACEDO, L. (1998). The 1997 Car Ban Strategies in the São Paulo Metropolitan Region (SPMR) — A Comparative Case Study on Environmental Policies Vs. Transport Policies. Tese de Mestrado em Ciência, na Universidade de Oxford, 66pp.

MAIA, F. P. (1952 e 1996). "São Paulo de Ontem, de Hoje e do Futuro". *In*: *Jornal Última Hora* (artigo republicado em Cidade. A Saga da Metrópole e seu Inventor — Cem Anos de Prestes Maia: Ano III, n? 4). Revista do Departamento do Patrimônio Histórico, Secretaria Municipal de Cultura). São Paulo: DPH.

MADDISON, D.; PEARCE, D. *et al* (1996). The True Costs of Road Transport — Blueprint 5 London: Earthscan Publications Ltd., 240pp.

METRÔ/STM (1998). Pesquisa Origem-Destino/1997 — Síntese de Informações 09/98, São Paulo, METRÔ/STM, 53pp.

O ESTADO DE SÃO PAULO, OESP (1999). "Poluição pode causar abortos e doenças cardíacas — Pesquisa da USP constata: incidência é maior em dias poluídos". São Paulo: OESP, 03/08/99.

OLIVEIRA, O. & ROBERTS, B. (1996). "Urban Development and Social Inequality in Latin America". *In*: Gugler, J. (org.). The Urban Transformation of the Developing World (pp. 297-30). Oxford: Oxford University Press.

OWENS, S. (1996). "'I wouldn't start from here': land use, transport, and sustainability". *In*: Cartledge, B. (org.) (1996). Transport and the Environment (The Linacre Lectures — 1994-5, Capítulo 3, pp. 45-61). Oxford, Oxford University Press, 153pp.

PONTES, J. A. (1996). "Francisco Prestes Maia, o Político que não Gostava de Política". *In*: Cidade. A Saga da Metrópole e seu Inventor — Cem Anos de Prestes Maia. Ano III, n? 4. (Revista do Departamento do Patrimônio Histórico, Secretaria Municipal de Cultura). São Paulo: DPH.

PORTELLA, A. & O ESTADO DE SÃO PAULO, OESP (1999). "Poluição deixa Mooca em Estado de Atenção". São Paulo: OESP, 30/08/99.

REDCLIFT, M. & WOODGATE, G. (1994). "Sociology and the Environment — Discordant Discourse?". *In*: Redcliff, M. & Woodgate, G. (orgs.). Social Theory and the Global Environment (Capítulo 3, pp. 51-66). London: Routlegde, 268pp.

ROLNIK, R. (1997). A Cidade e a Lei — Legislação, Política Urbana e Territórios na Cidade de São Paulo. São Paulo: FAPESP Studio Nobel, 242pp.

ROYAL COMMISSION ON ENVIRONMENTAL POLLUTION — RCEP (1994). Eighteenth Report — Transport and the Environment. London, The Stationery Office Limited.

—— (1997) Twentieth Report — Transport and the Environment — Developments since 1994 . London, The Stationery Office Limited.
SALDIVA, P. *et al.* (1994). "Association between air pollution and mortality due to respiratory diseases in children in São Paulo, Brazil: A preliminary report". Environ Res: 65, pp. 218-225.
SALDIVA, P. *et al.* (1995). "Air pollution and mortality in elderly people: a time series study in São Paulo". *In*: Archives of Environmental Health, 50: 159-163.
SAO PAULO TRANSPORTE S.A. — SPTRANS (1997). Programa de Qualidade do Transporte Urbano — Cidade de São Paulo. São Paulo: SPTrans e Transurb.
SCHOON, N. (1997). "6,000 heart attacks a year from car fumes". The Independent London: (04/08/97).
SMA — SECRETARIA DO MEIO AMBIENTE, GOVERNO DO ESTADO DE S. PAULO (1997a). A Educação pelo Rodízio São Paulo: SMA/CETESB.
—— (1997b). Operação Rodízio 96 — No Caminho Certo. São Paulo: SMA/CETESB.
—— (1997c). Por um transporte sustentável — documento de discussão pública, Série Documentos Ambientais. São Paulo: Governo do Estado de São Paulo, Secretaria do Meio Ambiente.
—— (1998). Relatório da Operação Rodízio 97. São Paulo: SMA/CETESB.
—— (1999). Relatório da Operação Rodízio 98. São Paulo: SMA/CETESB.
SPTRANS (1997). Programa de Qualidade do Transporte Urbano — Cidade de São Paulo. São Paulo: SPTrans e Transurb, 80pp.
SWAIT, J. & ESKELAND, G. (1995) — "Travel Mode Substitution. *In*: São Paulo: Estimates and Implications for Air Pollution Control". Policy Research Working Paper nº 1437. The World Bank, 31pp.
THE ECONOMIST (1998) — "São Paulo, Brazil's troubled Megalopolis". *In*: The Americas, pp. 68. The Economist, May 23rd 1998. London: Volume 347, number 8069.
THE WORLD BANK & REPLOGLE, M. (1992). Non Motorized Vehicles in Asian Cities —Technical paper nº 162. Asia Tecnnical Department Series Washington D. C.: The World Bank.
TOLLEY, R. & TURTON, B. (1995). Transport Systems, Policy and Planning — A Geographical Approach Essex: Longman Scientific & Technical.
TOWN, S. W. (1981). "The sociologist's perspective on transport". *In*: Bannister, D. E. Hall, P. Transportation and Public Policy Planning. London: Mansell, pp. 30-33.

VALENTINO, S. (1998). Comunicação Pessoal, em 08/01/98, São Paulo.
VASCONCELLOS, E. (1996). Transporte urbano, espaço e equidade: Análise das políticas públicas. São Paulo: Editoras Unidas.
WHITELEGG, J. (1993). Transport for a Sustainable Future — The case for Europe. London, Belhaven Press.
WHITELEGG, J. (1997). Critical Mass — Transport, Environment and Society in the Twenty-first Century. London: Pluto Press and WWF.
WILES, R. & SAVITZ, J. (1997). Particle Pollution and Sudden Infant Death Syndrome (SIDS). Policy Memorandum of the Environmental Working Group, mentioned in internal unpublished paper of the SMA/S. Paulo.
WILSON G. & BRYANT, R. (1997). Environmental Management — New Directions for the Twenty-First Century. London: UCL Press, 202pp.
WORLD RESOURCES INSTITUTE, UNCHS E HABITAT II (1996). WORLD RESOURCES — A GUIDE TO THE GLOBAL ENVIRONMENT — The Urban Environment — 1996-97. New York: World Resources Institute/Oxford University Press.
WRI CETESB & PROCAM (1998/99). Pesquisa de Opinião Pública sobre Poluição do Ar e Mudanças Climáticas — ainda não publicada.

CAPÍTULO 9

DANOS AMBIENTAIS NA CIDADE DO RIO DE JANEIRO

Lílian Alves de Araújo

1. INTRODUÇÃO

A degradação da qualidade ambiental urbana em decorrência de condutas e atividades lesivas ao meio ambiente natural remanescente e cultural (construído) torna-se cada vez mais presente e visível no cotidiano das cidades brasileiras, expostas a toda sorte de impactos e agressões, advindos principalmente da intensa concentração populacional nos grandes centros e do contínuo processo de urbanização e industrialização.

As atividades humanas na cidade, se não realizadas disciplinadamente, seguindo os adequados parâmetros urbanísticos e ambientais, causam diversos tipos de poluição, com sacrifício à qualidade de vida (Aguiar, 1996), acirrando o indesejável conflito entre os interesses da proteção ambiental e do desenvolvimento socioeconômico, contrariando os princípios do almejado desenvolvimento sustentável que para concretizar-se necessita, não do conflito, mas da conciliação entre esses interesses.

São novos loteamentos e construções, intervenções urbanísticas diversas, serviços de infraestrutura, atividades industriais e comerciais, exploração de recursos naturais, enfim, várias atividades e acontecimentos importantes na dinâmica da cidade, mas que sem a devida avaliação e controle de suas implicações ambientais acabam causando alterações adversas nas características do meio ambiente urbano, com reais prejuízos à coletividade, caracterizando-se, assim, a ocorrência dos danos ambientais urbanos.

Como marco na estruturação da legislação ambiental brasileira surge a Lei Federal nº 6.938, de 31/08/81, que instituiu a Política Nacional do Meio Ambiente, que, dentre seus inúmeros méritos, estabeleceu o princípio segundo o qual os responsáveis por danos causados ao meio ambiente devem ser responsabilizados e obrigados a indenizá-los ou repará-los, independentemente da existência de culpa, prevendo uma Ação Judicial específica para este tipo de responsabilidade, qual seja: a Ação Civil Pública, que veio a ser regulamentada em 24/07/85 pela Lei Federal nº 7.347.

O presente capítulo apresenta os resultados de uma investigação sobre os danos ambientais urbanos no âmbito da proteção judicial do meio ambiente, na área cível, através do exame de casos concretos de aplicação da Ação Civil Pública Ambiental, tendo como foro a cidade do Rio de Janeiro e como titular o Ministério Público do Estado do Rio de Janeiro. Trata-se de um enfoque temático, fundamentado em uma ampla pesquisa sobre a Ação Civil Pública Ambiental e sua aplicação no Município do Rio de Janeiro (Araújo, 2000).

Tomar a cidade do Rio como palco para a investigação sobre danos ambientais urbanos é ter a possibilidade de uma ampla ilustração, pois trata-se da segunda maior cidade brasileira, com toda a complexidade de problemas inerentes a uma cidade deste porte, somando-se à sua peculiaridade de possuir uma exuberante paisagem natural a permear toda a sua estrutura física e a lhe conferir uma condição de "lugar meio-cidade, meio-mato", numa poética expressão do músico Rodolfo Caesar ao descrever a paisagem sonora do Rio (SMAC, 1999).

A relevância desta abordagem reside, principalmente, na necessidade de se atingir uma visibilidade pública cada vez mais acentuada dos resultados das contínuas agressões ao meio ambiente urbano, a lesar o direito à qualidade ambiental urbana, intrinsecamente associada à qualidade de vida dos cidadãos, visando, sobretudo, a fortalecer o caráter preventivo dos instrumentos de proteção ambiental.

2. CONCEITOS E DEFINIÇÕES

2.1. MEIO AMBIENTE

A Lei Federal nº 6.938, de 31/08/81, que dispõe sobre a Política Nacional do Meio Ambiente, trouxe para o âmbito do Direito a devida amplitude de conceito sobre meio ambiente, em seu art. 3º, inciso I:

"Art. 3º — Para os fins previstos nesta Lei, entende-se por:
I — meio ambiente, o conjunto de condições, leis, influências e interações de ordem física, química e biológica que permite, abriga e rege a vida em todas as suas formas;"

A opinião de Custódio (1993) ao citar Machado (1982): "Trata-se de ampla definição legal, pois atinge 'tudo aquilo que permite a vida, que a abriga e rege', abrangendo 'as comunidades, os ecossistemas e a biosfera'."

Quanto à abrangência da noção de meio ambiente, Custódio (1993) fundamenta-se em obras de vários autores e acrescenta que para os fins protecionais meio ambiente é o "conjunto das condições naturais, sociais e culturais em que vive a pessoa humana e que são suscetíveis de influenciar sua existência".

Neste mesmo sentido, conclui-se com as palavras de Silva (1994): "Meio ambiente é, assim, a interação do conjunto de elementos naturais, artificiais e culturais que propiciem o desenvolvimento equilibrado da vida em todas as suas formas."

2.2. INSTRUMENTOS DE TUTELA AMBIENTAL

A mesma Lei nº 6.938/81, em seu art. 2º, inciso I, considera o meio ambiente como patrimônio público a ser necessariamente assegurado e protegido, uma referência direta ao meio ambiente como uma figura jurídica própria, um bem jurídico a ser protegido. Nas palavras de Benjamim (1993), "o meio ambiente passou a ser visto como um sistema a merecer tutela, como sistema e não apenas através de seus elementos componentes (o ar, as águas, as florestas)".

Para Fiorillo (1996), "aprioristicamente, todo instituto destinado e utilizado, tanto pelo Poder Público quanto pela coletividade, na preservação ou na proteção dos bens ambientais, constitui um instrumento de tutela ambiental". Segundo critério didático estabelecido por ele, os instrumentos de tutela, que podem servir à prevenção, ligada à ideia de preservação do meio ambiente e à reparação, ligada à ideia de recomposição do meio ambiente, podem ser classificados em dois grupos distintos: mecanismos não jurisdicionais de tutela ambiental e mecanismos jurisdicionais de tutela ambiental.

Os mecanismos não-jurisdicionais de tutela ambiental referem-se ao EIA/RIMA, às licenças e autorizações ambientais, auditorias ambientais, manejo ecológico, zoneamento, tombamento, espaços especialmente protegidos e à atuação do Poder Público no exercício do poder de polícia, prevenindo (por exemplo, com leis, decretos, autorizações etc.) ou reprimindo (sanções administrativas) os abusos contra o meio ambiente.

Os mecanismos jurisdicionais de tutela ambiental relacionam-se às ações judiciais de procedimento comum e ações judiciais coletivas, como a ação popular, a ação civil pública, mandado de segurança coletivo ambiental e mandado de injunção.

2.3. DANO AMBIENTAL

Segundo Milaré (1993, *in* Rosa, 1998), o dano ambiental é definido como a lesão aos recursos ambientais com conseqüente degradação — alteração adversa ou *in pejus* — do equilíbrio ecológico.

A degradação como alteração adversa do equilíbrio ecológico pode significar, por exemplo, uma modificação das propriedades físicas e químicas dos elementos naturais de tal ordem, que estes percam, parcial ou totalmente, sua propriedade ao uso.

Oliveira (1995) considera dano ambiental qualquer lesão ao meio ambiente causada por ação de pessoa, seja ela física ou jurídica, de direito público ou privado. O dano pode resultar na degradação da qualidade ambiental (alteração adversa das características do meio ambiente), como na poluição, que a lei define como a degradação da qualidade ambiental resultante de atividade humana.

A lei mencionada por Oliveira (1995) é a Lei nº 6.938/81 (Política Nacional do Meio Ambiente), que além do mérito de trazer para o mundo do Direito o conceito normativo de meio ambiente como objeto específico de proteção em seus múltiplos aspectos, já visto anteriormente, trouxe também os conceitos de degradação da qualidade ambiental, poluição, poluidor e recursos ambientais, além de estabelecer a obrigação do poluidor pagador de reparar os danos causados, segundo o princípio da responsabilidade objetiva (ou sem culpa), em ação movida pelo Ministério Público.

A definição legal da expressão *dano ambiental* não existe de forma explícita na legislação ambiental, mas encontra-se implícita na conjugação dos conceitos de degradação da qualidade ambiental e poluição, colocados pelo art. 3º, incisos II e III, da Lei nº 6.938/81, citando-se também, por correlação (incisos IV e V), os conceitos de poluidor e recursos ambientais, na forma que se segue:

II — degradação da qualidade ambiental, a alteração adversa das características do meio ambiente;
III — poluição, a degradação da qualidade ambiental resultante da atividade que direta ou indiretamente:
    a) prejudique a saúde, a segurança e o bem-estar da população;
    b) crie condições adversas às atividades sociais e econômicas;
    c) afete desfavoravelmente a biota;
    d) afete as condições estéticas ou sanitárias do meio ambiente;
    e) lance matérias ou energia em desacordo com os padrões ambientais estabelecidos;
IV — poluidor, a pessoa física ou jurídica de direito público ou privado, responsável, direta ou indiretamente, por atividade causadora de degradação ambiental;
V — recursos ambientais, a atmosfera, as águas interiores, superficiais e subterrâneas, os estuários, o mar territorial, o solo, o subsolo e os elementos da biosfera, a fauna e a flora.

Para Freire (1998), o conceito de degradação da qualidade ambiental não se confunde com o conceito de poluição, pois no seu entendimento a poluição é qualquer alteração prejudicial do meio ambiente por interferência humana, sendo que a degradação da qualidade ambiental significa qualquer alteração adversa das característica naturais do meio ambiente, independentemente do homem.

Isto significa, no nosso entendimento, que a degradação da qualidade ambiental, definida como sendo a alteração adversa das características do meio ambiente, ocorre em decorrência das transformações espontâneas da própria natureza, mas, se ela vier a ocorrer devido à atividade antrópica, surge, então, o fenômeno da poluição.

Sendo assim, o dano ambiental a que se refere a Ação Civil Pública é a poluição causada por qualquer atividade humana que venha a direta ou indiretamente atingir prejudicialmente o próprio homem na sua saúde, segurança e bem-estar ou em suas atividades sociais e econômicas: as formas de vida animal e vegetal e o meio ambiente em sua totalidade, tanto física quanto esteticamente (art. 3º, III, da Lei nº 6.938/81).

Pasqualotto (1993), ao analisar o conceito legal de poluição, conclui que o espectro legal é virtualmente ilimitado, protegendo o meio ambiente de lesões materiais e imateriais e ressalta as alíneas "a" e "b" do art. 3º, III, citado acima, referentes ao bem-estar da população e às atividades sociais como pertencentes à linha da imaterialidade, em que o simples desconforto advindo da atividade de terceiros pode ser causa de responsabilidade.

Custódio (1993) analisa a abrangência do conceito de poluição ambiental, classificando-o a partir da natureza dos bens lesados. Para a autora o conceito de poluição ambiental, em sua abrangência, compreende a degradação de todos os recursos naturais e culturais integrantes do patrimônio ambiental, considerados individualmente ou em conjunto. Assim, de acordo com o bem lesado, a poluição ambiental pode ser classificada em: poluição degradadora dos recursos naturais e poluição degradadora dos bens integrantes do patrimônio cultural.

Quanto à poluição degradadora dos recursos naturais, a autora destaca: a poluição das águas, do ar, do solo e subsolo; poluição por agrotóxicos na agricultura, nos alimentos e nas bebidas em geral; poluição por resíduos sólidos; poluição sonora, acústica ou contra o silêncio; poluição térmica; poluição radioativa ou atômica; e outras espécies de poluição decorrentes do progresso científico, econômico, tecnológico, da explosão demográfica e do mau uso da propriedade privada ou pública, própria ou alheia.

Quanto à poluição degradadora dos bens integrantes do patrimônio cultural, a autora destaca: a poluição paisagística ou visual; poluição descaracterizadora das criações científicas, artísticas e tecnológicas; poluição descaracterizadora ou destruidora das obras, dos documentos, das edificações e dos demais espaços destinados às manifestações artístico-culturais, dos conjuntos urbanos, dos parques, dos sítios de valor histórico, paisagístico, artístico, arqueológico, paleontológico, espeleológico, ecológico, científico; poluição degradadora ou descaracterizadora dos demais bens integrantes do patrimônio cultural, considerados individualmente ou em conjunto.

Freire (1998) ainda alerta para o fato de que não é qualquer alteração das condições ambientais que pode ser considerada como poluição e, mesmo sendo poluição, para que haja responsabilização por danos deverá estar causando prejuízo efetivo. O autor acrescenta que as concentrações populacionais, as indústrias, o comércio, os veículos motorizados e até a agricultura e a pecuária produzem alterações no meio ambiente. Essas alterações, quando normais e toleráveis, não merecem contenção e repressão, só exigindo combate quando se tornam intoleráveis e prejudiciais à comunidade, caracterizando poluição reprimível.

Para avaliar se uma atividade causa ou não poluição ou transtorno, além dos suportáveis, recorre-se, uma vez mais, à Lei nº 6.938/81, que em seu art. 8º dá competência ao Conselho Nacional do Meio Ambiente (CONAMA) para estabelecer normas e critérios para o licenciamento de atividades efetiva ou potencialmente poluidoras e também estabelecer normas, critérios e padrões relativos ao controle e à manutenção da qualidade do meio ambiente (Freire, 1998).

Antunes (2000) alerta para o fato de que o dano ambiental, isto é, a conseqüência gravosa ao meio ambiente de um ato ilícito, não se apresenta como uma realidade simples. Ele considera o dano ambiental como uma categoria geral em que se inserem diversas outras e que o dano ambiental pertence a uma categoria ainda maior, a poluição.

O autor classifica uma primeira classe de danos ambientais constituída: pelo dano ecológico, que é a alteração adversa da biota, como resultado da intervenção humana; pelos danos à saúde; pelos danos às atividades produtivas; pelos danos à segurança e ao bem-estar da população; e por tantos outros danos que atinjam bens que, integrando o conceito de meio ambiente, não se reduzam à flora, fauna ou minerais.

O autor ressalta, contudo, que existem danos ambientais que são dotados de características mistas. É possível imaginar uma alteração desfavorável da biota que cause danos estéticos ao ambiente e, também, afete a segurança e o bem-estar da população.

Na realidade o que se verifica é que o encontro entre as ciências jurídicas e as ciências ambientais ainda não produziu um quadro teórico-conceitual claro capaz de abarcar a complexidade que envolve o dano ambiental. No entanto, o desafio continua frente às demandas de correta caracterização, mensuração e valoração dos danos ambientais, imprescindíveis para a reparação do bem lesado ou indenização.

3. AÇÃO CIVIL PÚBLICA AMBIENTAL

A proteção judicial do meio ambiente pode ser efetivada, na área penal, através da Ação Penal Pública e, na área cível, através de vários instrumentos processuais coletivos (Ações Coletivas), também designados de instrumentos jurisdicionais de tutela ambiental, colocados à disposição dos cidadãos e dos legitimados para essa defesa, pela Constituição Federal (CF) de 05/10/88. Esses instrumentos são o Mandado de Segurança Coletivo (art. 5º, LXX, da CF), a Ação Popular (art. 5º, LXXIII, da CF), o Mandado de Injunção (art. 5º, LXXI, da CF) e a Ação Civil Pública (art.129, III, da CF).

Dentre todos, no entanto, a Ação Civil Pública é o instrumento que mais se tem adequado à proteção dos bens ambientais, sendo hoje considerada o principal meio processual coletivo de defesa do meio ambiente, tendo por méritos garantir maior acesso à Justiça, abrindo as portas do Poder Judiciário às Associações Civis protetoras do meio ambiente, e, ainda, legitimar e consagrar a atuação do Ministério Público (MP) na defesa dos bens ambientais.

Disciplinada pela Lei nº 7.347, de 24/07/85, a Ação Civil Pública é caracterizada como sendo de responsabilidade por danos causados ao meio ambiente, ao consumidor, a bens e direitos de valor artístico, estético, histórico, turístico e paisagístico, a qualquer outro interesse difuso ou coletivo e por infração à ordem econômica (art.1º, I a V). Ao presente capítulo interessam os bens tutelados constituídos pelo meio ambiente (I) e pelos bens e direitos de valor artístico, estético, histórico, turístico e paisagístico (III), razão da denominação Ação Civil Pública Ambiental.

Estes bens se inserem, ora na categoria dos direitos coletivos, ora na categoria dos direitos difusos. O elemento definidor, entre um e outro direito, é a possibilidade ou não da determinação dos titulares do bem. Enquanto que os titulares dos direitos difusos, como, por exemplo, o direito à pureza do ar atmosférico, encontram-se em estado fluido, dispersos pela sociedade civil como um todo, em que é impossível destacar cada integrante, isoladamente, do grupo que integra. Os titulares dos direitos coletivos podem ser determinados a partir de um vínculo associativo entre eles, como, por exemplo, os moradores de um determinado condomínio ou de um bairro representado por sua associação de moradores que se sentem lesados em seu direito à saúde, segurança e bem-estar, em decorrência de poluição sonora advinda de uma fonte próxima às suas moradias.

A abordagem do tema, danos ambientais urbanos, no contexto da aplicação da Ação Civil Pública Ambiental, exige que se estabeleça, de início, seu vínculo ao fundamento jurídico representado pela responsabilidade civil objetiva por danos causados ao meio ambiente, qual seja, "... é o poluidor obrigado, independentemente da existência de culpa, a indenizar ou reparar os danos causados ao meio ambiente e a terceiros, afetados por sua atividade" (Lei nº 6.938/81, art. 14, § 1º) (FEEMA, 1992).

A responsabilidade aqui enfocada é a jurídica, que só ocorrerá quando houver violação de regra de conduta em norma jurídica. Portanto, a responsabilidade emerge da ocorrência de ato ilícito, violador de regra jurídica, e por isso poderá alcançar mais de uma esfera, dependendo da natureza da norma violada, qualificando-se em responsabilidade civil, penal ou administrativa (Filho, 1999).

Ressalte-se que estes três tipos de responsabilidade, embora independentes, podem acumular-se quando a mesma conduta for ofensiva, simultaneamente, a normas de mais de uma natureza. A responsabilidade a ser apurada, através da Ação Civil Pública, é a responsabilidade civil. Não pode ser a penal, porque existe mecanismo próprio desta esfera que é a ação penal, e tampouco pode ser a administrativa, porque esta é apurada através de processos que tramitam na esfera administrativa do Estado.

Segundo Tostes (1998), a partir do advento da Lei da Ação Civil Pública, a situação dos agressores muda radicalmente: basta que se comprove a existência do dano e se identifique o causador, e acrescenta, emitindo seu conceito sobre a responsabilidade objetiva: "Não importa que não tenha havido intenção de dano, que tenha sido sem querer. A esta responsabilidade que independe da vontade do causador, mas que se prende aos efeitos de seus atos, se chama responsabilidade objetiva."

O dano ambiental ou o risco de sua ocorrência se constitui no objeto a ser apurado, reparado e/ou indenizado através das normas da Ação Civil Pública Ambiental, que sendo de responsabilidade por danos, segundo Filho (1999), tem o escopo, primeiramente, de identificar a pessoa que será perante a ordem jurídica responsabilizada pelos danos ocasionados aos bens jurídicos por ela tutelados, e, ainda, o de provar a existência do dano ou de sua ameaça, bem como o nexo de causalidade, que une a atividade lesiva ao dano, demonstrando que o dano é resultado desta atividade.

Vale ressaltar que a Ação Civil Pública Ambiental não se aplica somente às situações onde o dano ambiental já ocorreu. Sua função é reparatória, mas também possui um forte aspecto preventivo, ao tentar evitar a ocorrência do dano, aplicando-se às situações de ameaça aos bens ambientais tutelados, utilizando o pedido de Medida Liminar, autorizado pelo art.12 da Lei, ou a possibilidade do ajuizamento de Ação Cautelar previsto no art. 4º.

A Ação Civil Pública poderá ter como objetivo a condenação em dinheiro ou o cumprimento de obrigação de fazer ou não fazer (art. 3º), e sua titularidade poderá ser exercida pelo Ministério Público, pela União, pelos Estados e Municípios, autarquias, empresas públicas, fundações, sociedades de economia mista ou por associações de defesa do meio ambiente (art. 5º).

4. *Implementação da Ação Civil Pública Ambiental pelo Ministério Público*

Segundo o art. 127 da Constituição Federal de 1988, "o Ministério Público é instituição permanente, essencial à função jurisdicional do Estado, incumbindo-lhe a defesa da ordem jurídica, do regime democrático e dos interesses sociais e individuais". O MP "é uma instituição de interesse público que, através de seus membros, os Promotores de Justiça, representa a sociedade, defendendo-a perante o Poder Judiciário" (Araújo, 1999).

No que se refere à implementação da Ação Civil Pública Ambiental o MP deverá estar sempre presente na aplicação da Lei nº 7.347/85, seja na presidência da investigação prévia ao ajuizamento da ação (inquérito civil), seja como autor da ação, seja partilhando de sua autoria com outros entes legitimados, seja como fiscal da lei nas ações em que não é o autor.

A implementação, entendida como aplicação da lei aos casos concretos, pode ser pública ou privada. A implementação pública, de interesse ao presente capítulo, é aquela exercida na esfera do Poder Executivo (implementação administrativa) e na esfera do Poder Judiciário (implementação judicial).

Segundo os ensinamentos de Benjamim (1993), a implementação judicial pode ser civil (ação civil pública) ou criminal (ação penal), e, de acordo com sua classificação, quanto à perspectiva em que se enxerga o dano ambiental, a implementação pode ser preventiva, reparatória e repressiva.

A Lei nº 6.938/81 (Política Nacional do Meio Ambiente) já havia previsto em seu art. 14, § 1º, que o Ministério Público da União e dos Estados teria legitimidade para propor ação de responsabilidade civil e criminal por danos causados ao meio ambiente.

A Lei nº 7.347/85 (Ação Civil Pública) veio regulamentar e aprimorar este dispositivo ao prever a legitimidade do MP para propor as ações por danos causados ao meio ambiente (art. 1º, I) e para instaurar, sob sua presidência, inquérito civil, definindo sua atuação na área cível, nos seguintes termos:

"**Art. 5º** — A ação principal e a cautelar poderão ser propostas pelo Ministério Público, pela União, pelos Estados e Municípios. Poderão também ser propostas por autarquia, empresa pública, fundação, sociedade de economia mista ou por associação que:

I — esteja constituída há pelo menos um ano, nos termos da lei;

II — inclua, entre suas finalidades institucionais, a proteção ao meio ambiente, ao consumidor, à ordem econômica, à livre concorrência ou ao patrimônio artístico, estético, histórico, turístico e paisagístico.

§ 1º — O Ministério Público, se não intervier no processo como parte, atuará obrigatoriamente como fiscal da lei.

(...)

§ 3º — Em caso de desistência infundada ou abandono da ação por associação legitimada, o Ministério Público ou outro legitimado assumirá a titularidade ativa.

(...)

§ 5º — Admitir-se-á o litisconsórcio facultativo entre os Ministérios Públicos da União, do Distrito Federal e dos Estados na defesa dos interesses e direitos de que cuida esta lei.

(...)

Art. 6º — Qualquer pessoa poderá e o servidor público deverá provocar a iniciativa do Ministério Público, ministrando-lhe informações sobre fatos que constituam objeto da ação civil e indicando-lhe os elementos de convicção.

Art. 7º — Se, no exercício de suas funções, os juízes e tribunais tiverem conhecimento de fatos que possam ensejar a propositura da ação civil, remeterão peças ao Ministério Público para as providências cabíveis.

Art. 8º. (...)

§ 1º — O Ministério Público poderá instaurar, sob sua presidência, inquérito civil, ou requisitar, de qualquer organismo público ou particular, certidões, informações, exames ou perícias, no prazo que assinalar, o qual não poderá ser inferior a 10 (dez) dias úteis.

(...)

Art. 9º — Se o órgão do Ministério Público, esgotadas todas as diligências, se convencer da inexistência de fundamento para a propositura da ação civil, promoverá o arquivamento dos autos do inquérito civil ou das peças informativas, fazendo-o fundamentadamente."

A Constituição Federal de 05/10/88 veio consagrar de vez a atuação do MP na proteção ambiental, legitimando suas funções nesta área, em seu art. 129, III:

"Art. 129 — São funções institucionais do Ministério Público:
(...)
III — promover o inquérito civil e a ação civil pública para a proteção do patrimônio público e social, do meio ambiente e de outros interesses difusos e coletivos."

Faz-se oportuna a conceituação de inquérito civil, que, nas palavras de Filho (1999), é um procedimento administrativo de colheita de elementos probatórios necessários à propositura da ação civil pública. Para Guerra (1997), esse instrumento viabiliza a colheita de testemunhos, documentos e perícias, provendo o assessoramento necessário para avaliar, do ponto de vista científico, a danosidade ou não de determinada situação. É, assim, uma peça de utilidade informativa. Ainda, as informações colhidas, através do inquérito civil, propiciarão meios para que o Ministério Público avalie a necessidade ou não de requerer provimento judicial. Caso as informações demonstrem a existência de dano ou perigo de que este venha a ocorrer, a ação civil pública será exercida.

O inquérito civil vai redundar, portanto, no convencimento da viabilidade ou não da propositura da ação civil pública e, caso seja viável, já servirá para a instrução da petição inicial, sendo anexado a ela.

Apesar dos problemas sempre presentes na implementação das normas jurídicas no Brasil, Milaré (1993) destaca as vantagens dessa implementação através da atuação do Ministério Público na defesa dos direitos difusos e coletivos, aí incluído o direito ao meio ambiente ecologicamente equilibrado, bem de uso comum do povo e essencial à sadia qualidade de vida (art. 225 da CF):

> "O Ministério Público é uma instituição dotada de autonomia e independência, com uma estrutura orgânica e funcional montada. Conta com um corpo de profissionais habilitados e já afeitos à defesa judicial dos interesses coletivos. Não responde por despesas de atos processuais, nem está sujeito ao ônus da sucumbência. Pode, assim, agir com muito maior desenvoltura e versatilidade."

Segundo Machado (1995), a ação civil pública consagrou uma instituição — o Ministério Público — valorizando seu papel de autor em prol dos interesses difusos e coletivos. O MP saiu do exclusivismo das funções de autor, no campo criminal, e da tarefa de fiscal da lei, no terreno cível, para nesta esfera passar a exercer mister de magnitude social.

Hoje, o Ministério Público exerce quase que a totalidade da titularidade das Ações Civis Públicas Ambientais, o que nos leva a concordar com Machado (1995) quanto à magnitude social de sua atuação.

5. Danos Ambientais Urbanos Objeto de Ações Civis Públicas Ambientais Ajuizadas na Cidade do Rio de Janeiro

O Ministério Público do Estado do Rio de Janeiro atua na proteção ambiental do município através do Centro de Apoio Operacional das Promotorias de Justiça com Atribuição de Proteção ao Meio Ambiente e Patrimônio Cultural, que, recentemente, substituiu a Equipe de Proteção ao Meio Ambiente e ao Patrimônio Cultural, criada em 1988, que, por sua vez, substituiu as Curadorias do Meio Ambiente e do Patrimônio Comunitário da capital e do interior.

Em pesquisa realizada junto ao referido Centro de Apoio constatou-se que no período compreendido entre o ano de 1986, fase inicial da atuação do MP na implementação da Ação Civil Pública no Município do Rio de Janeiro, até o mês de junho de 1999, foram ajuizadas um total de 123 Ações Civis Públicas Ambientais de sua titularidade (**Tabela 9.1**).

Tabela 9.1 — Ações Civis Públicas Ambientais ajuizadas pelo MP (Outubro/1986 a Junho/1999)

PERÍODO	Out. 1986	1987	1988	1989	1990	1991	1992	1993	1994	1995	1996	1997	1998	Jun. 1999	TOTAL
Nº DE AÇÕES	2	5	6	4	2	6	16	14	4	14	14	19	8	9	123

Ressalte-se que este levantamento compreende somente as ações em que o MP figura como autor, seja de forma exclusiva, seja em litisconsórcio com outras entidades legitimadas, não estando incluídas, portanto, as ações ajuizadas por terceiros em que o MP atua apenas como fiscal da lei, em razão da possibilidade de haver ações desta natureza ainda não comunicadas ao MP, sendo que as que já foram são em número reduzido.

Para o exame dos casos concretos de aplicação da Ação Civil Pública visando à investigação sobre os danos ambientais neste contexto delimitou-se um universo amostral, destacando-se do total das 123 ações levantadas todas aquelas em que houve deferimento de Perícia Ambiental, o que resultou em um conjunto de 52 ações. Tal critério se justifica pelo fato de a produção da prova pericial ser de fundamental importância no processo judicial, sendo que as ações que já chegaram a esta fase trazem uma perspectiva mais concreta de elucidação (**Tabela 9.2**).

Tabela 9.2 — Perícia Ambiental nas Ações Civis Públicas de titularidade do MP na capital do RJ (Outubro/1986 a Junho/1999)

PERÍCIA	Out. 1986	1987	1988	1989	1990	1991	1992	1993	1994	1995	1996	1997	1998	Jun. 1999	TOTAL
Ações sem perícia	—	1	4	2	1	2	8	8	1	10	6	12	7	9	71
Ações com perícia	2	4	2	2	1	4	8	6	3	4	8	7	1	—	52
TOTAL	2	5	6	4	2	6	16	14	4	14	14	19	8	9	123

Na Ação Civil Pública a prova pericial ou Perícia Ambiental será requerida sempre que a verificação da verdade dos fatos denunciados nos autos do processo depender de conhecimentos técnico-científicos especializados. Segundo Filho (1999) é frequente não bastarem certidões e informações para a elucidação da lide. Segundo o autor, muitas vezes a averiguação da existência do fato danoso e dos efeitos prejudiciais depende de prova eminentemente técnica, que somente pode ser produzida por profissionais especializados na área. É nesse momento que se fazem necessários exames e perícias.

O principal material manipulado para o estudo dos 52 casos, objeto das Ações Civis Públicas Ambientais, foi a Petição Inicial. Para um correto entendimento sobre a petição inicial, recorre-se aos ensinamentos de Filho (1999), que a define como a peça que enseja a deflagração do processo judicial, constituindo-se no ato formal do autor que introduz a causa em juízo. Segundo ele, a petição inicial formaliza a vontade do autor de submeter ao crivo do órgão jurisdicional o litígio que apresenta, para o fim de ser resolvido em conformidade com o ordenamento legal. É nela que o autor, dirigindo-se ao juiz, identifica as partes em litígio, formula seu pedido e oferece as razões por que o fez.

A petição inicial é uma peça extremamente rica em termos de informações sobre a ação, pois, além de todas as identificações da lide, traz o relato dos fatos que motivaram sua propositura, descreve os danos ou riscos de sua ocorrência, o nexo de causalidade com as atividades ou conduta do réu, o pedido do autor e a fundamentação jurídica. Enfim, todo o conteúdo que será julgado no decorrer do processo até a decisão final do juiz consubstanciada na sentença.

Com o objetivo de identificar e quantificar os tipos de danos ambientais denunciados nas 52 Ações Civis Públicas Ambientais em que houve deferimento de perícia, adotou-se um critério de classificação a partir do agrupamento das ações quanto aos tipos de atividades lesivas ao meio ambiente dos quais decorrem os riscos ou danos ambientais denunciados, conforme exposição na petição inicial dos autos do processo, em que são relatados os fatos para a fundamentação da lide, estabelecendo-se o nexo de causalidade constatado pelo MP (**Tabela 9.3**).

Tabela 9.3 — Danos ambientais decorrentes das atividades
lesivas denunciadas nas Ações Civis Públicas Ambientais
em que houve deferimento de perícia

CLASSIFICAÇÃO	QUANT. DE AÇÕES
1º POLUIÇÃO SONORA DECORRENTE DE ATIVIDADES DIVERSAS	10
2º DANOS AMBIENTAIS DECORRENTES DE EMPREENDIMENTOS IMOBILIÁRIOS	9
3º DANOS AMBIENTAIS DECORRENTES DE EXPLORAÇÃO MINERAL	7
3º DANOS AMBIENTAIS DECORRENTES DE OBRAS PÚBLICAS	7
4º DANOS AMBIENTAIS DECORRENTES DE DEFICIÊNCIA NO SISTEMA DE ESGOTO SANITÁRIO	5
4º DANOS AMBIENTAIS DECORRENTES DA OCUPAÇÃO IRREGULAR DO SOLO URBANO	5
5º DANOS AMBIENTAIS DECORRENTES DE ATIVIDADES INDUSTRIAIS	4
6º DANOS AMBIENTAIS DECORRENTES DO USO IRREGULAR DE PRODUTOS TÓXICOS	3
7º DANOS AMBIENTAIS DECORRENTES DA DISPOSIÇÃO FINAL DO LIXO	2
TOTAL	52

Observa-se que são nove conjuntos de ações correspondentes a diversas categorias de atividades das quais decorrem os danos ambientais apontados na ação e que estes podem ser hierarquizados em termos quantitativos e distribuídos entre o 1º e 7º lugares.

Cada conjunto de ações será exposto a seguir, sintetizando-se as identificações e informações gerais sobre os casos, as irregularidades que ensejaram a ação e as ameaças e/ou ocorrência de danos ambientais correspondentes, conforme apontado pelo MP nas petições iniciais.

5.1. POLUIÇÃO SONORA DECORRENTE DE ATIVIDADES DIVERSAS

A poluição sonora decorrente de atividades diversas, em termos quantitativos, é o evento de maior ocorrência (**Tabela 9.3**), sendo objeto em 10 Ações Civis Públicas Ambientais (**Tabela 9.4**), representando 19,23% do total das 52 ações em análise.

Tabela 9.4 — Ações Civis Públicas Ambientais referentes à poluição sonora decorrente de atividades diversas

AÇÃO	PARTES — Autor e Réu	Data de início da ação
1	MP x Associação Sistema Nacional da Previdência Social — ASINPS	1987
2	MP x Renascença Clube	1988
3	MP x Clube Municipal	1989
4	MP x Touquinho Lanches Ltda. e outros	1990
5	MP x Transportes Amigos Unidos	1993
6	MP x Igreja Universal do Reino de Deus	1996
7	MP x Igreja da Graça Internacional de Deus	1997
8	MP x Igreja Assembleia de Deus	1997
9	MP x Fundição Progresso	1997
10	MP x Colégio Batista Shepard	1998

As atividades diversas das quais decorre a poluição sonora denunciada nas 10 ações em análise e as respectivas irregularidades apontadas pelo MP podem ser resumidas na forma que se segue:

a) **3 clubes sociorrecreativos**
Realização, principalmente nos finais de semana e véspera de feriados, prolongando-se para além das 22h, de eventos diversos como pagodes, bingos, forrós, cantorias, discotecas etc., com a utilização de aparelhos sonoros amplificados, na sede social dos clubes, onde não existe qualquer tipo de tratamento acústico para barrar a propagação dos ruídos na circunvizinhança (Ações 1, 2 e 3).

b) **1 conjunto de 9 lojas comerciais**
Restaurante, mercearia, salão de barbeiro, duas lanchonetes, vídeo locadora, açougue, confeitaria, depósito da TV Globo — o movimento de acesso e/ou permanência de grande número de pessoas, o intenso tráfego de veículos, além das rotinas de abastecimento dos comércios instalados, podem ser considerados a causa das queixas sobre a poluição sonora no local no período diurno, que é o tempo compreendido entre 7h e 22h do mesmo dia (Decreto nº 5.412/85, art. 2º, II) (Ação 4).

c) **1 empresa de ônibus com serviços de garagem e oficina mecânica**
Realização, no período noturno, que é o tempo compreendido entre 22h de um dia e 7h do dia seguinte (Decreto nº 5.412/85, art. 2º, III), de serviços de manutenção e de emergência de ônibus coletivo, como pintura, regulagem de freios, serviços de borracharia e de lanternagem, utilizando maçaricos de alta pressão, serras elétricas e pistolas para pintura, entre outros aparelhos, em uma área de aproximadamente 5.000 m² (Ação 5).

d) **3 templos religiosos**
Realização diária de cultos religiosos, por si sós ruidosos, com palmas, louvores em alta voz e manifestações diversas dos fiéis com uso de aparelhos amplificadores e ainda com a utilização de instrumentos musicais que potencializam o som, no interior dos templos, sem qualquer tipo de tratamento acústico para a não propagação do ruído além de seus limites. Em apenas um dos templos (Ação 7), alegou-se ter sido feito tratamento acústico. Além das atividades descritas como exercidas em todos os três templos, em um deles (Ação 6) somou-se a poluição sonora causada pelo funcionamento da torre de refrigeração do sistema de ar condicionado central da igreja, também sem o devido isolamento acústico (Ações 6, 7 e 8).

e) **1 centro cultural**
Realização de eventos musicais que se iniciam às 23h, perdurando até as 7h da manhã, em edificação destituída de proteção acústica (Ação 9).

f) **1 ginásio de esportes de instituição de ensino**
Realização, diariamente, no período da manhã e das 17h às 22h, de aulas de vôlei, futebol, dança e, ainda aos sábados, a partir das 7h da manhã, toques de cornetas e batidas de bumbos, no interior do ginásio esportivo, que não possui tratamento acústico, além de ser vazado em sua parte superior (Ação 10).

Destacam-se, em número de ocorrências, as atividades de clube sociorrecreativo e templo religioso, com três ocorrências cada. Verifica-se ainda que, na totalidade das ações, os réus são pessoas jurídicas e os estabelecimentos são de médio ou grande porte e destituídos de proteção contra ruídos. Em todas as ações consta que foram realizadas medições dos níveis de ruído nos locais das lides e foi constatado que os ruídos emitidos ultrapassavam os limites estabelecidos pela legislação pertinente.

Como consequência da poluição sonora, relata-se em termos gerais nas 10 ações que os ruídos em excesso, advindos das condições anteriormente descritas, causam grande perturbação e incômodo aos moradores vizinhos às fontes, prejudicando-lhes a paz e tranquilidade, tirando-lhes o sossego e os impedindo de exercer o legítimo direito ao repouso após cada dia de trabalho; causam degradação da qualidade de vida com danos à saúde física e mental da coletividade incomodada pelos ruídos, e, quanto à poluição sonora noturna, força a comunidade a conviver com níveis de ruído acima do tolerável, o que causa irritabilidade nas pessoas e as torna agressivas e cansadas, por não conseguirem um repouso completo.

Nos casos de poluição sonora, o direito que a Ação Civil Pública Ambiental intenta proteger é o direito constitucional ao meio ambiente ecologicamente equilibrado, que assegure principalmente a saúde, a segurança e o bem-estar da coletividade, considerados como os bens ambientais tutelados pelas ações em análise. Segundo Pasqualotto (1993), esses bens pertencem à linha da imaterialidade, sendo que a lesão a este tipo de bem pode ser representada pelo simples desconforto.

O que se depreende é que nas 10 ações em tela a ocorrência da poluição sonora é uma situação de risco ou ameaça à saúde, à segurança e ao bem-estar da coletividade e que, em suas primeiras manifestações, pode até causar graves perturbações e incômodo, mas apenas ao persistir por longo período é que poderá vir a causar danos visíveis e irreversíveis à saúde do ser humano, como a surdez, por exemplo, configurando, ainda, uma situação de degradação ambiental urbana ao criar condições adversas às atividades sociais e econômicas na localidade atingida. Portanto, são situações que se revestem apenas da ameaça de dano aos bens tutelados (saúde, segurança e bem-estar).

5.2. DANOS AMBIENTAIS DECORRENTES DE EMPREENDIMENTOS IMOBILIÁRIOS

Os danos ambientais decorrentes de empreendimentos imobiliários constituem o segundo evento de maior ocorrência (**Tabela 9.3**), sendo objeto em nove Ações Civis Públicas Ambientais (**Tabela 9.5**), representando 17,31% do total das 52 ações em análise.

Tabela 9.5 — Ações Civis Públicas Ambientais referentes a danos ambientais decorrentes de empreendimentos imobiliários

AÇÃO	PARTES — Autor e Réu	Data de início da ação
11	MP x Barra da Tijuca Imobiliária Ltda.	1986
12	MP x CBPI, ECISA e Regine Feigl	1987
13	MP x Carvalho Rosken S/A Eng. e Constr. e outra	1987
14	MP x MP e MRJ x Vera Maria do Canto e Mello e outros	1991
15	MP x MRJ e São Marcos Empreend. Imobiliários Ltda.	1991
16	MP x W. Guedes Empreendimentos Imobiliários Ltda.	1992
17	MP x MRJ e Fazenda Clube Marapendi	1996
18	MP x MRJ e Tansa Comércio e Participações S/A	1996
19	MP x Belletti Engenharia e Instalações Ltda. e MRJ	1997

Os empreendimentos imobiliários apontados pelo MP como causadores de danos ambientais (obras iniciadas, em andamento ou concluídas) e/ou que representam ameaça de danos (projetos licenciados e obras ainda não iniciadas) constituem-se de dois loteamentos residenciais (Ações 11 e 14); quatro empreendimentos de edifícios residenciais multifamiliares e um residencial bifamiliar (Ações 12, 13, 15, 19 e 18); um empreendimento com finalidade educacional (Ação 17) e um empreendimento diverso, assim considerado por se constituir em área utilizada para canteiro de obras e acesso de um empreendimento residencial multifamiliar (ação 16).

Constatou-se que os loteamentos e empreendimentos residenciais são de grande porte, localizados em áreas consideradas nobres da cidade, Zona Sul (Gávea, Jardim Botânico e São Conrado), Zona Oeste (Barra da Tijuca), Ilha do Governador (Praia das Pitangueiras), sendo que pelas características descritas nas petições iniciais pode-se concluir que são empreendimentos direcionados à classe média alta. Apenas um empreendimento não é destinado ao uso residencial, mas à instituição de ensino, situado na Zona Oeste (Barra da Tijuca).

Os bens jurídicos tutelados pelas ações em análise são, portanto, bens de natureza material e patrimonial. São imóveis de propriedade particular, constituídos de glebas ou lotes urbanos com seus recursos ambientais que, por ocasião da propositura da ação correspondente, seriam ou já estavam sendo utilizados para a implantação dos empreendimentos imobiliários.

As irregularidades apontadas pelo MP referentes a estes empreendimentos podem ser descritas na forma que se segue:

a) Em quatro ações o MP aponta a ilegalidade das licenças concedidas pelo Município para a execução dos empreendimentos, por desrespeito a normas urbanísticas e edilícias, contidas no Regulamento de Zoneamento, Parcelamento do Solo Urbano ou no Código de Obras (Ações 15, 17, 18 e 19).

b) Em três ações, o MP alega que os empreendimentos são irregulares, pois implicam a ocupação de encostas acima da cota de 100m acima do nível do mar, ou com declividade acima de 45º e, também, por serem áreas de interesse paisagístico (Ação 12), de Reserva Florestal *non aedificandi* (Ação 14) e de preservação permanente (Ação 16), em desrespeito à legislação ambiental.

c) Em duas ações o MP alega a incompatibilidade dos empreendimentos (mesmo que licenciados) com o perfil ambiental das áreas a serem ocupadas, ou seja, áreas de grande valor paisagístico, ambiental e ecológico que deveriam ser preservadas (Ações 11 e 13).

As implicações ambientais dos empreendimentos referentes às ações em tela se caracterizam pelo tipo de interferência física (atividade lesiva) demandada pelas construções ou loteamentos e se constituem em:

1) Desmatamento — em cinco ações os empreendimentos demandam o desmatamento de áreas verdes, aí incluídas áreas de encosta e áreas com espécies da Mata Atlântica (Ações 12, 14, 16, 17 e 19).
2) Aterro — em duas ações, os empreendimentos demandam aterro, sendo que em uma delas implica o aterro de bosque brejoso (Ação 11) e, em outra, o desmatamento e aterro de área de manguezal (Ação 13).
3) Edificação — em duas ações, as implicações ambientais são quanto aos impactos negativos da edificação sobre a privacidade, aeração e insolação na circunvizinhança do empreendimento (Ações 15 e 18).

Verifica-se que a principal atividade lesiva ao meio ambiente e que faz parte da implantação dos empreendimentos imobiliários, pelo menos em sua fase inicial em execução ou projetada, é o desmatamento visando ao preparo e limpeza do terreno para a construção e/ou urbanização.

As atividades descritas acima são inerentes à implantação dos empreendimentos e podem ser consideradas lesivas, tendo em vista os danos ou ameaças de danos delas decorrentes, apontados pelo MP.

Das ameaças de danos ambientais

Do total das ações (**Tabela 9.6**) quatro apresentam apenas ameaças de danos, exatamente porque dos empreendimentos a elas correspondentes três se encontravam em fase inicial das obras, sem apresentar ainda qualquer alteração lesiva ao meio ambiente (Ações 12, 15 e 17), e um empreendimento encontrava-se apenas com o projeto aprovado e licenciado, sem qualquer obra iniciada (Ação 19). Em duas ações o MP aponta ameaças de danos além daqueles já ocorridos (Ações 13 e 16).

Tabela 9.6 — Ameaça de danos ambientais decorrentes de empreendimentos imobiliários

AÇÃO	AMEAÇA
12	• de lesão ao patrimônio paisagístico — Parque Nacional da Tijuca; • de destruição da vegetação local; • de desestabilização das encostas; • de lesão ao patrimônio urbanístico — sobrecarga na infraestrutura urbana com o acréscimo de tráfego e saturamento da rede de serviços públicos como água, esgoto, drenagem e telefone.
13	Quanto ao conjunto arquitetônico: • de lesão ao patrimônio paisagístico — encobre a contemplação de conjunto paisagístico formado pela Lagoa do Camorim, Lagoa da Tijuca e Pedra da Panela; • de lesão ao patrimônio urbanístico — superconcentração populacional em lugar desprovido de infraestrutura urbana.
15	• de lesão ao patrimônio paisagístico — Pedra da Gávea (obstrução da visão) e Praia do Pepino (impacto sobre a insolação, arejamento e paisagem).
16	• à segurança da população residente na base da encosta, pelo risco de desmoronamentos e incêndios.
17	• de destruição de 30.000m² de área verde; • de lesão ao patrimônio urbanístico — sobrecarga dos sistemas viário e de transportes urbanos; sobrecarga do sistema de esgotamento sanitário; • à saúde, segurança e conforto das pessoas; • de prejuízo à qualidade de vida e de danos coletivos aos sócios do clube.
19	• de sacrifício de árvores frondosas para a implantação do edifício; • de lesão ao patrimônio paisagístico — à integridade, ambiência e visibilidade das áreas próximas: Penedia do Corcovado, Parque Henrique Lage, Jardim Botânico e Horto Florestal; • de lesão à privacidade, aeração e insolação das propriedades dos moradores da circunvizinhança.

Dos danos ambientais ocorridos

Do total das ações (**Tabela 9.7**) cinco apresentam danos ocorridos em decorrência dos empreendimentos, que, embora ainda em fase inicial das obras, já apresentavam interferência e alterações lesivas ao meio ambiente, ou seja, danos ambientais decorrentes de parcelamento e obras de urbanização das áreas. Em duas das cinco ações, o MP aponta ameaças de danos além dos já ocorridos, conforme consta da **Tabela 9.6** (Ações 13 e 16) (**Tabela 9.7**).

Tabela 9.7 — Ocorrência de danos ambientais decorrentes de empreendimentos imobiliários

AÇÃO	AMEAÇA
11	• Lesão ao ecossistema natural (bosque brejoso — fauna e flora). • Modificação da paisagem.
13	A execução do loteamento e urbanização que precede o conjunto arquitetônico já causou: • destruição da vegetação de manguezal e outras espécies da flora, com repercussão danosa na fauna; • modificação da paisagem, ambiência e topografia do local.
14	• lesão ao patrimônio paisagístico — Parque Nacional da Tijuca; • destruição de vegetação exótica e de exemplares da Mata Atlântica; • desestabilização das encostas.
16	• destruição de vegetação nativa, suprimindo espécies da Mata Atlântica; • desestabilização da encosta, sujeita a desmoronamento.
18	• lesão à privacidade, aeração e insolação das propriedades dos moradores da circunvizinhança; • prejuízos sociais — favorecimento à especulação imobiliária.

Observa-se que entre os danos já ocorridos o que se destaca é a lesão ao ecossistema natural (destruição da vegetação e prejuízos à fauna), enquanto que as ameaças mais frequentes são de danos ao patrimônio paisagístico, seguidos dos danos ao patrimônio urbanístico.

Deve-se esclarecer que à expressão *patrimônio paisagístico* correspondem os bens de valor paisagístico, sendo que o direito difuso aos quais correspondem é o direito à paisagem que a implantação da maioria dos empreendimentos ameaça vulnerar, pois, em virtude da localização dos mesmos, estes se constituiriam em barreiras visuais ou interferências à contemplação de patrimônios paisagísticos, como a Floresta do Parque Nacional da Tijuca, Pedra da Gávea, Lagoa do Camorim, Lagoa da Tijuca, Pedra da Panela, Penedia do Corcovado, Parque Henrique Lage, Jardim Botânico e Horto Florestal, todos citados pelo MP.

À expressão *patrimônio urbanístico* correspondem os bens de valor arquitetônico e infraestrutura, viária, sanitária, rede elétrica etc., que viabilizam a vida urbana, sendo que o direito difuso aos quais correspondem é o direito do cidadão de usufruir das eficiências da urbanização, o direito à cidade, direito este que pode ser vulnerado por empreendimentos que impliquem significativo adensamento, sobrecarregando a infraestrutura existente, casos em que são necessários os estudos de impacto ambiental.

5.3. Danos Ambientais Decorrentes de Exploração Mineral

Os danos ambientais decorrentes de exploração mineral constituem o terceiro evento de maior ocorrência (**Tabela 9.3**), sendo objeto em sete Ações Civis Públicas Ambientais (**Tabela 9.8**), representando 13,46% do total das 52 ações em análise.

Tabela 9.8 — Ações Civis Públicas Ambientais referentes a danos ambientais decorrentes de exploração mineral

AÇÃO	PARTES — Autor e Réu	Data de início da ação
20	MP x Mineração JV Ltda.	1987
21	MP x ESTA, FEEMA e Estado do Rio de Janeiro	1989
22	MP x IBPC x Silva Areal Mármores e Granitos S/A	1992
23	MP x Mineração Quintino Ltda.	1992
24	MP x Joy Revestimento de Pedras e Mineração Ltda. e outra	1993
25	MP x Marmoraria Belmonte e STM	1993
26	MP x Mármores e Pedras do Brasil	1997

Verifica-se que as empresas mineradoras que figuram como rés nas ações em análise dedicam-se, tendo em vista sua denominação jurídico-social, à exploração e aproveitamento de substâncias minerais, como areia, mármores, granitos e pedras, produtos estes de uso na construção civil. Observa-se, entretanto, conforme apontado pelo MP nas petições iniciais das ações em tela, que, excetuando-se a ação correspondente à ESTA (Empresa Saneadora Territorial Agrícola e outros) (Ação 21), que trata de extração de areia, as demais tratam da extração de granito, em regime de lavra.

Quanto à localização das lavras, observa-se que se concentram em terra firme, mas em área de encosta, como por exemplo no Maciço da Tijuca (Ações 20 e 22) e Morro Lameirão, e região do Parque Estadual da Pedra Branca (Ação 24), sendo apenas duas as ocorrências de lavra em leito de cursos d'água, como a extração de areia na Lagoa de Marapendi (Ação 21) e extração de granito na nascente do Rio Timbó (Ação 23).

As principais irregularidades apontadas pelo MP nas ações em tela relacionam-se, de uma maneira geral, à ilegalidade da Licença de Operação; ilegalidade da atividade pela falta de licenciamento e falta de recuperação da área degradada pela exploração já realizada. Verifica-se portanto que:

a) Em duas ações (Ações 21 e 22) o MP aponta ilegalidade da Licença de Operação do empreendimento de exploração mineral, expedida pela Fundação Estadual de Engenharia do Meio Ambiente (FEEMA), em razão da não apresentação de Estudo de Impacto Ambiental e respectivo Relatório de Impacto Ambiental (EIA/RIMA), obrigatórios por tratar-se de exploração em área de preservação ambiental.

b) Em duas ações (Ações 20 e 23), o MP aponta ilegalidade da atividade, ou seja, considera a atividade ilícita em razão de estar sendo praticada sem a devida Licença de Operação da FEEMA e, também, pela não apresentação de EIA/RIMA, obrigatórios por tratar-se, também, de exploração em área de preservação ambiental.

c) Em três ações (Ações 24, 25 e 26), o MP aponta os casos de exploração mineral realizada de forma predatória em que as áreas de lavra foram abandonadas, degradadas, sem que fosse executada a devida recuperação, conforme preceito constitucional. A Constituição Federal vigente determina em seu art. 225, § 1º, que aquele que explorar recursos minerais fica obrigado a recuperar o meio ambiente degradado, de acordo com solução técnica exigida pelo órgão público competente, na forma da lei.

Observa-se que a não apresentação de EIA/RIMA é apontada em quatro ações (Ações 20, 21, 22 e 23), sendo, portanto, um dos principais motivos da solicitação da tutela jurisdicional, posto tratar-se de uma atividade considerada como potencialmente poluidora.

Outro motivo bastante relevante, em termos ambientais, é o fato de as lavras encontrarem-se em áreas de grande interesse ecológico e paisagístico, incompatíveis com a atividade de extração mineral, quais sejam, em Área de Proteção Ambiental, objeto de tombamento federal (Ação 20); em Área de Preservação Ambiental (Ação 21); em Área de Preservação Permanente e Reserva Ecológica (Ação 23); em Unidade de Conservação, objeto de tombamento Federal (Ação 22); e em área onde o empreendimento não se enquadra na Lei de Zoneamento do Município (Ação 25).

Quanto às implicações ambientais, de uma maneira geral, o MP aponta as seguintes atividades lesivas inerentes à exploração mineral, que, com exceção da dragagem para extração de areia (Ação 21), são desenvolvidas em áreas de encosta, quase todas consideradas áreas de preservação ambiental:

1) Escavações do solo — desestabilizando encostas e alterando a topografia;
2) Corte de pedras — obstruindo cursos d'água;
3) Depósito de rejeitos da lavra — obstruindo cursos d'água ou desestabilizando encostas;
4) Desmatamento — desestabilizando encostas e suprimindo espécies vegetais com descaracterização da paisagem;
5) Dragagem de areia — alterando o leito da Lagoa de Marapendi.

Portanto, tais atividades são consideradas lesivas tendo em vista os danos ou ameaças de danos delas decorrentes, apontados pelo MP.

Das ameaças e dos danos ambientais ocorridos

Em apenas duas ações são apontadas ameaças de danos (Ações 21 e 23), sendo que na totalidade das ações (Ações 20 a 26) houve ocorrência de danos, que se constituíram em lesão ao ecossistema natural, com diversas alterações físicas das áreas de lavra, destacando-se a descaracterização da paisagem, conforme se verifica na **Tabela 9.9**.

Tabela 9.9 — Ameaça ou ocorrência de danos ambientais decorrentes de exploração mineral

AÇÃO	AMEAÇA
20	Lesão ao ecossistema natural (danos graves e irreversíveis): • modificação da paisagem; • afloramento de matacões anteriormente enterrados pela escavação na encosta; • desestabilização das encostas, sujeitas a deslizamentos pelo depósito de rejeitos da lavra com o agravante de se misturar ao material terroso das escavações; • erosão da encosta com reflexos no assoreamento dos cursos d'água naturais, podendo atingir áreas a jusante, pela falta de sistema de drenagem; • obstrução dos cursos d'água vindos de montante do maciço, com vários blocos de rocha depositados no leito do riacho; • devastação da cobertura vegetal.
21	Lesão ao ecossistema natural da Lagoa de Marapendi: • eliminação de espécies vegetais da restinga e das faixas de manguezais; AMEAÇA: • de processo de erosão eólica sobre os montes de areia criados e a formação de dunas móveis extremamente prejudiciais aos ambientes costeiros.
22	Lesão ao ecossistema natural: • desfiguração da paisagem; • poluição sonora; • poluição atmosférica; • poluição hídrica; • desestabilização das encostas e alteração de seus perfis; • assoreamento dos cursos d'água; • estresse sobre a fauna e a flora.

AÇÃO	AMEAÇA
23	Lesão ao ecossistema natural: • obstrução da nascente do Rio Timbó. AMEAÇA: • pela não restauração das áreas exploradas. Existe o risco de rolamento de pedras acarretado pela erosão do local.
24	Lesão ao ecossistema natural: • alteração das margens e do curso d'água existente pelo corte de pedras; • processo de erosão.
25	Lesão ao ecossistema natural: • alterações adversas da paisagem, dos recursos hídricos, do solo e das vidas animal e vegetal.
26	Lesão ao ecossistema natural: • descaracterização paisagística; • remoção do solo, aceleração de erosão e eliminação de vegetação; • afastamento da fauna.

Vale ressaltar que a atividade de exploração mineral que, em outros lugares, normalmente é desenvolvida fora do perímetro urbano, no caso do Rio de Janeiro agride a paisagem urbana, pois os maciços rochosos explorados e demais áreas de lavra em tela são parte integrante da paisagem da cidade, compondo um patrimônio paisagístico de rara beleza e de grande biodiversidade, destacando-se a Floresta da Tijuca, considerada a maior floresta urbana do mundo.

Os bens ambientais tutelados são constituídos pelo ecossistema natural das áreas de lavra (solo, subsolo, cursos d'água, cobertura vegetal, fauna etc.), em sua maioria consideradas áreas de proteção ambiental, sendo parte do patrimônio paisagístico da cidade do Rio de Janeiro.

Deve-se esclarecer que à expressão *patrimônio paisagístico* correspondem os bens de valor paisagístico, sendo que o direito difuso aos quais corresponde é o direito à paisagem que a exploração mineral vulnera, pois as áreas degradadas em decorrência das atividades de extração se constituem em verdadeiras "feridas" geomorfológicas, lesando a integridade de patrimônios paisagísticos, como a Floresta do Parque Nacional da Tijuca, Parque Estadual da Pedra Branca, Lagoa de Marapendi e outras áreas de encostas, todos citados pelo MP.

5.4. Danos Ambientais Decorrentes de Obras Públicas

Os danos ambientais decorrentes de obras públicas constituem o terceiro evento de maior ocorrência (**Tabela 9.3**), sendo objeto em sete ações Civis Públicas Ambientais (**Tabela 9.10**), representando 13,46% do total das 52 ações em análise.

Tabela 9.10 — Ações Civis Públicas Ambientais referentes a danos ambientais decorrentes de obras públicas

AÇÃO	PARTES — Autor e Réu	Data de início da ação
27	MP x Município do Rio de Janeiro	1991
28	MP x Município do RJ e Petrobras Distr. Ltda.	1992
29	MP x Município do Rio de Janeiro	1995
30	MP x Município do Rio de Janeiro	1995
31	MP x Município do Rio de Janeiro	1996
32	MP x Companhia Rio Luz	1996
33	MP x Metrô do Rio de Janeiro	1997

As obras públicas apontadas pelo MP como causadoras de danos ambientais (obras iniciadas, em andamento ou concluídas) e/ou que representam ameaça de danos (projetos licenciados e obras ainda não iniciadas) podem ser assim descritas:

Infraestrutura de serviços
— Posto Petrobras de abastecimento de combustível — Praia de Botafogo (Ação 28).

Intervenção urbanística
— Projeto Rio-Cidade — arborização urbana — Av. Nossa Senhora de Copacabana, no bairro de Copacabana, e Av. Princesa Isabel, no bairro do Leme (Ação 29).

— Projeto Rio-Cidade — pavimentação de passeio público — Av. Nossa Senhora de Copacabana, no bairro de Copacabana (Ação 30).

Sistema de Saneamento Urbano
— Redes de drenagem de águas pluviais — Parque Zoobotânico de Marapendi, na Barra da Tijuca (Ação 31).

Sistema de Transporte Urbano
— Terminal de Ônibus D. Pedro I — Rua do Senado e Rua do Lavradio — Centro (Ação 27).
— Obras de implantação da linha do Metrô no bairro de Copacabana — duto de exaustão — Parque da Chacrinha, no bairro de Copacabana (Ação 33).

Constata-se a diversidade das obras públicas objeto das ações em análise e que estas se inserem no contexto das funções urbanas de responsabilidade da Administração Municipal. As obras se concentram em bairros da Zona Sul da cidade, principalmente no bairro de Copacabana, excetuando-se duas obras que se localizam, uma no centro da cidade e a outra na Barra da Tijuca.

As irregularidades apontadas pelo MP referentes às obras públicas podem ser descritas na forma que se segue:

a) Em quatro ações (Ações 27, 28, 32 e 33) o MP aponta a incompatibilidade das obras públicas com a preservação de bens tombados de interesse histórico-cultural e paisagístico, sendo que em três destas ações o MP aponta como irregularidade a falta de autorização dos órgãos federais e estaduais responsáveis pelo Patrimônio Cultural.

b) Nas três ações restantes (Ações 29, 30 e 31), o MP aponta a ilegalidade das obras públicas pela não apresentação de EIA/RIMA.

As implicações ambientais das ações em análise se caracterizam pelo tipo de interferência física (atividade lesiva) inerente às obras públicas, projetadas e/ou executadas sem as devidas autorizações, licenciamentos ou apresentação de EIA/RIMA, conforme apontado pelo MP nas petições iniciais. De uma maneira geral o MP aponta as seguintes atividades lesivas inerentes às obras públicas em análise:

1) Desmatamentos e escavações — em Área de Preservação Permanente (Parque Zoobotânico de Marapendi) e Unidade de Conservação (Parque da Chacrinha).

2) Intervenções urbanísticas — descaracterizando elementos urbanísticos de interesse histórico-cultural e paisagístico (bens tombados, arborização urbana, pavimentação de passeio público e área verde em logradouro público).

As atividades descritas são consideradas lesivas, tendo em vista os danos ou ameaças de danos delas decorrentes, apontados pelo MP.

Das ameaças de danos ambientais

Em três ações o MP aponta somente ameaças de danos ambientais, sendo que duas destas ações apresentam apenas ameaças em razão de as obras públicas ainda não terem sido iniciadas (**Tabela 9.11**) (Ações 27 e 29), e uma ação, mesmo tendo sido concluída a obra, apresenta apenas ameaça de danos, por ainda não terem sido constatados os efeitos da intervenção realizada (Ação 32). Em uma ação, em fase inicial das obras, o MP aponta danos ocorridos e também ameaça de mais danos caso a atividade lesiva tenha continuidade (Ação 28).

Tabela 9.11 — Ameaça de danos ambientais decorrentes de obras públicas

AÇÃO	AMEAÇA
27	• de condições adversas às atividades sociais e econômicas; • à segurança dos usuários; • de lesão aos bens tombados pelo Instituto Estadual do Patrimônio Cultural constituídos pelos prédios da Sociedade Brasileira de Belas Artes e Grau Oriente do Brasil, situados na Rua do Lavradio, Centro do RJ.
28	• de lesão à área verde constituída pelo Canteiro Central da Praia de Botafogo; • de lesão ao patrimônio paisagístico — Praia de Botafogo, verdadeira extensão dos jardins projetados por Burle Marx, no Parque do Flamengo.
29	• de lesão à arborização urbana dos bairros de Copacabana e Leme; • de aumento da temperatura local; • de poluição sonora; • à saúde e bem-estar da população; • de lesão à paisagem da via pública.
32	• de lesão ao patrimônio histórico, cultural e paisagístico: Morro Dois Irmãos, no bairro do Leblon.

Dos danos ambientais ocorridos

Nas três ações restantes, em fase inicial das obras, o MP aponta somente danos já ocorridos (Ações 30, 31 e 33). Em uma ação o MP aponta ameaça de danos além dos ocorridos, conforme consta da **Tabela 9.12** (Ação 28).

Tabela 9.12 — Ocorrência de danos ambientais decorrentes de obras públicas

AÇÃO	AMEAÇA
28	Lesão ao patrimônio paisagístico: • ambiente degradado pelo início das obras no canteiro central da Praia de Botafogo.
30	Lesão ao patrimônio histórico, cultural e paisagístico: • danos causados ao calçamento em pedra portuguesa (que se tornou símbolo da Praia de Copacabana e cartão-postal do Rio) de um trecho da Av. Nossa Senhora de Copacabana, substituído por placas de concreto.
31	Lesão ao ecossistema natural: • desmatamento e modificações ambientais em área de restinga.
33	Lesão ao ecossistema natural: • escavação de cratera de 41m de profundidade por 9m de diâmetro, para abertura de duto de exaustão do Metrô, em área de Parque; • fuga de beija-flores e animais em geral provocada por poluição sonora da obra de abertura do duto; • desaparecimento de uma fonte de água.

Do total das quatro ações em que o MP aponta a ocorrência de danos, estes se constituem em lesão ao patrimônio histórico-cultural e paisagístico referentes a obras de intervenções urbanísticas (Ações 28 e 30) e em lesão ao ecossistema natural referentes a obras de infraestrutura urbana (drenagem e Metrô — Ações 31 e 33), executadas em trechos dentro dos limites de dois parques situados em área urbana.

Os bens jurídicos tutelados pelas ações em análise são bens de natureza material e compõem o patrimônio público. São áreas públicas, constituídas de logradouros públicos e áreas de preservação ambiental dentro do perímetro urbano (parques e morro), com seus recursos ambientais que por ocasião da propositura da ação correspondente seriam ou já estavam sendo utilizados para a implantação de projetos de intervenção urbanística e/ou infraestrutura urbana.

5.5. Danos Ambientais Decorrentes de Deficiência no Sistema de Esgotamento Sanitário

Os danos ambientais decorrentes de deficiência no sistema de esgotamento sanitário constituem o quarto evento de maior ocorrência (**Tabela 9.3**), sendo objeto em cinco ações Civis Públicas Ambientais (**Tabela 9.13**), representando 9,62% do total das 52 ações em análise.

Tabela 9.13 — Ações Civis Públicas Ambientais referentes a danos ambientais decorrentes de deficiência no sistema de esgotamento sanitário

AÇÃO	PARTES — Autor e Réu	Data de início da ação
34	MP x Restaurante e Bar Âncora Ltda.	1991
35	MP x Estado do Rio de Janeiro	1992
36	MP x Desenvolvimento Engenharia Ltda.	1993
37	MP x Condomínio Village Sol e Mar	1996
38	MP x Condomínio Marina Village Oceanique	1996

As atividades ou estabelecimentos, bem como as irregularidades apontadas pelo MP como causadoras de poluição em decorrência da inexistência ou de deficiências no sistema de esgotamento sanitário, podem ser assim descritos:

a) **Comercial**
— Restaurante e Bar Âncora Ltda. — Av. Sernambetiba, nº 18.151, Recreio dos Bandeirantes — lançamento de efluentes sanitários, sem o tratamento adequado, diretamente no mar (Ação 34).

b) **Hospitalar**
— Hospitais da Baixada de Jacarepaguá — lançamento de despejos sanitários sem qualquer tratamento, *in natura*, nos cursos hídricos receptores da área em razão da situação calamitosa das Estações de Tratamento de Esgotos — ETE — existentes (Ação 35).

c) **Residencial**
— Condomínio Athaydeville Mansões — Av. das Américas nº 1.245, Barra da Tijuca — oito mansões —, efluentes sanitários despejados *in natura* no Canal de Marapendi, sem qualquer tipo de tratamento. Embora a Estação de Tratamento de Esgotos já esteja completamente construída, esta jamais foi colocada em funcionamento (Ação 36).
— Condomínio Village Sol e Mar — Av. Canal do Rio Caçambê, nº 510, Jacarepaguá — oito blocos de 13 pavimentos com oito apartamentos por andar, num total de 832 unidades. Os prédios não possuem sistema de tratamento de esgotos, mas de fossas sépticas de *Inhoff*, não atendendo à Diretriz de Controle de Carga Orgânica Biodegradável em Efluentes Líquidos de Origem Não Industrial — DZ 215 —, que estabelece a obrigatoriedade de construção de Estações de Tratamento de Esgotos Sanitários (Ação 37).
— Condomínio Marina Village Oceanique — Av. Sernambetiba nº 4.420, Barra da Tijuca —, 16 blocos de três pavimentos com dois apartamentos por andar — lançamento de seus esgotos no Canal de Marapendi, com tratamento incompleto. O condomínio não efetuou a construção de filtros biológicos necessários para complementar o tratamento de seus esgotos sanitários (Ação 38).

Observa-se que todos os estabelecimentos encontram-se localizados na Zona Oeste da cidade, zona de expansão urbana, e a predominância é de ações referentes a condomínios residenciais, dois destes localizados na Barra da Tijuca e um em Jacarepaguá.

Verificam-se que em três casos (Ações 35, 36 e 37) as irregularidades referem-se às Estações de Tratamento de Esgotos Sanitários e em dois casos à falta de tratamento (Ação 34) e de tratamento incompleto (Ação 38). Como consequência, o esgoto está sendo lançado *in natura* ou sem tratamento completo no Canal de Marapendi; *in natura* diretamente no mar e *in natura* nos rios da Baixada de Jacarepaguá.

Os procedimentos descritos podem ser considerados lesivos, tendo em vista os danos ou ameaças de danos deles decorrentes, apontados pelo MP nas ações em análise.

Das ameaças e dos danos ambientais ocorridos

Na totalidade das ações (Ações 34 a 38) houve ocorrência de danos, sendo que em duas ações também são apontadas ameaças de danos (Ações 34 e 35), conforme se verifica na **Tabela 9.14**.

Tabela 9.14 — Ameaça ou ocorrência de danos ambientais decorrentes de deficiência no sistema de esgotamento sanitário

AÇÃO	AMEAÇA
34	Lesão ao ecossistema natural: • poluição das areias da praia e das águas do mar, no local da "língua negra" formada pelo lançamento do esgoto *in natura* do Restaurante e Bar Âncora. AMEAÇA: • à saúde da população que frequenta a praia, pela presença de coliformes fecais na areia e na água.
35	Lesão ao ecossistema natural: • poluição hídrica (Lagoa de Jacarepaguá); • poluição decorrente do inadequado destino final do lixo hospitalar recolhido pela COMLURB e disposto em aterro sanitário comum. AMEAÇA: • à saúde da população; • de disseminação das doenças infectocontagiosas com que lidam as unidades de tratamento de saúde da Baixada de Jacarepaguá.

AÇÃO	AMEAÇA
36	Lesão ao ecossistema natural: • poluição hídrica — causada por lançamento de esgoto sanitário doméstico *in natura*, no Canal de Marapendi, que se estende da Lagoa de Marapendi à Lagoa da Tijuca, que por sua vez se comunica diretamente com o oceano no local conhecido como Pier da Barra. Os efluentes sanitários lançados ao canal poluem não só as águas salobras deste curso hídrico, como também as lagoas mencionadas. A praia da Barra da Tijuca também é afetada pela poluição produzida pela ré, visto que os sistemas hídricos da região são interligados.
37	Lesão ao ecossistema natural: • Os danos causados ao meio ambiente pela falta de uma ETE apropriada resultam de um maior aporte de carga orgânica para o sistema lagunar de Jacarepaguá devido à baixa eficiência do sistema de operação, contribuindo, assim, para uma degradação mais rápida do ecossistema.
38	Lesão ao ecossistema natural: • Os efluentes sem tratamento lançados no Canal de Marapendi poluem não só as águas salobras da Lagoa de Marapendi, como também todo o complexo lagunar da região, por serem sistemas hídricos interligados. • A Lagoa de Marapendi, junto com as Lagoas da Tijuca e Jacarepaguá, foi incluída com destaque na Lei Orgânica do Município e definida como Área de Preservação Permanente e Ecossistema de Importância no Meio Ambiente Natural pelo art. 463, inciso IX, alínea "e", nº 3, do citado diploma legal.

O saneamento básico está diretamente associado à saúde e, segundo as palavras de Mota (1997), onde existem adequados sistemas de saneamento há saúde. Onde as condições de saneamento são precárias proliferam as doenças.

O que se observa pela análise da **Tabela 9.14** é que mesmo estando sob rígido controle ambiental, através de normas técnicas, exigências legais e fiscalização dos órgãos competentes, os procedimentos quanto à adequada coleta, tratamento e destino final do esgoto são seriamente negligenciados, chegando-se a extremos de irresponsabilidade com a saúde da população, como a do despejo *in natura* de dejetos hospitalares nos rios, seguido dos efluentes de condomínios residenciais de luxo que mesmo cumprindo a exigência da construção de ETE não a coloca em funcionamento.

Portanto, a principal ameaça de dano apontada pelo MP, advinda destas irregularidades, é quanto à saúde e bem-estar da população. Quanto aos danos já ocorridos, o MP aponta a lesão ao ecossistema natural, destacando-se a poluição hídrica, posto que os cursos d'água são os principais receptores do esgoto ilicitamente lançado.

Observa-se que os ecossistemas atingidos pela degradação ambiental localizam-se numa mesma região da Zona Oeste da cidade, onde os sistemas hídricos são interligados formando um complexo lagunar, do qual fazem parte a Lagoa e o Canal de Marapendi, a Lagoa da Tijuca e a de Jacarepaguá, chegando a atingir também trechos da praia da Barra da Tijuca e do Recreio dos Bandeirantes.

5.6. DANOS AMBIENTAIS DECORRENTES DA OCUPAÇÃO IRREGULAR DO SOLO URBANO

Os danos ambientais decorrentes da ocupação irregular do solo urbano também constituem o quarto evento de maior ocorrência (**Tabela 9.3**), sendo objeto em cinco ações Civis Públicas Ambientais (**Tabela 9.15**), representando 9,62 % do total das 52 ações em análise.

Tabela 9.15 — Ações Civis Públicas Ambientais referentes a danos ambientais decorrentes da ocupação irregular do solo urbano

AÇÃO	PARTES — Autor e Réu	Data de início da ação
39	MP e MRJ x Restaurante e Bar Canto da Sereia e outros	1992
40	MP x Hamilton Pereira da Silva e outros	1992
41	MP e MRJ x Vitória Eugênia Campos do Passo	1993
42	MP x José Maria Pereira	1993
43	MP x Antônio Luiz de Souza e outros	1995

O tipo de área ocupada, sua localização e as irregularidades apontadas pelo MP nas petições iniciais das ações em tela podem ser assim descritos:

a) **Ocupação de logradouro público**
— Avenida AW — integrante da malha viária do parcelamento conhecido como "Gleba Finch", no Recreio dos Bandeirantes. Sobre o leito da Avenida AW foram erigidas diversas construções,

ocupadas pelos réus, impedindo o acesso a vários lotes e, em alguns casos, obstaculizando o acesso à própria praia. Trata-se de obras clandestinas, executadas sobre logradouro público e desprovidas da prévia licença e do subsequente habite-se (Ação 39).
— Praça 7 e trechos da Rua 2W e Avenida DW — integrantes da malha viária do parcelamento conhecido como "Gleba Finch", no Recreio dos Bandeirantes. A área ocupada irregularmente é de aproximadamente 50 x 30m e encontra-se cercada por muro de alvenaria, com duas casas distintas (Ação 41).

b) Ocupação de áreas de preservação permanente
— Faixa Marginal de Proteção do Rio Caçambê — área situada no nº 8.325 da Estrada dos Bandeirantes. O 1º réu edificou obra irregular às margens do Rio Caçambê, nos limites da Faixa Marginal de Proteção, sendo notificado pela Superintendência Estadual de Rios e Lagoas (SERLA) para desfazer a construção. O réu não observou a notificação e ainda ampliou a sua obra nos meses seguintes. Abriu-se, assim, um precedente para que outras pessoas agissem da mesma maneira. Pelo último levantamento efetuado pela SERLA há, na área ocupada, além da obra do 1º Réu, mais três construções irregulares em fase de expansão de responsabilidade dos outros réus (Ação 40).
— Reserva Florestal do Grajaú (criada em 22/06/78 pelo Decreto 1.921 com o objetivo de preservar naquela região a Mata Atlântica remanescente). O réu, pecuarista, proprietário de um terreno vizinho à Reserva Florestal do Grajaú, mantém no local cerca de 40 cabeças de gado e utiliza-se das áreas recém-reflorestadas para pastagem de seus animais. Tal situação tem inviabilizado o trabalho de recuperação e reflorestamento da região (Ação 42).
— APA Bairro de Santa Teresa — terreno de propriedade particular sito na Rua Almirante Alexandrino, nº 1.616, Santa Teresa. O imóvel foi invadido por várias famílias (réus) que construíram casas de alvenaria, criando-se platôs artificiais por meio de cortes e aterros em encosta com declividade superior a 45º (Ação 43).

Verifica-se, portanto, que em duas ações a ocupação se deu em logradouro público de um mesmo loteamento, denominado "Gleba Finch", localizado no Recreio dos Bandeirantes, na Zona Oeste da cidade. Trata-se de um loteamento regular.

Nas três ações restantes, a ocupação se deu em áreas de preservação permanente, quais sejam, Faixa Marginal de Proteção de curso d'água (Rio Caçambê), Reserva Florestal (Grajaú) e terreno de encosta em bairro considerado Área de Proteção Ambiental (APA de Santa Teresa).

Verifica-se, ainda, que em quatro ações as ocupações se deram através de construções irregulares destinadas à moradia, sendo que na ação referente à Gleba Finch (Ação 39), entre os 19 réus, verificam-se representantes de quatro estabelecimentos comerciais. Em apenas uma ação a ocupação se deu sem qualquer construção, mas através de uma atividade, ou seja, de pastagem de gado (Ação 42).

Vale ressaltar que, na defesa dos bens ambientais de natureza material e patrimonial, não se questiona o direito de propriedade, mas sim a forma como será usada pelos proprietários, sendo que as Ações Civis Públicas Ambientais buscam a tutela jurisdicional desses bens para evitar ou reparar os danos ambientais que podem advir do mau uso da propriedade.

Para melhor caracterizar a situação irregular da ocupação do solo urbano de que tratam as ações em tela associa-se tal irregularidade, também, ao fato de se tratar de invasão de propriedade, seja pública ou privada, pois o fato de se perderem áreas públicas de interesse coletivo ou privadas de interesse ambiental, para ocupações diversas das a que se destinam, por si só, representa grave lesão ao patrimônio público, com impactos extremamente negativos sobre a qualidade ambiental urbana, visto que tais ocupações ocorrem com bastante frequência em áreas de proteção ambiental e logradouros públicos, compreendendo o sistema viário, as praças e áreas livres reservadas para instalação de equipamentos urbanos e comunitários. São casos, portanto, do mau uso da propriedade, com o agravante de ainda ser da propriedade alheia. Mas, diferentemente dos empreendimentos imobiliários regulares, as posses urbanas com construções irregulares traduzem, na maioria das vezes, o problema social da falta de moradia das classes menos privilegiadas ou em total condição de miséria, embora também existam os casos de abuso e oportunismo de pessoas não-carentes.

Essas populações carentes acabam ocupando áreas de risco como fundo de vales sujeitos a inundações ou encostas sujeitas a deslizamentos, em condições precárias de moradia, sem qualquer infraestrutura, com repercussões danosas à saúde dos moradores e ao ecossistema das áreas invadidas e, consequentemente, à qualidade ambiental urbana.

As ocupações irregulares do solo urbano descritas são as condutas lesivas apontadas pelo MP ao relatar os fatos na petição inicial das ações em tela, das quais decorreram os danos ambientais ou ameaças de danos sistematizados na **Tabela 9.16** na forma que se segue:

Tabela 9.16 — Ameaça ou ocorrência de danos ambientais decorrentes da ocupação irregular do solo urbano

AÇÕES	DANOS AMBIENTAIS OCORRIDOS
39	Lesão ao patrimônio público: • danos ao sistema viário e áreas de uso coletivo do loteamento residencial "Gleba Finch", pela ocupação dos logradouros públicos (vias de circulação e espaços livres); • degradação urbanística e ambiental pela obstrução de acessos e circulação; • lesão aos direitos legais dos adquirentes de imóveis do loteamento em questão quanto ao uso e preservação das áreas de uso coletivo e quanto ao desenvolvimento urbanístico local.
40	Lesão ao ecossistema natural do Rio Caçambê: • processo de favelização em Faixa Marginal de Proteção do rio; • poluição hídrica — as construções não possuem saneamento básico, sendo todo o esgoto e o lixo lançados diretamente no rio, sem nenhum tratamento, com a conseqüente proliferação de doenças e epidemias.
41	Lesão ao patrimônio público: • danos ao sistema viário e áreas de uso coletivo do loteamento residencial "Gleba Finch", pela ocupação de praça pública e trechos de duas ruas integrantes da malha viária; • degradação urbanística e ambiental pelas alterações adversas nas condições de circulação, prejudicando o acesso, luz e ar às propriedades lindeiras, o adequado tráfego de veículos e pessoas, e a instalação de equipamentos urbanos.

AÇÃO	AMEAÇA
42	Lesão ao ecossistema natural: • destruição do reflorestamento da Reserva Florestal do Grajaú, por pastagem de gado, que pisoteia as mudas e come as plantas novas nas áreas recém-reflorestadas; • danos às espécies vegetais da Mata Atlântica — empregados do réu já foram vistos arrancando espécies típicas recém-plantadas da Mata Atlântica e também ateando fogo em áreas da Reserva. Lesão ao patrimônio público: • prejuízos ao contribuinte, visto que o projeto de reflorestamento tem financiamento internacional. AMEAÇA: • de contaminação de uma nascente local com acúmulo d'água, pelas fezes dos animais; • de deslizamentos devido à destruição do reflorestamento.
43	Lesão ao ecossistema natural: • destruição da vegetação de Mata Atlântica — o terreno invadido encontra-se tomado de capim colonião, praga típica de desmatamentos sem critério. • desestabilização da encosta, sujeita a deslizamentos.

Analisando-se a **Tabela 9.16**, pode-se verificar que apenas uma ação apresenta tanto ameaças como ocorrência de danos (Ação 42), constituídos de lesão ao ecossistema natural, enquanto que as demais ações apresentam a ocorrência de danos constituídos de lesão ao patrimônio público, naquelas referentes a ocupações de logradouro público, e de lesão ao ecossistema natural naquelas referentes à ocupação de áreas de preservação permanente.

5.7. *Danos Ambientais Decorrentes de Atividades Industriais*

Os danos ambientais decorrentes de atividades industriais constituem o quinto evento em número de ocorrências (**Tabela 9.3**), sendo objeto em quatro Ações Civis Públicas Ambientais (**Tabela 9.17**), representando 7,69% do total das 52 ações em análise.

As atividades industriais apontadas pelo MP como causadoras de poluição ou apresentando ameaças de danos podem ser descritas e analisadas na forma que se segue, mencionando-se o ramo da atividade, a localização da indústria e as irregularidades que motivaram as ações judiciais.

Tabela 9.17 — Ações Civis Públicas Ambientais referentes a danos ambientais decorrentes da ocupação irregular do solo urbano

AÇÃO	PARTES — Autor e Réu	Data de início da ação
44	MP x Federal Mogul Indústria de Metais S/A	1986
45	MP x Metalflandres e Indústria de Flandres Ltda.	1992
46	MP x MRJ, FEEMA, Reginaves Ind. Com. de Aves	1996
47	MP x MRJ e Mister Cod. Com. Ind. de Alimentos	1997

a) **Indústria metalúrgica**
— Federal Mogul Indústria de Metais S/A — Estrada Barro Vermelho, nº 1.720, bairro do Colégio. Lançamento de despejos poluentes com concentração de metais pesados diretamente no leito do Rio Acari, acima dos padrões e critérios dos órgãos de fiscalização. A indústria vem sendo instada pela FEEMA desde agosto de 1977 a implantar equipamentos antipoluentes, sem qualquer êxito (Ação 44).
— Metalflandres Comércio e Indústria de Flandres Ltda. — Rua Capitão Félix, nº 256, bairro de Benfica. A FEEMA constatou que a indústria operava sem qualquer licença ambiental, bem como sem equipamentos adequados para controle de seus efluentes poluentes. Apesar de intimações para a regularização, a ré deu continuidade às suas atividades em afronta à legislação ambiental em vigor, sem submeter-se ao licenciamento ambiental, causando prejuízos à qualidade de vida da coletividade (denúncia ao MP encaminhada por moradores da circunvizinhança da fábrica) (Ação 45).

b) **Indústria alimentícia**
— Reginaves Ind. e Com. de Aves Ltda., conhecida como "Frangos Rica" (3ª ré) — Estrada do Caribu, 348/418, Freguesia. O 1º réu (Município do Rio de Janeiro), através da Secretaria da Fazenda, concedeu à 3ª ré alvará de licença para as atividades de abate, beneficiamento e comércio varejista de aves e animais de pequeno porte, incompatíveis com o uso exclusivamente residencial do

local onde se situa a indústria, conforme o Decreto Municipal n? 3.046/81. O funcionamento do abatedouro, dada a incompatibilidade com o uso previsto pela lei, vem causando transtornos aos moradores vizinhos, com poluição atmosférica e sonora, e riscos advindos da utilização de amônia no sistema de refrigeração do frigorífico. Os efeitos da poluição transcendem a circunvizinhança da indústria, como, por exemplo, a poluição hídrica que atinge o sistema lagunar e a poluição atmosférica que abrange uma bacia aérea que ultrapassa a circunvizinhança. Os vizinhos encaminharam ao MP abaixo-assinado por mais de mil pessoas (Ação 46).

— Mister Cod. Comércio e Indústria de Alimentos Ltda. — Rua Almirante Ary Rangel, n? 511, Recreio dos Bandeirantes. O 1? réu (Município do Rio de Janeiro), através da Secretaria da Fazenda, concedeu à 2ª ré alvará de licença para as atividades de industrialização e comércio varejista de produtos alimentícios e alimentos congelados, sendo que estas atividades são ilegais para o local, onde não são permitidos indústria e comércio, sendo de uso exclusivamente residencial, de acordo com o Decreto Municipal 3.046/81, que dispõe sobre a utilização do solo na Baixada de Jacarepaguá. A associação dos moradores da circunvizinhança encaminhou representação ao MP (Ação 47).

Verifica-se que dos inúmeros ramos da atividade industrial existentes no Município do Rio de Janeiro as quatro ações em análise se dividiram por dois deles, quais sejam, duas ações referentes ao ramo metalúrgico (Ações 44 e 45) e duas ações referentes ao ramo alimentício (Ações 46 e 47).

Quanto às irregularidades que ensejaram as ações, constata-se que nos dois casos referentes à indústria metalúrgica o MP aponta a falta de equipamentos adequados para controle dos efluentes poluentes das indústrias, constituindo-se em fonte de poluição, sendo que em um desses casos soma-se o fato de que a indústria não possui o licenciamento ambiental da FEEMA (Ação 45).

Quanto aos dois casos referentes à indústria alimentícia, a principal irregularidade apontada pelo MP é a concessão pelo Município do Rio de Janeiro às indústrias em tela do alvará de licença para o desenvolvimento das atividades industriais e comerciais, em desobediência ao zoneamento urbano que estabelece para o local onde estas indústrias encontram-se instaladas o uso exclusivamente residencial, somando-se ao fato de que vêm causando poluição.

Por estas razões, além das próprias indústrias, figuram como réus o Município do Rio de Janeiro, por ter concedido os alvarás de licença em ambos os casos, e a FEEMA, em um caso (Ação 46), por problemas relativos ao controle ambiental de sua responsabilidade.

Observa-se que nas duas ações em tela (Ações 46 e 47) e ainda na Ação 45, do ramo alimentício, os litígios originaram-se da representação feita ao MP pelos moradores da circunvizinhança das indústrias, com a alegação de estarem sendo prejudicados em sua saúde e sossego pelas atividades industriais poluidoras.

O Regulamento de Zoneamento Urbano tem por finalidade disciplinar a ocupação do solo, no sentido de evitar as incompatibilidades entre as funções urbanas; porém, casos se multiplicam em que tal disciplina não se estabelece, muitas vezes em razão da própria dinâmica regular ou irregular de crescimento da cidade, que pressiona mudanças na legislação urbanística, transformando usos antes permitidos em não permitidos e vice-versa, abrangendo, muitas vezes, áreas já consolidadas.

Daí o fato de aeroportos, cemitérios, indústrias etc., inicialmente implantados em áreas não ocupadas por residências, com o passar do tempo, passarem a fazer parte de bairros residenciais, centrais ou periféricos, estabelecendo-se aí os conflitos, pois mesmo que tais atividades estejam ambientalmente controladas, obedecendo aos padrões estabelecidos, os ruídos e odores teoricamente suportáveis pelo ser humano, se frequentes, representam perda da qualidade de vida.

Das atividades industriais descritas decorreram os danos ambientais ou ameaças de danos apontados pelo MP nas petições iniciais das ações em tela, sistematizados na **Tabela 9.18**, na forma que se segue:

Tabela 9.18 — Ameaça ou ocorrência de danos ambientais decorrentes de atividades industriais

AÇÕES	DANOS AMBIENTAIS OCORRIDOS
44	• Poluição hídrica — despejos poluentes com concentração de metais pesados, zinco, chumbo, cobre, cianeto, níquel, estanho e outros, diretamente no leito do Rio Acari, que faz parte da Baía de Guanabara, acima dos padrões e critérios dos órgãos de fiscalização. • Poluição atmosférica — emissão de poluentes na atmosfera acima dos padrões e critérios estabelecidos pelos órgão fiscalizadores.
45	Degradação Urbanística e Ambiental: • lesão à qualidade de vida urbana — prejuízos à saúde, sossego e bem-estar da coletividade vizinha à indústria situada em Zona Residencial ZR-5. • poluição sonora e atmosférica. AMEAÇA: • de agravamento dos riscos à saúde dos moradores da circunvizinhança da indústria pela emissão continuada de poluentes gasosos.
46	Degradação Urbanística e Ambiental: • lesão à qualidade de vida urbana — prejuízos à saúde, sossego e bem-estar da coletividade vizinha à indústria situada em zona de uso exclusivamente residencial; • poluição hídrica — decorrente de esgotamento sanitário de aproximadamente 800 funcionários; dos rejeitos líquidos do abate de 50.000 aves/dia; e de grande concentração de carga orgânica lançada diretamente no Rio Anil, contribuinte do Sistema Lagunar da Baixada de Jacarepaguá; • poluição atmosférica — decorrente da queima de óleo BPF utilizado nas caldeiras; do abate; do processamento da farinha e óleos (material particulado e odores); do grande fluxo de veículos de médio e grande portes utilizados no transporte de aves vivas e já processadas; e de emissões fugitivas, notadamente do gás amônia, utilizado no sistema frigorífico; • poluição sonora — decorrente do processo industrial; do grande fluxo de veículos; da expedição comercial; e do grupo gerador a óleo diesel utilizado complementarmente ao fornecimento de energia da concessionária LIGHT.
47	Degradação Urbanística e Ambiental: • lesão à qualidade de vida urbana — prejuízos à saúde, sossego e bem-estar da coletividade vizinha à indústria situada em zona de uso exclusivamente residencial. AMEAÇA: • de graves riscos de vida pelo fato de a 2ª ré armazenar hidrogênio em sua fábrica sem nenhuma proteção.

Analisando-se a **Tabela 9.18**. verifica-se que duas ações apresentam tanto ameaças como ocorrência de danos (Ações 45 e 47), sendo que as ameaças são à saúde da coletividade vizinha às indústrias em razão da poluição atmosférica (Ação 45) e até mesmo de risco de vida em razão do armazenamento inadequado de produtos químicos utilizados no processo industrial (Ação 47).

Quanto à ocorrência de danos, esta é apontada em todas as ações, predominando-se a degradação urbanística e ambiental constituída de lesão à qualidade de vida da coletividade vizinha às indústrias, cujas atividades são incompatíveis com o uso residencial da área onde se localizam, bem como das poluições atmosférica, hídrica e sonora advindas de tais atividades.

5.8. DANOS AMBIENTAIS DECORRENTES DO USO IRREGULAR DE PRODUTOS TÓXICOS
(Risco de Poluição Acidental)

Os danos ambientais decorrentes do uso irregular de produtos tóxicos constituem o sexto e penúltimo evento em número de ocorrências (**Tabela 9.3**), sendo objeto em três Ações Civis Públicas Ambientais (**Tabela 9.19**), representando 5,77% do total das 52 ações em análise.

Tabela 9.19 — Ações Civis Públicas Ambientais referentes a danos ambientais decorrentes do uso irregular de produtos tóxicos

AÇÃO	PARTES — Autor e Réu	Data de início da ação
48	MP x LIGHT Serviços de Eletricidade S/A	1988
49	MP x Compania Municipal de Limpeza Urbana — COMLURB	1994
50	MP x Casa da Moeda do Brasil	1994

Os principais aspectos do uso irregular de produtos tóxicos que ensejaram as ações podem ser descritos e analisados na forma que se segue, mencionando-se o tipo do produto, as empresas responsáveis pelo seu uso e as condutas lesivas a ele relacionadas:

a) Óleo Ascarel (PCBs)
— LIGHT — A ré, na condição de prestadora de serviços de eletricidade, usa em seus equipamentos transformadores, capacitadores etc. e mantém em depósito, como fluido dielétrico, substancial quantidade de óleo Ascarel contendo PCBs (Bitenil Policlorados). Desde 1981, a ré vem negligenciando o cumprimento das obrigações a que está sujeita por força de norma legal (Ação 48).
— Casa da Moeda do Brasil — Rua Sete de Setembro, nº 71, 18º andar, Centro. A ré possui em suas instalações industriais equipamentos que se utilizam de Bitenil Policlorados (PCBs), substância altamente tóxica e nociva a toda e qualquer forma de vida. Medidas paliativas vêm sendo tomadas visando à estocagem do referido composto. Tais medidas, contudo, não destroem os PCBs nem os objetos contaminados por eles. Reconhecendo a ameaça causada por esse produto, o Governo federal baixou portaria interministerial em 19/01/91, proibindo seu uso como fluido dielétrico em transformadores e capacitadores. Verifica-se que, mais de 10 anos após a proibição do uso dos PCBs, a ré continua utilizando este elemento altamente tóxico, havendo evidências de que o prazo para esvaziamento do fluido dielétrico já se esgotou há muito tempo (Ação 50).

b) Agrotóxico
— COMLURB (Companhia Municipal de Limpeza Urbana). A ré foi surpreendida fazendo uso do agrotóxico Roundup, reconhecidamente classificado como produto cancerígeno, quando três de seus garis, inteiramente expostos ao risco, sem qualquer proteção (macacão/luvas/máscaras), procediam à aplicação do produto nos jardins do Aterro do Flamengo. A tipicidade da conduta da ré conduz também à esfera criminal, já adotando o MP providências cabíveis visando à instauração de ação penal pública contra o responsável pelo atuar criminoso (art.16 da Lei 7.802, de 11/07/89) (Ação 49).

O uso irregular de produtos tóxicos objeto das três ações associa-se a atividades de empresas especializadas em serviços urbanos especiais, como o fornecimento de energia elétrica (LIGHT), a indústria de moedas (Casa da Moeda do Brasil) e serviços de limpeza urbana (COMLURB). Quanto ao produto tóxico usado irregularmente, estes são o óleo Ascarel contendo PCBs (Bitenil Policlorados), utilizados pela LIGHT e Casa da Moeda (Ações 48 e 50), em seus equipamentos, como transformadores, capacitadores etc., e o agrotóxico Roundup, utilizado pela COMLURB em seu trabalho de poda em jardins públicos (Ação 49).

Nos casos da utilização do óleo Ascarel, as irregularidades apontadas pelo MP constituem-se no desrespeito à portaria interministerial de 19/01/91, que proíbe seu uso como fluido dielétrico em transformadores e capacitadores, e, na falta de adequado armazenamento e controle deste material pelas empresas, com riscos de contaminação do ambiente.

No caso da utilização do agrotóxico Roundup, a principal irregularidade é sua aplicação em jardins públicos destinados ao lazer de crianças e adultos (Aterro do Flamengo), sem qualquer proteção ou correto procedimento técnico de aplicação, expondo aos riscos de contaminação os funcionários que aplicam o produto e a população frequentadora do local.

A principal ameaça de tais condutas irregulares é o risco de poluição acidental, já que o MP alega que os produtos tóxicos não estão sendo manejados adequadamente, sendo desobedecidos os padrões de segurança estabelecidos devido à toxicidade química altamente prejudicial à saúde.

As ações em análise, entretanto, não apresentam ocorrência de danos, mas apenas a ameaça de poluição acidental, cujas consequências podem ser extremamente danosas à saúde da população, conforme pode ser verificado pela **Tabela 9.20**.

Tabela 9.20 — Ameaça de danos ambientais decorrentes do uso irregular de produtos tóxicos

AÇÕES	AMEAÇA
48	De poluição acidental: • riscos à saúde da população pela contaminação do meio ambiente pelo óleo Ascarel, material altamente tóxico contendo PCBs, inadequadamente controlado e armazenado.

AÇÕES	AMEAÇA
49	De poluição acidental: • riscos à saúde da população pela aplicação do agrotóxico Roundup em jardins públicos, produto altamente tóxico ao ser humano, podendo apresentar os seguintes efeitos danosos em caso de contaminação: paralisia dos músculos respiratórios, fibrilação muscular, falta de apetite, transtornos visuais, vista embaçada, suor excessivo, náuseas, vômitos, cólicas, acúmulo de secreções nos brônquios, tosse, falta de ar, parada respiratória, defecação e micção involuntárias, síndrome neurológica central, ansiedade, sonolência, movimentos incoordenados, reflexos diminuídos ou abolidos, cefaleia, confusão mental, hipertensão e convulsões.
50	De poluição acidental: • riscos à saúde da população pela contaminação do meio ambiente pelo óleo Ascarel, material altamente tóxico contendo PCBs, inadequadamente controlado e armazenado.

5.9. DANOS AMBIENTAIS DECORRENTES DA DISPOSIÇÃO FINAL DO LIXO

Os danos ambientais decorrentes da disposição final do lixo constituem o sétimo e último evento em número de ocorrências dentro da classificação apresentada na **Tabela 9.3**, sendo objeto em duas ações civis Públicas Ambientais (**Tabela 9.21**), representando 3,84% do total das 52 ações em análise.

Tabela 9.21 — Ações Civis Públicas Ambientais referentes a danos ambientais decorrentes da disposição final do lixo

AÇÃO	PARTES — Autor e Réu	Data de início da ação
51	MP x OAS Empreendimentos Ltda. e outros	1994
52	Companhia Municipal de Limpeza Urbana — COMLURB	1995

Os principais aspectos desta atividade lesiva podem ser descritos e analisados na forma que se segue, mencionando-se o tipo de lixo vazado, as empresas responsáveis pelo lixo e as irregularidades quanto à disposição final do mesmo:

a) **Lixo e entulho de obra particular vazados em área pública**
— A 1ª ré, OAS Empreendimentos Ltda., pretende implantar na Rua Araújo Leitão, próximo ao nº 150, no bairro de Lins e Vasconcelos, o condomínio residencial denominado Vivenda Verde. Para tanto, contratou os serviços de terraplenagem da 2ª ré, Terraplenagem N. Sª de Fátima Ltda. Nas imediações do empreendimento, o Município do Rio de Janeiro iniciou obras de drenagem do Rio Jacaré, visando a conter as enchentes que ocorrem em sua cabeceira. Nascendo na Serra dos Três Rios, acima da Av. Menezes Cortes, o referido curso d'água passa sob o Hospital Marcílio Dias e corta os bairros de Lins e Vasconcelos e Meier. A mencionada obra de engenharia constitui-se numa barragem que retém as águas pluviais, formando uma pequena represa que vai diminuindo a vazão a jusante do rio. Ocorre, todavia, que, a despeito dos esforços do Governo municipal em promover o saneamento da região, a área tem sofrido constantes aterros provenientes de lixo e entulho de obra, vazados pelos réus ilegalmente no local, causando, além dos evidentes danos ambientais, dificuldades o projeto de urbanização comunitária da vizinha Favela da Cachoeirinha. Além do entulho proveniente da obra de responsabilidade das primeiras rés, o caminhão de propriedade do 3º réu foi visto no local com lixo a ser vazado, o que efetivamente não ocorreu devido à presença da COMLURB, naquele momento (Ação 51).

b) **Lixo domiciliar coletado por empresa pública de limpeza urbana vazado em terreno alagadiço**
— A COMLURB vem mantendo em operação, desde dezembro de 1983, vazadouro de lixo em área de aproximadamente 423ha, na Estrada Benvindo de Novaes, em Jacarepaguá, local onde foi instalada, no ano de 1993, a Usina de Reciclagem e Compostagem de Jacarepaguá, não implicando porém a desativação total do aterro. Antes da instalação da usina eram despejados no local, dia-

riamente, cerca de 400 toneladas de lixo domiciliar procedente de Jacarepaguá, Barra da Tijuca, Recreio dos Bandeirantes, São Conrado e parte de Vila Valqueire. O terreno em questão, área alagada, cujo solo é constituído de turfa, argila mole e areia, encontrando-se o lençol freático a 0,5m da superfície, mostra-se totalmente inadequado, do ponto de vista ambiental e sanitário, para a atividade que ali vem desenvolvendo a ré. O início da atividade no local ocorreu sem qualquer licenciamento do órgão estadual competente, e ela vem sendo mantida ao longo dos últimos anos, afrontando as determinações da CECA quanto à necessidade de desativação (Deliberações da Comissão Estadual de Controle Ambiental (CECA) n°s 713 (12/09/85), 1.263/88, 1.393/88 e 1.711/90) (Ação 52).

Verifica-se que o tipo de lixo com destino final irregular é o lixo produzido em obra particular de construção civil, composto de materiais diversos e, principalmente, de entulho de obra, e o lixo domiciliar proveniente de coleta pública. No primeiro caso (Ação 51), os responsáveis pela conduta ilícita são empresas particulares do ramo da construção civil e, no segundo caso, empresa pública de limpeza urbana (Ação 52).

As irregularidades apontadas pelo MP constituem-se em lançamento de lixo feito por empresa particular em área pública não destinada a tal atividade, o que por si só já é proibido pelo Poder Público, causando, ainda, poluição hídrica e danos a obras públicas de saneamento, e em vazadouro de lixo domiciliar, mantido pela Companhia Municipal de Limpeza Urbana do Rio de Janeiro, contrariando as determinações da Comissão Estadual de Controle Ambiental (CECA) quanto à necessidade de desativação do mesmo, em razão da inadequação física e ambiental da área.

Tais procedimentos irregulares resultaram, portanto, na ocorrência dos danos ambientais descritos na **Tabela 9.22**.

Tabela 9.22 — Ocorrência de danos ambientais decorrentes da disposição final do lixo

AÇÃO	AMEAÇA
51	Degradação ambiental e urbana: • acelerado processo de assoreamento da pequena represa formada a partir das obras públicas municipais de drenagem do Rio Jacaré, advindo do lançamento de detritos, lixo e entulho de obra da construção do empreendimento imobiliário da ré; • poluição hídrica de curso d'água em área urbana: Rio Jacaré. Lesão ao patrimônio público: • prejuízos ao projeto de saneamento da região urbana cortada pelo Rio Jacaré (Lins e Vasconcelos e Meier) e de urbanização comunitária da Favela da Cachoeirinha, vizinha à área da represa.
52	Lesão ao ecossistema natural: • poluição dos riachos vizinhos ao aterro e, conseqüentemente, das lagoas da região da Barra da Tijuca e Jacarepaguá, resultante de despejo de lixo em área aberta de vazadouro.

Verifica-se que a ocorrência de danos ambientais apontada pelo MP engloba a degradação ambiental e urbana, posto que em ambos os casos a disposição final do lixo ocorreu em área urbana; a lesão ao ecossistema natural com poluição de recursos naturais, como rios, represa e solo (lençol freático); e a lesão ao patrimônio público por causar impactos adversos sobre obras públicas de saneamento e projeto de urbanização, dificultando a implantação dos mesmos.

A disposição final do lixo urbano é um dos mais graves problemas enfrentados pelo Poder Público municipal, responsável pelo destino de toneladas diárias de resíduos sólidos de toda espécie. Trata-se de uma atividade altamente impactante, pois os aterros sanitários, mesmo controlados, implicam a degradação ambiental de extensas áreas, sendo comuns os vazadouros clandestinos.

6. Conclusões

O resultado da investigação sobre os danos ambientais urbanos levados a juízo na cidade do Rio de Janeiro, através da Ação Civil Pública

Ambiental, num universo amostral composto de 52 Ações, destacadas a partir do deferimento de perícia ambiental, possibilita uma visão panorâmica dos problemas ambientais que mais incomodam a população a ponto de serem levados à Justiça para que o direito à qualidade ambiental da cidade seja preservado.

O palco dessas ações e seu objeto de tutela é a cidade do Rio de Janeiro, mais precisamente seu patrimônio ambiental, constituído tanto pelos ecossistemas naturais remanescentes na área urbana quanto pelos bens culturais (bens de valor histórico, artístico, turístico e paisagístico) e também pela saúde e bem-estar de sua população. O direito difuso que as ações intentam proteger é basicamente o direito à qualidade ambiental urbana.

Atividades diversas (clubes, lojas comerciais, garagem de ônibus, templos religiosos, centro cultural e ginásio de esportes), empreendimentos imobiliários, exploração mineral, obras públicas, esgotamento sanitário, ocupação irregular do solo urbano, atividades industriais, uso irregular de produtos tóxicos e disposição final do lixo compõem o conjunto de atividades das quais decorreram as ameaças e/ou danos ambientais, objeto das Ações Civis Públicas Ambientais estudadas.

Os danos ambientais e/ou ameaças englobaram a poluição sonora, lesão ao ecossistema natural (danos à fauna e flora, poluição hídrica e poluição atmosférica), lesão ao patrimônio cultural (de valor histórico, paisagístico e urbanístico) e riscos à saúde e bem-estar da população.

Os atores sociais envolvidos nos litígios são: o Poder Público, o setor empresarial, os consumidores dos serviços urbanos, as associações civis e a sociedade em geral, que se dividem entre os agressores ambientais (réus) e os agredidos em seu direito ao meio ambiente ecologicamente equilibrado (autores = a coletividade representada pelo MP), num processo repressivo/corretivo aos atos lesivos e às ameaças à qualidade ambiental urbana.

Quanto à hierarquia, em termos quantitativos, dos problemas ambientais levados a juízo, o fato de a poluição sonora decorrente de atividades diversas destacar-se como o evento de maior ocorrência dentre as ações estudadas só vem confirmar a gravidade deste problema na cidade do Rio de Janeiro, tendo em vista que também na esfera administrativa municipal as denúncias contra o excesso de ruídos se sobrepõem aos demais conflitos ambientais da cidade.

Segundo a Secretaria de Meio Ambiente da Cidade (SMAC), órgão central do Sistema Municipal de Gestão Ambiental, em 1998 nada menos do que 66% das reclamações recebidas por ela foram relacionados a agressões sonoras, o que levou seus técnicos a concluir que esse percentual, em uma cidade com tantos outros focos potenciais de conflito ambiental, mostra com clareza a dimensão que a questão sonora ocupa junto a seus habitantes (*http://www.rio.rj.gov.br/smac*).

Um aspecto que se presume determinante nesta liderança é o fato de que o excesso de ruído provoca um incômodo direto e suscita uma reação imediata de quem sofre o desconforto de seus efeitos, pois a queda na qualidade ambiental é sentida no próprio corpo e nas íntimas relações sociais. Nas ações estudadas predominam os casos em que a denúncia ao MP foi feita pela comunidade vizinha às atividades causadoras de degradação ambiental.

Também em relação à segunda maior ocorrência, danos decorrentes de empreendimentos imobiliários, este aspecto é bastante visível, pois os proprietários de imóveis, próximos aos empreendimentos, sentem-se diretamente ameaçados, seja em sua privacidade e conforto, seja em seu desejo de conservar a paisagem natural local.

Evidencia-se aqui uma reação da sociedade frente aos problemas ambientais, em que a iniciativa de combate a qualquer abuso é frequentemente tomada por aqueles diretamente afetados pelos efeitos perturbadores das atividades. Daí a importância da efetividade do direito de representação, de denúncia, de petição, de ação ou de defesa, por parte de qualquer pessoa física ou jurídica interessada, no sentido de provocar o controle administrativo e/ou judicial diante da falta ou insuficiência de EIA/RIMA de atividades efetiva ou potencialmente poluidoras; da falta ou irregular licenciamento ambiental; e de tantas outras atividades ou condutas prejudiciais ao patrimônio ambiental.

Quanto aos demais problemas ambientais identificados, independentemente da hierarquia quantitativa, devem ser considerados graves, pois representam, como já foi dito, os problemas ambientais que mais incomodam a população carioca, a ponto de serem levados à Justiça. Portanto, merecem ser atacados com os instrumentos legais disponíveis à defesa do meio ambiente e da qualidade de vida urbana da cidade do Rio de Janeiro, seja no sentido da prevenção dos danos ou de sua reparação, bem como da repressão/punição dos responsáveis pelos mesmos.

Os resultados desta pesquisa colocam em evidência a atuação do Ministério Público do Estado do Rio de Janeiro na área ambiental e é uma demonstração de que a instituição tem cumprido sua responsabilidade de colocar em movimento os mecanismos de implementação da Ação Civil Pública Ambiental no Município. A construção das bases de sua atuação na proteção ambiental foi feita neste período de 14 anos de existência da Lei nº 7.347/81, e o volume de procedimentos administrativos e judiciais sob sua responsabilidade lhe possibilita um balanço dos aspectos positivos e dos que necessitam de aperfeiçoamento.

Ao lado da expectativa sempre existente para que se processem as mudanças necessárias para uma maior eficiência e equidade na defesa judicial do meio ambiente, toma força a consciência de que mais esforços devem se concentrar na plena evolução e efetivação dos instrumentos preventivos.

A tragédia ambiental que se abateu sobre a Baía de Guanabara na madrugada de 18/01/2000, pelo derramamento de 1.300.000 litros de óleo combustível em suas águas, em decorrência do rompimento de um duto da Petrobrás que transporta o óleo da Ilha D'Água para a Refinaria Duque de Caxias (Reduc), é um dramático fato a ilustrar os princípios teóricos expostos neste capítulo.

Quatro horas de derramanento de óleo nas águas da Baía foram suficientes para dar origem a uma devastação ambiental de proporções gigantescas que provavelmente não seria superada pela soma de todos os casos de danos ambientais aqui estudados.

7. REFERÊNCIAS BIBLIOGRÁFICAS

ARAÚJO, L. A. de (1999). Perícia Ambiental em Ações Civis Públicas. *In: Avaliação e Perícia Ambiental.* Orgs.: S. B. Cunha & A. J. T. Guerra, Rio de Janeiro: Bertrand Brasil, pp. 215-73.

―――― (2000). *Ação Civil Pública Ambiental: Instrumento de Gestão Ambiental e sua Aplicação no Município do Rio de Janeiro.* Dissertação apresentada ao Curso de Mestrado em Gestão Ambiental da Universidade Estácio de Sá, Rio de Janeiro, 261pp.

AGUIAR, J. C. (1996). *Direito da Cidade.* Rio de Janeiro: Renovar, 244pp.

ANTUNES, P. B. (2000). *Dano Ambiental: Uma abordagem conceitual.* Rio de Janeiro: Editora Lumen Juris, 329pp.

BENJAMIN, A. H. V. (1993). A Implementação da Legislação Ambiental: O Papel do Ministério Público. *In: Dano Ambiental — Prevenção, Reparação e Repressão.* Org.: A. H. V. Benjamin, São Paulo: Revista dos Tribunais, pp. 377-360.

CUSTÓDIO, H. B. (1993). A Questão Constitucional: Propriedade, Ordem Econômica e Dano Ambiental. Competência Legislativa Concorrente. *In: Dano Ambiental — Prevenção, Reparação e Repressão.* Org.: A. H. V. Benjamin, São Paulo: Editora Revista dos Tribunais, pp. 143-115.

FEEMA. Fundação Estadual de Engenharia do Meio Ambiente (1992). *Legislação Ambiental Básica.* Rio de Janeiro, 383 pp.

FILHO, J. S. C. (1999). *Ação Civil Pública: Comentários por Artigo, Lei 7.347, de 24.07.85.* 2ª ed. rev., ampl., at. Rio de Janeiro: Editora Lumen Juris, 465pp.

FIORILLO, C. A.; RODRIGUES, M. A. & NERY, R. M. A. (1996). *Direito Processual Ambiental Brasileiro.* Belo Horizonte: Livraria Del Rey Editora, 279pp.

FREIRE, W. (1998). *Direito Ambiental Brasileiro.* Rio de Janeiro: Aide Ed., 265pp.

GUERRA, I. F. (1997). *Ação Civil Pública e Meio Ambiente.* Rio de Janeiro: Forense, 104pp.

MACHADO, P. A. L. (1982). *Direito Ambiental Brasileiro.* 1ª ed. São Paulo: Editora RT.

_____ (1995). *Direito Ambiental Brasileiro.* 5ª ed. São Paulo: Malheiros Editores, 696pp.

MILARÉ, E. (1993). Processo Coletivo Ambiental. *In: Dano Ambiental — Prevenção, Reparação e Repressão.* Org.: A. H. V. Benjamin, São Paulo: Editora Revista dos Tribunais, pp. 277-257.

MOTA, S. (1997). *Introdução à Engenharia Ambiental.* Rio de Janeiro: ABES, 280pp.

OLIVEIRA, A. I. A. (1995). *O Dano Ambiental e sua reparação.* Rio de Janeiro, n.p.

PASQUALOTTO, A. (1993). Responsabilidade Civil por Dano Ambiental: Considerações de Ordem Material e Processual. *In: Dano Ambiental Prevenção, Reparação e Repressão.* Org.: A. H. V. Benjamin, São Paulo: Editora Revista dos Tribunais, pp. 470-444.

ROSA, P. S. (1998). A Responsabilidade Objetiva do Causador do Dano Ambiental. Extensão do Dano Ambiental e sua Avaliação e a Prova Pericial: O Perito e os Assistentes Técnicos. *In: Curso Prático de Perícias e Auditorias de Engenharia Ambiental.* Org.: E. Velasco, Rio de Janeiro: Brandi, pp. 268-261 (Apostila).

SILVA, J. A da (1994). *Direito Ambiental Constitucional.* 2ª ed. rev. aum. São Paulo: Malheiros Editores, 243pp.

SMAC. Secretaria de Meio Ambiente da Cidade (1999). *A Paisagem Sonora da Cidade.* Rio de Janeiro, 64pp.

TOSTES, A. & NEVES, E. (1998). *Meio Ambiente: A Lei em suas Mãos.* Petrópolis: Editora Vozes, 87pp.

ÍNDICE

Abastecimento de água, 277
Açailândia, 275, 277, 278, 279, 280, 281, 284, 285, 287, 297, 298, 299, 300
Ação antrópica, 94, 214, 230, 264, 267, 332
Ação Civil Pública Ambiental, 360, 365
Ação Civil Pública, 354, 356, 358, 360, 365
Acessibilidade, 328
Acidentes, 328
Administrações locais, 275
Afloramentos, 233, 237
Afluentes, 199
Afluxo da população, 281
Agenda 21, 322
Agregação do solo, 291
Agricultura, 200, 201, 204, 279, 280, 284
Água disponível, 287
Água do solo, 221, 221, 235
Águas pluviais, 258
Álcool combustível, 318
Alta concentração de alumínio, 231
Alta suscetibilidade à erosão, 256
Alteração antrópica, 213
Alterações climáticas, 52
Altitude, 218
Altitudes elevadas, 224
Altura dos edifícios, 208, 209
Alvéolos intermntanos, 233
Amazonas, 287
Ambiente, 19, 23, 296
Ambiente físico, 278, 282, 284
Ambientes naturais, 266
Ameaças de danos ambientais, 378
Análise dos solos, 291
Análises granulométricas, 291
ANFAVEA, 319
APA Petrópolis, 211
APA, 195, 196, 212, 218, 223
Apatita, 229
Arborização, 297

Área de Proteção de Petrópolis (APA), 211
Área de risco, 243
Área de seção transversal, 115, 116
Área rural, 211
Área urbana, 193, 202, 205, 208, 211, 213, 214, 215, 224, 227, 232, 233, 236, 247, 248, 280
Áreas de preservação, 196, 202
Áreas de risco, 96, 202, 211, 247
Áreas densamente urbanizadas, 234
Áreas impermeáveis, 112
Áreas protegidas, 313
Áreas verdes, 199
Areia grossa, 255
Argilas, 230, 231, 291
Arquitetura das fachadas, 209
Ascendência orográfica, 218
Assentamentos, 313
Assoreamento dos rios, 196, 272, 277
Assoreamento, 112, 189, 211, 253, 263, 267, 296
Atenas, 338
Atividade agrícola, 199
Atividade industrial, 200, 204, 205, 208, 277, 388
Atividade lesiva, 368
Atividade madeireira, 199, 200
Atividades poluidoras, 211
Atividades urbanas, 271
Atmosfera, 286
Atores sociais, 41, 331, 332, 333
Automóveis, 305, 306, 307, 315, 318, 319, 324, 328, 338, 340
Auto-organização, 29, 32, 33, 34

Babaçu, 284
Bacia Amazônica, 254, 272
Bacia do Lira, 256
Bacia hidrográfica, 115, 254
Bacias, 201
Bacias de drenagem, 112

Bahia, 278
Bairros, 200
Bairros circundantes, 199
Bairros periféricos, 282
Baixa declividade, 256
Baixa fertilidade, 231
Baixa temperatura, 208
Balanço hídrico, 221
Banco Nacional de Habitação (BNH), 311
BASA, 280
Batólito da Serra dos Órgãos, 226, 229
Belém-Brasília, 275, 278, 279
Bem comum, 335
Bem-estar social, 200
Benefício, 42
Bens ambientais tutelados, 375
Bens jurídicos tutelados, 379
Biotita gnaisse, 227, 229
BR-222, 278
Brasília, 327
Bromélias, 222

Cabeceiras, 277
Café, 308
Cairo, 306
Camadas subterrâneas, 221
Câmara dos Vereadores, 209
Cambissolos, 232
Campanhas educativas, 243
Camponeses, 278
Canais fluviais, 189
Canaletas, 297
Canalização, 112
Câncer de pulmão, 324
Capacidade auto-organizativa, 21
Capacidade de infiltração, 193, 225, 234, 291
Capacidade de suporte, 306
Capacidade do canal, 116, 121
Capacidade erosiva, 291, 296
Capacidade viária, 328
Capital natural, 254
Capital particular, 280
Capoeiras, 225
Capoeirões, 225

Características físicas, 248
Caraguatatuba, 233
Carbono orgânico, 291
Carga de sedimentos, 277
Carvão, 278, 281, 287
Cascalhos, 232
Cascatinha, 192, 196, 201
Catalisadores, 334
Celulose, 288
Cenário socioambiental, 268
Cenários socioeconômicos, 266, 268
Censo, 205
Censos demográficos, 202
Centros urbanos, 238
Cerosidade, 232
Cerrado, 253, 256, 261
CET, 318
Chumbo, 321
Chuvas, 194, 222, 245, 272, 277, 282, 285
Ciclo ecológico, 31, 193
Ciclo hidrológico, 286
Cidadania, 332
Cidade do México, 307, 338
Cidade, 28, 34, 36, 39 , 41, 190, 193, 194, 199, 212, 233, 277, 279, 280, 282
Ciências biofísicas, 266
Cinto de segurança, 327
Cinturão verde, 199, 297
Circulação, 315, 334
Circulação atmosférica, 308
Classes de solo, 230
Classes sociais, 22, 34, 37, 38
Classes trabalhadoras, 313
Clientelismo, 332
Clima tropical mesotérmico, 219
Clima urbano, 52
Cobertura vegetal, 195, 198, 210, 211, 224, 225, 234, 248, 287, 293, 296, 297
Código de obras, 198, 208, 215
Código de Posturas Municipais, 199, 208
Código sanitário, 309
Colônia agrícola, 203
Colonização, 197, 272
Colonização alemã, 201
Colonos alemães, 198, 199, 203
Combustíveis derivados de petróleo, 322

ÍNDICE

Combustível, 338, 341
Combustível fóssil, 310, 322, 329
Comércio, 204, 278
Comércio de escravos, 308
Compactação do solo, 287
Companhia de Engenharia, 316
Companhia Metropolitana de Transportes Coletivos, 315
Companhia Vale do Rio de Janeiro Doce, 277, 279
Complexidade, 38, 42, 43
Complexificação, 37, 38
Comprimento das rampas, 256, 267
Conceitos, 29
Concentração populacional, 205
Condicionamentos geológicos, 233
Condicionantes físicos, 208, 214
Condições ambientais, 284
Condições naturais, 199
Condomínios, 206, 248
Conflitos pela terra, 280
Conforto térmico, 71
Congestionamento, 306, 310, 316, 327, 330, 336, 337, 339, 340, 342
Conscientização ambiental, 207
Conservação ambiental, 266
Conservação dos solos, 254
Construções clandestinas, 196
Consumidor, 319
Contabilidade social, 268
Contingencialidade, 38
Contingente populacional, 204
Controle da erosão, 298
Controle de tráfego, 316
Controle estrutural, 226
Copas largas, 284
Coroas de morro, 210
Córregos, 272
Corridas de lama, 236, 237
Corrupção, 332
Corte das florestas, 281
Crescimento acelerado, 281
Crescimento da frota, 329
Crescimento desordenado, 310
Crescimento econômico, 253

Crescimento populacional, 201, 202, 203, 204, 205, 206-207, 238, 247, 280
Crescimento urbano, 208, 210, 278
Crise de petróleo, 318
Crise econômica, 205, 313
Cubatão, 320
Cursos d'água, 198, 199, 210, 277
Custo, 42

Dano ambiental, 350, 352, 353, 356, 366, 371, 376, 380, 384, 393, 395, 400
Danos ambientais urbanos, 347
Danos da poluição, 330
Declividade da encosta, 234
Declividade das rampas, 241, 243
Declividade, 195, 202, 205, 223, 231, 233, 238, 239, 245, 289, 296
Decreto 90/81
Defesa civil, 300
Deficiência hídrica, 221
Degradação, 194
Degradação ambiental, 20, 192, 32, 204, 234, 261, 263, 264, 272, 285, 287
Degradação da qualidade ambiental, 350, 351, 352
Degradação do solo, 253, 277, 278
Degradação organizacional, 32
Demanda energética, 329
Democracia de representação, 332
Densidade aparente, 291
Densidade de cobertura vegetal, 225
Densidade urbana, 195
Depósitos de lixo, 282
Depósitos quaternários, 232
Depósitos recentes, 232
Derivações antropogênicas, 60
Descarga, 115
Descentralização, 254
Desconforto térmico, 81
Descontinuidade textural, 256
Descontinuidades litológicas, 194
Desemprego, 202
Desenvolvimento industrial, 201
Desenvolvimento regional, 254
Desenvolvimento sustentável, 39, 253, 254, 341

Desenvolvimento urbano, 209, 210
Desenvolvimento urbano sustentável, 307
Desestabilização das encostas, 194
Desgaste do solo, 297
Deslizamento, 193, 198, 214, 233, 234, 241
Desmatamento, 189, 193, 196, 199, 202, 205, 208, 209, 212, 214, 224, 235, 256, 277, 281, 284, 285, 286
Desmatamento indiscriminado, 208
Desmoronamento, 194
Desníveis altimétricos, 233
Destruição das matas, 277
Destruição de ruas, 277
Devastação da floresta, 285, 288
Dinâmica ambiental, 259, 261, 269
Dinâmica dos processos, 261
Dinâmica geomorfológica, 233
Dióxido de carbono, 321, 322, 323
Dióxido de enxofre, 321
Diques, 229
Direito difuso, 400
Direitos coletivos, 355
Disponibilidade de água, 286
Disposição final do lixo, 396
Distribuição territorial, 271
Distrito Industrial de Pequiá, 281
Distrito-sede, 195
Divisores de água, 195, 208, 224
Dobramentos, 233
Doenças respiratórias e cardiovasculares, 324
Domínio morfoclimático, 265
Drenagem, 255
Drenagem dendrítica, 229
Drenagem urbana, 112
Duque de Caxias, 211

Ecologia humana, 34
Ecologia política, 21, 22, 25, 40, 42
Ecologia social, 23
Economia, 313
Economia política, 21, 22, 25, 40, 253
Ecossistema, 22, 31, 33, 193, 211
Ecossistema natural, 23
Ecossistema urbano, 23

Edificação, 195, 209
Educação, 331
Educação ambiental, 298
Embasamento, 224, 233, 237, 238, 239, 241
Embaúba, 222
Emissões de diesel, 323
Emissões veiculares, 206, 306, 322, 323, 338
Empreendimentos imobiliários, 366
Emprego, 277
Empresa agropecuária, 280
Enchente, 234, 240, 241, 247, 328
Encostas, 193, 202, 205, 210, 211, 212, 223, 234, 241, 245, 259
Encostas desmatadas, 285
Energia, 281, 286, 310 329
Engels, Friederic, 21, 42
Entorno da cidade, 287, 297
Entrocamento rodoferroviário, 275
Entropia, 32, 33
Enxurrada, 193, 297
Episódios de chuvas intensas, 81
Equilíbrio, 29, 33, 42
Erodibilidade, 254, 255, 291
Erosão, 189, 194, 199, 211, 261, 282, 284, 300, 289
Erosão acelerada, 256, 272
Erosão dos solos, 234, 253, 254, 256, 266, 268, 271, 277
Erosão em ravinas, 285
Escala temporal, 190, 256
Escalas espaciais, 256
Escarpamentos, 233
Escarpas íngremes, 233
Escoamento, 286
Escoamento superficial, 193, 225, 287, 291, 297
Escorregamentos, 193, 215, 234, 236, 237
Esgotamento sanitário, 380
Esgoto, 198, 199, 288
Esgotos domésticos, 271
Espacialização, 36, 38
Espaço, 31
Espaço físico, 21, 22, 23
Espaço geográfico, 268, 269

ÍNDICE

Espaço regional, 36
Espaço social, 23
Espaço urbano, 21, 27 34, 189, 194, 200, 209, 281, 282, 287
Espaço viário, 316
Espécies endêmicas, 224
Especulação imobiliária, 202, 206, 281, 340
Espírito Santo, 278
Estabelecimentos industriais, 200
Estabilidade do solo, 287
Estação seca, 221
Estações meteorológicas, 219
Estiagem, 296
Estilo de vida, 339
Estrada de Ferro Carajás, 275, 281, 287
Estratigrafia, 234
Estrato arbóreo, 223
Estrutura, 255
Estrutura de classes sociais, 20, 21, 25, 27
Estrutura de propriedade de terra, 25
Estrutura do solo, 287
Estrutura em blocos, 232
Estrutura fundiária, 256, 266
Estrutura prismática, 232
Estrutura socioespacial, 26, 27
Estruturação socioespacial, 36
Estruturas dissipativas, 32
Evaporação, 286
Evapotranspiração, 221
Evento natural, 24
Eventos catastróficos, 248
Eventos erosivos, 247
Eventos naturais extremos, 57
Eventos pluviais extremos, 234
Eventos tectônios, 226
Excedente hídrico, 221
Expansão urbana, 194, 195, 200, 214, 215, 238, 243, 285
Expectativa de vida, 327
Exploração madeireira, 224
Exploração mineral, 371
Explosão demográfica, 278
Externalidades negativas, 306
Extração vegetal, 280
Extratos arbóreos, 225

Fábricas, 201
Falha geológica, 241
Falhamentos, 248
Falhas geológicas, 238
Falhas, 229
Fases erosionais, 233
Fatores físicos, 265
Fatores naturais, 255
Fatores urbanos, 262, 269
Favela, 279
Feições erosivas, 285
Feldspato, 229
Fenômenos tectônicos, 229
Ferro-gusa, 288
Ferrovia, 200, 280
Fiscalização, 209
Fiscalização de velocidade, 327
Floresta, 281
Floresta Alto Montana, 222
Floresta Amazônica, 256, 261
Floresta estacional, 256
Floresta Montana, 222, 223, 224
Floresta Ombrófila Densa, 221, 223, 224, 285, 287
Floresta Submontana, 222
Florestas, 225, 284
Florestas pluviais, 284
Florestas tropicais, 261, 285, 286
Floricultura, 206
Fluxo superficial, 259
Folha de São Paulo, 335
Forças políticas, 40
Forças sociais, 35, 40
Formação florestal, 222, 224
Formações rochosas, 284
Formações sociais, 22
Formas tabulares, 284
Fósforo, 231
Fragilidade do meio físico, 267
Fraturas, 229, 248
Frente fria, 218, 241
Frentes de expansão, 278
FUNDREM, 210
FUNRURAL, Fundo de Incentivo ao Trabalhador Rural, 256

Gabarito, 209
Gabiões, 297
Garimpagem, 266
Gases de efeito estufa, 306, 322
Gasolina, 321
Geografia física, 19
Geografia humana, 19
Geografia social, 309
Geometria do canal, 112, 114, 115
Geossistemas, 193, 265, 268
Gestão ambiental, 40, 41, 307, 331, 332, 333
Gnaissificação, 227
Golpe militar, 309, 311
Gota de chuva, 193
Gradiente textural, 231
Grande São Paulo, 234
Grandes enchentes, 234
Granito Andorinha, 226, 227
Granitoides, 226
Granitos, 227
Granitos gnáissicos, 226, 229
Granitos intrusivos, 226
Grotas, 297
Guseria, 277, 287

Habitação, 275, 331
Hidrologia, 287
Hipertensão, 326
Horário de Pico, 337
Horizontes do solo, 230
Hornblenda, 227
Horticultura, 206, 224
Hospital das Clínicas de São Paulo, 324
Húmus, 287

IBAMA, 211
IBGE, 300
Idade Pré-Cambriana, 226
Ilha de calor, 72, 74
Imigração, 308
Impacto pluvial, 71
Impactos, 278
Impactos ambientais urbanos, 19, 20, 28, 34, 190, 205, 206, 258, 261, 271, 272, 307

Impactos pluviais concentrados, 48
Imperatriz, 275, 280
Implementação, 357
Imprevisibilidade, 32
Incêndios acidentais, 287
Incentivos fiscais, 270
INCRA, Instituto de Colonização e Reforma Agrária, 278
Índice de umidade, 219
Índice pluviométrico, 214, 215, 218, 219, 236, 237, 240, 241, 243
Índices térmicos, 218
Indústria, 200, 201
Indústria automobilística, 310, 319
Indústria madeireira, 279
Indústria petropolitana, 202
Indústria têxtil, 204, 205, 208
Industrialização, 200, 277, 280, 308, 311
Indústrias automobilísticas, 306
Infiltração, 287
Infraestrutura, 279, 282
Infraestrutura urbana, 214, 243
Infraestrutura viária, 310, 317, 341
Inquérito civil, 358, 359
Instabilidade das vertentes, 285
Instrumentos jurisdicionais, 354
Intemperismo, 231
Intensidade da chuva, 234
Interdisciplinaridade, 42
Interesses difusos e coletivos, 358
Interesses especulativos, 205
Interferência humana, 288
Interseção de litologias, 238
Intervenção antrópica, 222
Inundação, 194, 257
Inverno, 285
Investimentos, 280, 317
Irreversibilidade, 32
Isenção fisal, 341
Itaipava, 192
Itinga, 280

Jesuítas, 308

Kuala Lumpur, 306
Kubistcheck, Juscelino, 309

ÍNDICE

Laboratório dos Solos, 291
Latifúndios, 279
Latossolo, 255, 285
Latossolo Alaranjado, 230
Latossolo Vermelho-Amarelo, 230, 231
Latossolo Vermelho, 230
Legislação, 287
Legislação ambiental, 189, 200, 348
Legislação urbanística, 196, 210
Lei de Proteção aos Mananciais, 314
Lei de Terras, 308
Lei de zoneamento, 309
Leis ambientais, 243
Leis complementares, 209
Leis de Uso, Parcelamento e Ocupação do Solo (LUPOS), 200, 212
Levantamento pedológico, 229
Licenciamento de uso, 196, 209
Ligações viárias, 208
Linhas de cristas, 233
Litossolo, 230
Localização industrial, 269
Loteamentos irregulares, 196, 209, 212, 215, 233, 238, 241, 248
Loteamentos, 202, 205, 215, 248, 277, 282
Lotes, 197

Maciços graníticos, 233
Maciços isolados, 222
Macrounidade geomorfológica, 255
Madeira, 284
Magé, 211
Malha urbana, 195, 214, 224, 247
Mamelucos, 308
Mananciais, 196, 208, 211, 235
Mancha urbana, 206
Manejo dos solos, 296
Manejo inadequado, 194
Manejo inadequado do solo, 285
Mão-de-obra, 201
Mão-de-obra escrava, 308
Mapa de solos, 261
Mapa de Unidades Ambientais, 266
Mapa pedológico, 230
Mapeamento, 288

Mapeamentos geotécnicos, 233
Maranhão, 275, 279, 280, 287, 299
Maritimidade, 218
Marx, Karl, 21, 42
Mata Atlântica, 211, 221, 222, 224
Mata úmida, 224
Matacões, 229, 232, 243
Matéria orgânica, 255, 285, 291
Matéria particulada, 321
Material rochoso, 232
Matérias-primas, 208
Medida preventiva, 194, 272
Megacidade, 307
Meio ambiente, 39, 189, 193, 199, 211, 248, 265, 306, 308, 309, 331, 339, 349, 354
Meio ambiente urbano, 340
Meio antrópico, 332
Meio físico, 189, 195, 210, 265, 266, 272
Mercado de trabalho regional, 281
Método comparativo, 36, 38
Métodos de investigação, 29, 30
Metrô, 330
Micronutrientes, 231
Migmatitos, 226, 229
Migmatitos heterogêneos, 226
Migmatitos homogêneos, 226
Minas Gerais, 278
Minerais primários, 230
Minério de ferro, 281
Minianel Viário, 337
Ministério Público, 356, 357, 358, 359
Mobilidade, 340
Mobilidade social, 313
Modelado do relevo, 226
Modelo fitogeomorfológico, 265
Modernização, 311
Monitoramento, 282
Monopólio das terras, 279
Monóxido de carbono, 321, 323, 324
Montadoras, 319
Morros alongados, 227, 248
Morros escarpados, 229
Mortalidade, 324
Moscou, 306
Movimentos de massa, 190, 194, 196, 202,

205, 206, 208, 209, 212, 214, 221, 225, 226, 235, 237, 239, 241, 243, 245, 246, 247, 261
Movimentos gravitacionais, 234
Multidimensionalidade, 30, 35, 36, 42
Município, 280

Nível de alerta, 321
Nova York, 306
Núcleo urbano, 210, 277
Núcleos madeireiros, 280
Nutrição, 331

Obras de contenção, 243
Obras de terraplenagem, 211
Obras públicas, 207, 376
Obras viárias, 329
Ocupação, 309
Ocupação adequada, 264
Ocupação da terra, 206
Ocupação desordenada, 210, 213, 235, 239 241, 246, 247
Ocupação do solo, 212, 213
Ocupação holandesa, 308
Ocupação irregular, 189
Ocupação urbana, 190, 195, 197, 296
Ocupações irregulares, 205, 212, 235
Ônibus, 310, 315, 319, 323
Operação Amazônia, 280
Ordenamento da expansão urbana, 210
Ordenamento Territorial e Ambiental, 261, 267, 271
Organização espacial, 267
Órgãos governamentais, 286, 331
Orquídeas, 222
Óxido de nitrogênio, 323
Ozônio, 321, 324

Pacotes sedimentares, 285
Padrão de drenagem, 227
Padrão de fraturamento, 226
Padrão de vida, 306
Padrões nacionais de qualidade do ar, 321
Padrões socioespaciais, 35
Paisagem, 234, 275, 278, 281, 284
Paisagem edificada, 210

Paisagem na cidade, 280
Paisagem natural, 210, 211
Países periféricos, 254
Países semiperiféricos, 254
Pará, 279, 287, 300
Parcelamento do solo, 194-195, 210
Paredões escarpados, 229
Parque Ibirapuera, 316
Parque Nacional da Serra dos Órgãos, 211, 223
Parque Nacional do Tinguá, 223
Parques nacionais, 215
Partículas inaláveis, 321, 323, 324
Partículas micáceas, 231
Pastagens, 224, 284, 286
Pastos, 287
Patrimônio histórico, 211
Patrimônio paisagístico, 370
Patrimônio urbanístico, 371
Pauperização, 202
Pecuária, 201
Pedras, 232
Pequiá, 280, 281, 287
Percepção pública, 336
Perfil longitudinal, 112
Perfis retilíneos, 243
Perícia Ambiental, 361
Periferia, 282, 309, 310, 311, 319
Periferia da cidade, 277
Perímetro urbano, 309
Periodização, 36
Período chuvoso, 285, 286
Período Cretáceo, 284
Período mais chuvoso, 214
Período seco, 219, 286
Peruas (lotação), 319
Pesquisa de origem destino, 320
Petição inicial, 362
Petrobras, 321
Petrópolis, 192, 193, 195, 196, 200, 204, 208, 210, 211, 212, 223, 231, 233, 236
PH, 291
Piçarra, 284
Picos de cheia, 112
Pisoteamento do gado, 297

Planalto cristalino, 233
Planalto do Teles Pires, 253
Planalto sedimentar, 284, 285
Planejamento, 197, 214, 282, 296
Planejamento autossustentável, 212
Planejamento estratégico, 265
Planejamento regional, 269
Planejamento urbano, 299
Planície fluvial, 284
Planícies aluvionares, 232
Planícies fluviais, 200
Plano das Avenidas, 310
Plano Diretor, 200, 209
Plano Diretor de Petrópolis, 211, 235
Plano Koeler, 208, 215
Plano urbanístico, 197, 199
Plântulas, 222
Pluviosidade, 214, 221, 234, 236
Pluviosidade diária, 237
Poder Judiciário, 356
Poder público, 10, 200, 202, 212, 215, 247, 248, 261
Podzólico, 285
Podzólicos Vermelho-Amarelos, 231
Política habitacional, 205
Políticas de transporte, 328
Políticas econômicas, 264
Políticas públicas, 35, 38, 41, 259, 331
Políticas setoriais, 332
Pólo madeireiro, 280
POLOCENTRO – Plano de Desenvolvimento do Centro-Oeste, 258
Poluentes, 306
Poluentes atmosféricos, 321
Poluentes fotoquímicos, 321
Poluição, 336, 340, 351, 352
Poluição acidental, 395
Poluição ambiental, 352
Poluição atmosférica, 72, 74, 277, 287, 288, 307, 316, 321, 324, 334, 338, 335, 336, 338, 341
Poluição degradadora de bens do patrimônio cultural, 353
Poluição sonora, 307, 324, 326, 363, 365, 400
Poluidor, 351

População, 235, 243, 245
População de baixa renda, 202, 205, 238, 241, 247
População desabrigada, 282
População residente, 248
População rural, 204, 205
População urbana, 204, 214
Poropressão, 193
Posição geográfica, 218
Posse, 192
Postos de saúde, 281
Pousadas, 206
Povoado, 279, 280
Prazos de terra, 195, 198, 208
Precipitação, 238, 285
Prefeitura, 280
Preservação, 198, 200, 211, 212, 214, 215, 223
Prevenção da erosão, 297
Prevenção, 211
Primeira República, 309
Princípio da Precaução, 333
Problemas ambientais, 27, 193, 200
Problemas erosivos, 282
Problemas sociais, 205
Processo ambiental, 21
Processo de dissecação, 284
Processo de industrialização, 203
Processo de urbanização, 215, 236, 238, 248, 275, 278
Processo político-econômico, 26, 27
Processo sociocultural, 26, 27
Processos ecológicos, 19
Processos erosivos, 193, 208, 213, 263, 285
Processos físico-químicos, 26, 27
Processos geomorfológicos, 234
Processos históricos, 253
Processos morfogenéticos, 226
Processos sociais, 19
Produção agrícola, 196
Programa de controle da erosão, 298
Programa de Integração Nacional, 278
Programa de ordenamento territorial, 270
Programa Estadual de Mudanças Climáticas Globais, 322

Programa Grande Carajás, 277, 280
Programa Integrado de Transportes Urbanos, 317
Programas habitacionais, 212
Progresso técnico, 33
Projeto de Lei pelo Transporte Sustentável, 332
Projeto urbanístico, 197, 199, 200
Propriedades do solo, 234
Propriedades físicas, 233
Proteção ambiental, 196, 266
Proteção do solo, 225
Província Sedimentar do Meio-Norte, 284
Público municipal, 243

Quadros, Jânio, 309
Qualidade ambiental urbana, 400
Qualidade de vida, 307, 321, 336, 338, 342
Qualidade do ar, 71, 74, 78, 200, 203, 211, 248, 296, 297, 299, 321
Quartzo, 229
Quartzos grosseiros, 229
Queda da Bolsa, 309
Queda de blocos, 236
Queima de resíduos da madeira, 287
Queimadas, 285, 287

Raio hidráulico, 116
Raízes profundas, 225
Rampas, 233, 238, 241
Ravinas, 277, 285, 287, 288
Reativações de falha, 233
Recristalização, 229
Recuperação, 211
Recuperação de áreas degradadas, 270
Recursos ambientais, 351
Recursos hidráulicos, 200
Recursos hídricos, 211
Recursos minerais, 261
Recursos naturais, 254, 262, 263, 265, 266, 267, 268, 269, 272
Rede de drenagem, 226
Rede de transporte, 320
Redução da pluviosidade, 243
Reflorestamento, 211, 248

Região Metropolitana de São Paulo, 311, 313, 314, 328, 330, 333, 337, 342
Regiões tropicais, 193
Registro pluviométrico, 240
Regulamento de Zoneamento Urbano, 391
Regulamento urbanístico, 198
Regularização de loteamentos, 211
Reino Unido, 324
Relações entre sociedade e natureza, 19, 22, 23, 25, 32, 37
Relações socioespaciais, 20
Relevo, 201, 208, 215, 226, 229, 233, 247
Relevo acidentado, 199, 231, 232, 247
Relevo forte e ondulado, 230
Relevo montanhoso, 230, 248
Relevo movimentado, 218
Relevo plano, 255
Remobilização de blocos, 233
Reserva Biológica de Araras, 211
Reservas biológicas, 215
Respira São Paulo, 338
Responsabilidade civil objetiva, 355, 356
Ressuspensão, 323
Rio Açailândia, 282, 285
Rio de Janeiro, 233
Rio Paraíba do Sul 192, 215, 230
Rio Piabanha, 215, 238
Rios, 208, 233, 284
Risco de acidentes, 326
Riscos de erosão, 231
Rocha, 232
Rochas, 226
Rochas alcalinas, 222
Rochas cristalfolianas, 231
Rochas falhadas, 190
Rochas fraturadas, 190
Rodízio, 307, 333, 335, 336, 337, 339, 341, 342
Rodovias, 200
Rolamento de blocos, 243
Roma, 338
Ruído, 324, 326, 340
Ruptura, 32

Saneamento, 277, 281, 331
Saneamento básico, 212, 215, 248

Santos, 310
São Luís, 280
São Paulo, 305, 307, 308, 309, 310, 313, 315, 316, 318, 320, 322, 324, 326, 328, 329, 330, 331, 333, 335, 336, 338, 339, 340
Saúde, 320, 326, 331
Saúde humana, 306, 324
Savana aberta, 256
Seções transversais, 112
Secretaria de Transportes Metropolitanos, 317
Secretaria Estadual do Meio Ambiente, 321
Sede urbana, 280
Sedimentos, 285
Sedimentos erodidos, 271
Semarias, 308
Serapilheira, 225
SERFAU (Serviço Federal de Habitação e Urbanismo), 209
Serra da Estrela, 196, 239, 241
Serra do Mar, 218, 219, 230, 232
Serra dos Carajás, 280, 281, 300
Serra dos Órgãos, 232
Serrarias, 277, 278, 279, 287, 289, 291
Serras alinhadas, 227
Serras escarpadas, 248
Serras litorâneas, 222
Serras petropolitanas, 199
Serviços de massa, 310
Shoppings, 206
Siderúrgicas, 278
Silte, 231, 291
Simplificação, 38
Sistema aberto, 33, 34
Sistema calha fluvial, 256
Sistema Clima Urbano, 64, 71
Sistema complexo, 34
Sistema de manejo florestal, 266
Sistema de transporte público, 306, 311, 320, 339
Sistema fechado, 33
Sistema ferroviário, 310, 316
Sistema fluvial, 115
Sistema viário, 316, 319
Sistemas abertos, 32

Sistemas complexos, 21, 33
Sistemas de fraturas, 226
Sistemas ecológicos, 21
Sistemas longe do equilíbrio, 21, 33
Sistemas não lineares, 21, 33
Sistemas sociais, 21
Sítio urbano, 202, 218, 263, 288
Sociedade, 22, 23, 31, 34, 36, 40, 193, 306
Sociedade estruturada em classes sociais, 21
Solo, 221, 272, 286, 291
Solo Cambissolo, 224
Solo Horizonte A, 230, 231
Solo Horizonte B, 231
Solo Horizonte Bw, 231
Solo Horizonte C, 231
Solo Horizonte E, 231
Solo Húmico, 230
Solo Litólico, 224
Solo raso, 224
Solo urbano, 211, 384, 388
Solos ácidos, 231
Solos aluviais, 232
Solos profundos, 230
Sopé de encostas, 195
Sorriso, 253, 258, 266, 267, 270, 272
SPTrans, 320
SUDAM, Superintendência de Desenvolvimento da Amazônia, 258, 280
SUDECO, Superintendência de Desenvolvimento do Centro-Oeste, 258
Suscetibilidade do solo à erosão, 28, 40, 253, 259, 291
Sustentabilidade, 39, 341
Sustentabilidade ambiental, 38, 265, 267

Tamanho dos lotes, 199
Tarifa zero, 320
Técnicas de investigação, 29, 31, 36
Tectonismo regional, 233
Temperaturas baixas, 224
Tempos geológicos, 31
Tendências espaciais, 268
Tensão ecológica, 256
Tensões sociais, 287
Teor de agregados, 287
Teor de umidade, 256

Teoria dos processos sociais, 24
Teorias de processo social, 31
Terceiro Mundo, 307
Teresópolis, 233
Terraços, 206
Terraços fluviais, 208
Terras devolutas, 279
Textura, 231, 255
Textura arenosa, 267
Textura média, 232
The True Cost of Transport, 335
Tombamento, 211
Topo dos morros, 198
Topografia, 202, 226, 233
Topografia colinosa, 288
Totais pluviométricos, 234, 235, 247
Tráfego, 305, 306, 315, 326, 328, 337, 340
Transamazônica, 279
Transbordamento, 121
Trânsito, 305, 318, 321, 326, 328, 331, 335
Transporte, 277, 306, 308, 309, 310, 315, 316, 326, 331, 334, 336
Transporte motorizado, 339
Transporte público, 316, 317, 319, 328, 331, 337, 341, 342
Transporte sustentável, 341, 342
Transporte urbano, 281, 305
Transporte viário, 319
Turbulência do ar, 218
Tutela ambiental, 350, 354

Umidade atmosférica, 218
UNCHS – United Nations Centre for Human Sttlements, 307
UNESCO, 222
Unidade Bingen, 226, 227
Unidade Granito Andorinha, 229
Unidade Santo Aleixo, 226
Unidades litológicas, 226
Urbanização, 27, 190, 202, 306, 308
Urbanização acelerada, 281
Usinas siderúrgicas, 281
Uso da terra, 206, 296

Uso do solo, 193, 308, 309, 313, 340
Uso irregular de produtos tóxicos, 393
Utilização do solo, 296

Valas, 297
Vale do Paraíba do Sul, 204, 215, 219, 236
Vale do Quissamã, 238, 241
Vales alongados, 233
Vales assoreados, 284, 285
Vales em "V", 229
Vales encaixados, 201, 208
Vargas, Getúlio, 309
Variação climática, 218
Variáveis ambientais, 263
Vazão, 112
Vazios urbanos, 200
Vegetação, 193, 222, 288
Vegetação densa, 284
Vegetação nativa, 211, 248
Vegetação Secundária, 222, 224, 225, 284
Veículos, 313, 334, 337
Veículos automotores, 321
Velocidade, 115, 328, 329
Velocidade da água, 297
Velocidade do escoamento superficial, 287
Vertente, 230, 233
Vertentes arredondadas, 229
Vertentes íngremes, 227
Via de transporte, 318
Vias de circulação, 208
Voçoroca, 258, 259, 272, 277, 282, 285, 287, 288, 291, 293, 296, 297
Vontade política, 268

Zircão, 229
Zona da Mata Mineira, 204
Zona urbana, 208, 210, 279
Zonas de falha, 227
Zonas de falhamentos, 229
Zonas de preservação, 212
Zonas de proteção ambiental, 212
Zonas litorâneas, 233
Zonas suburbanas, 208
Zoneamento, 208, 209, 210, 261, 264, 270, 271

Este livro foi impresso no
Sistema Digital Instant Duplex da Divisão Gráfica da
DISTRIBUIDORA RECORD DE SERVIÇOS DE IMPRENSA S.A.
Rua Argentina, 171 - Rio de Janeiro/RJ - Tel.: 2585-2000